MARIO BELLATIN Y LAS FORMAS DE LA ESCRITURA

SERIE LITERATURA Y CULTURA
Editor General: Greg Dawes

Editora encargada de la serie: Ana Forcinito

Mario Bellatin y las formas de la escritura

Edición e introducción de Héctor Jaimes

© 2020 Héctor Jaimes

All rights reserved for this edition © 2020 Editorial A Contracorriente

Library of Congress Control Number: 2020934112

ISBN: 978-1-945234-842 (paperback)
ISBN: 978-1-945234-859 (ebook)

This work is published under the auspices of the Department of Foreign Languages and Literatures at the North Carolina State University.

Distributed by the University of North Carolina Press
www.uncpress.org

CONTENIDO

Introducción (Héctor Jaimes). 1

I ESCRITURAS

Mis nuevas escrituras, las nuevas escrituras (Mario Bellatin). 11

II LECTURAS DESDE LA LITERATURA

Escenas (Daniel Link) 25

Perros héroes y la desterritorialización latinoamericana (Pedro Ángel Palou). 36

Disecado de Mario Bellatin (Margo Glantz). 44

III LECTURAS DESDE LA CRÍTICA

Historia, transnacionalidad y transliteratura 51

De Cuba a Perú: algo más sobre los comienzos de Mario Bellatin (Leo Cherri). 53

Bellatin: El Problema de la locación de la literatura (Conjeturas sobre la condición de un escritor migrante) (Hernán Medina Jiménez). 79

Mario Bellatin: un escritor transnacional (Ellen Lambrechts). 100

La *TransLiteratura* de Mario Bellatin. En torno a *Biografía ilustrada de Mishima* y *Los fantasmas del masajista* (Gianna Schmitter). 120

Filosofías 147

Mario Bellatin y la filosofía del dinero
(Héctor Jaimes). 149

La pedagogía del dolor en la
escritura fragmentaria de Mario Bellatin
(Carla Victoria Albornoz). 164

Materia corporo-textual 193

Una aproximación a la (in)materialidad
del cuerpo en la obra de Mario Bellatin
(Paula Klein Jara). 195

Jacobo el mutante de Mario Bellatin:
de *Job* a *La frontera*, de Joseph Roth
(Francisco José López Alfonso). 211

Literatura y humor 223

El *realismo cómico* de Mario Bellatin:
Shiki Nagaoka y el sentido errático
(Juan Pablo Cuartas). 225

La risa en la obra de Bellatin: hacia una lectura
jadeante (Martín Gaspar). 241

Cuestiones de género 255

La petrocultura y Frida Kahlo: De la
biopolítica al energopoder en *Las dos Fridas* y
Demerol sin fecha de caducidad de Mario Bellatin
(Emily Hind). 257

Textos, cuerpos y espacios mutantes en *Jocobo
reloaded* de Mario Bellatin, una aproximación
feminista (Sebastián Reyes Gil). 283

La dimensión estética: Arte, fotografía, literatura
y performance. 303

Mario Bellatin: el arte escrito
(Marina Cecilia Rios). 305

Mario Bellatin y sus comedias del arte: repetición y variabilidad (Mario Cámara). 327

Escribir con huellas: fotografía y literatura, cruces indiciales en la escritura de Mario Bellatin (Andrea Cote-Botero). 340

Un Suceso de Escritura: Figuras de autor en el proyecto Escritores Duplicados de Mario Bellatin (Tomás Regalado López). 355

Lista de colaboradores. 377

AGRADECIMIENTOS

Este libro es esencialmente colectivo y, por ende, sin la participación de sus colaboradores (escritores e investigadores) hubiera sido imposible verlo terminado. A todos les agradezco haber contribuido con este proyecto que, desde el principio, aunque era demasiado ambicioso, siempre tuve la convicción de que se iba a llevar a cabo. Particularmente, quisiera agradecerle al mismo Mario Bellatin haber aceptado participar con un texto que, además de ser inédito, enriquecerá implícitamente nuestro trabajo crítico. Greg Dawes, colega, amigo y director de la revista y editorial *A Contracorriente*, fue un interlocutor irremplazable. Asimismo, este libro contó con una subvención del "Department of Foreign Languages and Literatures" de mi universidad, North Carolina State University (Raleigh, USA), y le agradezco a Ruth Gross, su directora, el gran apoyo recibido. Finalmente, Mariela Romhany, mi esposa, contribuyó a que, con amor, paz y paciencia, se redujera el tiempo: lo que llevaría años, tardó meses; lo que tardaría meses, tardó días, y así sucesivamente hasta llegar a este libro.

INTRODUCCIÓN

La aparición de la primera *Obra reunida*[1] (2005) del escritor mexicano Mario Bellatin, contribuyó a la consolidación y posicionamiento de su obra en la escena literaria mundial. Sin embargo, la cualidad dinámica, intertextual, cambiante ("mutante", tal vez diría nuestro autor), y expansiva de ésta, no solamente hizo que se volviera anticuada esta edición, sino también la que le siguió, esta vez en dos tomos, en 2013 y 2014 respectivamente. Así, las "obras reunidas" sirven como puntos de concentración y de referencia, pero de ninguna manera llegan a constituir una versión —siquiera cercana— de lo que llamaríamos "obras completas"; todo ello, claro está, porque el mismo autor trabaja en varios textos a la vez sin querer incluirlos en un volumen definitivo, y resulta evidente que prefiere que estos textos, al aparecer posteriormente, atenten contra la noción misma de totalidad. Al mismo tiempo, recordemos que desde sus inicios, Bellatin siempre se resistió a publicar de manera convencional y a ser clasificado bajo una nomenclatura literaria específica, lo que nos ayuda a entender que la publicación de un libro no determina o agrega a la significación de su escritura como ejercicio en sí; esta significación, más bien, en parte cobra sentido y se edifica precisamente por la dialéctica interna de esta dinámica; en parte, también, por la realización y concreción que se efectúa a través de su lectura. En todo caso, sí se puede aducir que la escritura de Bellatin lleva como propósito poner en práctica al acto creativo en sí; simultáneamente, la filosofía que está a la base de esta práctica no puede entenderse sino como un acto de resistencia.

En un primer momento, se trataría de una resistencia a la interpretación. Aunque en los textos de Bellatin, por lo general, encontramos realidades a veces fantásticas, pero construidas bajo los parámetros de la verosimilitud ficcional, el carácter rico, ambiguo y abierto de estas realidades hace que los textos sean objeto de múltiples lecturas e interpretaciones y, como el autor hace uso constante de la intertextualidad, bien sea para referirse a situaciones o personajes, pareciera entonces que nos encontramos ante una gran trama que no tiene fin; por eso, leer a Bellatin tiene más que ver con una experiencia estética, que con una simple experiencia hermenéutica. Aparece también otra resistencia: el texto frente al mundo, el cual cuestiona a partir de la escritura, mas no de la literatura. Bellatin hace esta distinción (escritura/literatura) para poner énfasis en actos creativos que pertenecen en realidad a todos los géneros literarios y prácticas humanas, sin determinación alguna. Estos actos creativos pueden hallarse en la meditación, en el rezo religioso, en el teatro, en la música, en la fotografía, en las artes y también, en la escritura; son previos a la publicación, y no estrictamente literarios, por eso la creación de este escritor mexicano puede considerarse que tiende hacia la multidisciplinariedad. De hecho, ante la complejidad del mundo de hoy, derivada de la crisis ecológica, financiera y migratoria mundial, entre otras, la obra de Bellatin se resiste y se opone a ese mundo y se constituye en una forma de liberación; además, se erige como una apuesta al humanismo, el cual se ha venido a menos en nuestras sociedades globales. Asimismo, la desterritorialización que caracteriza —grosso modo— a la literatura latinoamericana contemporánea y, por otro lado, la idea de que esta literatura ya no existe como tal, más bien habilitan de manera suprema la escritura de Bellatin y su universalidad, en tanto que él mismo se aleja de toda noción de literatura y al borrar el aspecto temporal (histórico) en muchos de sus textos, el autor de *La jornada de la mona y el paciente* nos lanza a un vacío en donde no solamente reconocemos al mundo a partir de sus carencias, sino también a partir de sus esencias. Por ello, al no ser estrictamente literaria, la escritura de Bellatin sirve también como preludio a la psicología, a la inteligencia artificial, a la filosofía y al posthumanismo; es decir, problematiza nuestro presente y posibilita otros mundos.

Nuestro autor ha sido objeto de innumerables estudios académicos en revistas especializadas; igualmente, encontramos una monografía (*Mario Bellatin, el cuadernillo de las cosas difíciles de explicar* de Francisco José López Alfonso) y varias ediciones que contienen diversos estudios: *La variable Bellatin: Navegador de lectura de una obra excéntrica*, de Julio Ortega y Lourdes Dávida; *Salón de anomalías: Diez lecturas críticas acerca de la obra de Mario Bellatin* de Salvador Luis Raggio Miranda y *Bellatin en su proceso: Los gestos de una escritura* de Alejandro Palma Castro, Alicia V. Ramírez Olivares, Alejandro Ramírez Lámbarry y Samantha Escobar Fuentes. Esta edición, *Mario Bellatin y las formas de la escritura*, forma parte de este grupo de libros que abordan el *corpus* de Mario Bellatin a partir de diferentes posturas teóricas y abarcando gran parte de su producción creativa. Sin embargo, el lector encontrará algunas novedades: 1) los artículos están agrupados alrededor de unidades temáticas; 2) participan escritores; no solamente investigadores y 3) participa también —con un texto hasta ahora inédito— Mario Bellatin. Asimismo, si bien es cierto que las unidades temáticas que se destacan en este libro abordan aspectos importantes de la producción de Bellatin, no por ello los agotan. Por ejemplo, entre otros temas que podrían considerarse para investigaciones futuras resaltarían: el lenguaje, la religión y la política.

Esta edición está dividida en tres secciones: I Escrituras ("Mis nuevas escrituras, las nuevas escrituras", de Mario Bellatin), II Lecturas desde la literatura, donde se incluye la voz de escritores, y III Lecturas desde la crítica, la cual constituye la parte gruesa del libro y donde participan investigadores con diversos abordajes teóricos. Esta última parte, a su vez, ha sido dividida en unidades temáticas para que el lector pueda identificarlas más fácilmente.

I Escrituras

La inclusión de un texto ("Mis nuevas escrituras, las nuevas escrituras") del autor estudiado, es un abordaje inusual en la crítica. De mi parte, quise que Bellatin formara parte de este libro no solamente como objeto, sino también como sujeto. Es decir, que su voz estuviera presente sin que por ello perturbara la manera como ha sido estudiado; sin embargo, su texto también le sirve al lector para tomar en cuenta otros aspectos de su trabajo en relación con su escritura desde el presente mismo (2020). "Mis nuevas escrituras, las nuevas escrituras", es un texto donde Bellatin hace recorridos personales, históricos, escriturarios y, sobre todo, espirituales; alerta presencias, omisiones y vacíos, pero también nos lleva a pensar y repensar nuestra condición humana. Se trata de un texto doblemente esencial: 1) redimensiona toda su escritura (¿toda la(s) escritura(s)?) y 2) trata de esencias. Aunque he tenido acceso privilegiado a este texto, sólo quisiera resaltar dos líneas de él: "Ningún lenguaje actual está preparado para expresar la desgracia de la que somos víctima. Las palabras están incapacitadas para dar cuenta de lo que sucede a nuestro alrededor. De nosotros". Precisamente, todos los estudios sobre las técnicas artístico-narrativas de Bellatin pueden ser más o menos coherentes, pero creo que debemos tener presente también que más allá de estas técnicas, la obra de nuestro autor tiene un profundo contenido humanístico, un aspecto que —por lo general— ha sido poco considerado por la crítica. Más aún: creo que a partir de este humanismo podrían aparecer nuevas lecturas e interpretaciones en torno a nuestro escritor.

II Lecturas desde la literatura

En "Escenas", texto que fue leído en "la presentación de las V Jornadas Literatura y Margen que homenajeó a Mario Bellatin en 2018" en la Universidad Nacional de Tres de Febrero (UNTREF, Buenos Aires), Daniel Link nos entrega un testimonio íntimo de varios momentos creativos de Bellatin; además, su texto —que desde ya se convierte en un aporte esencial para la biografía de Bellatin que está por escribirse— adopta un estilo bellatinesco para dar fe precisamente del efecto de su forma. En "*Perros héroes* y la desterritorialización latinoamericana", Palou se aproxima a Bellatin como "artista"; es decir, como "*performer*" y como creador que incorpora múltiples medios en su obra. Asimismo, su lectura resalta que, si bien en este texto Bellatin subvierte las fronteras de esta multiplicidad, la visión sobre el "futuro" de Latinoamérica queda suspendida y se le presenta al lector como una gran interrogante; sin embargo, Palou nos dice: "es desde la doble realidad americana que se doblega, disgrega, desborda, fragmenta la conciencia occidental convirtiendo al exceso, al suplemento, en exclusiva materia del arte en una especie de metaforización al infinito en donde lo único real termina siendo el discurso mismo"; más aún: "el futuro es un estancamiento, la inmovilidad perpetua, inútil. Lo único que queda es la sonrisa inalterable y particular del hombre inmóvil. En un continente —o para el caso de este libro, un país, México— ilegible e imposible de escribir: mera ilusión textual". Por otro lado, al comentar *Disecado*, Margo Glantz hace una revisión de varios elementos significativos del *corpus* de Bellatin: la religión, los perros, la autobiografía y las asociaciones literarias. Su caracterización es concisa y directa: "En *Disecado* se realiza la proeza de escribir sin escribir y, sobre todo, de vivir sin vivir, evocando y negando la muerte, la propia, la del narrador y la de toda escritura".

III Lecturas desde la crítica

Historia, Transnacionalidad y Transliteratura

En "De Cuba a Perú: algo más sobre los comienzos de Mario Bellatin", Leo Cherri hace un minucioso recorrido por la genealogía, visible e invisible, de los primeros textos de Mario Bellatin a partir de su biografía, del archivo "Cuaderno de tapas rojas" del escritor, y de un diálogo con la crítica especializada. En "Bellatin: El problema de la locación de la literatura (Conjeturas sobre la condición de un escritor migrante", Hernán Medina Jiménez examina la ubicación (literaria/personal/global) de Bellatin a partir de su nacionalidad mexicana, pero, tomando también en cuenta su residencia y producción peruanas. Por un lado, problematiza 1) "la locación de la producción" y 2) "la institucionalización de su literatura"; al final, propone "una lectura alternativa para el problema Bellatin que considere cómo su narrativa constituye un caso donde la (re)locación de su literatura no se explica únicamente desde el habitual discurso de la globalización y los procesos de (des)territorialización del capital". De manera similar, "Mario Bellatin: un escritor transnacional", de Ellen Lambrechts, examina varias obras de Bellatin en relación con su cualidad transnacional; asimismo, indaga sobre su aspecto editorial, incluyendo las traducciones. Finalmente, en "La TransLiteratura de Mario Bellatin. En torno a *Biografía ilustrada de Mishima* y *Los fantasmas del masajista*", Gianna Schmitter analiza la cuestión de la "transliteratura" haciendo énfasis en categorías —en relación a este concepto— que ella misma propone: "(2) una literatura que se entiende y se tematiza como un corpus *trans* que se vuelca sobre sí mismo, como cuando los autores construyen obras que se autoalimentan; (3) una literatura poblada de personajes *trans* (tránsfugos, nómadas, híbridos, monstruos, etcétera); (4) una literatura que se desborda, que es transgenérica y transmedial".

Filosofías
Mi análisis de Bellatin desarrolla un tema jamás explorado antes: el dinero. "Mario Bellatin y la filosofía del dinero", examina precisamente la recurrencia del dinero en la obra de este autor hasta el punto de escribir un libro con ese título: *El hombre dinero*. Más aún, debido al énfasis que hace este autor al acto creador, como acto supremo y de libertad, sugiero que Bellatin propone subrepticiamente que el dinero se convierte no solamente en un medio universal de intercambio, sino también en un medio universal de opresión. En "La pedagogía del dolor en la escritura fragmentaria de Mario Bellatin", Carla Albornoz analiza *La escuela del dolor humano de Sechuán*, y examina el "continuo juego de fuerzas que muestran los dos lados posibles de la relación pedagogía-dolor-condición humana". Si bien se trata de un abordaje de la pedagogía, ésta "es diseminada por medio de la instalación de escuelas populares cuyos fundadores son impulsados por un objetivo: comprender lo que sucede en el instante del dolor".

Materia corporo-textual
En "Una aproximación a la (in)materialidad del cuerpo en la obra de Mario Bellatin", Paula Klein Jara recorre la obra de Bellatin para analizar una de sus

grandes constantes: el cuerpo. Aquí, sin embargo, se examinan los "cuerpos que presentan una 'problemática' para ser descifrados". Para Klein Jara, "el cuerpo es el primer referente existencial, material e identitario del sujeto"; además, encuentra "una dislocación entre las representaciones figurativas del cuerpo y el sujeto para dar paso a la inserción de cuerpos 'anómalos' y cuerpos 'inmateriales'". Asimismo, en "*Jacobo el mutante* de Mario Bellatin: de *Job* a *La frontera*, de Joseph Roth", Francisco José López Alfonso hace una lectura comparada entre el texto de Bellatin y el de Roth y dice que, "*Jacobo el mutante* es una gran broma, una novela que en lugar de representar la vida representa un texto que se ocupa de otro texto, además apócrifo. El simulacro de un simulacro en el que todo es tan excesivo —una novela escrita en permanente estado de embriaguez interpretada por un idiota como si fuese un texto religioso, próximo a la mística—, que resulta imposible dejarse engañar".

Literatura y humor

En "El *realismo cómico* de Mario Bellatin: Shiki Nagaoka y el sentido errático", Juan Pablo Cuartas examina el humor a partir de la dificultad misma de clasificar la obra de nuestro autor y se centra en dos textos: *Shiki Nagaoka, una nariz de ficción* y *Efecto invernadero*. Asimismo, dice que considera "como *cómico* el efecto resultante de un autor que permanece indolentemente junto a su escritura, luego de las declaraciones de defunción del autor de Barthes y Foucault, y las de Agamben que refieren al 'autor como gesto'. Ésta no es una apreciación superficial de mi parte, ni tampoco una estrategia externa del autor en el campo literario: este efecto cómico es *interno* al proyecto literario y artístico de Mario Bellatin". Haciendo un recorrido de varias obras de Bellatin, Martín Gaspar identifica tres aspectos en los que residen el humor: a) "el juego de la anagnórisis y el 'vínculo'"; b) "el juego del estilo" y c) "el juego de lo obsceno". Y concluye que: "la risa no es, no puede ser, una respuesta al enigma ni un desciframiento. Su potencial reside en la capacidad de exigir una reflexión, a veces incómoda, sobre nuestros protocolos de lectura: ¿por qué (no) me río? En el caso de la obra de Bellatin, que se presenta como aparentemente ajena a toda risa, los momentos a menudo incómodos en que surge para la lectura crítica son particularmente reveladores tanto de las costuras de la obra (su "negativo") como de las búsquedas que hacemos al leer y las emociones que involucran".

Cuestiones de género

En "La petrocultura y Frida Kahlo: De la biopolítica al energopoder en *Las dos Fridas* y *Demerol sin fecha de caducidad* de Mario Bellatin", Emily Hind examina estos dos textos a la luz del demerol (droga), el petróleo y la ecología, con un trasfondo que toma en cuenta varios aspectos del género. Hind ve *Las dos Fridas* "no como petronovela, pues la técnica meditativa de Bellatin no se conforma con el procedimiento novelístico normativo, sino como una contemplación extraña, aun dentro de las meditaciones de Bellatin". Asimismo, para Hind "*Demerol sin fecha de caducidad* propone una fantasía energética en que nada se enchufa, ni se carga, ni se alimenta con combustible alguno, fantasía que sugiere que, al voltear de los desvaríos de lo *narco* a la insustentabilidad de lo *petro*, posiblemente ni siquiera cambiamos de tema". Igualmente, en "Textos, cuerpos y mutantes en *Jacobo reloaded* de Mario Bellatin, una aproximación feminista", Sebastián Reyes Gil se centra en esta obra para analizar diversas cuestiones textuales y corporales a partir de la mutación. Más aún, dice Reyes Gil, "propongo una aproximación *queer* y feminista, como lectura crítica sobre las construcciones de sexo/texto, donde las mutaciones y transformaciones son dos operaciones cruciales de las formas y temas de la obra".

La dimensión estética: Arte, fotografía, literatura y performance
En "Mario Bellatin: el arte escrito", Marina Cecilia Rios analiza la producción de Bellatin tomando en cuenta su relación entre literatura y arte; más particularmente, "la figura de la instalación" y el "*ready-made*". En "Mario Bellatin y sus comedias del arte: repetición y variabilidad", Mario Cámara hace un recorrido por varios textos de Bellatin para analizar su obra en el contexto de la contemporaneidad y dice: "mi hipótesis inicial propone pensar la producción de Bellatin como una reflexión sobre el carácter inestable, permanentemente reformulable, provisional y, por lo tanto, proliferante de toda narración"; de todo esto, le interesa destacar "los procedimientos puestos en juego, las disposiciones del material, el montaje entre texto e imagen, las estrategias de edición y la figura pública de autor que ha ido construyendo". En "Escribir con huellas: fotografía y literatura, cruces indiciales en la escritura de Mario Bellatin", Andrea Cote-Botero estudia diversas estrategias textuales de Bellatin a partir de la relación entre fotografía y escritura, particularmente: "los límites de la representación". Finalmente, en "Un Suceso de Escritura: Figuras de autor en el proyecto Escritores Duplicados, de Mario Bellatin", Tomás Regalado López examina las implicaciones literarias y estéticas del "Congreso de Escritores Duplicados" que Bellatin organizó en París. Para Regalado López, este congreso debe comprenderse "desde la particular estrategia de posicionamiento de Mario Bellatin en el campo literario mexicano y latinoamericano".

Por último, creo que la multidisciplinariedad que encontramos en una obra desafiante, enigmática y fascinante como la de nuestro autor, produce naturalmente un abordaje interdisciplinario, así que, si algún logro tiene esta edición, es ofrecerle al lector una variedad teórica abarcando igualmente un gran número de títulos. Sin embargo, ya sabemos, interpretar a Mario Bellatin es siempre una aproximación.

Héctor Jaimes

Notas

1. Mario Bellatin, *Obra reunida*, (México: Alfaguara, 2005).

Bibliografía

Bellatin, Mario. *Obra reunida*. Prólogo de Diana Palaversich. México: Alfaguara, 2005.
——. *Obra reunida*. Madrid: Alfaguara, 2013.
——.*Obra reunida 2*. Madrid: Alfaguara, 2014.
López Alfonso, Francisco José. *Mario Bellatin, el cuadernillo de las cosas difíciles de explicar*. Alicante: Publicaciones de la Universidad de Alicante, 2016.
Palma Castro, Alejandro et al., ed. *Bellatin en su proceso: Los gestos de una escritura*. Buenos Aires: Prometeo Libros, 2018.
Ortega, Julio y Lourdes Dávila. *La variable Bellatin: Navegador de lectura de una obra excéntrica*. Veracruz: Universidad Veracruzana, 2012.
Raggio Miranda, Salvador Luis. *Salón de anomalías: Diez lecturas críticas acerca de la obra de Mario Bellatin*. Lima: Ediciones Altazor, 2013.

I Escrituras

Mis nuevas escrituras, las nuevas escrituras

Mario Bellatin

...PERO, LUEGO DE LO que te acabo de confesar, querido compañero de milicia, debo explicarte que estoy convencido, con perdón de Puercoespín y Perezvón, nuestras almas tutelares, de que el deseo al que aspiro por encima de todo es tener un perro saluki, la única raza aceptada como sagrada en el Islam. El perro que no es perro sino un Regalo de Dios, según el Sagrado Corán. ¿Nos es ajeno acaso el Corán? Te debes estar preguntando en este momento. Seguro lo es para ti. Tú, un inmigrante como tantos otros, que llevan no sólo sus miserias sino sus creencias consigo. Luego de haber sido parte de las huestes de Mussolini, estoy seguro de que no crees que lo musulmán forme parte de nuestra cultura, tampoco, obviamente, la teología de los dioses precolombinos, cuyas manifestaciones se me presentan de manera cotidiana en los alrededores del salón de belleza devenido en Moridero que instalé poco después de llegar a México. Estás seguro de eso, de que ni lo musulmán ni lo precolombino es nuestro, a pesar de habitar actualmente en un continente poblado de muertos. En un espacio sin destino definido. En este país de cadáveres donde acabé no sólo instalándome para siempre, sino donde incluso puse a funcionar un salón donde la gente llegaba con la esperanza de verse más bella. Te podría decir, es lo que te gustaría escuchar seguramente, que estoy convencido de eso, que no crees en nada que no provenga de la Biblia. Será porque te conozco desde los tiempos en que éramos un par de milicianos. Aunque quizá tengas razón y que igual no nos pertenezca ninguna de las Escrituras Sagradas con las que se rige buena parte de la humanidad. Debemos entonces ser humildes, agachar las cabezas y aceptar que habitamos un continente donde no existe ya más ni la Palabra, ni los libros tutelares, ni los Códices, ni las intrincadas e inexpugnables escrituras atávicas de las civilizaciones del Sur, ni las nuevas interpretaciones, llevadas a cabo muchas veces por los innumerables evangelistas que tocan una y otra vez la puerta del salón de belleza convertido en moridero. Nada que otorgue sentido a la infinita cantidad de muertes absurdas de las que estamos rodeados, vivos habitando sobre los muertos, muertos sobre los vivos, muertos enterrando a sus propios muertos, muertos desenterrando a sus muertos. Ojalá, lo deseo de todo corazón, que alguna vez pueda obtener un saluki, como te informé, el perro sagrado del Islam. Me preocupa tanto la forma de conseguirlo como saber si estoy en condiciones de criarlo. Se trata de perros delicados, que necesitan un espacio amplio para correr y desarrollarse de manera adecuada. No creo que el lugar de muertos donde habito, donde ya nadie cree en Escritura Sagrada alguna, sea el espacio propicio para verlo crecer. A principios de este Ramadán, es decir durante el mes entrante, contaremos con la visita de la sheika Fariha, la líder espiritual de la orden sufí a la que pertenecemos, tanto yo como el joven Alí, el ayudante en la mezquita del que te hablé, quien está muy entusiasmado con la posibilidad de ver por primera vez a una Sheika. El joven Alí no la conoce, nunca ha visto a la sheika Fariha. Se trata de un novicio que acaba de ingresar a la orden. Sé que precisamente por eso, por ser un principiante, te causa asombro esa inquietud que sabes siento cuando él se me acerca físicamente más de la cuenta. ¿Crees que sea pertinente contarle acerca de las verdaderas razones de la sheika para realizar esta visita? ¿Crees que sea pertinente decirle asimismo que no sólo soy un autor de libros sino portador de las Nuevas Escrituras, que es el tema que deseo tratemos ahora? Debo contarte, querido compañero de milicia, que he reunido a un grupo de personas, académicos principalmente, para que discutamos, en medio de tanto desconcierto, la posibilidad de la aparición de nuevas escrituras. Una escritura no solo acorde al siglo en que habitamos, sino una que dialogue de manera armoniosa con la cultura que nos precede. Estoy seguro de que la sheika Fariha aparecerá vestida con prendas suntuosas. Colgarán abalorios de su cuerpo. Me repetirá, al verme entrar en actitud humilde al centro de oración, el presentimiento ya expresado de que el próximo Ramadán portará un saluki para mí. La vez que me lo dijo aclaró que me lo otorgará el Ramadán y no su persona. No le creí. Entre otros asuntos, porque no puedo imaginar cómo el Ramadán, un periodo de abstinencia e iluminación, que además consideras ajeno a nuestras costumbres, pueda ofrendar un ejemplar de esa naturaleza. Pensé que quizá me estaba informando que yo encontraría alguno perdido en la calle. O es probable que me estuviese sugiriendo que lo podría hallar al lado de mi alfombra de oración, después de mis postraciones matutinas a partir de las cuales rezo con dirección a La Meca. Las Antiguas y Nuevas Escrituras suelen hallarse en los lugares más insólitos, diría antes de alejarse de mi persona. Al levantarme esta mañana, junto a los perros Puercoespín y Perezvón, le empecé a dar de comer a los internos en el salón, a los enfermos que mantengo en este lugar que alguna vez estuvo destinado a la belleza. Esta mañana casi todo se me presentó como fuera de lo real. Pensé que quizá la sheika Fariha haría todo lo posible por conseguirme un ejemplar entre sus conocidos. Suponía que se trataría de un cachorro de saluki y no de un perro adulto. Como muchos deben saber, el saluki es el perro de los beduinos del desierto. Es un can de arena, cazador por excelencia. Un animal que no desentierra muertos con las uñas, como sentenció Mohammed al otorgarle la condición de dádiva divina. Cuando los demás perros intentaron profanar su tumba, los compañeros del Profeta los eliminaron con el filo de sus espadas. La totalidad de los cientos de canes existentes en los alrededores de Meca y Medina quedaron inertes y sangrantes formando montañas inmensas de cuerpos que hubo necesidad de incinerar, de enterrar en fosas clandestinas, anónimas. Perros que se tuvo la orden de desaparecer para supuestamente arrojar luego las cenizas a las aguas de un río. Carne de perro que fue llevada a los hornos crematorios con los que cuentan los cuarteles militares. Perros asesinados como perros. Por una orden superior, no escrita en ningún libro sagrado ya que la Escritura Actual ha dejado de existir. Abel García Hernández. Abelardo Vázquez Peritén. Adán Abraján de la Cruz. Alexander Mora Venancio. Ambrosio Martínez Rodríguez. Antonio Santana Maestro. Benjamín Acergo Bautista. Benjamín Ascencio Bautista. Carlos Iván Ramírez Villarreal. Carlos Lorenzo Hernández Muñoz. César Manuel González Hernández, Christian Alfonso Rodríguez Telumbre, Christian Tomás Colón Garnica. Cirino Tejeda Meza, Cutberto Ortiz Ramos. Daniel Gerardo Cantú Morales. Dorian González Parral. Eduardo Ayafredh Gómez, Sebastián Salgado, Emiliano Alen Gaspar de la Cruz, Everardo Rodríguez Bello, Felipe Arnulfo Rosas, Giovanni Galindes Guerrero, Israel Caballero Sánchez, Israel Jacinto Lugardo, Jazziel Ramírez Sánchez, Jesús Jovany Rodríguez Tlatempa, Jonás Trujillo González, Jonathan Maldonado Hernández, Jorge Álvarez Nava, Jorge Aníbal Cruz Mendoza, Jorge Antonio Tizapa Legideño, Jorge Luis González Parral, José Ángel Campos Cantor, José Ángel Navarrete González, José Eduardo Bartolo Tlatempa, José Luis Luna Torres, Joshvani Guerrero de la Cruz, Julio César López Patolzin, Julio César Ramírez Nava, Julio César Velázquez Alonso, Leonel Castro Abarca, Luis Ángel Abarca Carrillo, Luis Ángel Francisco Arzola. Camilo Catrillanca. Los muertos formando una misma masa. Hoy, como las Nuevas Escrituras de las que pretendo hablarte, los saluki son casi imposibles de conseguir. Los huesos de los muertos clandestinos siguen estando presentes a mi alrededor. Traspasan cualquier Escritura, sagrada o no. Clásica o contemporánea. Para obtener un saluki generalmente hay que emprender largos viajes a Medio Oriente. Aventurarse en complicadas búsquedas, infructuosas la mayor parte de las veces pues un beduino del desierto en muy contadas ocasiones se deshace de alguno de sus perros. Sin embargo, ignoro el motivo por el que llegué a confiar de manera total en la palabra de la sheika Fariha, cuando afirmaba que el próximo Ramadán me traería uno de ellos. Luego de afirmarlo me dijo que ya estaba bien de sufrimientos. Que de ahora en adelante el Ramadán me traería dicha tras dicha. Comenzaría no con la llegada del perro que no es perro, sino con la aparición de una escritura propia. Con un don del que parecen gozar los nómadas del desierto. Sin la ayuda de esos animales, la hambruna y la violencia serían más frecuentes aún, la misma que obliga a ingentes cantidades de personas a huir de sí mismos a través de desesperados desplazamientos. Como lo sabes, los ágiles salukis son cazadores natos, no como Puercoespín y Perezvón, los perros que nos acompañan desde los tiempos de Mussolini, que están hechos para el pastoreo. Más de una vez, el propio Profeta Mohammed afirmó que un beduino sin un buen saluki a su lado, un tipo de escritura, podía considerarse hombre muerto. En el siguiente Ramadán yo debía olvidar mis preocupaciones frecuentes. No hacer caso excesivo a los huéspedes, a los enfermos a punto de morir que mantengo en el salón de belleza. Dejar que Puercoespín y Perezvón entren y salgan a su libre albedrío. Olvidar en lo posible un viaje que emprendí en cierta ocasión en busca de los restos de un niño asesino, cuyos compañeros de prisión eliminaron luego de ver a su gato muerto en el horno de la cárcel. Me aparece todo el tiempo en la memoria los años en que fuimos milicianos. Las calles regadas de cadáveres luego de los bombardeos finales que acabaron con nuestra ciudad. Olvidar nuestros dedos destrozados en la superficie de un yunque con la intención de hacernos pasar como víctimas y, de esa manera, lograr huir a esos países americanos, cargados de violencia, que nos asignaron como lugar de residencia definitiva. Saber que nuestras madres se entregaban de manera fácil a quien se lo propusiera debe ser algo que nos debería ya dejar de preocupar. Dejar atrás el horror que significó no volvernos a ver jamás, a pesar de que me perdonaste haber alimentado más de la cuenta a un soldado extranjero a tus espaldas. No reparar en los cientos de muertos que me rodean, no sólo los cuerpos camino a la desaparición de los huéspedes que mantengo a mi cargo, sino aquellos que habitan las fosas clandestinas que no acaban nunca de desaparecer. Debe consolarme saber que disfrutas más de la cuenta cuando te detienes para comprar las flores y los sándalos y las varitas de hojas de té de limón que ofreces algunas noches, al lado del joven Alí, a los creyentes. Al costado de aquel joven que, mientras el agua hierve, sientas cerca para contarle la experiencia por la que tuviste que atravesar en busca del cadáver de un niño asesino. Tu relato no transcurre en un tiempo definido. Esa agua que se ha puesto al fuego para el té de los fieles parece no hervir jamás. Parecen ser los tiempos necesarios para que aparezcan de la nada una serie de letras que formulen frases que den las respuestas presentes en los Libros Sagrados. En los códices, en los quipus, en ciertos pasajes del Popol Vuh. Ningún lenguaje actual está preparado para expresar la desgracia de la que somos víctima. Las palabras están incapacitadas para dar cuenta de lo que sucede a nuestro alrededor. De nosotros. Para dar cuenta de nuestro horror interno al momento de enfrentarnos a los cientos de cadáveres anónimos con los que debemos convivir. ¿Dónde están los muertos conocidos? ¿Dónde los desconocidos? Letras aparecidas de la nada me llevaron a escribir mi primer libro. Las mismas con las que comienza la descripción de un espacio donde aparecen peces atrapados en un acuario, suspendidos en un entorno artificial que poco tiene que ver con el lugar físico donde la pecera se encuentra situada. El acuario estaba colocado sobre un muro que dividía en dos el galpón donde duermo. La tienda de peces quedaba a pocas cuadras. En una esquina. En ese entonces mantenía todavía en el galpón algunos peces dorados. Los tradicionales. Peces que daban la impresión de sentirse coautores del libro. En realidad, lo fueron. Los peces de colores adquiridos en un negocio situado en una esquina fueron precisamente los que inspiraron la aparición de estos otros peces, muertos todos. El trabajo con esos peces moribundos fue quizá una de las maneras que hallé para escapar de la culpa que me produce tanto escribir como no hacerlo. Aunque sabes que eso es imposible. No puede ser real que alguien como nosotros dos, que apenas si aprendimos a leer y a escribir, experimentemos una culpa como aquella. Porque sabes bien que no hemos recibido ninguna educación. Apenas nos enseñaron las letras básicas y algunos pasajes de la Biblia allí, en el propio regimiento de asesinos al que pertenecíamos. Porque eso era nuestro batallón: un regimiento de asesinos. Sólo ahora, luego del tiempo transcurrido, lo advierto. En ese entonces creíamos que estábamos inmersos en otra dinámica. Quizá la presencia constante de Puercoespín y Perezvón nos llevó a mantener tal certeza. Recuerdo ahora claramente ciertas noches en mi cama, la de mi casa en la Ciudad de México, envuelto en un edredón de plumas, donde experimentaba la engañosa sensación de encontrarme protegido, tanto de mi propia escritura como de las imágenes de matanzas sistemáticas de perros, de figuras de mezquitas tanto de Oriente como de Occidente, de niños asesinando a otros niños en los pueblos de los andes, del altiplano mexicano. Experimentando escenas en las que Dioses precolombinos devoran a otros Dioses, a otros seres humanos, uno tras otro, escenas de Puercoespín y Perezvón yendo a la caza de una paloma que comía los restos que dejaban los viandantes luego de desayunar. Más de una vez he escuchado decir, proveniente de tierras lejanas, menos mal, que yo usaba un garfio en vez de mi mano derecha, que lo utilizaba principalmente como propaganda para vender los libros que iba escribiendo. En momentos así, en los que recuerdo sucesos de ese tipo, me suelen venir a la mente, con una fuerza mayor a la usual, las peripecias que protagonizamos juntos. La vez que acudimos al taller del herrero para que nos fuera dañando los dedos de nuestras manos extendidas. El largo viaje en una pequeña embarcación con el fin de recobrar los restos mortales de un presidiario. Me consuela contar con la presencia de Puercoespín y Perezvón. Que me acompañen ahora que estoy en pleno proceso de recomposición después de sufrir la pérdida imaginaria de un brazo, el cual arrojé a las aguas de un río como se supone fueron desechadas las cenizas de los perros masacrados. Puercoespín y Perezvón velan por alguien que carga todo el tiempo consigo un imaginario de seres deformes, torturados, vendedores de libros a causa del garfio que utilizan en lugar de manos, que se supone son parte de mis propias escrituras. Sé que te es difícil imaginar algo así, como a mí me es casi imposible verte convertido en un monje de bajo perfil que siente temor ante la cercanía de un simple novicio, el joven Alí, a quien sentaste a tu lado para contarle acerca de un viaje imaginario, aquel en busca del cadáver de un niño que mataba niños. Supongo que tampoco puedas creer que yo represento la Nuevas Escrituras. Que diga, como si tal cosa, que la Nueva Escritura soy yo. Alguien que intenta, al menos, y eso lo saben bien tanto los peces de los acuarios que mantengo, como Puercoespín y Perezvón, los perros que toda la vida me han acompañado, erigirse como el poseedor de ese don. Una escritura que dé cuenta que las artes son un espacio en constante movimiento, y que me puedan explicar mi razón de ser en la barbarie del mundo. Letras que sean capaces de definirme como autor y como una persona inmersa en la tragedia. No lo sabes, estoy seguro, pero curiosamente los protagonistas de mi último libro se sienten satisfechos con la obra donde se ven representados. Creo que quedan mal librados, pero dan la impresión de no advertirlo. Quizá son bastante ingenuos. Cuando los visité por primera vez vi a la esposa rodeada de perros saluki. Ignoraba que la pareja tuviera afición por esa raza. Para mi sorpresa, la mujer me dijo que yo fui el propulsor de aquel interés. No deja de ser cierto. Desde hace muchos años he sido uno de los encargados de difundir, a pesar de no haber poseído nunca un ejemplar, la historia mística que los acompaña. He divulgado, además, que son animales higiénicos. La mujer me hizo subir al segundo piso. Tuve la precaución de dejar a Puercoespín y a Perezvón atados en la calle, de la misma forma como me suelen esperar durante mis visitas a la mezquita. El marido se encontraba acostado en la cama. Me quedé en el umbral y desde allí lo escuché elogiar no el libro donde aparecen como personajes, sino mi quehacer de escritura en general. Sé que tienes conciencia de que todo lo que te voy contando es mentira. Que no creo en los Libros Sagrados, ni en los occidentales ni en los propios de la región que habitamos. Que no soy escritor, algo imposible de considerarme, principalmente porque nunca he recibido educación formal alguna, Soy, eso sí, un estilista que decoró un salón situado en una zona marginal con infinidad de peces de colores. Escribo sólo para olvidar, para no recordar entre otros asuntos, los años que vivimos uno al lado del otro sufriendo la derrota bélica más atroz. Para no acordarme de mis falsas visitas a la mezquita. Para dejar en el olvido mi oficio habitual. La mujer de pronto me preguntó por las nuevas noticias que podían portar los saluki. Le contesté que habían encontrado ya el eslabón perdido de esa raza, cuyo gen estaría aún latente y dispuesto a aparecer por generación espontánea en el momento menos pensado. Se supone que ese gen daría como resultado ejemplares del tamaño de un caballo. Vivo esperanzado en que surja por generación espontánea, de la misma forma como anhelo que la famosa Nueva Escritura aparezca en el momento menos pensado. Se trataría, como dije, de un perro de un tamaño mayor al de un caballo. Casi como un camello del desierto. O quizá aparecería como su contrario, minúsculo como lo es un pez de colores. Aquellos que conozco bien, que saben escribir y crear relatos de una belleza impresionante. Un poblador de cierta zona rural me dijo en una ocasión que había sido testigo de la presencia de un ejemplar de saluki gigante, que había crecido y crecido hasta morir cuando, se suponía, no había alcanzado aún su talla máxima. Murió antes de desarrollarse por completo. El poblador añadió que no había sido el primero en nacer en la región, sino que los lugareños siempre mataban a los cachorros en los que preveían, al mirarlos por primera vez, la predisposición a contener un gen semejante. Cuando acabé el relato, el marido ya estaba dormido. Se encontraba boca arriba y tenía mi libro sobre el pecho. Antes de irme de esa casa, la mujer me informó que preferían a mi obra la del escritor checo Bohumil Hrabal, quien acababa de caer de la cornisa de una ventana del asilo donde estaba recluido por tratar de darle de comer a un grupo de palomas. Al escuchar esas palabras tuve la certeza de que es terrible saber que no hay una forma convencional para expresar lo que aparece como un monstruo, una sombra en la vida: la escritura que se ha llevado a cabo a lo largo de la existencia. He desconocido siempre el momento exacto en que la ansiedad por escribir: ciega, boba, sin un sentido definido más que el de practicar la escritura por el simple hecho de llevarla a cabo, pasó a formar eso que algunos llaman lo literario, lo que de cierta manera permite que alguien que escribe pueda ser clasificado, archivado, entendido dentro de cierto orden, asunto que acaba por sepultarlo dentro de una certeza falsa. Lo cierto es que, como te lo dije estimado compañero de milicia, yo no cuento con memoria en relación a mi propio trabajo. Menos aún con un concepto definido. Creo más bien que las escrituras deben existir para ser olvidadas al instante. Aquello, el olvido, quizá sea su razón de ser. Poner en práctica algo así como El Sello Escritural de la No Memoria. Un ejercicio semejante se presenta más absurdo aun que el afán por recuperar los restos mortales de un niño asesino, o de explicar a un joven aspirante a místico aspectos de tu pasado mientras el agua de los fieles está a punto de hervir. A acciones que llevan el olvido como marca de origen. En ese orden me gustaría colocar al soldado que alimenté a tus espaldas, la tienda donde adquirí los peces de colores para mi salón, la acción de los perros Puercoespín y Perezvón al cazar una paloma. Compañero de milicia, la única manera con la que cuento para darme una idea de lo que pueden significar las Nuevas Escrituras es colocando mi propio trabajo, del cual casi no recuerdo nada, como punto de referencia. Algún texto de T.S Eliot quizá ahora tenga lugar. ¿Lo he mencionado antes en algún espacio? Házmelo recordar, incluso ahora que sé te encuentras abstraído al lado del joven Alí mientras esperan que hierva el agua del té. "He cometido fornicación, pero fue en otro país y además la mujer ya está muerta". Curioso que aparezca en este momento un fragmento de este orden. En el libro de Eliot no se explican las razones de la fornicación, la extranjería ni la muerte de la mujer. Extranjeras y extrañas a nuestras culturas como la Santa Biblia y el Sagrado Corán. Como el mismo T. S. Eliot. En ese momento se presenta, querido compañero de milicia, el momento exacto en que un niño musulmán latinoamericano relata un sueño. Aquel donde va a recibir por parte de la sheika un perro saluki. También, aunque no te lo haya mencionado en su momento, una pecera transparente. El libro de los muertos. Homenajes secretos. Conversaciones absurdas con Juan Carlos Onetti, Felisberto Hernández, Marosa di Giorgio. Se acumula el viaje con Fowgill a Montevideo, el epígrafe de mi primer libro, la idea de una ciudad atrapada en su propio tiempo, la realidad que retrata José María Arguedas. Un monstruo que sólo es posible soportar si no se le recuerda de manera intensa o si se le deja descansar en una especie de existencia acuosa. Ahora que tenemos las manos con los dedos destrozados. Yo en México y tú en Argentina, con la misión de tener todo preparado los jueves para la llegada de los fieles de la orden mística de la que formamos parte. Aunque, como también lo has de saber, tengo el deber de escribir. Repudio, ignorancia y necesidad, es lo único que nos queda, luego rechazar los Libros Sagrados. Constantes, extremos, cambiantes, cuyos opuestos suelen presentarse de manera simultánea. Te imagino llegando puntualmente a la mezquita acompañado de Puercoespín y de Perezvón. Por eso comprendo que te sea difícil entender cuando te cuento que mi manera de trabajar no es como la de los demás. Mi estudio, aquel donde he inventado la existencia de un salón decorado con peces, se convierte cada cierto tiempo en un espacio donde llevo a la práctica un ejercicio vacío. Coloco sobre una superficie blanca una palabra detrás de otra. En cambio, tú, antiguo compañero de milicia, llevas a cabo una vida normal, que encuentra algo cercano a la felicidad cuando se sienta al lado del joven Alí, desde donde le cuentas acerca del rescate del cuerpo muerto de un niño asesino mientras hierve el agua del té de los creyentes. Pero debo decirte, mientras sé que piensas en el tiempo que pueden pasar Puercoespín y Perezvón atados a un árbol cercano al centro de oración, poco se habla en nuestras no escrituras, ni nuevas ni clásicas, acerca de los silencios. El único enmudecimiento importante parece ser el que guardamos tú y yo durante todos estos años, en los que no nos comunicamos en lo más mínimo. Cuando fuimos separados en un puerto de Europa, luego de la caída de nuestro líder Mussolini, hacia destinos diferentes. Me llama también la atención el silencio que guardó la pareja de esposos, la que poseía los salukis, con relación a su aparición en la última obra que he publicado. Deben haberse quedado callados porque no suelo tener control sobre las cosas que voy escribiendo. Desconfío todo el tiempo de las palabras. De la existencia de canes que pueden alcanzar la altura de un camello. Tampoco confío en las palabras de mis hermanos de orden mística cuando afirman que viven el paraíso en la tierra. Lo musulmán es sólo un camino por el que debe pasar el sufí, no la meta que debe alcanzar. Un poco como las palabras y las escrituras, un vehículo y no un fin en sí mismos. Musulmanes somos todos, afirman algunos místicos por allí. El sufí busca lo místico presente en lo cotidiano. En lo concreto. Su búsqueda tiene que ir, por obligación, más allá de todos los límites. Entre otras actividades fuera de orden, debo contarte que los sufíes, aparte de dejar arreglado los jueves el centro de oración, llevamos a cabo una serie de prácticas que nos conducen a caer en un éxtasis tal que nos permite vislumbrar el pasado espiritual que todos nosotros hemos perdido. Es por eso que los peores enemigos de los sufíes somos los propios musulmanes. Los santos, los mártires del sufismo, han caído casi siempre en las interpretaciones que cada grupo ha pretendido darle al Corán. No hay más libros Sagrados. Ni Torás, ni Biblias, ni Coranes, ni Códices, ni Popol Vuh, ni extrañas cuerdas atadas con nudos como forma de comunicación. Algo similar a lo que ocurre con las escrituras de todos los tiempos. Sus peores enemigos son precisamente los que ejercen la escritura. Para darte un ejemplo, querido compañero de milicia, el santo Mansur Al-Hallaj fue torturado hasta la muerte por afirmar "Yo Soy la Verdad, Yo Soy Dios". De la misma forma como sería ejecutado un escritor de nuestros tiempos que se atreviera a dar una charla pública, rodeado de académicos como hoy, titulada Yo Soy las Nuevas Escrituras. Y ya que te encuentras a la distancia, me permito decirte, aquí con Perezvón acostado a mi lado y rodeado de decenas de cadáveres. No hay objetivo. Perdón sí: hacer un libro. Todo no es más que una impostura. La descripción de los salukis. Nuestro pasado como integrantes de los Camisas Negras. El niño asesino del cual debiste hacerte cargo realizando una improbable travesía a los mares del sur. Puercoespín y Perezvón. La muerte de Bohumil Hrabal. El filósofo travesti, atacado por una esclerosis múltiple, quien me contó casi al final de su vida que una de sus pesadillas de infancia había sido precisamente acabar sus días atrapado dentro de su propio cuerpo. Ese filósofo, quien me visitaba en el salón de belleza que instalé poco después de llegar a este país, México, plagado de muertos, se llamaba Giuseppe Campuzano. Las historias, los personajes, las repeticiones. Todo una falsedad, un pretexto, el susurro de Rulfo, la sorpresa de Elizondo, una excusa para seguir haciendo lo único que debe ser practicado de manera ininterrumpida: escribir. ¿Qué pueden ser las Escrituras Propias del Siglo XXI?, sería una pregunta plausible. Nada que tenga que ver, entre otras cosas, con la llegada de siglo alguno. Quizá, como lo afirmó T. S. Eliot, tenga alguna relación con el hecho de fornicar en otro país con personas ya muertas. O con esperar que el próximo Ramadán nos otorgue el saluki de los beduinos del desierto. Que nos traiga, tanto a ti como a mí, para desesperación de Puercoespín y de Perezvón, el perro que no es perro. Es posible también que cada pez dorado que nade de manera majestuosa sea la representación de la palabra propia. Una palabra que nunca podrá ser plena mientras carguemos con los perros que deambulan buscando sepultura por el mundo. Abel García Hernández. Abelardo Vázquez Periten. Adán Abraján de la Cruz. Alexander Mora Venancio. Ambrosio Martínez Rodríguez. Antonio Santana Maestro. Benjamín Acergo Bautista. Benjamín Ascencio Bautista. Carlos Iván Ramírez Villarreal. Carlos Lorenzo Hernández Muñoz. César Manuel González Hernández. Christian Alfonso Rodríguez Telumbre. Christian Tomás Colón Garnica. Cirino Tejeda Meza. Cutberto Ortiz Ramos. Daniel Gerardo Cantú Morales. Dorian González Parral. Eduardo Ayafredh Guzmán, Sebastián Salgado. Emiliano Alen Gaspar de la Cruz. Everardo Rodríguez Bello. Felipe Arnulfo Rosas. Giovanni Galindes Guerrero. Israel Caballero Sánchez. Israel Jacinto Lugardo. Jazziel Ramírez Sánchez. Jesús Jovany Rodríguez Tlatempa. Jonás Trujillo González. Jonathan Maldonado Hernández. Jorge Álvarez Nava. Jorge Aníbal Cruz Mendoza. Jorge Antonio Tizapa Legideño. Jorge Luis González Parral. José Ángel Campos Cantor. José Ángel Navarrete González. José Eduardo Bartolo Tlatempa. José Luis Luna Torres. Joshvani Guerrero de la Cruz. Julio César López Patolzin. Julio César Ramírez Nava. Julio César Velázquez Alonso. Leonel Castro Abarca. Luis Ángel Abarca Carrillo. Luis Ángel Francisco Arzola. Camilo Catrillanca. Una escritura innombrable, inasible, fugaz, transparente, como se le presenta el paso del tiempo a un derviche mientras se encuentra en pleno trance del giro. La Escritura del Siglo XXI soy yo, puede decir cualquiera que decida tomar de pronto un lápiz y un papel con la intención de colocar un rasgo, una letra, una rúbrica, algo que dé cuenta de su acción. De un movimiento que no sea otro, sino simplemente el de dejar estampado sobre una superficie su paso por el mundo.

II Lecturas desde la literatura

Escenas[1]

Daniel Link

¿Qué puede pasar con esa totalidad sospechosamente admitida que la convención crítica llama con resignada etiqueta clasificadora "literatura latinoamericana", si alguien decide erigir una cámara de vacío a su alrededor? ¿Qué pasaría si los hilos sentimentales que se crean alrededor de la idea de determinada escritura se deshicieran en el vacío? Quizá sea este el mecanismo retórico que mario bellatin creó para obligar a una literatura a reescribirse a sí misma.[2]

*

CONOCÍ A MARIO EN una plaza de la ciudad de Oaxaca atiborrada de turistas y palomas violentadas por la repetida y excesiva ingesta de maní espolvoreado con chile en polvo. Me había llevado hasta él mi amiga margo glantz, una millonaria mexicana empeñada en descubrir nuevos talentos para su editorial de vanguardia, que muy pocos conocen. Se había encaprichado en hacer de mario bellatin una estrella de sus colecciones, aunque nunca había leído nada que él hubiera escrito y hasta dudaba de que la literatura le interesara en lo más mínimo.

Por ese entonces, mario integraba un grupo de música folklórica cuyo repertorio no le gustaba demasiado, pero a cuyas giras se sumó porque le permitían resolver sus necesidades cotidianas.

Cantaba mal, y a veces solo movía los labios. Se distraía con frecuencia. Oigo voces que me hablan desde el cielo, me dijo alguna vez, antes de abandonar ese coro o que lo echaran de él.

*

Margo fundaba su convencimiento sobre el futuro de mario bellatin en los papeles que él guardaba en cajas de madera que recolectaba al atardecer de los

Cortesía de Sebastián Freire

basurales en los alrededores de su casa. En algunas de esas cajas dormían sus tortugas; en otras, sus perros; en otras, sus sueños y premoniciones.

Cuando pude revisar esos papeles comprobé que no hacían sino impugnar la concepción clásica de la literatura para proponer una práctica radicalmente nueva. Señalaba haber detectado, casi desde los orígenes de su oficio, una suerte de inquietud constante por escribir sin escribir. Es decir, por resaltar los vacíos, las omisiones, antes que las presencias. Utilizaba las imágenes o las palabras como un simple recurso para ejercer, de manera un tanto vacua, el mecanismo de la impostura. Tabú capital: no se explotará lo típicamente literario. Solo el vacío es permisible, pero incluso éste debe ser acotado. Minimalismo extremo —como en el caso de *Historias en la palma de la mano* o a *La casa de las bellas durmientes:* pronunciar el abismo con silencio.[3]

Por ese motivo, dijo que en más de una ocasión, desde su niñez, copió sin cesar las figuras y las letras de los frascos de alimentos o de medicinas que encontraba en su hogar. También obras o textos de otros autores, sobre todo de literatura popular. Se dedicó durante algún tiempo al trabajo de transcripción, ejercicio que separa muchas veces la palabra de su función original.

Le recomendé a margo que promoviera la carrera de mario bellatin. Sellaron un contrato de por vida con un abrazo.

*

Escenas

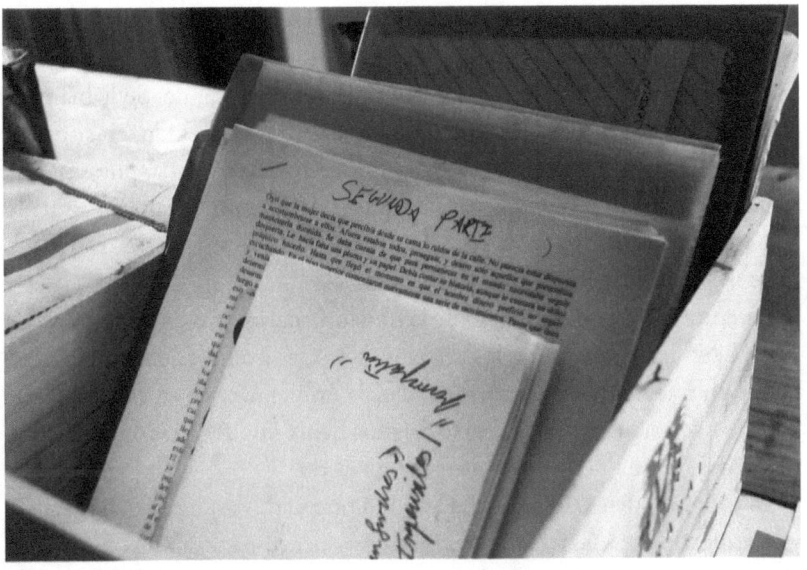

Cortesía de Sebastián Freire

Cortesía de Sebastián Freire

Mario comenzó una carrera plagada de malentendidos que, lejos de asumir como obstáculos, potenciaron sus excentricidades. Empezó a constatar, casi con terror, el carácter profético de las obras que iba creando. Se había visto envuelto, quince o veinte años después de haberlas concebido, en situaciones similares a las que aparecían en sus proyectos. Recordaba, por ejemplo, cuando se realizó un montaje teatral a partir de su libro de ensayos titulado *Salón de belleza* por parte de la misma compañía que antes había estrenado *Fragmentos de un discurso amoroso*.

Durante el estreno, en medio de la función, mario cayó en una especie de éxtasis. No había asistido a los ensayos. No sabía cómo se encontraba dispuesto su trabajo. Todo era sorpresa. Fue la primera vez en su vida en la que pudo leerse a sí mismo. El discurso original había sido respetado totalmente, pero su estructura modificada de manera radical.

Desde el comienzo de la noche lo tomó un estado casi hipnótico mientras sentía, literalmente, las frases ingresando de manera directa por sus oídos. ¿Qué clase de espanto ha sido capaz de elaborar una escritura semejante?, se dijo.

Sin embargo, en el aparente universo abyecto que se representaba en escena, mario bellatin creyó descubrir algo fundamental: la existencia de la realidad verdadera. Lo que iba sucediendo en aquel espacio aparecía con una luminosidad y trascendencia de la que carecía la vida de todos los días. Advirtió, en ese instante, que quizá una de las razones que lo habían llevado a la literatura era la construcción de ese mundo paralelo, al cual debía pertenecer enteramente para lograr la existencia plena.

Cuando acabó la función de *Salón de belleza*, y siguiendo quizá el carácter profético que, estaba seguro, la literatura, las propuestas, traían consigo, corrió detrás de bambalinas y se apoderó de su propio personaje. Del actor que había dado vida a sus ideas. Se lo llevó después a su casa, con sus perros y sus tortugas. De alguna manera, mario bellatin comenzó a convivir consigo mismo. El proceso fue lento y algo penoso. Le llevó algunas semanas al actor despojarse de la figura representada para volver a ser él mismo. Antes de partir, el personaje inoculó en el cuerpo de bellatin el mal físico, la enfermedad, cuya presencia lo acompaña en muchas de sus obras. Mario bellatin fue contagiado, por su propia obra, de una dolencia incurable.

*

En determinado momento, organizó un *Congreso de dobles de artistas* como una forma de seguir construyendo su obra. Muchos no tenían conocimiento de que bellatin hubiera realizado un congreso con esas características, pero yo sé que bellatin se interesó, siguiendo mi prédica, por las relaciones posibles que podían establecerse entre el autor y la obra. Tal vez para corroborar esa idea fue que bellatin, en ese momento, afirmó que provenía de una tradición donde muchas veces se le había dado un relieve excesivo a la presencia del autor, así como a las circunstancias en las que éste se hallaba involucrado.

Era consciente de que esa búsqueda por desentrañar las relaciones entre el creador y la obra se encontraba presente en la mayoría de los libros que había publicado. Fue para conocer más a fondo estas relaciones por lo cual aceptó la propuesta de abandonar por un tiempo su oficio de creador para convertirse en una suerte de curador de una muestra de carácter artístico. Comenzó a elaborar el congreso de dobles de la misma manera como lo hacía con cualquiera de sus ideas.

Apeló a la figura del curador como autor y a la muestra como la obra. Se le ocurrió la posibilidad de organizar un congreso de escritores donde los escritores no estuvieran presentes, sino sus dobles, cuidadosamente elegidos según un *casting* rigurosísimo y milagroso. Un evento que fuera al mismo tiempo una acción plástica.

Trasladaría al lugar solo las ideas de estos creadores, para constatar lo que podría ocurrir con los textos una vez que estuvieran liberados de sus autores. Emprendió un arduo trabajo fotográfico. Accionaba una cámara digital sin mirar por el visor, como el fotógrafo ciego que había sido su amigo, con el fin de retratar los seis meses que pasó cada creador con su doble: personas que debían aprender de memoria textos que repetirían frente al público en una sala de arte. La ausencia de los cuerpos era otro de sus temas de interés. Sobre todo, después de su muerte.

*

En esa época había muerto de vejez un perro que le había sido sumamente fiel durante los años que pasaron juntos. Buscaba un animal sustituto. Había ya ensayado, sin éxito, con varios ejemplares. Con un greyhound que se estrellaba contra las paredes de su casa por falta de un espacio apropiado para correr. Con unos lebreles que ensuciaban sin la menor culpa los muebles y las camas. Con ciertos podencos que no entendían ninguna orden, y con un primitivo basenji, el perro-gato, que lo desesperó con su indiferencia. Hasta que alguien le recomendó que probara con un ovejero. Estos animales eran los únicos capaces de salir con éxito de cierta prueba de habilidad canina. Le informaron también que esto se debía a que eran descendientes directos del lobo. Por eso contestó rápidamente el anuncio del diario. Realizó, a través de la línea telefónica, una serie de preguntas sobre la relación entre esos perros y sus ancestros. Sobre si sus habilidades podían explicarse por una inteligencia más desarrollada que la del resto de las razas. Después de escucharlo, le pidieron que esperara unos momentos. Alguien más iba a contestar a sus preguntas. Minutos después, mario bellatin oyó por primera vez la voz del hombre inmóvil, quien desde las primeras palabras que le dirigió trató de demostrar que tanto él como los perros a su cargo poseían una inteligencia superior. Se empezó a generar entonces la idea del musical *Perros héroes*, esa pieza teatral que dio la vuelta al mundo.

Mientras tanto, mario se dedicó a la crianza y comercialización de galgos translúcidos y plegables. Mantenía a los animales al borde de la inanición y les daba los suplementos necesarios para que su estructura ósea, fundamental en la especie, no se degradara. El resultado eran unos animales delgadísimos, que sólo podían verse desde un ángulo y que, de frente, eran apenas una línea en el paisaje.

En ciudades muy ventosas esos perros eran arrastrados hacia el cielo. Algunas veces conseguían volver y otras no. Mario los había acostumbrado a vivir en jaulas diminutas, parecidas a las que usan en las tiendas de mascotas para alojar canarios o cotorritas. Para entrar en esas jaulas los perros debían plegarse como las grullas y los dragones en la práctica milenaria de la papiroflexia.

El experimento le demostró a mario bellatin que el espesor de los cuerpos podía evitarse. Algunos años después de su muerte falsa —acordada con margo glantz, para incrementar sus ganancias—, cuando aquel suicidio comenzaba a pasar al olvido, bellatin empezó a extrañar pertenecer nuevamente a la vida, la que posiblemente había sido devorada por los pájaros. Eso fue lo que dijo cuando se apareció durante la fiesta de cumpleaños de alejandro gómez de tuddo: que su vida había sido comida por los pájaros. Haber estado muerto le impidió realizar actividades a las que había estado acostumbrado. Escribir sobre la arena de las playas de mar de plata, pasear en su velero, asistir a los cines, alimentar a sus perros transparentes.

A partir de entonces, mario tuvo claro que el siguiente cuerpo que mostraría, por ejemplo, cuando vendiera sus libritos en las plazas, tenía que provenir necesariamente del universo de las artes plásticas.

Recurrió a uno de los creadores más importantes, y después de algunos encuentros, aquel creador pensó en una serie de cuerpos posibles para bellatin.

Cortesía de Sebastián Freire

Cortesía de Sebastián Freire

Piezas que al mismo tiempo que poseyeran una función práctica contaran con una estética determinada.

*

La última vez que vi a mario bellatin acababa de publicar cierta obra que se titulaba *Diario de un muchacho* donde, por medio de una serie de complicados procedimientos, relataba tanto visual como narrativamente una serie de sueños y premoniciones. Confesó que había copiado, de manera deliberada, obras de otros autores. No como ejercicio de trascripción, actividad que realizó sobre todo en la juventud, sino para hacerlas pasar como propias. Aclaró que había comenzado cuando, después de su primera muerte, cayó víctima de una depresión severa, que trató de controlar sin la presencia de medicamentos. Sufrió ataques de angustia y de pánico. También de cierto estado de desesperación. Buscó el auxilio de un terapeuta especializado en un análisis psicológico ortodoxo. Fueron varios meses de gran sufrimiento, que cesaron cuando recurrió a un psiquiatra que le suministró la medicina adecuada para sacarlo de tal estado. Durante el tiempo que duró su martirio, la única actividad que pudo realizar fue la creación de un ensayo, a la que llamó *La jornada de la mona y el paciente*. En un principio se trató de una serie de cartas que le escribía al analista ortodoxo con el fin de que entendiera su situación. Lo hizo porque en las terapias diarias a las que asistía, aquel analista había instalado el rigor del silencio como eje de la cura. En esos días, bellatin recibió una invitación para participar en un homenaje a samuel beckett. A pesar de la crisis por la que estaba atravesando, mario bellatin aceptó participar. No pareció estar consciente de las consecuencias que esto podía traerle. Luego lo olvidó por completo. Una semana antes de su participación recibió el programa donde aparecía su nombre impreso. Entró en un pánico aun mayor al que lo atenazaba. Una de las características de su estado era que tenía extrañamente alterado su sentido de responsabilidad. Tuvo pavor de haberse comprometido y no poder cumplir con lo acordado. Lo único con lo que contaba era con el texto que había escrito para retratar su crisis. Realizó entonces un acto sumamente elemental sobre el cual no reflexionó mucho. Debajo del título *La jornada de la mona y el paciente* puso el nombre de samuel beckett como si el escritor irlandés fuera el autor de los mensajes dirigidos al analista. Se lo entregó a una directora de teatro, preguntándole si estaba en condiciones de realizar un montaje de emergencia con aquel material. Curiosamente, la culpa que trajo consigo este acto produjo cierta recuperación de su equilibrio emocional.

En la presentación de *Diario de un muchacho* mario bellatin afirmó que para referirse a la verdadera soledad había que remitirse a la columna que el cineasta luis buñuel, uno de sus directores favoritos, dejó abandonada en medio de la nada después de la filmación de la película *Simón del desierto*. Recordó, a partir de la aparición del tema de la soledad de la columna, la vez en que fue requerido para un congreso sobre cine y misticismo. La invitación le causó asombro. Estaba seguro de no poseer el perfil ni artístico ni intelectual adecuado para el evento. Como sobre todos los temas que lo apasionaban, no tenía nada en particular que expresar. Recordó que alguien le había contado que la columna de la película de buñuel se encontraba abandonada en el desierto.

Mario bellatin se abocó entonces a la tarea de conseguir una imagen reciente de aquella columna. Finalmente le llegó una reproducción perfecta. Se mostraba sólo la cúspide, y en los lados de la plataforma se podían apreciar una serie de caracteres bíblicos. A un extremo de la foto, casi como por azar, se veía un poste de luz.

Bellatin mandó enmarcar la fotografía como si se tratara de una representación religiosa. Mandó también hacer una serie de estampas alusivas a la columna, que después repartió entre sus vecinos. Al día siguiente volvió a las casas que había visitado llevando su cámara. Fotografió una por una a las personas que vivían en los alrededores, a quienes les pidió mostraran ante la cámara las estampas que les había regalado. Intentó hacer creer que sus vecinos eran miembros de una cofradía que se había creado en torno a la columna perdida. El texto que acompañó a las fotos mencionaba que un grupo de personas decidió huir de la ciudad con el fin de mejorar sus condiciones de vida. En el camino de su peregrinación hallaron la columna de la película de buñuel. Estas personas decidieron tomar ese hecho asombroso como una señal y aposentarse en sus alrededores. Pronto comenzaron a asignarle virtudes curativas al monumento.

En determinado momento, casi sin mirarnos, intervino margo glantz y nos dijo que, pese a las cosas que venía afirmando, mario bellatin no había entendido nunca realmente lo que significaba escribir sin escribir. Las explicaciones que pudo ofrecer al respecto parecían haber sido formuladas sólo como pretexto para continuar vivo, o mejor dicho ofreciendo un aspecto normal, a pesar de las circunstancias. Dijo también que ni el cuerpo ni la cabeza de bellatin jamás fueron picoteados por los pájaros.

Al salir de la presentación, mario le hizo una zancadilla a margo y, cuando ella cayó de cara sobre el empedrado, se agachó y, tomándola por los cabellos, refregó su rostro contra las piedras afiladas musitando "cállate, quieres, cállate".

No diré más. Cualquiera sabe que la figura del escritor mario bellatin se encuentra situada siempre más allá de cualquier artilugio como el nombre propio. Muda y ausente. Como el perro que cierta vez colocó encima de un altar. El mundo no importa. Existe algo parecido a él, bajo la forma, valga la redundancia, de literatura. Todo ocurre en espacios nulos, en atmósferas tan bien delineadas que no parecen alcanzar el apelativo de contextos. Es uno de los pocos escritores que han logrado esta sensación por medio de una especie de sobresaturación de detalles.

Algunos de ustedes habrá notado que la mayoría de las palabras previas fueron escritas o transcriptas, en otras circunstancias, por mario bellatin, que no es sólo un escritor admirable sino, sobre todo, un gran amigo.[4] Éste es el homenaje que necesitábamos hacerle.

Notas

1. Este texto fue leído en la presentación de las V Jornadas Literatura y Margen que homenajeó a Mario Bellatin en 2018. Literatura y Margen es un ciclo de coloquios organizados por el Programa de Estudios Latinoamericanos Contemporáneos y Comparados y la Maestría de Estudios Literarios Latinoamericanos de la UNTREF (Buenos Aires). Estas jornadas abren un espacio de interrogación sobre la obra de escritores latinoamericanos que han hecho de la literatura una experiencia singular más allá de los circuitos de reconocimiento y consagración canónicos.
2. Mario Bellatin, "Kawabata: el abrazo del abismo", ADN, La Nación (Buenos Aires: 12 de abril de 2008).
3. Bellatin, "Kawabata...".
4. Mario Bellatin, "Antiprólogo", en *Exposiciones. Tres novelitas pequeñoburguesas*, de Daniel Link, (Buenos Aires: Blatt & Ríos, 2013).

Bibliografía

Bellatin, Mario. "Antiprólogo". En *Exposiciones. Tres novelitas pequeñoburguesas*. De Daniel Link. Buenos Aires: Blatt & Ríos, 2013.
———. "Kawabata: el abrazo del abismo". ADN, La Nación, 12 de abril de 2008.
Link, Daniel. *Exposiciones. Tres novelitas pequeñoburguesas*. Buenos Aires: Blatt & Ríos, 2013.

Perros héroes y la desterritorialización latinoamericana

Pedro Ángel Palou

Cerca del aeropuerto de la ciudad vive un hombre que, aparte de ser un hombre inmóvil —en otras palabras un hombre impedido de moverse—, es considerado uno de los mejores entrenadores de Pastor Belga Malinois del país. Comparte la casa con su madre, una hermana, su enfermero-entrenador y treinta Pastor Belga Malinois adiestrados para matar a cualquiera de un solo mordisco en la yugular. No se conocen las razones por las que cuando se ingresa en la habitación donde aquel hombre pasa los días recluido, algunos visitantes intuyen una atmósfera que guarda relación con lo que podría considerarse el futuro de América Latina. Este hombre suele decir, en su casi incomprensible forma de hablar, que una cosa es ser un hombre inmóvil y otra un retardado mental. (Mario Bellatin, *Perros héroes*)[1]

MARIO BELLATIN ES UN artista liminal. Su obra narrativa tiende a la diseminación en múltiples textos y en los últimos años ha *travestido* los géneros mismos y las fronteras entre lo escrito y lo visual. El sentido de su obra se halla en los márgenes, en las fronteras entre las materialidades sensibles. Muchas veces, incluso, el texto narrativo es solo un pretexto para la *representación*, o la instalación, sin aceptarse del todo como arte visual o arte conceptual. Viene y va y quizá se encuentre más cómodo en la idea de ser un *performer*, utilizando la voz y el cuerpo —incluso la prótesis de su brazo— como superficies y en ocasiones como órganos sin cuerpo. Su proyecto estético ha ido socavando las certezas y poniendo bombas, una tras otra, sobre las materialidades en las que trabaja. De allí la extrema brevedad o el carácter fragmentario de sus más recientes textos. *Perros héroes* no está lejos de tales intenciones estéticas. El libro lleva en el subtítulo *Tratado sobre el futuro de América Latina visto a través de un hombre inmóvil y sus treinta Pastor Belga Malinois*. El texto, por supuesto, se encarga de echar por tierra las expectativas del lector. No hay aquí la *cualidad* ni la *cantidad* del tratado, América Latina existe en tanto ausencia y lo único real es el personaje central, tetrapléjico y sus perros de tan específica raza. La cercanía con Reygadas no se limita a su uso de la imagen —Bellatin estudió cine en Cuba— o a la extrañeza que provoca en sus lectores, sino sobre todo en que no hay posibilidad de lectura representacional de sus textos, sino desde la inmanencia. Diana Palaversich[2] lo ha visto así con claridad.

> La actitud de los reseñadores y lectores coincide en cuanto los dos grupos se empeñan a toda costa, a extraer un sentido, aunque sea alegórico, de los textos. De esta manera, siguiendo las pautas de una lectura realista que busca fijar el sentido de la escritura de Bellatin, se puede decir que *Salón de belleza* habla de la epidemia del Sida; que *Poeta ciego* y *La escuela del dolor humano de Sechuán* ofrecen una crítica de las sociedades totalitarias que se podrían asociar con la ex Unión Soviética y China, respectivamente; que *Flores* critica la arrogancia de la ciencia que en vez de curar produce seres mutantes o mutilados. Estas lecturas, recalcaremos, son posibles y viables, pero también son limitadas porque reducen la complejidad y las aporías del texto, aplicando la lógica y las pautas del realismo a una obra esencialmente antimimética y autorreferencial.[3]

Y es que eso que ella llama autorreferencialidad o antimímesis es el centro mismo de la poética de Bellatin, su razón de ser. Hacerlo en prosa —los editores se empeñan en llamar a sus libros novelas— tiene sus grandes complejidades. En *Perros héroes*, en particular, sabemos que el personaje central es un hombre inmóvil —otra vez, como en el caso de Reygadas no tendrá nombre propio—, cuyo oficio es entrenar perros de una raza en particular (cosa que nos parece difícil, puesto que no puede moverse), con el padre ausente (solo sabemos de la existencia de su madre, su hermana y el enfermero-entrenador) y lo más perturbador, supuestamente el ambiente de su habitación. El hombre es *casi* incomprensible, lo que lo obliga a explicarle a los demás que no tiene retraso mental. El hecho mismo de intentar explicar me ha obligado, puede verse de inmediato, a repetir casi *verbatim* el primer fragmento de la obra. Y eso ocurrirá si continúo intentando hacer así sea la más mínima sinopsis del libro. La narración se cierra sobre sí misma (lo mismo si un fragmento describe la fachada de la casa, la ira de los perros, el origen incognoscible del enfermero-entrenador o entrenador-enfermero que algunas veces comparte la cama con el hombre inmóvil, especialmente si hace frío), conocemos que el hombre inmóvil alguna vez pudo al menos mover el cuello de un lado a otro. Sabemos que tiene un ave de caza, encerrada en una caja de madera e incluso que la madre y la hermana se dedican a la obsesiva clasificación de bolsas de plástico vacías, lo que nos impele a *interpretar* sobre la mercantilización de la vida familiar, la vacuidad del intercambio comercial, la necesidad del encierro. Conocemos que tiene, entre los treinta un perro favorito, Annubis y que se deshace —o repone, mejor— uno de los otros cada año, pues se necesita *sangre nueva*. Y de nuevo: "En otra de las paredes hay un gran mapa de América Latina, donde con círculos rojos se encuentran marcadas las ciudades en las que está más desarrollada la crianza de pastor belga malinois. Solo a ciertos visitantes la presencia de este mapa los lleva a pensar en el futuro del continente"[4] . El enigma del subtítulo permanece. Como permanecen o se acentúan algunos otros, por ejemplo, cómo pese a que se trata de la única relación contractual de la casa el enfermero-entrenador permanece sin pago alguno o cómo se obtiene el dinero para mantener a los perros y a los humanos del lugar.

Existe otro personaje, al menos en el recuerdo, un niño escritor que escribió a los ocho años un libro sobre perros de vidas heroicas y que el hombre inmóvil conoció treinta años atrás cuando estaba recluido en una casa de asistencia. Poco más eso es todo en las escasas 69 páginas del relato. Un texto, como todos los otros de Bellatin que se resiste a ser comprendido. El escritor Alan Pauls afirma, por eso, que a pesar de estar leyendo durante tantos años a Bellatin le cuesta mucho trabajo imaginarlo como escritor puesto que algún día *colmará el vaso* de su propia impostura revelando qué clase de identidad era la suya más allá de su propia declaración —la de Bellatin— de que sus universos narrativos son propios, cerrados y que solo dan cuenta de la ficción que los sustentan. Por eso la pregunta de Pauls, acerca de la imagen, pensando que en realidad para Bellatin escribir no es sino la antesala de una *pasión pictórica* con lo que la literatura tiembla.

> En *Perros héroes* compila una secuencia fotográfica que evoca, fragmentándolos hasta volverlos irreconocibles, los extraños ceremoniales a los que se entregan el amo tetrapléjico, el enfermero y la manada de perros belgas malinois [...]. Bellatin hace visible la relación entre la literatura y ese otro orden que la saca de quicio, esta vez encarnado en la imagen, y pone en escena —en una economía estética desconcertante— los mil equívocos que la amenazan.[5]

Pauls nos pone en la pista: la literatura de Bellatin explota, desquicia, resquebraja todas las seguridades de la noción misma de lo literario, no solo la identidad del autor sino aún más importante, la identidad misma del texto.

¿Y si el tantas veces mencionado e incognoscible futuro de América Latina fuera no tener futuro? ¿No existir sino como cartografía de lugares donde se entrenan unos perros particulares? ¿Y si todo el libro fuera un simulacro? Simulacro de tratado del futuro de un continente sin futuro, simulacro de una familia normal dentro de una casa normal en donde todo ha sido trastocado y cuya única realidad sería la intensidad de un momento —recuerdo— erótico, entre el hombre inmóvil y sus perros o el hombre inmóvil y su enfermero-entrenador porque como intuye Margo Glantz: "...alguien ha sido reconocido con tanta intensidad, y tan agudamente registrado que hay que escapar de ello".[6] ¿El deseo inicial de escapar es una forma de reconocimiento?

Una de las lecturas más arriesgadas, pero quizá más útiles para penetrar en esa ambigüedad la ha encontrado Óscar Martínez Caballero,[7] aunque la etiqueta de neo-barroco no sea lo esencial, sino porque la literatura *mutante* de Bellatin eleva al cuadro la estética postmoderna aproximándose a los juegos barrocos de forma visceral, según el crítico. Es desde la doble realidad americana que se doblega, disgrega, desborda, fragmenta la conciencia occidental convirtiendo al exceso, al suplemento, en exclusiva materia del arte en una especie de metaforización al infinito en donde lo único real termina siendo el discurso mismo. Ni siquiera los personajes saben por qué actúan como actúan, generando aun más desconcierto en el lector. No existe amenaza externa más grave que la propia amenaza interna de destrucción producida —en *Perros héroes* como en muchas otras de sus obras— en casas asfixiantes, claustrofóbicas en donde toda normalidad es trastocada y el reconocimiento produce la necesidad de huir.

Como Reygadas necesita del sistema de los festivales de cine para subsistir o Fadanelli necesita reinsertarse en el canon cultural con estrategias editoriales, de la misma manera, pese a la diseminación aparente de su obra, Mario Bellatin necesita de la nueva realidad editorial latinoamericana —su *autonomía* requiere igual de la circulación mercantil y él mismo del *reconocimiento* y la sanción comerciales. Años después de la preocupación lógica de Ángel Rama por la *intromisión* del mercado en las narrativas latinoamericanas, hoy editar en América Latina significa hacerlo en alguna de las trasnacionales cuya sede central está en España (Planeta, Alfaguara, Random House Mondadori, puesto que Tusquets ha sido incorporada a Planeta y Anagrama vendida a

Feltrinelli). Como bien ve Pablo Sánchez,[8] lo curioso es que nadie parece percatarse de ese régimen de dependencia, con su sentido neocolonial, y antes bien goce: "...de una aceptación insólita, hasta el punto de que poco se habla de ello, a ambos lados del océano; o al menos poco se habla de ello en los medios hegemónicos. Sin embargo, el hecho de que el sistema español controle y absorba un alto porcentaje de la nueva narrativa hispanoamericana no es solamente una asimetría demográfica y, por supuesto, económica: implica, en pocas palabras, un peligroso porvenir para la ignorancia. La capacidad española para producir hoy discursos sobre Hispanoamérica puede ponerse en cuestión sin demasiada dificultad".[9] Lo mismo que ocurre con el mercado internacional del cine que ha vuelto —ya lo analizamos en su momento— a la violencia en el nuevo exótico latinoamericano (o a la pobreza el nuevo exótico hindú, si a esas vamos), la toma de decisión sobre la calidad de la obra literaria y sobre todo su posible comercialización se hace desde España con criterios dudosos y simplificadores producto del marketing.

El caso de Bellatin en este contexto es también paradigmático. En sus primeras obras publicadas fuera de Perú o México, se trató de la *apuesta* central del escritor de culto, exquisito, para escritores. Tusquets, Sudamericana, Planeta, Alfaguara, Anagrama. Lo editaron todos. Y él mismo fue modificando la estrategia hasta ahora ser editado, en su mayoría por pequeñas casas locales (Eterna Cadencia en Argentina, Almadía y Sexto Piso en México, por ejemplo), en un viraje interesante y de doble filo pues es él —quien ha sido previamente reconocido por el mercado global— quien ahora *prestigia* a esas editoriales independientes. Más arriesgado aun es su último proyecto (una instalación itinerante) en la cual sus libros en formato pequeño, autoeditados buscan multiplicarse como objetos, quizá siquiera sin ser leídos, solo expuestos. Lo hemos visto tirarse en un pasillo de la Feria Internacional del Libro de Guadalajara con una pequeña estera en la que muestra parte de esa instalación.

En su colaboración para el número monográfico que la revista electrónica *El Coloquio de los Perros* le dedicó a Bellatin, José Eduardo Morales aventura una lectura arriesgada de *Perros Héroes* que comienza con el subtítulo ya mencionado sobre el futuro de América Latina. "Así planteado, ese futuro latinoamericano sobre el que tanto se ha teorizado y ensayado no requiere de mayores indagaciones, sino que queda planteado en algo tan simple como un hombre inmóvil y sus treinta perros: el escritor ha contemplado la realidad y ha elaborado una metáfora para que el lector tenga, como él, una visión de lo real".[10] Curiosa declaración pues si existe una visión es la de la imposibilidad de saber porqué somos quienes somos e incluso por qué actuamos como actuamos. El sacrificio y el reconocimiento que reconocíamos en *Japón* han pasado a ser parte del pasado, ahora solo queda otra categoría, la *repetición*. Cíclica, ritual, pero igualmente improductiva y carente de sentido que la muerte en la película de Reygadas.

Morales, sin embargo, finalmente acierta al decir que, si este es el *tratado* sobre el futuro, lejos de las Utopías americanas, con mayúsuculas, "el futuro pasa por ser una repetición del presente y del pasado". El futuro es un estancamiento, la inmovilidad perpetua, inútil. Lo único que queda es la sonrisa inalterable y particular del hombre inmóvil. En un continente —o para el caso de este libro, un país, México— ilegible e imposible de escribir: mera ilusión textual.

El resultado de vivir en el *capitalismo democrático* con las tres grandes fallas internas al sistema que ha estudiado Simon During,[11] la *Distribucional*, pues el capitalismo democrático no ha sido capaz, antes ha aumentado las inequidades en términos de ingreso y acceso a bienes, servicios, educación, salud y finalmente oportunidades; la *Administrativa*, pues los gobiernos emanados de la democracia capitalista ha aumentado exponencialmente la vigilancia, cuantificación y control biopolítico de sus sujetos incluidas sus medidas de exclusión y la *Experiencial*, que ha sido una y otra vez presentada y representada en las obras analizadas en los últimos tres capítulos, por la incapacidad del capitalismo democrático para asegurar las condiciones sociales (*habitus*, en Bourdieu en el sentido de predisposiciones heredadas y adquiridas para participar en el juego social), incluso para aquellos que viven cobijados por el sistema para vivir existencias realmente plenas. O como pide During, la democracia debería ofrecer a la gente la capacidad de entender las determinaciones seculares y no seculares de sus vidas como justificadas y coherentes, sino incluso llenas de propósito y en cambio no provee: "las condiciones de igualdad, claridad y coherencia que permiten a las experiencias florecer por que omite reconocer la riqueza potencial de las experiencias particulares oscureciéndolas con procesos y estructuras designados solo para maximizar el intercambio, la utilidad, la productividad y la ganancia".[12]

Quizá en su obra cada vez más conceptual lo que Bellatin ya ha logrado es desterritorializar lo latinoamericano. No deja de ser paradójico, como hemos demostrado, que ello implique que sea más legible en el régimen de sentido del capitalismo democrático neoliberal que aquí hemos descrito.

Notas

1. Mario Bellatin, *Perros héroes: Tratado sobre el futuro de América Latina visto a través de un hombre inmóvil y sus treinta Pastor Belga Malinois* (Buenos Aires, Interzona Latinoamericana: 2014), 7.
2. Diana Palaversich, "Apuntes para una lectura de Mario Bellatin", *Chasqui: revista de literatura latinoamericana* 32, n.º 1, (2003): 25-38.
3. Palaversich, "Apuntes...", 26.
4. Bellatin, *Perros héroes*, 21.
5. Alan Pauls, "Mario Bellatin: El experimento infinito", en *El interpretador, literatura, arte y pensamiento* 20 (2005), http://www.elcoloquiodelosperros.net/numerobellatin/bepau.html.
6. Margo Glantz, "Los perros héroes de Bellatin", *La Jornada* (5 de junio de 2003), http://www.jornada.unam.mx/2003/06/05/05aa1cul.php?origen=opinion.php&fly=1.
7. Óscar Martínez Caballero, "La vertiente barroca de la literatura de Mario Bellatin", *El Coloquio de los perros* (2011), https://elcoloquiodelosperros.weebly.com.
8. Pablo Sánchez, "Un debate tal vez urgente: la industria literaria y el control de la literatura hispanoamericana", *Asociación Centro de Estudios y Cooperación para América Latina*, Vol. 13, n.º 30, (2009): 19-28.
9. Sánchez, "Un debate...", 23.
10. *El Coloquio de los perros. Revista de Literatura* [número monográfico dedicado a Mario Bellatin], (2011), https://elcoloquiodelosperros.weebly.com.
11. Simon During, *Against Democracy: Literary Experience in the Era of Emancipations* (Nueva York: Fordham University Press, 2012).
12. During, *Against Democracy*, 15.

Bibliografía

Bellatin, Mario. *Perros héroes: Tratado sobre el futuro de América Latina visto a través de un hombre inmóvil y sus treinta Pastor Belga Malinois*. Buenos Aires: Interzona Latinoamericana, 2014.

During, Simon. *Against Democracy: Literary Experience in the Era of Emancipations*. Nueva York: Fordham University Press, 2012.

El Coloquio de los perros. Revista de Literatura [número monográfico dedicado a Mario Bellatin], 2011. https://elcoloquiodelosperros.weebly.com.

Glantz, Margo. "Los perros héroes de Bellatin". *La Jornada*, 5 de junio de 2003.

http://www.jornada.unam.mx/2003/06/05/05aa1cul.php?origen=opinion.php&fly=1.

Martínez Caballero, Óscar. "La vertiente barroca de la literatura de Mario Bellatin. *El Coloquio de los perros. Revista de Literatura* [número monográfico dedicado a Mario Bellatin], 2011. https://elcoloquiodelosperros.weebly.com.

Palaversich, Diana. "Apuntes para una lectura de Mario Bellatin". *Chasqui: revista de literatura latinoamericana* 32, n.º 1, (2003): 25-38.

Pauls, Alan. "Mario Bellatin: El experimento infinito". En *El interpretador, literatura, arte y pensamiento* 20, 2005. http://www.elcoloquiodelosperros.net/numerobellatin/bepau.html.

Sánchez, Pablo. "Un debate tal vez urgente: la industria literaria y el control de la literatura hispanoamericana". *Asociación Centro de Estudios y Cooperación para América Latina* 13, n.º 30, (2009): 19-28.

Disecado de Mario Bellatin

Margo Glantz

1.-

EMPIEZA BELLATIN UNO DE sus libros como el narrador de Proust, que a su vez empieza su *Búsqueda del tiempo perdido,* revolviéndose en la cama y describiendo sus visiones de duermevela; ambos escritores tenían o tienen asma, ambos despiertan extrañados de sí mismos y ambos experimentan sensaciones peculiares en su vigilia y las utilizan como materia narrativa, es más, como piedra de toque de la narración.

2.-

Aquí terminan las semejanzas, Bellatin minimiza la experiencia haciéndola universal y extendiéndola luego a los animales: gallinas y perros, en especial: sería interesante ver adónde conducen esa asociación y esa elección. Me conformo con señalarlas.

3.-

Identificación de Bellatin sobre todo con los perros, animales necesarios para la creación, la suya. Proust sólo necesita a su madre o a su abuelita; en cambio, Mario, a sus perros, aunque a veces también aparezcan los abuelitos, un abuelo mutilado, al que le van cortando poco a poco todas las extremidades, un ejemplo de carnicería a domicilio. Fijaciones de infancia, las que todos tenemos, pero de maneras diferentes: de lo general a lo particular, de la experiencia universal a la experiencia peculiar se engendra la narrativa. Habría que comparar las vivencias de Proust y las de Mario, las diferencias que podrían existir entre tener en el imaginario de infancia la figura de un perro o las de una madre o una abuela. Podría convertirse en un brillante ensayo de literatura comparada o por lo menos de biología o psicología comparadas.

4.-
En el caso de Bellatin las cosas son más delicadas, es un escritor que pregona y difunde la escritura sin escritura, el necesario escribir sin escribir, al tiempo que cae de bruces sobre la autobiografía.

5.-
La alquimia sufí trasmuta a ¿Mi yo?, personaje de *Disecado,* en un derviche danzarín y sustituye las letras latinas de su nombre por caracteres griegos ¿o simularán caracteres arábigos? y a los perros detestados por el profeta Mohammed —la paz sea con él y su familia— en perros santos, los saluki, únicos especímenes que recuperan la pureza perdida de los demás perros del mundo. Este libro me convence de algo que nunca he querido aceptar por completo, Mario Bellatin profesa de verdad la religión sufí y aunque sólo lo he visto bailar una sola vez, es un derviche danzarín y Perezvón, su perro, no es un saluki.

6.-
En *Disecado* se realiza la proeza de escribir sin escribir y, sobre todo, de vivir sin vivir, evocando y negando la muerte, la propia, la del narrador y la de toda escritura.

7.-
Los perros de Bellatin son receptores de vivencias y posibles historias que se pueden narrar y que el escritor asume, los perros le trasmiten su imaginario, a veces un imaginario épico como el que nos muestra en *Perros héroes,* una especie de *Odisea* moderna. Al leer *Disecado,* empiezo a entender por qué nuestro autor se llena de perros, ha llegado a tener cinco al mismo tiempo, aunque luego los deseche. No me queda más remedio que volver a asociar: ahora es Jean Jacques Rousseau; la única diferencia entre ellos es que el escritor suizo se deshacía de sus hijos en cuanto nacían para depositarlos en orfanatorios y poder luego escribir su *Emilio o de la educación;* Mario los entrega a instituciones perrunas y luego escribe *Disecado* y *Perros Héroes* y en este momento un libro que ha destruido y reconstruido cerca de doscientas veces.

8.-
Bellatin tiene siempre a mano entrenadores, paseadores, vendedores y dueños de asilos de perros para deshacerse de sus animales cuando no le funcionan, los galgos que se orinan en su almohada, los callejeros que comen basura, los podencos demasiado españoles, los feroces que matan gatos y arañan niñas

en la privada donde vive, etc. Insisto: este libro que comento es un perfecto paralelo del *Emilio* de Rousseau, se tienen perros o hijos solamente para deshacerse de ellos después, *dispose of,* se diría en inglés: *dispose of the trash,* incluyéndose a sí mismo: una egolatría negativa.

9.-
Tras todos los perros de Bellatin hay siempre el fantasma del perro esencial, una especie de arquetipo platónico: un xoloitzcuintle peruano es su modelo, un modelo inaccesible; probablemente Perezvón, aunque de otra raza, lo había sustituido en parte ¿será porque le recuerda a otro perro homónimo, personaje de *Los hermanos Karamazov* de Dostoievski? Extiendo la asociación al protagonista de *El pasante de notario Murasaki Shibuku,* ese personaje, a veces una escritora japonesa, un pasante de notario o un Golem evoca en sus propias ficciones al monje Zózima, llamado por Bellatin Zoseme, candidato a una canonización fracasada: el aspirante a santo no muere en olor de santidad: como los cadáveres ordinarios exhala un desagradable hedor.

10.-
En el trance del duermevela, nuestro narrador se desdobla, se mira en el espejo de su otro yo "¿Mi Yo?", entra en el juego del Doble (*William Wilson* de Poe; *El doble* de Dostoievski), pero lo perfecciona, obligando a su escritora pasante de notario a inventar una frase que en realidad no le pertenece porque la ha inventado Mario Bellatin: "El único error de Gregor —Samsa, se entiende, en *La metamorfosis,* se entiende— fue haber experimentado una sola transformación" y como la Virginia Woolf del *Orlando* sufre varias transformaciones, mismas que ya había elaborado de otra forma en alguna de sus obras anteriores, *Jacobo el mutante,* libro dedicado a la misma Glantz y (¿curioso enigma?) a su hijo Tadeo.

11.-
Me fascina, aquí lo dice la pasante de notario en su faceta de Golem, me fascina, repito, esa persistente manía que ha llevado al escritor a recomponer de maneras diversas su autobiografía, a irla facetando en diversas obras de maneras diferentes y siempre idénticas, *Flores, Lecciones de una libre muerta,* y ¿por qué no? más disfrazada *Shiki Naboki, una nariz de ficción o Damas chinas, El gran vidrio,* etc. Así renueva y establece la tradición de su propia escritura, esa escritura que no debería ser visible y que ahora tenemos en las manos.

12.-

Un escritor amigo mío, ¿Su otro Yo? escribe con la mano izquierda porque le falta la derecha; ha narrado mi aventura de manera extravagante, me hizo subir las escaleras de alto peralte de las cuevas budistas de Ajanta como si fuese un personaje alado, digno de *Las mil y una noches*; me hizo extraviarme, desaparecer. Logró que, violando los reglamentos de ese monumento, mis amigos y familiares pernoctaran en las cuevas, junto con los murciélagos y algunos monjes budistas ataviados con una túnica escarlata y uno de sus brazos descubierto; austeros, sus cuerpos son sin embargo robustos, parecen luchadores japoneses practicando el sumí; los veo sentados en posición de flor de loto, rezando con devoción; de tiempo en tiempo se oye, amplificado por el eco, el clásico ¡!!OMMMMMMMMMMMMMMMMMMMMMMM!!!

13.-

Quisiera ser Yo ¿mi verdadero Yo? ¿Mi yo? el mío, la que lee estas palabras, pero desde que conocí a Bellatin he ido desapareciendo, soy un fantasma, un fantasma sin apariencia humana, un fantasma que carece de arquetipo. Me he transformando en un objeto, una silueta reconocible desde lejos solamente porque lleva al cuello una *pashmina* color naranja, dice Bellatin, color mostaza, corrige mi desvanecido yo, el que se ha convertido en un pasante de notario, en un simple experimento de Bellatin, una escritora que alguna vez imaginó que sería como la gloriosa Murasaki Shibuku, autora de uno de los libros más bellos escritos en el siglo X y que no puede pretender siquiera ser un perro callejero alimentado por vecinas caritativas y feroces.

14.-

En un viaje que emprendimos hace casi muchos años a la India llevaba yo puesta al cuello una *pashmina* (falsa) color mostaza (¿o color naranja?) que usaría durante todo el viaje, aun para dormir. En mi precipitado ascenso por las escaleras que conducen a las cuevas de Ajanta, mis compañeros más lentos y prudentes que yo sólo alcanzan a reconocerme entre los demás turistas por ese distintivo detonante, relata Mario Bellatin.

15.-

Realidad virtual, clonación, mitología, el hinduismo y sus avatares.

16.-

Al cabo de tres días de búsqueda infructuosa, un niño, cual emisario divino, conduce a mis amigos a una de las cuevas más hermosas; allí me encuentran, transformada en una sacerdotisa sentada con las piernas cruzadas en posición de loto (en realidad, mi cuerpo carece totalmente de flexibilidad, soy incapaz de alcanzar con mis brazos el suelo o de ejecutar con gracia o siquiera con precisión algunos de las ejercicios que mi maestra de yoga pretende enseñarme), llevo puesta alrededor del cuello mi infaltable *pashmina* color mostaza, a pesar del calor; indoctrino a varios monjes: contrasta el intenso color amarillo de mi bufanda con las vestiduras púrpura que cubren por entero el cuerpo de los orantes....

17.-

El fantasma de ¿Mi Yo?, del escritor Bellatin, el que narra *Disecado*, es una copia al carbón envejecida del Yo del narrador, una figura llena de deformidades: "al lado de la cabeza largos y tersos mechones de pelo, las uñas de su único brazo largas y amarillentas": un doble abyecto. El fantasma que contempla a ¿Mi Yo?, alguna vez Mishima resucitado, pasa revista a su propia producción y la utiliza como nuevo material narrativo; es más, advierte, su carácter de obra premonitoria, profética, *Salón de Belleza*, una ficción, escribe una nueva realidad, hace efectivo el contagio, lo inocula al cuerpo del nuevo texto y al de ¿Mi Yo? Miramos en espejo, dicen que decía san Pablo.

III Lecturas desde la crítica

Historia, Transnacionalidad y Transliteratura

De Cuba a Perú: algo más sobre los comienzos de Mario Bellatin

LEO CHERRI

EN ESTE TRABAJO ME gustaría detenerme en "los comienzos de Bellatin". No me refiero a la "estética del recomienzo" que encuentra Juan Pablo Cuartas en *Efecto invernadero* y su poética de re-escrituras.[1] Incluso tampoco me detendré en un análisis de los imaginarios y tradiciones que pueden leer en *Las mujeres de sal*. Para interrogar qué voz escuchó Bellatin, cómo salvo su obra de la impotencia y la negatividad, prefiero adoptar una decisión metodológica acorde: detenerme justamente en los momentos negativos, de des-obra e inoperancia, que instauran disyunciones en la obra del escritor. Me refiero al viaje a Cuba, esos seis años que Bellatin no publica nada y a un *Cuaderno de tapas rojas* donde el escritor reúne el *dictum* crítico de su obra inicial: *Efecto invernadero* y *Las mujeres de sal* (en ese orden). Se trata de una serie de elementos más o menos "fuera de obra" que, sin embargo, se inscriben en ella con una potencia que conviene recuperar.

Cuba, 1986-1990: la verdad del sistema

Bellatin estudió Ciencias de la Comunicación en la Universidad de Lima, graduándose en 1985 ó 1986 antes de irse a Cuba en 1987, cuando recibió una beca para estudiar guión cinematográfico en la Escuela Internacional de Cine de San Antonio de los Baños presidida en ese entonces por Gabriel García Márquez.[2] El viaje a Cuba genera la idea de un quiebre en su producción, y da una coartada material —los estudios cinematográficos— que separa la primera novela de la segunda. En las entrevistas de la década del noventa, pocas y de difícil acceso, si bien separa la primera novela de la segunda, el autor no marca una grieta entre ellas.

En 1995, el escritor analiza sus primeros libros en base al tiempo de escritura que ambos le tomaron: mientras que *Las mujeres de sal* y *Efecto invernadero* supusieron un trabajo de escritura de tres años cada una, *Canon perpetuo* y *Salón de Belleza* "fueron escritas de un tirón, porque encontraron rápido su rumbo".[3] Sin embargo, en tres entrevistas, entre 2000 y 2001, se refiere en detalle a una suerte de quiebre que constituiría de una manera totalmente diferente una primera y segunda "etapa".

Así, según el Bellatin del nuevo milenio, *Las mujeres de sal* constituye, en soledad, una primera etapa. Es curioso que la lógica para dividir el tiempo de su obra no sea simplemente estética, sino, nuevamente, material: la primera novela sería "un libro de adolescencia", no tanto por una inmadurez en la escritura o porque todavía allí no había un "sistema" de escritura, sino por el hecho de que, como dice el escritor: "no había todavía en mí el espacio central para la escritura. Era el espacio escamoteado, que le robaba a otras cosas. En esa época, la escritura era siempre aparte, en un espacio secreto".[4]

La segunda etapa comienza inmediatamente después de la publicación de la primera novela. Se trataban de "novelas de ensayo. No sé cómo llamarlas", dice el autor. Pues eran, en realidad, simples "oportunidades" que propiciaba la idea de novela entendida como,

> el espacio para poner en juego la búsqueda de un sistema. La pobre novela que tuvo que soportar todo esto fue *Efecto invernadero*. Tenía que ver con la muerte del poeta César Moro. Ese libro era como el pretexto para recrear todo lo utópico para buscar una tradición propia.[5]

Subrayemos "tradición propia". En otras palabras, la experiencia de *Las mujeres de sal* no supone —incluso en el 2000— ni la puesta en funcionamiento de su sistema, ni la creación o adopción de una tradición propia. Y el hecho de que la segunda novela esté dedicada a, o inspirada en la vida de un artista, en este caso la muerte de un poeta latinoamericano menor y olvidado para ese entonces, sólo enfatiza algunas especulaciones: Bellatin calla porque no hay condición de escucha y, por consiguiente, hay búsqueda. ¿Es la voz de César Moro una respuesta, entonces?

Es curioso este dato tan preciso: tras *Las mujeres de sal*, Bellatin comienza a escribir su "gran obra", aquello que luego adoptará el nombre de *Efecto invernadero* en 1992. Vista así, la segunda etapa comienza en 1986. Luego de volver a Perú a finales de 1989 y comienzos de 1990; según Bellatin: "Escribí tres años y empecé por publicar los libros de lo que se podría llamar una segunda etapa".⁶ Es decir que la etapa no se concreta o no produce obra alguna, sino ya entrados los noventa cuando el escritor comienza a publicar en Perú y, con ello, cumplir consigo mismo o con este principio materialista de su estética:

> [...] para poder manejar mi propio trabajo de manera mucho más racional. Ahora yo lo manejaba, antes no, antes yo era manejado por él. Antes era escribir y asfixiarme. Al final era yo feliz escribiendo por escribir. Fue como una domesticación de este proceso para hacer como una lógica.⁷

Entre una cosa y otra pasan ocho años e incluso más si tenemos en cuenta que tampoco es la primera edición de *Efecto invernadero*, sino las subsiguientes la que terminan de hacer exponer "una lógica". Ergo, más allá de esta situación material del "tiempo de la escritura" y de la voz de Moro, lo que sea que Bellatin encontró en esa experiencia acabó siendo algo más que un elemento de composición simple (una autonomía creativa-laboral, una filiación artística).

Es curiosa la expresión de deseo cuando afirma que: "al final hubiera sido feliz seguir escribiendo por escribir". Como si hubiera antepuesto algún tipo de "razón" al deseo de escritura. Así, se hace evidente la ponderación de un deber o mandato que se encuentran más allá de todo deseo. De hecho, si complementamos lo que el escritor le dice a Emily Hind con lo que le dice a Graciela Goldchluk, este aspecto cobra mayor relieve y claridad. En relación con la imposibilidad de desarrollar su obra en Cuba —lugar del que estaba cansado— y en México —donde deseaba asentarse, pero no tenía contactos y que, por lo tanto, demandaba un proceso social y humano de establecimiento—, el escritor decide volver a Perú: "entonces volví a Perú, sin querer volver, por los libros. O sea todo lo que hago creo que es por los libros".⁸ O, en el mismo sentido, pero a propósito de una "lógica vivencial" de la que quería apartarse, evitando las entrevistas y las presentaciones públicas cual monje blanchoteano, explica: "Entonces sí sentí que de pronto ya no iba a poder seguir yo jugando a ese juego, o sea no me importa nada, vivo con nada, y eso me asustó mucho, no tanto por mí, cómo iba a sobrevivir y eso, sino por lo que eso podía hacerle a los libros".⁹

La preocupación por la vida de los libros —su integridad, como si se trataran de criaturas vivas que demandan cuidado— instaura la retórica de un bien supremo, mayor que la propia felicidad, la vida y el propio deseo de escribir por escribir. Lo que en un punto parte un nodo central del pensamiento estético moderno: la escritura como verbo intransitivo, robándole la expresión acuñada por Barthes en *La preparación de la novela* (1979-1980), un absoluto literario que jerarquiza el escribir por querer-escribir, esa ambición sin sosiego, pues implica valorar el hecho no de producir una obra, sino de tender hacia la escritura —la experiencia y el proceso del trayecto— importa más que cualquier resolución verbal, es decir, antes que *La búsqueda del tiempo perdido* fue más importante la *búsqueda* propiamente dicha y en ese trayecto ya estaba jugada la novela.[10] Si bien en Bellatin las nociones de experiencia y de proceso son centrales, no tienen que ver con una pulsión de escritura proustiana o barthesiana, como sugiere Cote-Botero, sino con un ascetismo o estoicismo: la asunción de una regla propia para el cuidado, no de sí, sino de los libros.

En este punto es preciso entender lo decisivo del viaje a Cuba. El viaje instaura en la "segunda etapa" una temporalidad no lineal: pues de algún modo Cuba pone en suspenso la escritura (o mejor: la publicación de la segunda novela). Sin embargo, en Cuba fue el único lugar en donde Bellatin pudo referirse a sí mismo como "escritor", pues en la isla la figura del escritor o del artista eran perfectamente inteligibles por el sistema social y laboral; justamente, lo que el escritor dice necesitar: una "autonomía" no estética sino laboral o referida a la centralidad de la acción o del trabajo realizado.

Por otro lado, Cuba supone, y esto es fundamental, un experimento antropológico. En la medida que un sistema humano distinto confrontaba al joven Bellatin con la permanencia y los cambios de los aspectos más elementales de la vida: el amor, el sexo, la violencia, las relaciones familiares, de amistad, de vecindad. Se le presentó al escritor una idea-experiencia bastante wittgensteineana-foucaulteana: todo tipo de verdad puede ser trastocada y son las reglas que ponen en funcionamiento una sociedad, por tanto, lo que permite que la vida participe de una lógica o de otra. Es evidente la pregunta que se hizo el escritor: ¿Acaso esto no vale también para la literatura? ¿Quién dio las verdades en la literatura? ¿Quién estableció sus reglas?

La signatura de esta experiencia es indudablemente el epígrafe que marca no sólo *Salón de belleza* (1994), sino también *Poeta ciego* (1998), *Flores* (2000), *La escuela del dolor humano de Sechuán* (2001) y *Lecciones para una liebre muerta* (2005). Me refiero a: "Cualquier clase de inhumanidad se convierte, con el tiempo, en humana (Kawabata)". Al marcar en los textos una experiencia en común, la signatura deja leer una hipótesis: la idea de que estos textos fueron pensados y germinados en esa época o a partir de una misma experiencia.

Es curioso el hecho de que sean, justamente, las novelas más "biopolíticas" las que estén aliñadas con este punto. Recordemos, en *La casa de las bellas durmientes* (1961) de Yasunari Kawabata luego de esta frase, leemos: "En la oscuridad del mundo están enterradas todas las variedades de transgresión". Y antes: "¿Estaría esta muchacha igualmente bien entrenada?".[11] Se trata de una especulación ético-moral que tiene el narrador omnisciente y el personaje Euguchi frente a la escena: una muchacha drogada, al punto de parecer muerta, está en la cama ofrecida para ese anciano, no para tener relaciones con ella, sino para, simplemente, dormir a su lado.

Son dos los elementos que deberían llamarnos la atención. La alusión a la variedad de transgresiones, naturalmente. Lo que relativiza la aparente carga negativa de "inhumanidad". Pero aun algo más importante: la pregunta por si la muchacha estaría entrenada para realizar semejante acción. Lo que a Bellatin le importa es la posibilidad de *entrenar* o, en sus términos, *domesticar* la literatura. Por eso, la otra signatura de esta experiencia es *El lugar sin límites*: la novela corta de José Donoso (1966), pero aun más importante la homónima película de producción mexicana dirigida por Arturo Ripstein (1977). Lo que llama la atención a Bellatin no es la formulación romántica —un lugar que pone en vacancia cualquier regla—, sino la excepción misma que instaura una regla suprema: éste es el lugar donde *no* hay límites. Y, en ese punto, Donoso, Ripstein y Kawabata constelan en una decisión estética que marcará a nuestro escritor: por un lado, la relación entre lugar y regla negativa y, por otro lado, la potencia creativa que eso implica. Y algo más: la decisión de que todo transcurra en un espacio cerrado. Lo que se lee claramente en el "salón" de *Salón de belleza*, pero también en el "cuarto" de *Efecto invernadero*, y que luego proliferará como un hermetismo espacial o, como ha dicho Alan Pauls, en una estética basada en el "contorno" y el "deliñado".[12] Es sintomático, por otro lado, que estas nociones sean, como señala Cuartas, símbolo o sinónimo de la obra misma: "los elementos del cuarto" de *Efecto invernadero* como sinónimo de la mesa de montaje o el campo de operaciones creativas.

En 1995, Jorge Coaguilla le pregunta a Bellatin por su "cuarto libro completamente diferente" y el escritor responde:

> He aprendido que es mejor no anunciar un libro con mucha anticipación y hablar de él solo cuando esté a punto de ser impreso. De pronto aparece un personaje, o un capítulo adquiere vida propia y, al final, se desliga del texto principal. Cuando terminé *Poeta ciego*, sentí que algo le faltaba al libro. Me negué a publicarlo hasta estar satisfecho. Lo curioso es que, entre las primeras correcciones, fue surgiendo un largo monólogo que fluía sin dificultad.

El resultado es *Salón de belleza*. Escribirlo me tardó muy poco: apenas mes y medio. En cambio, mis dos primeros libros me demandaron tres años cada uno, quizá porque son como ejercicios de estilo. Mis otras dos novelas breves fueron escritas de un tirón, porque encontraron rápido su rumbo. Es un relato que tiene un espacio cerrado, algo parecido a *La casa de las bellas durmientes*, de Kawabata, o a *El lugar sin límites*, de Donoso. Me resulta el sitio ideal para simbolizar el mundo. Todo surgió de una situación banal. Frente a mi computadora tenía una pecera en la que observé lo que narro en la novela: unos peces tenían crías y otros morían, asuntos triviales en la historia de la pecera. La vida y la muerte se conjugaban en un lugar tan reducido. También se incorporaba el tema de la belleza. Una pecera bien mantenida es algo muy hermoso. Puede uno pasarse, como los japoneses, varios minutos contemplando el reflejo de las escamas de las carpas doradas. Pero si sufre descuido, con el agua estancada, una pecera se vuelve un sitio fúnebre y en decadencia. La muerte gobierna el lugar. Al escribir este libro me atrajo también trabajar en primera persona. En *Las mujeres de sal* lo intenté dentro de una serie de técnicas. Pero hacer algo absolutamente en primera persona, en un largo monólogo, y meterme en un personaje, era algo nuevo.[13]

No podemos ignorar un dato interesantísimo: *Salón de belleza* es un largo monólogo —técnica ensayada sin éxito en *Las mujeres de sal*— que se independiza de *Poeta ciego* y que, para nuestra sorpresa, ya había sido "terminado" antes de *Salón de belleza*, aunque tuvo que esperar hasta 1998 para ser publicado pues, como dice el autor, no "estaba listo". Lo que es realmente importante de todo esto es la emergencia de dos nociones del sistema de escritura de Bellatin: escribir a partir de una imagen estática (la pecera), y narrar desde un espacio cerrado que se encuentra gobernado por reglas y principios audiovisuales (el narrador o el personaje sólo sabe lo que ve y escucha). Coaguilla, sin embargo, antes que indagar sobre estas técnicas, pregunta sobre la "influencia" del sida, lo que causa en Bellatin una suerte de declaración de principios. Cito *in extenso*:

> Por ejemplo, existe cierta presencia de la vida de César Moro en *Efecto invernadero* y de mi estadía en Cuba en *Canon perpetuo*, pero no es algo explícito. Siempre es decirlo y no decirlo. De igual forma, en mi nuevo libro, no es mi interés tratar el tema del sida. Pienso que por medio de la literatura no se cambia la realidad, por eso trato de emplear el tema como

símbolo. Toca a otras personas, como el Ministerio de Salud, enfrentarlo. Más que el asunto del sida, es la enfermedad, la decadencia, el desgobierno. Puede ser el Perú actual o cualquier otro espacio geográfico [...] Deseo la ambigüedad y aspiro a mantenerla. Mientras más alejado esté el escritor de sus experiencias me parece mayor el reto. Uno puede ficcionar más. Hay muchos escritores autobiográficos que escriben grandes novelas, pero mi asunto no va por ahí. Pienso que Kafka es el paradigma opuesto. No conoció nunca Estados Unidos y escribió América. Es el desafío que a mí me interesa, el del creador que se oculta, el del escritor que no da cabida directa a sus experiencias biográficas. No tengo sida, si es lo que tratas de averiguar. Sé lo que todo el mundo sabe sobre esta enfermedad. Solo partí de una noticia que encontré en un diario. Allí decía que había un peluquero que recogía enfermos de sida en un barrio marginal de Lima. Esa anécdota me pareció que podía ofrecerme un espacio rico para crear. A partir de ese momento, ingresó mi propia invención. Pienso que sería una estupidez criticar una novela por lo veraz que ésta sea. Podrían hacerme reproches a nivel de lenguaje, estructura o técnica, pero no por lo otro. Intento que mis libros tengan eficacia y coherencia dentro de su universo. Me importa que funcione el libro y no la realidad.[14]

En primer lugar, aunque los libros estén anclados al mundo, el juego estético supone *decir* y *no decir* esa referencia, radicalizar la ambigüedad. Sin embargo, esta relación con lo real no es una casualidad, sino casi un mandato que, quizás, se deduce de la experiencia antropológica cubana: escribir a partir de "imágenes estáticas" entendidas como fragmentos de lo real, de restos de experiencias de este mundo, escenas del teatro humano. Lo que interesa en todas ellas, lo que dice explícitamente, es el asunto del "desgobierno": el atropello del individuo por parte de un sistema totalitario o la situación del artista en una sociedad hostil.

Emerge una máxima: mientras más alejado esté el escritor de *su vida* —no del mundo que lo rodea, sino del modo "vivencial"— mayor es la posibilidad de invención. Para Bellatin al igual que Mallarmé, el mundo también es un gran libro, sin embargo, el artista es aquél que extrae de ese libro infinito un fragmento y le imprime una invención, esto es: una lógica o retórica propia, un ánima. Todos estos textos valen menos por el drama biopolítico que encierran, que por instaurar allí mismo un pliegue estético o literario. Lo que supone un *origen*: es el experimento antropológico o escuela humana de Cuba, junto con esta constelación textual, lo que genera la idea de imponerle a la literatura un sistema que la *domestique,* que la "entrene" como a la drogada bella durmiente de Kawabata o como más adelante hará con los dobles de escritores de aquel congreso celebrado en París.

Paradójicamente, Bellatin no publicó nada en Cuba, al menos no oficialmente. Dice haber participado de cuatro talleres, suponemos por lo tanto que participó de eventos literarios diversos. Sí, no obstante, se vinculó con el ambiente artístico cubano. De hecho, la primera edición de *Efecto invernadero* está dedicada a Reina María Rodríguez, luego de la segunda reedición en adelante borra esta referencia. Ese envío o *dedicatio,* como el subsecuente ocultamiento de esa huella, entre otras, nos lleva a pensar varias cosas. En primer lugar, si como ya demostramos viajó a Cuba con la idea de *Efecto invernadero,* quizás fue en la isla donde Bellatin escribió —o empezó a escribir— las ya míticas "mil" páginas de la novela. Y, en segundo lugar, que luego de la publicación de *Efecto invernadero* se produciría un momento de concientización o de inteligibilidad de las operaciones que produjeron la novela y que, por lo tanto, implica "corregir" elementos, "eliminar" huellas, "intervenir" sobre la propia obra e imagen: lo que queda registrado en un archivo recientemente encontrado, el *Cuaderno de tapas rojas.* Así las cosas, o bien luego de *Efecto invernadero* se daría una "tercera etapa" que el autor quiere eliminar discursivamente, o bien es después de esta novela que se produciría recién la "segunda etapa" que Bellatin quiere anteponer de alguna forma.

Todo esto nos insinúa una especulación evidente. Bellatin descubre en Cuba la noción de regla y de sistema, la asume como una ética-estética básica para su obra futura, pero no puede aplicarla. Pues para eso necesitará algo más que la experiencia antropológica, algo más que, en parte, termina de desarrollar en Cuba: se trata de la experiencia cinematográfica. Pero se trata de una experiencia que no se produce hasta la publicación de *Efecto invernadero* y no se termina de captar o replicar con los dos libros siguientes y de la mano del *Cuaderno de tapas rojas.* En una entrevista de 1992 Bellatin dice: la obra es el "resultado" de un "trabajo". Pero ese trabajo no separa sólo *Las mujeres de sal* de *Efecto invernadero* (esas novelas que tardaron "tres años" cada una en hacerse), sino las dos siguientes: *Canon perpetuo* y *Salón de belleza* (esas novelas que se hicieron en apenas unos meses). Pero ese trabajo no es el que mucha de la literatura moderna asume con cada obra, tampoco se opone al ocio o al no trabajo nihilista de otras literaturas vanguardistas o neovanguardistas como la de César Aira o Washington Cucurto. Como siempre, saliéndose por la tangente, el "trabajo" de Bellatin fue lo más parecido a la creación de un mundo que, en la medida en que funciona por sus propias reglas, pueda ser abandonado a su suerte. O, más a tono con nuestros planteamientos: una máquina de escritura, un dispositivo que, ya conocemos la frase, *escriba* (*sin escribir*: es decir, sin que el autor pase por el espacio de la escritura, pero que, sin embargo, se produzca un libro).

No es una impostura, entonces, el hecho de que Bellatin insinúe descubrir en el cine, en la fotografía o, más adelante, en el teatro y en la danza una verdad. Esto es: que la "esencia" de la literatura y la "obra personal" del escritor no se encuentran en las palabras, sino en el montaje y, por eso mismo, le interesa cualquier experiencia artística y no artística que esté atravesada por esta técnica. Dice el escritor: "Yo trabajo sobre todo con textos separados y simultáneos. Después realizo un montaje cinematográfico. Es una cosa personal, propia porque lo que yo presento es un libro de literatura. Mi proceso interno tiene que ver con el cine, en la forma de construcción".[15] En este punto, Bellatin recuerda a ese Roland Barthes que decía que la literatura nada tenía que ver con la "creación", sino con la "combinación".[16]

El montaje es, para Bellatin, un espacio aún más personal que el de la "propia palabra", y realizar antes que un montaje azaroso, uno excesivamente reglado es, paradójicamente, más personal aún. Estamos ante un umbral de indiferencia, ahora foucaulteano: la literatura, como la vida, será desde entonces un asunto de *gobierno*.

1986-1992

Durante todos esos años Bellatin acopió, en efecto, todo este material de escritura que finalmente tituló *Efecto invernadero*, pero no sólo eso: parte de *Poeta ciego*, de *Canon perpetuo*, de *Damas chinas* y, como ya he demostrado, de *Lecciones para una liebre muerta*, pues este libro es, visto en detalle, una reescritura de *Las mujeres de sal*. Esa suerte de obra total que, paradójicamente, no podía "escribir" aunque ya estuviera en parte escrita. El suspenso de la escritura no es, entonces, la negatividad de la página en blanco. El escritor suspende la escritura no porque deja de escribir o porque no pueda hacerlo, sino porque no para de escribir *literatura, demasiada literatura*; como ha dicho muchas veces Bellatin: "estaba enfermo de escritura". Con esa experiencia, la idea de "novela" dejará de ser un destino dado, para transformarse en un campo de operaciones, de prueba y error, un laboratorio asfixiante que no dejará márgenes para pensar y que será, por lo tanto, impublicable. Pues publicar, ya sabemos, supone hacer transmisible o comunicable la escritura. La conclusión la conocemos todos, es la invención suprema: para hacer comunicable la escritura, se deduce, se necesitaría de algo propiamente no-escriturario: escribir sin escribir, es decir, que sea el sistema —la verdadera invención, la máquina— la que finalmente escriba, que permita no pasar por la escritura, pero que se haga sin embargo un libro y que sea un espacio personal-singular, pero absolutamente comunitario. Esto será, en definitiva, la esencia de lo literario: no las palabras, sino la invención que las reúne en un libro, en una obra.

Más tarde aparecerá también la idea de "libro" entendida como un nodo que junto a otros sostiene el tejido de un sistema. El libro allí ya ni siquiera valdrá como obra singular, será apenas un pilar, avance constructivo, elemento operacional y, por consiguiente, tampoco supondrá una unidad autónoma, sino un ser extrañísimo, un organismo vivo que se reproduce y multiplica, pero sometido a su vez a las modificaciones y exigencias de esa máquina que lo ha gestado y que, en definitiva, lo controla, *suplementariamente*. La propuesta es tan operacional, tan maquinal, tan formalista y abstracta que parece mentira que su *ursprung* sea algo tan literariamente pasatista, icónicamente latinoamericano y mundano —demasiado mundano— como la experiencia cubana. Sin embargo, esas son las dos caras de la moneda. Y esta es la gran invención de Bellatin, y hay que entenderla en toda su ambigüedad: *la gran obra es el sistema*.

El *Cuaderno de tapas rojas* o la retórica: un "estado del arte" propio

La imagen de un "silencio" entre la primera novela y la segunda parece propia de una invención del autor o de la crítica. Y de haber una grieta, ésta no es una hiancia entre el primer libro y el siguiente, sino *en* el segundo libro y *en* la obra subsiguiente. Tal como intuíamos, *Efecto invernadero* surge como proyecto apenas después de la publicación de *Las mujeres de sal*. Ergo: 1986-1992, ese corte temporal, designa un periodo de escritura informe que busca encontrar su modo de obrar. Lo que en Bellatin significa, ya lo señalamos, un sistema que la gobierne/produzca. En ese sentido, *Efecto invernado* no es un *comienzo* sino un *final feliz*: la primera forma o medio a través del cual el sistema, finalmente, obra.

Frente a lo anterior, una hipótesis. Como hemos anticipado, si con la primera *Obra reunida* (2005) y la segunda (2014) hay una suerte de volver la mirada sobre la primera novela, intuimos que ese movimiento constitutivo del sistema de Bellatin necesariamente se tuvo que producir apenas después de *Efecto invernadero* (1992) y antes de *Tres novelas*, esa suerte de (primera) obra reunida encubierta que excluye *Las mujeres de sal*. El *Cuaderno de tapas rojas* parece encauzar estas conjeturas, pues establece entre *Efecto invernadero* y *Las mujeres de sal* un primer punto de encuentro material y textual. El documento que integra el Archivo Bellatin de la Universidad Nacional de La Plata es una suerte de collage de entrevistas, reseñas críticas y notas periodísticas de *Efecto invernadero* y *Las mujeres de sal*. Ese movimiento —ir de la recepción crítica de la segunda obra hacia la de la primera— presenta al *Cuaderno* como un dispositivo muy estratégico y concreto. El escritor no fue coleccionando reseñas, entrevistas y demás documentos, sino que de un momento a otro comenzó a recolectarlos desde el presente hacia el pasado —o al menos reunirlas en ese orden— para, inequívocamente, averiguar algo. No se trata, por lo tanto, de una actitud de coleccionista sino de investigador o de arqueólogo. ¿Pero qué buscaba Bellatin? ¿Y qué averiguó?

El problema, más bien metodológico, es que el *Cuaderno* no es más que un *collage*. Es decir, no hay marcas, resaltados, comentarios al margen, nada que permita evaluar alguna apreciación discursiva de Bellatin. Así, sólo queda explorar los materiales del *Cuaderno* que hemos listado uno por uno en la bibliografía e ir tramando una posible serie de lecturas como si se trata de un documento que nos permitiría realizar un *estado de la cuestión* de un tema un tanto incierto. Si como sostiene nuestra hipótesis, el cuadernillo le sirvió a Bellatin para evaluar su sistema de operaciones, en ese sentido, lo que convendría relevar sería los hipotéticos elementos de esa intervención o, al menos, inteligibilidad. Habría dos elementos para tener en cuenta: la recepción crítica y la figuración de la imagen de escritor como de la obra.

En la primera entrevista que aparece en el *Cuaderno*, con fecha del 4 de diciembre de 1992, el escritor despliega con exactitud la base misma de su poética. En primer lugar, la forma lograda "no es natural", es "el resultado de un trabajo" que supone constreñir "el lenguaje a lo mínimo, forzando la imagen como se hace en fotografía, para lograr un efecto determinado". El resultado de esa operación es la reducción de la "primera versión" de la novela que "tenía 400 páginas", a las 54 páginas de su primera edición.

Primera observación: es interesantísimo cómo el montaje fotográfico y la estética negativa toman la forma de una misma operación y, por otro lado, cómo ya en 1992 Bellatin instaura la imagen minimalista del radical recorte y la primera cifra del Santo Grial del geneticismo que, como sabemos, se irá engrosando cada vez más: de 400 páginas a 1.500. Como si descubriera que, a mayor exuberancia suprimida, mayor efecto minimalista logrado.

Es curioso, por otro lado, que esta operación no sea entendida por el autor como una forma o un medio que él encontró de una vez y para siempre, sino como una colocación epocal: "pienso que la época, la situación por la que atravesamos, no da lugar a la retórica". Luego de *Efecto invernadero* y antes de *Canon perpetuo*, Bellatin no sabía que había encontrado *algo* que iría a repetir con exhaustividad, sino apenas una forma propia para la época. El uso de la palabra "retórica" es llamativo en las entrevistas y crítica del período peruano. Al parecer designa la estética del boom y las tradiciones de colorido formal o exuberancia narrativa. Sin embargo, a partir del año 2000 Bellatin llamará "falsa retórica" a la artimaña efectuada por su campo de operaciones. Éste es un claro movimiento conceptual en la construcción teórica de su obra.

Lo que Bellatin todavía no tiene resuelto, pero ya comienza a entender, es algo que Barthes explicó con sabiduría: "en literatura, como en la comunicación privada, cuanto menos 'falso' quiero ser, tanto más 'original' tengo que ser, o, si se prefiere, tanto más 'indirecto' [...] lo espontáneo no es forzosamente lo auténtico" en la medida que mi palabra "sólo puede salir de una lengua", es decir, de ese gran sistema de códigos, de ese gran censor fascista que obliga a decir. Y, así, al escribir una novela o un mensaje de pésame, repetir un código puede acabar mostrándolo a uno como "fríamente respetuoso de una determinada costumbre". La sabiduría de Barthes reside en el desplazamiento que instaura en la noción de "originalidad", separándola radicalmente de la "transgresión" de Blanchot o de los campos artísticos de Bourdieu. La originalidad es un pacto de amor, es "el precio que hay que pagar por la esperanza de ser acogido (y no solamente comprendido) por quien nos lee". ¿Pero cómo ser original en la literatura y ¡en la lengua!, esos dos sistemas que no dejan de codificar? Si las escuelas y las épocas fijan en su codificación "una zona vigilada, limitada de un lado por la obligación de un lenguaje 'variado' y del otro por el cerramiento de esta variación bajo forma de un cuerpo reconocido de figuras", es justamente esta zona vital que se llama "retórica" la respuesta. La retórica, dice Barthes, es "la técnica de la información exacta" que, en la medida que traza en el Otro el horizonte de sus efectos, se convierte en "la dimensión amorosa del escribir" y, por lo tanto, demanda al autor meditar sobre las fronteras de esa zona vital a fin de instaurar una *retórica propia*, es decir: un sistema de códigos que permita conjugar una serie de efectos.[17]

Está claro que Bellatin ha construido una retórica propia. Me refiero, naturalmente, el sistema de reglas que, como recordarán, en esta misma entrevista aparece formulado por primera vez: "Parto de la nada, no tengo diálogo, no tengo color, utilizo la forma más elemental de narrar que es la tercera persona, como hacían los juglares". Sin embargo, aclara también: "para mí es más fácil escribir exuberantemente". Es decir, instaurar una retórica propia o alcanzar su propio grado cero implica adiestrar o entrenar el propio automatismo escriturario. Todo esto nos permite apreciar el desconcierto de Bellatin con su propia intervención: el escritor piensa que se está escapando de toda retórica y de una época cuando, como entenderá más adelante, está llevando lo retórico a un lugar de una máxima artificialidad o impostura no narrativa, sino estructural o sistémica, por un lado, y a otro lugar ético, el cuidado de los libros; y, además, terminará por jugar su intervención a todos los tiempos y espacios antes que a una época y a un territorio específico. Esas ambiciones suponen, quizás, los gestos más decisivos de su intervención.

Segunda observación: esta entrevista y el escenario operacional que permite imaginar son elementos cruciales, porque marcan entre *Efecto invernadero* y *Canon perpetuo* un *work in progress*.

Tras la entrevista, el *Cuaderno* nos presenta una serie de críticas y reseñas recortadas de diarios y revistas. La primera es de Mauricio Medo y señala que "el hecho de prescindir de nombres propios va desindividualizando" los personajes y, por momentos, "sus características sicológicas parecen trasladarse de uno a otro intercambiando sus roles"; además, esta "rotación" ocurre "en un lugar que, paradójicamente, contiene varios lugares geográficos —México, París, Lima— y, sin embargo, aparecen sólo como una escenografía, mejor aún, como la escenografía de una pieza teatral" y, finalmente, la "simplicidad" con la que el escritor "remite los hechos" le recuerda al crítico "las viejas fábulas de origen celta o escandinavo, o también podría remitirnos al *modo* en que el bardo transmitía los conocimientos a los miembros más jóvenes de la tribu. Esta atmósfera *fantástica* [...] adquiere una mayor eficacia por la utilización de ciertas citas bíblicas.[18]

Tercera observación: ¿No es sintomático que Medo capta el grueso del campo de operaciones de Bellatin? Me refiero a la estética de nombres, el montaje cinematográfico o teatral, la retórica antigua. Por otro lado, el crítico señala una paradoja de *Efecto invernadero*: aunque la novela se parezca a la escenografía de una pieza teatral donde, justamente, la construcción de una "noción de lugar" supone una artificialidad y una abstracción máxima, el autor mantiene referencias geográficas como "México, París, Lima". Es decir, también es sintomática esta situación, ya que las referencias geográficas serán uno de los elementos que Bellatin suprimirá en la edición siguiente de *Efecto invernadero*.

Ramón Mujica Punilla, titula su crítica "la vanguardia tormentosa" y se propone escuchar en Bellatin un eco vanguardista joyceano y kafkiano. Según el crítico, de Joyce le llega a Bellatin la estética de los nombres: Bellatin "emplea títulos genéricos", al igual que Joyce empleaba "letras para designar a sus personajes". Y de Kafka "retoma la pasión por las 'resonancias obscuras' y atemporales de mentes atormentadas".[19] Este es uno de los rasgos —no sólo el de "vanguardista", sino especialmente el "kafkiano"— que Bellatin renegará con insistencia en muchas oportunidades, pero especialmente en *Lo raro es ser un escritor raro* (2006).

Cuarta observación: el hecho de que Bellatin leyera esto y luego modifique su posicionamiento, invita a pensar que allí donde el escritor funda su lenguaje propio, su mismo epicentro estético —la estética de nombres y las atmosferas enrarecidas— no permitirá la intromisión de una herencia, influencia, tradición o, naturalmente, *Nombre de Padre* alguno. Así, más que inventar sus precursores, Bellatin prefiere tacharlos. Por otro lado, como señalamos anteriormente, si de buscar precursores se trata, antes que un eco vanguardista, la estética de los nombres remite a la teología negativa neoplatónica y su reflexión sobre la experiencia sagrada.

Mujica Punilla nos da más para especular: es el primer crítico que reproduce la "hazaña miniaturista" de Bellatin, pues como acabamos de ver en la entrevista, el escritor ya había formulado la fantástica reducción de la novela en *El comercio* de Perú y, se inferirse, el escritor pudo haber repetido lo mismo en la presentación de su libro a la que asistió el crítico. Dice Mujica Punilla: que "las 54 páginas de *Efecto invernadero* produzcan en el lector la impresión de haber leído quinientas". Lo interesante de esta aparición es que las palabras de Bellatin no son citadas, aparecen como un efecto de lectura advertido por el crítico. Finalmente, el crítico también coincide en señalar la retórica antigua, pero no remite el recurso a las fábulas celtas como Medo, sino a "una dimensión mítica" desde la cual el lector se ve obligado "a ver el mundo"; y, por otro lado, repone aquello que Goldchluk señalará en 2008, los nombres biográficos que *Efecto invernadero* elide.

Por su parte, Andrea Cueto sostiene que los personajes sin nombres ponen el énfasis en "las sombras del recuerdo y de sus proyecciones", a lo que sumado al vacío descriptivo que los rodea, estos seres sin rostros, pero con intimidad, parecen "pequeños dioses de una épica de las relaciones afectivas".[20] Así, los ecos del mesianismo y del clasicismo griego también son leídos por el campo peruano.

Quinta observación: hasta aquí la crítica se comporta no sólo con amabilidad, sino con sumisión, pues parece una extensión del relato autoral. Lo que no es algo novedoso: hay algo de la obra del escritor que hace que algunos críticos repongan solapadamente la propias teorizaciones y ficciones configuradas por nuestro escritor. Si desplazamos el foco de la crítica a la obra, podríamos percibir un movimiento inverso. A medida que repasamos lo señalamientos de la crítica, hemos detectado la emergencia de elementos muy concretos que, valga la coincidencia, el escritor altera posteriormente.

Marcela Garay será, por su parte, quizás la primera en señalar literalmente el estilo "minimalista" de Bellatin y, por otro lado, quizás fue la única en cuestionar o indagar la retórica del propio autor. En relación con el hecho de que Bellatin escribe a partir del "no color", por ejemplo, la crítica se encarga de relevar que esta afirmación es un tanto inexacta:

> encontramos que Bellatin usa el color con el extremo cuidado de un artista visual para enmarcar simbólicamente pasajes muy puntuales de la novela. El negro, por ejemplo, marca el comienzo y el fin de la vida; la madre concibe a Antonio en un diván de cuero negro y, negro es el color de los paños que cuelgan de las ventanas de la habitación de Antonio en el momento de su teatral muerte. El amarillo es usado para preparar una inevitable realidad: se usarán zapatos amarillos como parte de la composición pictórica del día de la muerte de Antonio. El amarillo también servirá de trasfondo para componer una imagen delirante 'la luna es pesada y amarilla' el día en que la madre decide quemar los paños menstruales y pide perdón por comenzar a crear un ser regido por fuerzas oscuras (Antonio). El azul es usado para representar una realidad transformada: después de haber fumado opio la pianista y la amiga ven 'formas que siempre se presentaban sobre un fondo azul'. Cuando ambas fuman opio los colores son brillantes (realidad transformada), éstos contrastan con la opacidad de la realidad concreta: lo apagado de los colores cotidianos. Finalmente, el intenso rojo es el tono de los óleos de Antonio que tanto escandalizan a la madre.[21]

Es decir, no es que en Bellatin no haya color, sino que la vez que el color aparece tiene una función más compleja que la mera descripción o la referencia pictográfica, por el contrario. En otras palabras, el sistema negativo produce un sentido máximo cuando presenta paradojas o espacios de excepción a la misma regla. La crítica, por otro lado, inscribe a Bellatin, junto a Ivan Thays, en una nueva escritura que se libera de la "pesada carga social" y que su prosa "gélida y visual" parece más acorde con una "estética del distanciamiento". Juan Betanzos prefirió remitir la "atmosfera fantasmal" de Bellatin y su "dosificado lirismo" a "cierta tradición francesa", es decir, al *nouveau roman*.[22]

El tema de las "tradiciones" aparece con especial énfasis en una entrevista de 1993, también presente en el *Cuaderno*. Allí, Rocío Santisteban le pregunta a Bellatin, apropósito de la novela de Thays nuevamente, por el uso de tradiciones extranjeras en la narrativa peruana, como la norteamericana, y Bellatin responde de una manera aún más expansiva: "Es que la gente está aburridísima del realismo peruano. Los jóvenes buscan algo diferente. Y, así como se busca en otras literaturas, considero que uno debe de intentar en otros circuitos".[23] El concepto "circuito" es un poco enigmático: puede aludir al circuito de las otras artes, pero también al circuito de lectores o del mercado editorial. De hecho, Bellatin dice que el mercado editorial español es la meta y Santisteban le señala la dificultad del asunto ya que no podrá sacarse "la etiqueta de latinoamericano", y precisa: "quizás de tu texto, pero no de tu contexto". Bellatin, sin embargo, no tiene duda alguna, "claro que puedo" le responde y explica:

> la puedo sacar también como teoría. Pero, entiende, soy latinoamericano; pero no me interesa ser un epígono del 'boom', en todo caso. Además, yo creo que en esta época las cosas se han polarizado: ahora hay centro y periferia. Tu producto va unido al de los japoneses, al de los hindúes, al de los asiáticos, al de los chicanos. Y yo creo que allí se diluyen las generalidades e interviene el producto mismo y ya no se tiene el estigma de García Márquez, el Hans Christian Andersen de Latinoamérica.[24]

Esta formulación es casi inexistente en el resto de las entrevistas o intervenciones públicas del autor. Y su clímax es, inequívocamente, la palabra "teoría". Aunque Bellatin es "latinoamericano", no tiene prurito en construir una teoría más acá o más allá de lo latinoamericano —como de lo literario— para lograr producir una literatura más allá de los dispositivos clasificatorios de su época. De ahí que él, que estudió con García Márquez y que, en un momento, como muestra el *Cuaderno*, lo incluyó como una suerte de referencia de autoridad en su biografía, rápidamente entienda que podría transformarse en un estigma. Por eso mismo, agrega: "Que un japonés mate su padrastro porque perdió la gracia del mar, eso lo siento más que las disquisiciones ideológicas de Kundera".[25] Estas líneas son singularísimas, porque arman una serie de sentidos donde sus textos orientales y árabes confluyen con sus acciones plásticas —que no aparecerán hasta el año 2000— en una misma orientación *teórica*.

Sexta observación: esta entrevista, así como algunos pasajes críticos, permiten ver en Bellatin una orientación *teórica* que busca instaurar un carácter *menor* (o "periférico") en su intervención en la literatura no sólo "latinoamericana", sino más bien "mundial" y que incluye, en un mismo movimiento, una borradura teórica de lo literario y de lo latinoamericano y, por eso mismo, una necesaria borradura de *Las mujeres de sal*.

Una vez terminado los recortes relacionados con *Efecto invernadero*, la tapa del libro de *Las mujeres de sal* marca el inicio de los recortes referidos a esta última. El papel se encuentra mucho más deteriorado, a veces los datos editoriales son menos claros, otras el recorte los ha eliminado.

El primer elemento data del 2 de noviembre de 1986. Es una suerte de crónica que articula la visión de un periodista cuyo nombre no aparece en la nota con las palabras del escritor que no se sabe si han sido extraídas de una entrevista o de la presentación del libro. El primer elemento resaltado, para nuestra sorpresa, es la consideración de que el escritor "ha trabajado el hilo narrativo haciendo un 'montaje casi cinematográfico'". Ya que Bellatin ha trabajado ese material durante "cuatro años, quizás más, en los que esta idea empezó como varias historias aisladas y tomó forma, cambiando paulatinamente hasta convertirse en lo que es hoy". Según la nota, la idea principal de la novela es "el ambiente misterioso y ritual" en el que "se mueven" los personajes. En la entrevista de 1986 se adelanta, como ya hemos señalado, la presencia de un "nuevo proyecto literario" que, dice la nota, le llevará al escritor una "ardua y difícil" investigación "del mundo poético de uno de los más controvertidos poetas del surrealismo peruano", es decir, César Moro.[26]

Una nota aparecida en *Papel quemado* que está firmada por M.S. separa ya *Las mujeres de sal* de la tradición social y urbana de los años cincuenta y sesenta y la inscribe en la experiencia "rural-costeña", designación que marca una "búsqueda de identificación con símbolos más eternos como el mar". M.S. también lee en *Las mujeres de sal* el afamado minimalismo narrativo como una "estandarización del lenguaje", un desarrollo narrativo enfocado en "las acciones, una casi ausencia de diálogos, de descripciones: un narrar en el sentido estricto".²⁷ Luego está presente la reseña de Miguel Ángel Huamán publicada en la prestigiosa *Revista de Crítica Literaria Latinoamericana*, el único de estos textos que se encuentra en formato digital actualmente. Huamán también resalta el plano narrativo de la acción al que denomina "amplitud del acontecer" y asocia la novela a una reflexión —alto-ficcional, existencial, ritual incluso— sobre el presente de violencia social que sufre el Perú que, además, ofrece una "salida para la crisis esencial de nuestra sociedad por medio de un retorno a lo natural, representado por la jardinería o el arte ingenuo".²⁸

Acto seguido vemos en el *Cuaderno* algo similar a lo que podría haber sido el famoso ¡bono de pre-venta de *Las mujeres de sal*!:

Inminente Novelista

Mario Bellatin, mexicano hasta los dos años y, desde esa fecha, peruano por residencia, está próximo a publicar su primera novela: 'Las mujeres de sal'.

Bellatin, director del taller de literatura de la Universidad de Lima y libretista de la última telenovela de Francisco Lombardi, cuenta en este libro con el prólogo de Antonio Cornejo Polar y el colofón de Raúl Bueno.

Impreso bajo el sello editorial 'Lluvia Editores' y con carátula de Gonzalo Pflucker, el libro amenaza agotarse cuando usted, estimado lector, termine de leer esta columna.

No podríamos asegurar tal cosa, más cuando arriba de la nota aparece un título de un periódico, al parecer universitario, *La gente*. Pero sí es claro que la nota tiene un interés publicitario y, por otro lado, el carácter tal vez falsario de algunos datos se asocia más con una operación de prensa: Antonio Cornejo Polar no escribió sobre *Las mujeres de sal*, sino su hermano Jorge; luego es dudable la veracidad de que Bellatin haya sido libretista de una "telenovela" de Francisco Lombardi, el ícono cinematográfico peruano de los ochenta que dirigió muchas adaptaciones al cine de la narrativa peruana.

La idea de "promesa" literaria está en la contraportada de la novela y la repiten prácticamente todas las notas periodísticas y críticas. Miguel Almereyda así lo hace en una columna en *El bostezo del lagarto* y agrega: "los capítulos breves e intensos" se suceden "a manera de secuencias cinematográficas". Bellatin también es "más que una promesa" para Claudio Fabián Baschuk que, por otro lado, sostiene que el interés principal del texto radica "en la estructura" que articula la historia cuyo centro se desconoce. Baschuk también coincide en señalar la "construcción casi cinematográfica" de la trama y remite la comprensión de la existencia humana a una dimensión "real-maravillosa" que separa al autor de la "actual tendencia autobiográfica" de la narrativa peruana. Otra columna aparecida en *La voz* en su apartado "Cultura al día" también coincide en subrayar que las mujeres de la novela viven en una "realidad mágica", así como en destacar "la acción y el entramado de las anécdotas".

Jorge Cornejo Polar le dedica una reseña bastante más extensa que la serie de pequeñas columnas que el *Cuaderno de tapas rojas* recoge. Se concentra, especialmente, en el "juego de la obra abierta" que propone la novela, que el crítico lee en el gesto —señalado en el primer capítulo— de concluir el texto con la misma línea con la que lo empieza suspendiendo el relato y dejándole al lector la posibilidad de mantener esa suspensión o de completarlo en su imaginación. Cornejo Polar señala algo más que nadie había mencionado y que recuperaremos *in extenso* más adelante: más allá del carácter coral de la novela, la historia central es la del pintor, su crisis artístico-existencial y la salida "esotérica o mística" de la que participan el conjunto de los personajes. El crítico no usa el término "promesa", pero sí luego de aclarar que conoce a Mario Bellatin desde "casi sus inicios", cuando era "el más fiel, interesado e informado concurrente al Taller de Literatura que al comienzo de los ochenta manteníamos en la Universidad de Lima", profetiza que se avizora, en los comienzos del joven escritor, una "ruta fructífera".

El último elemento del *Cuaderno de tapas rojas* es una entrevista del 17 de octubre de 1986 publicada en el suplemento "Cultural" del diario *La república*. Allí Bellatin, luego de decir que "rompe con lo autobiográfico" nos relata otro comienzo de su escritura: "Lo primero que hice fueron cuentos, a los 14 y 15 años, muy influenciados por Ribeyro. Dejé de escribir los cuentos y empecé a trabajar esta novela. Y ya no reconozco influencia precisa. Concebí la novela a medida que se fue creando. Yo no quería seguir un hilo narrativo único, eso me indujo a crear varios caminos por los cuales seguir. Al final, la novela, con el material hecho, es como un montaje cinematográfico. No hay capítulos o escenas que deban estar por necesidades narrativas, sino por la estructura".

Séptima observación: con esta entrevista tenemos que corregir una hipótesis anterior. No es que Bellatin descubre en Cuba el montaje cinematográfico, sino que es allí donde lo va a perfeccionar. *Las mujeres de sal*, como podemos ver, está hecha al igual que todas las novelas de Bellatin: reúne un material de escritura disperso, creado en diferentes momentos, a través de un montaje. Lo que no está presente es, justamente, el criterio de acumulación y de montaje, pero sí el carácter cinematográfico —es decir, estructural y audiovisual— que debería tener el mismo, aunque el autor quizás lo juzgó no bien logrado. Por otro lado, es curioso cómo los críticos resalten al unísono el aspecto cinematográfico de su prosa, entre otras cosas: presentarse como "joven promesa", la dimensión real-maravillosa o natural-mística de su narrativa y su ruptura con lo autobiográfico. Elementos que, con la salvedad terminológica de cada caso, parecen encontrar en *Efecto invernadero* una continuidad o reformulación más que una ruptura.

Al leer el *Cuaderno de tapas rojas* surgen varias preguntas: ¿No es acaso sintomático que todos los críticos y periodistas repliquen mucho de los puntos que Bellatin menciona en las dos entrevistas que da luego de publicar *Las mujeres de sal*, o el calificativo "promesa" que Bueno inscribe en la contratapa de la novela? ¿No es curioso, también, que un suceso similar parece haberse producido en *Efecto invernadero*, donde algunos de los puntos que el escritor señala en su presentación o en la entrevista son reproducidos a veces solapadamente, otra no, como lectura crítica? ¿No es llamativo también que la crítica identifique elementos o paradojas presentes en los textos y que Bellatin corregirá en las reediciones o los libros por venir? Surgen dos hipótesis.

La primera, bastante paranoica: Bellatin organiza con el periodismo una operación de prensa en la que estos repiten lo que él quiere. La escena no sería novedosa. Como recordarán, la adaptación teatral de *Perros héroes*, nunca fue realizada, sin embargo, eso no impidió que la prensa hable sobre ella. La operación fue sencilla: Bellatin se confabuló con una serie de cómplices que a sabiendas hablaron de la obra inexistente y, sin más esfuerzo que ése, otros críticos y periodistas repitieron sus palabras sin saber que se trataba de un engaño.[29] Más allá de la "broma" del caso, la operación para Bellatin supone una seriedad radical, puesto que se proponía evaluar cómo la crítica reproduce cosas que no ve, ni lee, ni cree. Es, desde este punto de vista, una pura operación retórica: es decir, cuyo objetivo es, simplemente, causar puros efectos.

Si bien este afamado *happening* bellatinesco rubrica su capacidad confabuladora y abona nuestra sospecha paranoica, lo que pone al descubierto en la crítica nos lleva a formular una hipótesis más propia de una fantasía de control: la crítica y la prensa repiten, atraídas por una verdad de la obra o captadas por una operación retórica, las palabras que el propio autor sopla. Una última observación: quizás el escritor no fue consciente de todo esto, sino hasta leer, como hacemos nosotros ahora, el *Cuaderno* que él mismo confeccionó. Y allí, ante la imposibilidad de leerse a sí mismo, la crítica comenzó a ser un elemento para tener en cuenta pues le devolvía una mirada de su propia obra, para bien o para mal.

De un modo u otro, todo este recorrido parece sumar a nuestra hipótesis general: luego de *Efecto invernadero*, Bellatin vuelve a *Las mujeres de sal* para establecer un contrapunto que le permita entender qué tipo de movimiento se ha producido en su escritura y, para eso, es necesario volver no sólo a las novelas, sino también a la escritura que estas últimas produjeron, y a la crítica. En ese sentido, y de modo contrario a lo que opina Cuartas, la crítica sí parecería formar parte de los "elementos del cuarto", es decir, de la obra. Al menos de dos formas: le permite sondear la recepción de su producción creativa para luego despejar o potenciar sentidos de lectura y, por otro lado, le da un campo de operaciones aparentemente "exterior" que acaba por replicar los juegos retóricos del escritor. Es decir, la crítica es, qué dudas caben, otra forma de *escribir sin escribir*. En este sentido, también habría que releer "Kawabata, el brazo del abismo", texto publicado en *La nación* el 12 de abril de 2008. Al usar las palabras de sus críticos para hablar de Kawabata, Bellatin no buscar impugnar la labor crítica, sino evidenciar que entre él y Kawabata podría no haber distancia alguna, que la escritura y las vidas no son más que una sola cosa. En suma, que Kawabata, como Marcel Duchamp, Daniel Link, Frida Kahlo, Yukio Mishima son, en realidad, sus dobles.

En síntesis: si en 1986 había montaje, no había todavía retórica, en 1992 se arriba a una primera idea del sistema retórico, pero esta retórica es concebida apenas para una determinada época y como un rechazo a la retórica de otras tradiciones literarias. Es a partir de 1993-94, con *Canon perpetuo* y *Salón de Belleza* —esas novelas que se producen de la nada, como si no hubieran costado trabajo alguno— que la retórica se convierte en un dispositivo, en una máquina de escritura que, sin embargo, se presenta como un organismo vivo en constante mutación. Pero se trata de una mutación viral: cada contacto con una otredad produce que, en cierta medida, su genética cambie. A mayor evolución, mayor fuera de sí.

No debe sorprendernos que estas consideraciones se inscriban de modo sobrecogedor en la ficción: aparecen apropósito del *happening* de *Perros héroes*, acompañadas justamente por el término retórica y, valga la redundancia, estilizadas por la retórica del arrepentido:

> Creo que la obra de teatro *Perros héroes*, que nunca existió, tenía como una de sus finalidades preguntase sobre el papel del creador frente al objeto

creado. Esa idea creo que se encadena con una preocupación que desde hace mucho me acompaña, sobre el posible lugar donde debe encontrarse el escritor con respecto a sus textos. Cuando comencé a escribir estaba convencido de que un creador debía construirse ese lugar, el de su propia voz. Rápidamente constaté que aquello era casi imposible, al menos para alguien que recién comenzaba a querer componer textos. Me di cuenta, en ese instante, de que estaba atrapado en una retórica o, más bien, en una serie de retóricas avaladas por la tradición, por un supuesto deber ser narrativo pero, principalmente, por la cantidad de ideas estúpidas que suelen acompañar el hecho literario.[30]

El *Cuaderno de tapas rojas* que coincide con este periodo, parece señalar una vía regia: la intensificación de la estética negativa y la borradura de referentes no sólo nominales sino, de modo más radical, la borradura de la "Literatura" y de lo "Latinoamericano" y, con ello, la confección de un *closet* para *Las mujeres de sal*, esa novela atrapada por muchas retóricas. Así, para el año 2000, se ha producido un completo corte: una borradura aún más radical de los referentes "literarios" y "latinoamericanos", no sólo en la "obra", sino en su presentación como artista. Es decir, el escritor comienza a aplicar la técnica del montaje no sólo a su propia obra, sino a su propia figura de escritor o, como también dirá, de "creador". Esta época, bien vista, constituye una nueva etapa, pues supone una inflamación de los desarrollos estéticos y conceptuales del escritor. Se trata de un movimiento que culmina, paradójicamente, en una vuelta a la primera novela con una radicalidad renovada.

Así entendido, es crucial lo que nos permite leer el *Cuaderno de tapas rojas*. Nos invita a suponer que este documento fue parte importante de la inteligibilidad de los procedimientos y operaciones producidos después de *Efecto invernadero* y, además, en la forma de valorar su intervención artístico-literaria, es decir, la recepción de su obra. La visión de los críticos y periodistas permite captar la forma en que se leyeron las primeras novelas de Bellatin en relación con las imágenes de la literatura y de la tradición artística peruana y latinoamericana, pero también especular sobre las formas en que la obra se apropió de la crítica o la utilizó operativamente. Frente al realismo peruano, frente a la tradición moral y comprometida, frente a una literatura autobiográfica y psicológica, frente a la pomposa retórica del *boom*, emerge una nueva escritura: onírica, escenográfica, fotográfica o cinematográfica, minimalista, una literatura de acción cargada de una fuerza de invención pura, que encuentra la profundidad subjetiva o el drama conceptual en los hechos y que encuentra en la biografía de los otros y en la realidad misma, pero distorsionada, una potencia de ficción.

Archivo

Cuaderno de tapas rojas. Cuadernillo mecanografiado y compuesto por recortes de diarios y revistas, digitalizado por Juan Pablo Cuartas. Colección: Archivos de Mario Bellatin. Disponible en: Área de Crítica Genética y Archivos de Escritores de la Universidad de La Plata, Buenos Aires. Contiene las siguientes reseñas, críticas o entrevistas, en orden de aparición en el archivo:

Arévalo, Javier. "*Efecto invernadero*: nuevo estilo de la novela en Mario Bellatin". *El comercio*, "Cultural", 4 de diciembre de 1992.

Betanzos, Juan. "*Efecto invernadero* de Mario Bellatin". *Caretas* n.º 1242.

Cueto, Andrea. "Cuerpos y sombras". *La república,* suplemento "El cultural", 10 de enero de 1993.

Garay, Marcela. "El último libro del '92. Estética del distanciamiento". *El Peruano*, 30 de diciembre de 1992.

Medo, Mauricio. "El efecto Bellatin", *El comercio*, 21 de diciembre de 1992.

Moreno, Carina. "Bellatin en su invernadero". *La república*, Suplemento "El cultural" [sin fecha].

Mujica Plinilla, Ramón. "Bellatin: vanguardia tormentosa". *Expreso*, "Editorial", 30 de diciembre de 1992.

Vallejo, Cristian. "De una nueva ficción". *La república*, 14 de febrero de 1993.

Tapa de *Las mujeres de sal.*

[Sin autor]. "Las mujeres de Bellatin". *El comercio*, 2 de noviembre de 1986.

M.S., "Las mujeres de Bellatin". *Papel quemado.*

Huamán, Miguel Ángel. "Reseña". *Revista de crítica literaria latinoamericana*, 1987.

[Sin autor]. "Reseña". *Casa de las américas*, n.º 164.

[Sin autor]. "Inminente novelista". *La gente.*

Paz, José. "En estado de trance". *Revista de actualidad*, 2 de marzo de 1987.

Almereyda, Miguel. "Las mujeres de sal". *El bostezo del lagarto*, [sin fecha]

Baschuk, Claudio Fabián. "Las mujeres de sal" [Sin datos editoriales].

[Sin autor]. "Las mujeres de sal". *La voz*, "El cultural", 3 de diciembre de 1986.

Cornejo Polar, Jorge. "Las mujeres de sal y el juego de la obra abierta". *Crítica* [s.f.].

Salazar, Jorge. "Las mujeres de sal". *Caretas* n.° 17, 1986.

———."Las mujeres de sal y la pura invención literaria". *La república*, Suplemento "Cultural" n.° 23, 17 de octubre de 1986.

Santisteban, Rocío. "Detesto a los escritores morales". *El comercio*, Suplemento "Somos", diciembre, 17-19.

Notas

1. Juan Pablo Cuartas, "Los comienzos de Mario Bellatin: tiempo y consistencia, en *Efecto invernadero*" (tesina, Universidad Nacional de La Plata, 2014).

2. El número del 2 de marzo de 1987 de *Sí. Revista de actualidad*, confirma este dato en el *Cuaderno de tapas rojas*.

3. Entrevista de Jorge Coaguilla, "Deseo la ambigüedad: Mario Bellatin y *Salón de belleza*", *La república* (1 de enero de 1995): 25.

4. Emily Hind, "Entrevista con Mario Bellatin", *Confluencia* 20, n.° 1 (2004 [2001]): 200.

5. Hind, "Entrevista...", 203-204.

6. Hind, "Entrevista...", 203.

7. Hind, "Entrevista...", 204.

8. Entrevista de Graciela Goldchluk, "Mario Bellatin, un escritor de ficción", *Wordpress de Filología Hispánica* (2000): 10-11.

9. Goldchluk, "Mario Bellatin...", 9.

10. Roland Barthes, *La preparación de la novela. Notas de cursos y seminarios en el College de France, 1978-1979 y 1979-1980* (México: Siglo XXI Editores, 2005): 185, 201, 205.

11. Yasunari Kawabata, *La casa de las bellas durmientes* (Buenos Aires: Seix Barral, 2013), 78.

12. Alan Pauls, "El problema Bellatin", *El interpretador. Literatura, arte y pen-

samiento, n.° 20 (2005), http://www.elcoloquiodelosperros.net/numerobellatin/bepau.html

13. Coaguilla, "Deseo la ambigüedad...", 25.
14. Coaguilla, "Deseo la ambigüedad...", 25-26.
15. Hind, "Entrevista...", 197.
16. Roland Barthes, *Ensayos críticos* (Buenos Aires: Seix Barral, 2002), 16.
17. Barthes, *Ensayos críticos*, 11-15.
18. Mauricio Medo, "El efecto Bellatin", *El comercio* (21 de diciembre de 1992), 51.
19. Ramón Mujica Plinilla, "Bellatin: vanguardia tormentosa", *Expreso*, "Editorial" (30 de diciembre de 1992).
20. Andrea Cueto, "Cuerpos y sombras", *La república*, suplemento "El cultural", 10 de enero de 1993.
21. Marcela Garay, "El último libro del '92. Estética del distanciamiento", *El Peruano* (30 de diciembre de 1992).
22. Ver Juan Betanzos, "*Efecto invernadero* de Mario Bellatin", *Caretas* n.° 1242.
23. Rocío Santisteban, "Detesto a los escritores morales", *El comercio*, Suplemento "Somos", (diciembre 1992), 18.
24. Santisteban, "Detesto...", 18.
25. Santisteban, "Detesto...", 18.
26. [Sin autor], "Las mujeres de Bellatin", *El comercio* (2 de noviembre de 1986).
27. M.S., "Las mujeres de Bellatin". *Papel quemado* (sin fecha).
28. Miguel Angel Huamán, "*Las mujeres de sal* by Mario Bellatin", reseña de *Las mujeres de sal* de Mario Bellatin, *Revista de Crítica Literaria Latinoamericana*, Año 13, n.° 25 (1987): 254.
29. Este relato lo cuenta Bellatin en múltiples lugares. En *Underwood portátil* se puede encontrar quizás la primera versión (*Obra reunida*, 511-14). Y en un libro que acaba de publicarse también. Esto demuestra la continuidad del relato en su sistema. Ver Mario Bellatin, *La realidad que intenta parecerse* (Buenos Aires: Publicaciones del Teatro Nacional Cervantes, 2019), 11-14.
30. Mario Bellatin, *Obra reunida* (Buenos Aires: Alfaguara, 2005), 515.

Bibliografía

Agamben, Giorgio. *Desnudez*. Buenos Aires: Adriana Hidalgo Editora, 2009

Barthes, Roland. *La preparación de la novela. Notas de cursos y seminarios en el College de France, 1978-1979 y 1979-1980*. México: Siglo XXI Editores, 2005.

———. *Ensayos críticos*. Buenos Aires: Seix Barral, 2003.

Bellatin, Mario. "Kawabata, el brazo del abismo", *La nación*, el 12 de abril de 2008.

———. *La realidad que intenta parecerse*. Buenos Aires: Publicaciones del Teatro Nacional Cervantes, 2019.

———. *Las mujeres de sal*. Lima: La lluvia, 1986.

———. *Obra reunida*. Buenos Aires: Alfaguara, 2005.

Blanchot, Maurice. *El libro que vendrá*. Caracas: : Monte Ávila Editores, 1992.

Borges, Jorge Luis. *Obras Completas 1923–1972*. Buenos Aires: Emecé, 1974.

Cherri, Leo. "Imágenes de archivo en Mario Bellatin: el vacío", *VII Jornadas de Filología y Lingüística*. Universidad Nacional de La Plata, 2017.

———. "La repetición como experiencia". *Abralic. Revista da Associação Brasileira de Literatura Comparada* 18, n.º 28 (2016): 1-16.

Cherri, Leo y Juan Pablo Cuartas. "El nombre del universo: primeros apuntes sobre el *Cuaderno de Teología* de Mario Bellatin". *Manuscrítica. Revista de Crítica Genética* n.º 33 (2017): 73-89.

Coaguilla, Jorge. "Deseo la ambigüedad: Mario Bellatin y *Salón de belleza*". *La república* 1 de enero de 1995: 25-26.

Contreras, Sandra. "César Aira: la novela del artista". *CELEHIS: Revista del Centro de Letras Hispanoamericanas* 2 n.º 6-8 (1996): 205-216.

Cuartas, Juan Pablo. "Los comienzos de Mario Bellatin: tiempo y consistencia en *Efecto invernadero*". Tesina, Universidad Nacional de La Plata, 2014.

Foucault, Michel. *Estética, ética y hermenéutica: Obras esenciales*. Vol. III. Barcelona: Paidós Ibérica, 1999.

———. *Las palabras y las cosas: Una arqueología de las ciencias humanas*. Buenos Aires: Siglo XXI Editores, 1968.

Goldchluk, Graciela. "Mario Bellatin, un escritor de ficción". *Wordpress de Filología Hispánica*. 2000.

Hamacher, Werner. *95 tesis sobre filología*. Buenos Aires: Miño y Dávila Editores, 2011.

Hind, Emily. "Entrevista con Mario Bellatin". *Confluencia* 20, n.º 1, 2004 [2001].

Huamán, Miguel Ángel. "*Las mujeres de sal* by Mario Bellatin". Reseña de Las mujeres de sal de Mario Bellatin. *Revista de Crítica Literaria Latinoamericana*. Año 13, n.º 25 (1987): 253-255.

Kawabata, Yasunari. *La casa de las bellas durmientes*. Buenos Aires: Seix Barral, 2013.

Mignolo, Walter. "Escribir la oralidad: la obra de Juan Rulfo en el contexto de las literaturas del Tercer Mundo". En *Juan Rulfo. Toda la obra*. 531-548. Madrid: Archivos, 1996.

Pauls, Alan. "El problema Bellatin". En *El interpretador, literatura, arte y pensamiento* n.º 20, 2005. http://www.elcoloquiodelosperros.net/numerobellatin/bepau.html.

Bellatin: El problema de la locación de la literatura (Conjeturas sobre la condición de un escritor migrante)

HERNÁN MEDINA JIMÉNEZ

¿Habría preferido Vallejo terminar sus días junto a la andina y dulce Rita en lugar de frecuentar a Picasso y Tzara? ¿Si César Moro se hubiera quedado en México habría podido pagar la operación que en el Perú no pudo hacerse? ¿Habrá extrañado Julio Ramón Ribeyro sus gallinazos sin plumas mientras era representante de la Unesco en París? Ignoro cuáles serían las respuestas en la actualidad, pero no creo que sea el manido "descargo" que busca la absolución de la culpa tomando como base los motivos de la partida y las razones del regreso.
—Mario Bellatin
Respuesta a la encuesta "¿Por qué no vivo en el Perú?" (1998)

I El problema Bellatin

De Mario Bellatin (México, 1960) pareciera haber un consenso implícito en no discutir el asunto de la "nacionalidad", aun cuando en los estudios literarios latinoamericanos existe un extenso debate sobre la asociación entre nación y narración. En el lenguaje político, el guión generalizado sostiene que la nación moderna como forma privilegiada para narrar lo comunitario en Latinoamérica constituye una comunidad imaginada y restringida a una geografía cuyo espacio coincide con unidades administrativas pre-diseñadas por un orden colonial.[1] Pero para el caso específico de Bellatin, reexaminar aquella articulación entre el lenguaje, el territorio, la literatura y la cultura nacional pareciera que pierde vigencia frente al discurso de la posmodernidad, la globalización e inclusive el nuevo cosmopolitismo. Bellatin, estrictamente hablando, quizá no represente la condición de una persona sin Estado. En

México, por ejemplo, muchas solapas de sus libros lo presentan como miembro del Sistema Nacional de Creadores de México. En Perú, las ediciones Copé-PETROPERÚ (la empresa de petróleos de propiedad del Estado) han re-editado su segunda novela *Efecto invernadero* (1992) para la inauguración de su "Serie Libros Peruanos" del 2014, colección "que busca poner en circulación títulos imprescindibles de la literatura peruana publicados a partir de la década de 1970". Por esta doble clasificación, casi podría afirmarse la coexistencia de dos Estado-nación que demandan el imperativo administrativo de afiliación y participación a una comunidad política y *representarla* con sus textos como si fueran "textos de la patria". El Estado peruano, al menos, parece exigirle el atributo de producto nacional. Estas asociaciones no son arbitrarias. De hecho, en la lectura tradicional, como argumenta Rebecca L. Walkowitz, "*Place* usually means national territory as well as national language, and *works* tends to imply individual objects, each of which can be said to belong, at least initially, to unique geographies, writers, and idiolects".[2]

Me interesa discutir, sin embargo, cómo el problema Bellatin —como lo denomina Alan Pauls refiriéndose a su "identidad literaria"— podría complicarse si incluimos en nuestro análisis no solo las políticas de identidad, sino también los procesos de desplazamientos—diáspora, exilio o (in)migración—. No se trata de explorar el dato biográfico, aunque es cierto que la pregunta por la "identidad nacional" (en Bellatin) ha sido objeto de reflexión en diferentes reportajes y entrevistas, quizá localizando la pregunta entre aquella falsa división vida *versus* obra. A modo de ejemplo, la encuesta "¿Por qué no vivo en el Perú?" (1998) coordinada por la revista peruana *Márgenes: Encuentro y Debate*, hizo énfasis en lo primero, quizá por la diversidad de los encuestados. La respuesta de Bellatin, en cambio, dialoga con los dos:

> Vivo actualmente en México porque aparte de peruano también soy mexicano. Estoy en proceso de descubrimiento de los elementos que puedan permitirme desligarme de las ataduras de una u otra nacionalidad. Este proceso ya lo había comenzado a poner en práctica en mis libros, donde traté de encontrar un contexto libre de restricciones de espacio y de tiempo que me permitiera hacer preguntas de otra índole en lugar del simple cuestionamiento del hombre frente a su entorno inmediato.[3]

La posición de Bellatin ha sido consistente en esta discusión desde entonces. Casi podría insinuarse una voluntad de internacionalismo; aunque es importante reconocer que Bellatin es un ausente en la antología *McCondo*

(1996) y el "Manifiesto del Crack" (1996) que sí están asociadas a la cultura de masas de base norteamericana (en el caso del primero) y la "alta cultura" literaria europea (en el segundo). Si consideramos la producción discursiva en Latinoamérica en ese momento, su ausencia en estas antologías, sin duda, produce significado. Del mismo modo, el viaje de Lima a México en 1995 tampoco está ausente de significación. En realidad, la discusión sobre el problema del desplazamiento supone examinar no solo la movilidad gente (ya sea individuales o colectivos), sino también las experiencias de desterritorialización y relocalización de un imaginario y, sobre todo, la relocalización de una economía de bienes simbólicos. En la práctica, esto implicará un registro de tensión, negociación y desencanto con nuevas relaciones de poder, nuevas dinámicas de socialización e inclusive, nuevos sistemas literarios. Como bien han observado Ramírez Olivares y Palma Castro en el prólogo de la antología crítica *Bellatin en su proceso* (2018):

> Varias situaciones en las cuales se enmarca la obra de Bellatin son indicios de su desplazamiento velado o circunstancial del campo literario. Por ejemplo, se trata de una persona que nació en México, de padres peruanos, que pasó la mayor parte de su infancia y formación profesional inicial en Perú donde publicó sus primeros libros. Pero en un momento determinado, 1999 para ser exactos, apareció incluido en Una ciudad mejor que esta. Antología de nuevos narradores mexicanos [...] Al "haberse vuelto mexicano", la figura de Bellatin se evanesció del campo literario peruano para instalarse en un in-between, pues tampoco se encuentra en una posición fija en el campo literario mexicano en el que hace las veces de un alienado en el sentido completo del término.[4]

El eje de la conversación gira sobre el "espacio" y el "lugar", lo que está asociado implícitamente a una noción de mapa y cartografía cultural en un campo literario determinado de un país. Esto no significa sugerir un desplazamiento de la referencia al tiempo a favor del giro espacial. Al contrario, significa comparar y situar los textos y las prácticas discursivas desde una mirada sincrónica que incluya las contingencias temporales e históricas coetáneas. Para el caso del Perú, Mazzotti tienen razón al estudiar la migración y violencia verbales considerándolos como "la condición subjetiva desde la cual escriben muchos jóvenes en la década del 80".[5] A la vez, al discutir las migraciones del lenguaje poético, Mazzotti reconoce que hoy los mapas culturales oficiales (relacionados a la idea de corpus, canon e instituciones) han sido asaltados por realidades que socavan las identidades nacionales desde su propia materialidad territorial y la enajenación de los recursos financieros: "Los cuerpos y las imaginaciones transitan".[6] La práctica literaria de Bellatin se inscribe en este contexto local y, en este sentido, está condicionado por un tiempo histórico y por el marco de relaciones de producción, circulación y apropiación de lo que Bourdieu denominó el mercado de los bienes simbólicos.

Mi primer objetivo consiste en partir de las contingencias del modelo teórico del campo artístico (todavía basado en el paradigma de las culturas nacionales y la vigencia de la "autonomía" del campo), y entrecruzarlas con mediaciones y procesos globales (movilidad de la labor, migración, desplazamiento de prácticas artísticas) para el caso de las primeras publicaciones de Bellatin. Específicamente, me interesa problematizar dos condiciones de su producción literaria: (I) la locación de la producción y (II) la institucionalización de su literatura. De hecho, que Bellatin haya publicado sus cinco primeras novelas en un circuito cultural como el de la ciudad de Lima no carece de importancia. Esto, en principio, no tiene que ver con una identificación de la lectura cronológica. Pero, si en un sentido estricto historizar la producción editorial importa desde una lectura materialista, entonces, aquel corpus narrativo —hasta la publicación de la antología *Tres novelas* (que incluyó *Efecto invernadero*, *Canon Perpetuo* y *Salón de belleza*) junto con la *nouvelle Damas chinas* hacia 1995—, informa un marco de referencia para entender mejor aquel *giro* de Bellatin en los veinticinco últimos años.

En lo que sigue el objetivo de mi estudio es proponer una lectura alternativa para el problema Bellatin que considere cómo su narrativa constituye un caso donde la (re)locación de su literatura no se explica únicamente desde el habitual discurso de la globalización y los procesos de (des)territorialización del capital. No intento partir de una premisa operativa que estudie la obra de Bellatin desde la temática de la literatura mundial, discutida a partir de la circulación y recepción de un texto en una economía global del libro. Argumento, en cambio, que aquella (re)locación de la literatura que parte del mismo autor México→ Lima→ México conlleva a reconocer que el problema Bellatin necesita replantearse teniendo como marco de referencia lo que los estudios de Literatura Comparada llaman, en un sentido amplio, cartografías migrantes; y sobre todo, teniendo presente el marco teórico sobre el discurso y sujeto migrante desarrollado por Antonio Cornejo Polar cuya tesis central arguye que "el desplazamiento migratorio duplica (o más) el territorio del sujeto y le ofrece o lo condena a hablar desde más de un lugar".[7] Así, propongo discutir que esta condición migrante de Bellatin conlleva necesariamente a una discusión que articule relaciones y negociaciones entre migración y literatura para así (re)definir nuevas condiciones del círculo de producción y recepción, la geografía del libro, las políticas culturales y la locación de la literatura.

II La locación de la producción (o la geografía del libro)

En primer lugar, en el caso de Bellatin —como también en el de Roberto Bolaño— nos encontramos no solo ante la movilidad y la (in)migración de ciudadanía, sino también ante un desplazamiento de la locación de producción de un espacio geopolítico—la nación, la región o el Estado—hacia otro; es decir, la migración en este caso significa también la sustitución de un "sistema literario" o un "campo" de producción simbólica en el sentido de Bourdieu por uno diferente. Por campo me refiero a la lógica de poder en la producción, valoración, circulación y consumo de la literatura. Por eso, y discutiendo la obra de Bellatin, por *locación* no me refiero a su particular representación del espacio en su literatura, sino, parafraseando a Moretti, a la problematización de la *literatura en un espacio*.[8] En concreto, sugiero considerar como punto de referencia el viaje de Lima a México.[9] Por ende, para el desarrollo de mi argumento, me interesa menos el lugar de nacimiento que discutir la sustitución del lugar de producción de su literatura. Previamente, quizá sea necesario (re)localizar e historizar brevemente la vida editorial de Bellatin. Esta historia, al menos en Lima, es bastante conocida.

Las relaciones de producción —si usamos el lenguaje materialista— así como los orígenes de las primeras publicaciones de Bellatin coinciden con el primer gobierno del APRA y se desarrollan durante la "peor crisis económica de la república peruana desde fines del siglo XIX y en medio de una encarnizada guerra que Sendero Luminoso y el Movimiento Revolucionario Túpac Amaru lanzaron contra el Estado".[10] De hecho, si el primer libro se publica durante el gobierno de Alan García Pérez, el segundo coincide con el "resquebrajamiento de la democracia en el país luego del autogolpe de Estado del propio presidente de la República en funciones, Alberto Fujimori, el 5 de abril de 1992".[11] En este contexto, en ausencia de una iniciativa gubernamental y de una industria editorial privada dedicada a la promoción de la literatura, el mismo Bellatin acuerda con un editor/ impresor independiente, Esteban Quiroz de Lluvia editores, los costos de publicación de su primer libro, *Las mujeres de sal* (1986), los cuales él pagaría por cuenta propia. Para recolectar el capital necesario, entonces, Bellatin lleva a cabo la impresión de 800 bonos de pre-publicación, es decir, tarjetas de invitación con "letras doradas en alto relieve" bajo la estética de las fiestas de quince años y las fiestas pro-fondos que decían: "Gran escritor va a publicar su obra, le damos la posibilidad de financiar su obra".[12] Con estos bonos, y de forma personal y en un plazo de dos semanas, el mismo autor en bicicleta, con una bolsa incaica, libreta de apuntes y los bonos oferta su *opera prima* entre compañeros en diferentes casas de estudio, familiares y amigos en las calles de Lima. Este bono de pre-publicación solamente equivalía a la mitad del precio de venta, pero servía también como invitación para la presentación del libro. En toda esta secuencia de actos ya hay una operación que necesita subrayarse sobre las relaciones de producción, circulación y valoración de esta primera novela. Al respecto, Bellatin ha comentado lo siguiente:

> [Pero] lo que yo me fui dando cuenta después es que yo había hecho todo el proceso inverso. Y yo había creado la figura de un escritor antes de que el escritor existiera. Incluso ahora se me ocurre decir por qué no hice la broma de publicar el libro vacío, por ejemplo. Porque ya existía un escritor sin que nadie lo hubiera leído [...] Había habido ya presentación, prensa, venta, edición agotada, todo esto, y nadie había leído una sola línea.[13]

Lo determinante aquí, entonces, es que los principales agentes de la producción cultural (por lo menos el autor y el editor) confunden su posición en el campo literario. De hecho, visto en un marco sociológico, la noción de campo es mínima y casi inaplicable porque la función de autor y la de editor casi producen líneas narrativas convergentes. No hay interacción ni lucha por ocupar posiciones dominantes entre agentes e instituciones especializadas en producir y valorar el capital simbólico. En un sentido, en todo este proceso de gestación de un capital cultural, el barrio y el mercado son las principales condiciones para renegociar el grado de autonomía respecto al mundo mercantil y el campo artístico. Dicho de otro modo, Bellatin subvierte la lógica del funcionamiento del campo literario al duplicar las prácticas de la política del mercado informal. Pensando en Perú, la asociación inmediata sería con las prácticas de producción y distribución independiente y autogestionada de los movimientos contraculturales la década de los ochenta: los colectivos poéticos, la movida *subte*, las revistas de literatura, la emergencia de la cumbia andina. Sin embargo, considerando que en este punto lo que está en juego no es el libro en sí sino el discurso oral, pienso que no es inexacto encontrar analogías con el estudio de Vich sobre la subalternidad, la oralidad callejera y la cultura urbana en Perú. Vich ha estudiado este mismo espacio económico para explicar la intersección del mercado informal y la condición migrante. Así, en un contexto de crisis económica caracterizada por la falta de empleo, la desigualdad de oportunidades y la nítida aspiración de "querer ser independiente", argumenta Vich, "la calle fue uno de los grandes escenarios económicos de los años ochenta en el Perú".[14] Bellatin, entonces, mimetiza esta informalidad y resignifica la calle y el discurso de la calle la retórica de la compra/venta como posibilidad contra-hegemónica para la construcción de una subjetividad basada en la figura del escritor.

Bellatin incluso hace una interpretación muy sugerente sobre esta situación editorial en su libro *Condición de las flores* (2008): "Sólo tiempo después comprendí lo más importante de aquella operación. Mi acto había creado un escritor. Lo importante no había sido ni el libro producido, ni el dinero obtenido sino haber introducido 800 libros en el medio".[15] Esto es casi como afirmar que es el mercado quien gestiona el significado cultural, y no el discurso crítico "letrado" que inventa, clasifica o legitima un objeto de estudio a partir de una disciplina. Para el caso de Bellatin, por consiguiente, la apropiación de la política del mercado informal no solo reestructura una serie de variables simbólicas y relaciones sociales entre los actores que ahí se promueven, sino que también produce una *representación* de sus propios agentes: "Todo pareció comenzar cuando tuve la necesidad de publicar un primer libro. Fue en ese momento que decidí inventarme como escritor".[16] Visto así, no solo importa el autor, sino también el consumidor. En un sentido abstracto, este último no compra la novela sino la *idea* o la promesa de una novela que, desde el punto de vista material, no existe. De este modo, el principio de producción se equipara al principio de significación en donde el intercambio de la mercancía es, en realidad, la circulación de un *signo*, que en este caso refiere al aura de la figura del autor.

Al contario de la política del mercado informal que desarrolla en Lima, el cambio conceptual de Bellatin sucederá después de su viaje a Cuba, a la Escuela de Cine y Televisión en San Antonio de los Baños para estudiar guion. No hay mucha bibliografía crítica sobre esta transición, pero por la trascendencia de la experiencia de vivir en una Cuba socialista casi podría considerársele el punto de inflexión para su vida editorial. En una entrevista con Rebecca Riger Tsurumi, Bellatin ha dicho: "Para mí Cuba fue importantísima porque fue el lugar donde tomé la decisión formal de ser escritor...Cuando yo llegué a Cuba lo que vi dentro de esta sociedad fue un sistema donde había una vida muy concreta para el escritor".[17] Así, a su regreso al Perú, y luego de la publicación de *Efecto invernadero* (1992) —cuya trama retrata, no expresamente, la muerte del poeta César Moro—[18], Bellatin iniciaría un ciclo de novelas cuyo aspecto formal respondían a una economía del lenguaje y a la observación de ciertas reglas de juego que omitían el uso de los nombres propios, el adjetivo o el diálogo. Estas reglas de juego, estos principios básicos, no se extienden a toda su narrativa; en realidad, cada novela producía su propio sistema interno como condición de su estructura formal. Las cuatro siguientes novelas fueron publicadas en Perú en pequeñas editoriales como el sello Jaime Campodónico/ Editor y después por la editorial el Santo Oficio. De este ciclo editorial, es un hecho que la novela más estudiada de Bellatin todavía es *Salón de belleza* (1994), que encabeza el índice de su *Obra reunida 1* (2005, 2013). Al año siguiente, 1995, Bellatin viaja a México. En 1996 el sello estatal mexicano CONACULTA publica *Salón de Belleza/ Efecto invernadero*. A partir de esta fecha, la cronología de su obra es más o menos homogénea.

    En este punto me gustaría proponer un análisis de la locación del lugar de producción de bienes simbólicos. Si modificamos el énfasis en una historia editorial de Bellatin basada en títulos de novelas, y en cambio, transferimos el énfasis hacia la geografía del libro y el espacio de producción, entonces, las categorías de interpretación de su obra pueden ser otras. En la lectura de Ponzanesi y Merolla, "Migration has therefore come to signify all possible processes of identification and dis-identification relating to the trespassing of borders and 'off-limits' territories—*both material and symbolic*".[19] Si esto es así, la comparación entre las condiciones de producción asociadas a locaciones geopolíticas específicas, como es el caso de Lima y luego México D.F., tiene otro significado. Dos diferencias son determinantes para mi línea de análisis: en el primer caso, la labor del escritor se inscribía en un círculo de producción de capital privado, mientras que en el segundo caso la participación del Estado no es inexistente si reconocemos el significado de la membresía al Sistema Nacional de Creadores de Arte (SNCA) y las obligaciones para sus miembros.

    Visto en un sentido amplio, lo lógico sería afirmar que en ambas ciudades —Lima y México D.F.— el campo de producción todavía coincide con una herencia y economía colonial que determinaría, en un sentido histórico, condiciones de recepción propias de la "ciudad letrada". Es decir, por su locación discursiva, el ejercicio de la literatura produce aquel circuito cerrado (literario) entre profesores, críticos y escritores donde un segmentado y particular mercado de bienes simbólicos es auto-referencial y mínimo. Pero aquí conviene resaltar un par de diferencias. Por una parte, como señala García Liendo en su estudio *Migración y Frontera* (2017) sobre la literatura peruana, las relaciones entre productor y público están mediadas por el desigual acceso a la cultura escrita, acceso mediado además por la diferencia de clase, etnicidad, género y ubicación geográfica.[20] Por otra, como apunta Sánchez Prado, desde mediados del siglo XX la literatura mexicana se ha caracterizado por un campo literario altamente institucionalizado, y articulado en una compleja red de instituciones académicas, prensa, premios, subvenciones e inclusive una participación directa de los actores del campo literario en las funciones culturales procedentes del mismo Estado.[21] Lo que me interesa subrayar con esta comparación es que para el caso específico de Bellatin, y en el caso específico del escenario de Lima, la generalización de un contexto sociocultural latinoamericano común, sería bastante relativo. En la práctica, las condiciones de materialización del libro establecen una clara diferencia entre Perú y México.

Bellatin no escribe ni empieza a publicar desde un espacio institucional. Al contrario, lo determinante en Perú fue la ausencia de un mecenazgo por parte del Estado, por un lado; y la cercanía al fenómeno del mercado informal donde la calle fue el escenario económico. Es decir, publicar literatura significó la circulación de bien-libro en un mercado informal entre amigos, en la calle que interroga las prácticas hegemónicas de su élite letrada; y solo más tarde, esta circulación se oficializa con la participación directa del mercado mediado con la presencia de agentes como el editor, la librería, la prensa, además del autor. A nivel empírico, estos factores significaron la transferencia de la responsabilidad del valor de cambio y de la construcción del 'valor de la creencia' *hacia* el mismo autor. Y en el caso de Bellatin estos valores coinciden con las transformaciones sociales, culturales y políticas que experimentó la sociedad de Lima con su ingreso a una política neo-liberal recién en los años noventa. Por esto Grompone utiliza a Bellatin como un caso de estudio para dar cuenta de los cambios en las sensibilidades literarias y la "gran transformación" de Lima en los noventa.[22]

Para el caso de México, por contraste, su trasfondo político se opone a las condiciones de producción en Lima dada la interrelación entre la literatura, las políticas públicas sobre la función de la cultura y la participación del Estado. Resulta significativo que Bellatin haya participado de este estímulo; es decir, que sus primeros libros editados en México participen del tejido institucional del Estado. La obra de Bellatin, en este marco, parece confundirse con una agenda estatal —y en ocasiones un cronograma de producción— cuyo fin último constituye la promoción del patrimonio nacional. Bellatin se convierte, al menos en una primera lectura, en un "agente cultural", y como ha observado Doris Sommer sobre la agencia cultural, en última instancia "La pregunta adecuada sobre la agencia no es si la emprendemos, sino qué tan consciente la hacemos; es decir, con qué propósitos y con cuáles efectos".[23] Esta situación, por supuesto, no fue estática en el tiempo.

III El efecto Doppler hacia las comunidades imaginadas

Es importante decir que Ángel Rama ya había esbozado el problema del desplazamiento en ensayos como "Las dos vanguardias latinoamericanas" (1973) y "La riesgosa navegación del escritor exiliado" (1978). En el primer caso, Rama encuentra una continuidad cultural en el tema del viaje al "ombligo del mundo", el cual nacía del esfuerzo de independencia cultural que las antiguas colonias de España desarrollaron desde la época de la Independencia.[24] Este viaje, sin embargo, implicaba también una ruptura latinoamericana que coincidía con un presunto "universalismo", la adopción pasiva del sistema literario europeo, la aceptación de otra estructura de valores y en casos extremos, la apropiación de una lengua.[25] Los poetas César Moro y Vicente Huidobro constituyen dos casos emblemáticos si partimos de sus poemas escritos en lengua francesa. Por comparación, el caso de Bellatin no corresponde exactamente con el paradigma descrito por Rama. Es cierto que el proyecto Bellatin al menos, según su propia definición quizá busque evitar la identificación con una tradición nacional y la comparación con una selección de autores nacionales o regionales. Este marco interpretativo si no borra al menos difumina el contexto y la historicidad de su especificidad estética. Él mismo insiste en una misma clave de lectura para su obra que se definiría desde un universalismo casi abstracto: "Me parecen interesantes los escritores que tienen la capacidad de crear mundos propios, cuyos textos son lo suficientemente completos como para definirse a sí mismos sin necesidad de recurrir a factores externos para decodificarlos"[26]. Bajo estas condiciones de lectura propuestas por Bellatin, la observación de Vek Lewis tiene sentido cuando reconoce la dificultad de localizar su obra desde aquella tradición latinoamericana que justifica su importancia por la exploración de la realidad nacional, la historia, el tiempo y el espacio.[27]

En un sentido estricto, sin embargo, resulta difícil identificar a Bellatin con la tipología del "escritor viajero", el *cultural traveler*, los rentistas y becarios (Lorca, Cravan, García Márquez), los diplomáticos (Darío, Durrell, Neruda), o los escritores con libros contratados (Naipul, Theroux, Vargas Llosa).[28] No se compara tampoco con el modelo de los escritores del *Boom* con domicilio en capitales editoriales de Europa. Ni se puede comparar su caso con los escritores Latino/a bilingües en zonas de frontera v.gr. el caso de la diáspora cubana, dominicana y puertorriqueña en los Estados Unidos que deciden escribir y publicar en idioma inglés sin poner en conflicto su identidad latinoamericana. En Bellatin, su movilidad es mucho más limitada, pero no está exenta de significación. De hecho, esta (re)locación de la literatura que parte del mismo Bellatin pone en el centro de la discusión aquel margen ambivalente del espacio-nación como código inicial de interpretación. La (in)migración, en gran medida, cuestiona este método de análisis. Esto explica por qué una revisión de la crítica literaria sobre Bellatin, al menos en los primeros diez años, duplica su tradición literaria indistintamente entre Perú y México, lo que lo convierte en un escritor que pertenece —confunde, mezcla, borra— a dos sistemas literarios de forma simultánea.

Bajo este razonamiento, resulta obvio que el desplazamiento de Bellatin y la lectura de Bellatin se relaciona también con el problema de la circulación y recepción del libro dado que la condición de escritor-huésped establece, por lo menos, un diálogo con dos públicos: el de su patria y el del pueblo de la diáspora.[29] La pregunta central será: ¿Dónde se institucionaliza Bellatin? En la tesis de Rama, esta doble recepción (estas dos audiencias) nos llevan a reconocer que cada área de Hispanoamérica responde a coordenadas culturales específicas, redes temáticas y bagaje informativo que "conforma[n] una tácita complicidad de la comunidad en torno a su pasado y a sus formas de convivencia, los modos de apropiación y valoración del arte".[30] En otras palabras: las coincidencias lingüísticas e inclusive históricas de dos países no implican necesariamente la repetición de un mismo sistema literario. Esta premisa operativa, en última instancia, hará visible y problematizará el tema de la recepción de la obra de Bellatin y de su lugar de la institucionalización, una cuya matriz moderna/colonial todavía se sitúa, en parte, desde categorías geopolíticas deudoras de las narrativas fundacionales de identidad del proyecto Estado-nación.

Si el fenómeno del desplazamiento genera una multiplicación de comunidades de interpretación, entonces, el acto de leer como producto e interpretación después de la experiencia lectora temporal implicará sendas prácticas de apropiación. Compárese dos situaciones, Lima y México D.F. La bibliografía crítica podría ser catalogada inclusive en unidades nacionales. Para este análisis, sin embargo, me concentraré solo en el caso de Perú porque es el país desde el cual Bellatin decide emigrar. Visto desde hoy, la primerísima crítica peruana desarrolla una genealogía bastante particular. En la *Historia de la literatura hispanoamericana* (1995), José Miguel Oviedo clasifica a Bellatin no sólo como literatura peruana, sino que lo asocia cronológicamente a escritores como Fernando Ampuero (1949) y Alonso Cueto (1954) por presentar "fórmulas alternativas y renovadoras" con respecto a la narrativa de Julio Ramón Ribeyro, Mario Vargas Llosa y Alfredo Bryce Echenique.[31] En cambio, ya para el estudio "La ciudad secuestrada: cuatro autores de la narrativa peruana de los noventa" (2001) de López Degregori y Eslava, la lectura de Bellatin se ubicaba dentro de "una nueva narrativa de los noventa en términos de un corpus que no es simplemente cronológico" asociado a escritores como Óscar Malca y Jaime Bayly que debía leerse e interpretarse por su distancia respecto a la obra de José María Arguedas, Julio Ramón Ribeyro, Mario Vargas Llosa y el grupo vinculado a la revista *Narración*.[32]

Estas dos interpretaciones críticas, entre otras publicadas por los mismos años, constituyen solo marcos interpretativos, propuestas de análisis a título personal, y distan mucho de significar una política cultural. Por esta razón, y por contraste, la publicación y agenda de distribución de la novela *Efecto invernadero* gestionada por PETROPERU/ Ediciones Cope (la empresa de hidrocarburos de propiedad del Estado) representa una trasformación drástica de la idea de Bellatin y puede leerse como casi una política de Estado. Para el año 2014 Bellatin no vive en Perú; y sin embargo, Bellatin no solo inaugura la serie editorial "Libros Peruanos" sino que esta obra es literalmente reclutada para causas patrióticas: *i)* por su identificación: con los "títulos imprescindibles de la literatura peruana", *ii)* por su destinatario: para "las actuales generaciones y un público joven", *iii)* por su política de mercado: un "tiraje de mayor alcance y distribución amplia dentro del territorio nacional" y *iv)* por su finalidad: la entrega a instituciones y "programas que *impulsen la lectura* entre la población local".[33] Es decir, el tema central ya no es la literatura en sí, sino su *uso* pragmático, que en este caso pareciera referirse casi a facilitar la circulación de su novela dentro de la norma del Plan Lector Nacional y así promover el incremento de la capacidad lectora de la juventud peruana. La "idea" de Bellatin administrada por terceros se amoneda ahora como parte de una agencia cívica.

A partir de esta revisión mínima de la primera bibliografía crítica ya se pueden arribar a algunas conclusiones generales sobre el lugar de clasificación e institucionalización de la literatura de Bellatin: primero, que pone en evidencia que el ejercicio de la lectura al menos, la lectura detenida [el *close reading*] se condiciona y justifica a partir de una comunidad de interpretación específica y desde una idea del canon *mínima*; segundo, el desplazamiento de Bellatin y la lectura de Bellatin, nos coloca en la posición incómoda de admitir la tesis de Foucault sobre la creación de un objeto de estudio a partir de una disciplina. En este punto, quiero recapitular nuevamente el hecho de que aquel desplazamiento de Lima a México se inscribe, en mayor o menor medida, dentro de una misma economía de bienes simbólicos bajo el legado de la "ciudad letrada", es decir, de aquella continuidad del ejercicio de poder que la élite criolla conservó, con matices, después de las independencias en Latinoamérica hasta el período republicano.[34] No es mi intención desarrollar esta condición cuyo discurso todavía manipula cánones e historias literarias nacionales. De hecho, ya existe un extenso debate en los estudios latinoamericanos sobre esta situación y sobre la relación problemática entre la práctica de la escritura literaria, la colonialidad y la producción de nuevas prácticas discursivas. Mi intención es hacer explícito la relación entre el desplazamiento, el problema de la recepción y la figura del lector en el contexto socioeconómico latinoamericano. Por estas razones, y al discutir precisamente el tema de la migración y la frontera, el estudio de García Liendo conecta estos temas con el tópico del "público nacional" y la distancia contradictoria entre productores y consumidores. Dicho de otro modo: la condición colonial del Perú (y de México) condiciona el carácter minoritario y elitista de la práctica literaria letrada. Por ello, para García Liendo una pregunta implícita en los estudios literarios sobre este tema sea: "¿Para quién escribir?".[35] O, dicho de otro modo, la pregunta refiere a cuál es *nuestra* verdadera audiencia considerando la situación sociológica de la literatura latinoamericana y en particular en el Perú.

Si esta es la interrogante central, es posible postular la tesis de que en Bellatin el ejercicio de la literatura no puede leerse independientemente de la práctica de la migración. No quiero proponer una relación de causalidad y afirmar que la experiencia de la migración motivó la escritura de estas primeras novelas. En los hechos, el acto de publicar precede esta última experiencia. Sin embargo, en Bellatin, su posición y estrategia narrativa textual y paratextual pueden leerse también como una práctica literaria estratégica para (des)centrarse de la idea de un canon y de mapas geo-culturales impuestos desde un Estado. Esto significa, parafraseando la tesis de Mazzotti cuando explica las poéticas del flujo de la migración y violencia verbales, fugar de aquella vieja concepción decimonónica de la formación de la tradición literaria correspondiente a las fundaciones "nacionales".[36] Mi argumento consiste, por consiguiente, en proponer una lectura de Bellatin desde su condición de escritor migrante. Esto no significa reducir el problema únicamente al tema del desplazamiento geográfico (el viaje) o a la circulación de sus textos fuera de su lugar inicial de enunciación (la publicación o la traducción). Ciertamente consideré importante iniciar la discusión interrogando la locación de la producción, la geografía del libro y las dinámicas sociales y políticas de la recepción del libro, como he intentado desarrollar líneas arriba, porque estas temáticas constituyen procesos de significación sincrónicos que desencadena este desplazamiento, en ese orden. El desplazamiento y la (re)localización de la literatura, está claro, produce más de un impacto.

IV Colofón: la condición del escritor migrante

Pero al mismo tiempo, y por estas mismas razones, considero que ese tránsito de dejar el Perú, y de ingresar a México, implica el análisis de un discurso migrante que acoge dos experiencias de vida. Implica interrogar su propio lugar de enunciación y construirse uno nuevo, de identificación, alrededor de ejes varios y asimétricos que son, como lo entiende la tesis de Cornejo Polar, "de alguna manera incompatibles y contradictorios, de un modo *no* dialéctico".[37] De ahí que surjan ambivalencias en la práctica del desplazamiento que se entrevén en la producción material y simbólica de Bellatin. Como evidencia del primer punto podrían citarse algunas claras intervenciones editoriales que constituyen puntos de inflexión en la obra de Bellatin con el fin de borrar y suprimir afiliación local, y que explican esta conflictiva y contradictoria condición de escritor migrante. En muchos sentidos, esto supone "un acto de rebelión activa donde el migrante, al sustraerse del mundo que lo apresa, desafía la sujeción identitaria sin abandonar por completo su relación con la cultura de origen, pero cambiando su posición frente a ella".[38] Mencionemos solo dos situaciones: Primero, la exclusión de su primera novela *Las mujeres de Sal* tanto en su primerísima antología titulada *Tres novelas* (1995) como en la posterior *Obra reunida 1* (2005, 2013). De hecho, discutiendo una serie de referentes socio-culturales, socio-lingüísticos y ambientaciones geográficas, Raggio Miranda la considera, con razón, una "novela explícitamente peruana". Por ello, "para un lector habitual de Bellatin, acostumbrado a su sobriedad, parecería impensable e incluso apócrifa".[39]

Otro caso aun más evidente se devela por el constante "borramiento de referentes" en la novela *Efecto invernadero*, si se hace una comparación entre la "etapa peruana" (con la edición de Ed. Santo Oficio en 1992) versus la "etapa mexicana" (con la edición de CONACULTA/ Ediciones del Equilibrista en 1996). Por eso es que al estudiar en qué etapa (re)comienza la obra de Bellatin, Cuartas explica al detalle la supresión y adición de una serie de referentes geográficos y culturales como son: la inclusión de un nuevo epígrafe (el poema de César Moro) en la edición mexicana, la eliminación de la palabra "Perú" y la casa de la Bajada (en referencia a la Bajada de los Baños de Barranco en Lima), la omisión del trabajo de Antonio como profesor de gramática, el regreso a México, etc.[40] Esta repetida manipulación material de sus textos, esta ambivalencia material, representa, en varios niveles, lo que Cornejo Polar entiende como un discurso migrante radicalmente *descentrado* en donde no hay intento de síntesis en un espacio de resolución armónica: la experiencia migrante, entendida así, "le ofrece o lo condena a hablar desde más de un lugar. Es un discurso doble o múltiplemente situado".[41]

Lo que hay, o lo que queda, es un espacio de continua negociación y un modelo programático que acepta y refuta, completa y suprime, avanza y retrocede, frente a la matriz colonial de un espacio cultural nacional. Resultaría excesivo de mi parte, si no me equivoco, limitar aquel espacio de contingencia solo a la ciudad de Lima. En realidad, considero que las condiciones de escritor migrante en Bellatin se entrevén en todo contexto de formaciones de culturales nacionalistas. En el caso de México la experiencia de la reterritorialización es harto más obvia y coincidirá con un desplazamiento de medios, de forma, de continente, hacia contenidos e interfases que ya no continúan precisamente el formato libro escrito, como si Bellatin nos llevara a preguntarnos otra vez sobre el lugar de la literatura. "Casi ninguno tenía conocimiento que Mario Bellatin hubiera ofrecido, con cierta frecuencia además", apunta Bellatin, "los llamados Sucesos de Escritura. La mayoría pensaba que se había limitado a escribir libros, únicamente de la manera como suelen pensarse deben ser construidos los libros".[42] Una escuela dinámica de escritura creativa, un congreso de dobles de escritores de la literatura mexicana en París, varias, sino todas, las presentaciones de sus libros en México (v.gr. la de *Perros héroes*, también *Lecciones de una liebre muerte* y *Canon perpetuo* quizá son las citadas) constituyen sólo algunas prácticas que ocupan un lugar en México y que escapan al análisis convencional de la literatura. La pregunta esencial siempre es la misma: ¿Cuál es la representación? La locación de la literatura, ya sea en un continente espacial o temporal, escapa de sus límites y barreras formales. Es decir, casi representa una fuga de aquella noción de *self-containment* interrogando otra vez al campo de producción, valoración y circulación de bienes simbólicos. Leer a Bellatin desde estas premisas conlleva a admitir que su condición de escritor migrante presupone una identificación sin centro, pero también implica, sobre todo, resistencia, borradura y dispersión.

Notas

1. Benedict Anderson, *Comunidades imaginadas. Reflexiones sobre el origen y la difusión del nacionalismo* (México: Fondo de Cultura Económica, 1993), 23-24.

2. Rebecca Walkowitz, "Close Reading in an Age of Global Writing", *Modern Language Quarterly* 74:2 (2013), 171. (énfasis en el original).

3. Mario Bellatin, "Encuesta: ¿Por qué no vivo en el Perú? Una generación después", *Márgenes: Encuentro y Debate*, n.° 16 (1988), 174.

4. Alicia V. Ramírez Olivares y Alejandro Palma Castro. "Bellatin en su proceso o la escritura del objeto", en *Bellatin en su proceso. Los gestos de una escritura,* ed. por Alejandro Palma Castro, Alicia V. Ramírez Olivares, Alejandro Lambarry y Samantha Escobar Fuentes (Buenos Aires: Prometeo Libros, 2018), 13.

5. José Antonio Mazzotti, *Poéticas del Flujo. Migración y violencia en el Perú de los 80* (Lima: Fondo Editorial del Congreso del Perú, 2002), 23.

6. Mazzotti, *Poéticas del Flujo...,* 174.

7. Antonio Cornejo Polar, "Una heterogeneidad no dialéctica: Sujeto y discurso migrantes en el Perú moderno", *Revista Iberoamericana* LXII n.° 176-177 (1996), 841.

8. Franco Moretti, *Atlas de la novela europea 1800-1900* (México: Siglo Veintiuno Editores, 1999), 5.

9. Previamente a su viaje a México en 1995—aunque algunas solapas de sus libros califiquen el "viaje" como "el regreso" [a México]—, la bibliografía de Bellatin editada en el Perú incluía: *Las mujeres de Sal* (1986) publicada en la editorial Lluvia; *Efecto invernadero* (1992), *Canon perpetuo* (1993), *Salón de belleza* (1994) publicados por Jaime Campodónico/ editor; y la recopilación titulada *Tres novelas* (1995) y *Damas chinas* (1995) publicadas por la editorial El Santo Oficio. Lo determinante de estas

casas editoriales es su naturaleza no-comercial, lo que en la práctica significa la impresión de un reducido número de copias impresas. A esta nómina puede añadirse la adaptación teatral de la entonces novela inédita *Poeta ciego* convertida en *Black-Out (Los cadáveres valen menos que el esteriorcol)*, estrenada en Lima en 1993, bajo la dirección del director italiano Gustavo Frigerio, la coreografía de Karin Elmore y la actuación, entre otros, del mismo Mario Bellatin.

10. Salvador Luis Raggio Miranda, "Hacia un canon perpetuo. Anatomías divergentes y derivaciones estéticas del corpus bellatiniano", en *Salón de anomalías. Diez lecturas críticas acerca de Mario Bellatin*, ed. por Salvador Luis Raggio Miranda (Lima: Altazor, 2013), 23.

11. Carlos Zenón Batalla Sotelo, "Los 'residuos humanos' en el Moridero de *Salón de Belleza* de Mario Bellatin" (tesis de Licenciatura, Universidad Nacional Mayor de San Marcos, 2015), 39.

12. Daniel Barrón, "Arte afuera", *Rompeviento TV*, Youtube, 9.50 m., 1 de agosto de 2013.

13. Daniel Barrón, "Arte afuera".

14. Víctor Vich, *El discurso de la calle* (Lima: Red para el desarrollo de las ciencias Sociales en el
Perú, 2001), 45.

15. Mario Bellatin, *Condición de las flores* (Buenos Aires: Entropía, 2008), 28.

16. Bellatin, *Condición...*, 27.

17. Rebecca Riger Tsurumi, *The closed hand: images of the Japanese in modern Peruvian literature* (West Lafayette: Purdue University Press, 2012), 226.

18. Bellatin, *Underwood portátil: modelo 1915*, en *Obra reunida* (Madrid: Alfaguara, 2013), 489.

19. Sandra Ponzanesi y Daniela Merolla, *Migrant Cartographies: New Cultural and Literary Spaces in Post-Colonial Europe* (Lanham, MA: Lexington Books, 2005), 3, énfasis mío.

20. Javier García Liendo, "Introducción", en *Migración y frontera. Experiencias culturales en la literatura peruana del siglo XX*, ed. por Javier García Liendo (Madrid: Iberoamericana/ Vervuert, 2017), 14.

21. Ignacio M. Sánchez-Prado, "La 'Generación' como Ideología Cultural: El FONCA y la Institucionalización de la 'Narrativa Joven' en México", *Explicación de textos literarios* 36, n.º 1-2 (2007): 12-13.

22. Romeo Grompone, *Las nuevas reglas de juego: Transformaciones sociales, culturales y políticas en Lima* (Lima: Instituto de Estudios Peruanos, 1999), 157-158.

23. Doris Sommer, "Arte y responsabilidad", *Letral* 1 (2008): 129.

24. Ángel Rama, "Las dos vanguardias" (1973). *La riesgosa navegación del escritor exiliado* (Montevideo: Arca, 1993), 218.

25. Rama, "Las dos vanguardias", 224-225.

26. Mario Bellatin, "9 temas y 62 respuestas", *Nuevo Texto Crítico* XXI, n.º 41-42 (2008), 72.

27. Vek Lewis, *Crossing sex and gender in Latin America* (New York, NY: Palgrave Macmillan, 2010), 125.

28. Jorge Carrión, *Viaje contra espacio: Juan Goytisolo y W.G.Sebald* (Madrid: Iberoamericana/ Vervuert, 2009), 15.

29. Ángel Rama, "La riesgosa navegación del escritor exiliado" (1978), en *La riesgosa navegación del escritor exiliado* (Montevideo: Arca, 1993), 391.

30. Rama, "La riesgosa navegación...", 391.

31. José Miguel Oviedo, *Historia de la literatura hispanoamericana. Tomo IV* (Madrid: Alianza Editorial, 2001), 459.

32. Carlos López Degregori y Jorge Eslava, "La ciudad secuestrada: cuatro autores de la narrativa peruana de los noventa", *Lienzo* 22 (2001), 237.

33. Anónimo. "Presentación", en *Efecto invernadero* de Mario Bellatin, (Lima: Ediciones Cope, 2014), 9-10.

34. Enrique E. Cortez y Leila Gómez, "Hispanismo y hegemonía en las Américas. Una introducción", *Revista de Crítica Literaria Latinoamericana* XLI, n.º 82 (2015), 10.

35. García Liendo, "Introducción", 14.

36. Mazzotti, *Poéticas del Flujo*, 174.

37. Cornejo Polar, "Una heterogeneidad no dialéctica...", 841. (énfasis en el original).

38. A. Fernández Bravo y Florencia Garramuño, "Introducción", en *Sujetos en tránsito: (in)migración, exilio y diaspora en la cultura latinoamericana,* ed. por S. Sosnowki, A. Fernández Bravo y F. Garramuño (Buenos Aires: Alianza Editorial, 2003), 12.

39. Raggio Miranda, "Hacia un canon perpetuo", 28-30.

40. Juan Pablo Cuartas, "Los comienzos de Mario Bellatin: Tiempo y consistencia en *Efecto Invernadero*" (tesis de licenciatura, Universidad Nacional de la Plata, 2014), 14-22.

41. Cornejo Polar, "Una heterogeneidad ...", 841.

42. Bellatin, "¿Le gusta este jardín que es suyo? No deje que sus hijos lo destruyan", *Repensar la dramaturgia: Errancia y transformación,* ed. por Manuel Bellisco, María José Cifuentes y Amparo Écija, eds. (Murcia Centro Párraga, 2011), 60.

Bibliografía

Anderson, Benedict. *Comunidades imaginadas. Reflexiones sobre el origen y la difusión del nacionalismo*. México: Fondo de Cultura Económica, 1993.

Anónimo. "Presentación". *Efecto invernadero*. Lima: PETROPERÚ/ Ediciones Cope, 2014.

Barrón, Daniel. "Arte afuera", *Rompeviento TV,* Youtube. 1 de agosto de 2013. https://www.youtube.com/watch?v=9KqB9zgap1g.

Batalla Sotelo, Carlos Zenón. "Los 'residuos humanos' en el Moridero de *Salón de Belleza* de Mario Bellatin". Tesis de Licenciatura. Universidad Nacional Mayor de San Marcos, 2015. http://cybertesis.unmsm.edu.pe/bitstream/handle/cybertesis/4538/Batalla_sc.pdf?sequence=1&isAllowed=y.

Bellatin, Mario. "9 temas y 62 respuestas". *Nuevo Texto Crítico* XXI, n.° 41-42 (2008): 72-73.

———. *Condición de las flores*. Buenos Aires: Entropía, 2008.

———. "Contratapa". *Salón de Belleza/ Efecto invernadero* México: Consejo Nacional para la Cultura y las Artes, 1996.

———. *Efecto invernadero*. Lima: Jaime Campodónico editor, 1992.

———. "Encuesta: ¿Por qué no vivo en el Perú? Una generación después". *Márgenes: Encuentro y Debate* n.° 16. (1998): 174-175.

———. "¿Le gusta este jardín que es suyo? No deje que sus hijos lo destruyan". *Repensar la dramaturgia: Errancia y transformación*. Manuel Bellisco, María José Cifuentes y Amparo Écija, eds. Murcia: Centro Párraga, 2011.

———. *Tres novelas*. Lima: Ediciones El Santo Oficio, 1995.

———. "Underwood Portátil: Modelo 1915". *Obra reunida*. México: Alfaguara, 2013.

Carrión, Jorge. *Viaje contra espacio: Juan Goytisolo y W.G. Sebald*. Madrid: Iberoamericana/ Vervuert, 2009.

Cornejo Polar, Antonio. "Una heterogeneidad no dialéctica: Sujeto y discurso migrantes en el Perú moderno". *Revista Iberoamericana* Vol. LXII, n.° 176-177 (1996): 837-844.

Cortez, Enrique E. y Leila Gómez. "Hispanismo y hegemonía en las Américas. Una introducción". *Revista de Crítica Literaria Latinoamericana* Año XLI, n.° 82 (2015): 9-20.

Cuartas, Juan Pablo. "Los comienzos de Mario Bellatin: Tiempo y consistencia en *Efecto Invernadero*". Tesis de Licenciatura. Universidad Nacional de la Plata, 2014. http://www.memoria.fahce.unlp.edu.ar/tesis/te.1044/te.1044.pdf.

Da Jandra, Leonardo y *Roberto Max. Dispersión multitudinaria. Instantáneas de la nueva narrativa mexicana en el fin de milenio*. México: Joaquín Mortiz, 1995.

Fernández Bravo, A. y Florencia Garramuño, "Introducción". *Sujetos en tránsito: (in)migración, exilio y diáspora en la cultura latinoamericana*. Sosnowki, Saúl, A. Fernández Bravo y F. Garramuño. Buenos Aires: Alianza Editorial, 2003.

García Liendo, Javier. "Introducción". *Migración y frontera. Experiencias culturales en la literatura peruana del siglo XX*. Madrid: Iberoamericana/ Vervuert, 2017.

Goldchluk, Graciela. "Mario Bellatin, un escritor de ficción". Reportaje a Mario Bellatin. México, marzo 2000. https://filologiaunlp.files.wordpress.com/2012/01/bellatin-un-escritor-de-ficcic3b3n.pdf.

Grompone, Romeo. *Las nuevas reglas de juego: Transformaciones sociales, culturales y políticas en Lima*. Lima: Instituto de Estudios Peruanos, 1999.

López Degregori Carlos y Jorge Eslava. "La ciudad secuestrada: cuatro autores de la narrativa peruana de los noventa". *Lienzo* 22 (2001): 233-80.

Mazzotti, José Antonio. *Poéticas del Flujo. Migración y violencia en el Perú de los 80*. Lima: Fondo Editorial del Congreso del Perú, 2002.

Medina Jiménez, Hernán. "La desapasionada pasión de Mario Bellatin". *Vórtice-Revista de Literatura* n.° 3 (1996): 29-37.

Melgar Wong, Francisco. "Entrevista a Mario Bellatin". *Crossing sex and gender in Latin America*. Vek, Lewis. New York, NY: Palgrave Macmillan, 2010.

Miklos, David. "Prólogo". *Una ciudad mejor que esta. Antología de nuevos narradores mexicanos*. México: Tusquets, 1999.

Moretti, Franco. *Atlas de la novela europea 1800-1900*. México: Siglo Veintiuno Editores, 1999.

Ortega, Julio. "Noticia". *La variable Bellatin: Navegador de lectura de una obra excéntrica*. Julio Ortega y Lourdes Dávila, comp. México: Universidad Veracruzana, 2012.

Oviedo, José Miguel. *Historia de la literatura hispanoamericana*. Tomo IV. Madrid: Alianza Editorial, 2001.

Ponzanesi, Sandra y Daniela Merolla. *Migrant Cartographies: New Cultural and Literary Spaces in Post-Colonial Europe*. Lanham, MA: Lexington Books, 2005.

Rama, Ángel. "La riesgosa navegación del escritor exiliado" (1978). *La riesgosa navegación del escritor exiliado*. Montevideo: Arca, 1993.

———. "Las dos vanguardias latinoamericanas" (1973). *La riesgosa navegación del escritor exiliado*. Montevideo: Arca, 1993.

Ramírez Olivares, Alicia y Alejandro Palma Castro. "Introducción: Bellatin en su proceso o la escritura del objeto". *Bellatin en su proceso. Los gestos de una escritura*. Buenos Aires: Prometeo Libros, 2018.

Raggio Miranda, Salvador Luis. "Hacia un canon perpetuo. Anatomías divergentes y derivaciones estéticas del corpus bellatiniano". *Salón de anomalías. Diez lecturas críticas acerca de Mario Bellatin*. Lima: Altazor, 2013.

Sánchez-Prado, Ignacio M. "La 'Generación' como Ideología Cultural: El FONCA y la Institucionalización de la 'Narrativa Joven' en México". *Explicación de textos literarios* Vol. 36, n° 1-2 (2007): 8-20.

Sommer, Doris. "Arte y responsabilidad". *Letral* 1 (2008): 128-144.

Vek, Lewis. *Crossing sex and gender in Latin America*. New York, NY : Palgrave Macmillan, 2010.

Vich, Víctor. *El discurso de la calle*. Lima: Red para el desarrollo de las ciencias Sociales en el Perú, 2001.

Volpi, Jorge. "Prólogo: Qué solos se quedan los muertos". *Día de los Muertos. Antología del cuento mexicano*. Barcelona: Plaza & Janes, 2001.

Tsurumi, Rebecca Riger. *The closed hand : images of the Japanese in modern Peruvian literature*. West Lafayette: Purdue University Press, 2012.

Walkowitz, Rebecca. "Close Reading in an Age of Global Writing". *Modern Language Quarterly* 74, n.° 2 (2013): 171-195.

Mario Bellatin: un escritor transnacional

ELLEN LAMBRECHTS

1 La transnacionalidad: el concepto

En los estudios literarios y culturales el nuevo modelo transnacional —que pretende superar y hasta sustituir el paradigma nacionalista dominante— "has exploded", según Jay, "under the forces of globalization".[1] También Vertovec considera que "transnationalism is a manifestation of globalization", en el sentido de que la globalización está generando "the increasing extent, intensity, velocity and impact of global interconnectedness".[2] La globalización ha, efectivamente, fortalecido el interés en lo transnacional desde finales del siglo XX, dando lugar a un "giro transnacional" cuyo origen radica en el siglo XVI,[3] pero que en los últimos años se está acentuando cada vez más. En consecuencia, los estudios literarios transnacionales son actualmente "a growing field", que se interesa por la literatura "as a deterritorialized and unsynchronized formation cutting across the spatio-temporal coordinates of the nation state".[4]

El transnacionalismo es, pues, un proceso impulsado por la globalización que nos obliga a mirar más allá del Estado-nación:

> Transnationalism signals a movement towards the crossing and breaking open of national boundaries; while also it can be thought of as a way of naming the tensions between formations such as globalization and the nation-state, which, in the face of the continued interrogation of national boundaries, has proven to be a tenacious construct.[5]

Si aplicamos este paradigma al contexto peruano, podemos observar los puntos de contacto que el Perú —el país donde tiene sus raíces Mario Bellatin— establece con el mundo, ya sea recibiendo su influencia o influyendo sobre él, tanto en el nivel de la literatura como en otros ámbitos. En su introducción al libro *Literatura peruana hoy*, Kohut asegura que "[l]a literatura peruana actual se sitúa en dos ejes: por un lado, el de la tradición nacional; por el otro, el de la literatura latinoamericana".[6] Tomando en consideración que esta formulación data del año 1998, no debe sorprendernos tanto que no se mire más allá del continente hispanoamericano. Cabe recordar que el Perú se encuentra en aquel entonces sumergido en una profunda crisis cuyas causas son, según Kohut, tanto de índole nacional como de índole internacional:

> En las últimas décadas, el Perú ha compartido con todos los países del subcontinente, una crisis política y económica que hizo cada vez más difícil el intercambio cultural. Esta situación general se vio agravada, en el caso del Perú, por una profunda crisis de la sociedad con consecuencias nefastas para su cultura, que se ha volcado, como lo señala José Miguel Oviedo, "hacia dentro, encerrándose en sí misma en un explicable gesto de afirmación y sobrevivencia.[7]

Si bien es cierto que las literaturas latinoamericanas en general y la narrativa peruana en particular se configuran sobre todo dentro de sus propios sistemas literarios, cabe señalar que los países latinoamericanos tienen también interés por abrir nuevos mercados, como lo muestra un fenómeno como el boom de la novela hispanoamericana, y que actualmente también la situación del Perú está progresivamente cambiando, como atestiguan los premios literarios internacionales con los que han sido galardonados escritores peruanos como Alfredo Bryce Echenique, quien ganó el premio Planeta en 2002, Alonso Cueto, quien recibió el premio Herralde en 2005, o —como guinda— Mario Vargas Llosa, quien obtuvo el Premio Nobel de Literatura en 2010. La traducción desempeña un papel crucial en tales aperturas, siendo uno de los medios a través del cual la literatura se propaga. En su introducción al libro *Nation, Language, and the Ethics of Translation*, Bermann destaca la importancia de las traducciones en nuestro mundo crecientemente interconectado: "language and translation have become increasingly important in national and international relations, and in the process of 'globalization' more generally".[8] O'Connor, por su parte, confirma en su estudio sobre *The Languages of Transnationalism* que "much transnational literature relies on translation",[9] pero especifica que, en tal marco transnacional, la traducción no es un mero ejercicio técnico, sino más bien una actividad culturalmente determinada, concernida por el contexto cultural y las condiciones sociales respectivas.[10]

La traducción actúa, de esta forma, como un instrumento tanto de la globalización como de la transnacionalización que de ella se deriva.

Estos procesos generan, según Pohl, una "desterritorialización o desnacionalización de la obra y del escritor", por una parte, y "la integración en una comunidad lingüística, definida por el idioma español, que no sólo traspasa las fronteras interamericanas, sino también el Atlántico en dirección a la Península Ibérica", por otra.[11] Para el Perú, esto implicaría que la literatura se desharía de sus rasgos propiamente peruanos para incorporarse a una *comunidad imaginada* transnacional pero hispanohablante. Esto parece, hasta cierto punto, ser el caso para la literatura de nuestro interés: la obra de Mario Bellatin y los procedimientos lingüístico-narrativos que le son propios se muestran capaces de funcionar en cualquier sistema literario, especialmente cuando es de lengua española. La metaficción que frecuentemente constituye el eje formal de la escritura de Bellatin, por ejemplo, será reconocida por cada lector involucrado en la lectura, porque los principios de la metaficción son universales. Recurriendo a tales estrategias lingüístico-narrativas, imposibles de encasillar en una tradición literaria concreta, Bellatin no se perfila como un autor puramente peruano. Sin embargo, cabe matizar la idea de que Bellatin se deshace completamente de su territorio o nación de origen.

Mario Bellatin nació en 1960 en México, pero creció en Perú, la patria de sus padres, donde vivió hasta tener veintitrés años. A pesar de que ya se había formado en Teología y había obtenido un diploma en Ciencias de la Comunicación, se mudó después a Cuba para estudiar durante varios años en la Escuela internacional de Cine y Televisión. Fue en Perú donde empezó a publicar —su primer libro, *Las mujeres de sal*, apareció en Lima en 1986— pero desde 1995 prosigue su carrera literaria en México, donde hoy en día todavía vive y escribe.

En realidad, Bellatin puede, como cada escritor, definirse en dos niveles:

> chaque écrivain est situé d'abord, inéluctablement, dans l'espace mondial, par la place qu'y occupe l'espace littéraire national dont il est issu. Mais sa position dépend aussi de la façon dont il hérite cet inévitable héritage national, des choix esthétiques, linguistiques, formels qu'il est amené à opérer et qui définissent sa position dans cet espace.[12]

Por eso, es importante detenernos, primero, en el origen geográfico de Bellatin, para luego centrarnos en la manera en que el autor escribe y se construye narrativamente.

Sobre su doble condición de peruano y mexicano, Bellatin declara: "No me siento peruano ni mexicano; quisiera sentirme más mexicano que peruano, pero soy más peruano que mexicano. Es un cambalache bastante extraño".[13] De lo dicho por Bellatin se deduce que el autor ha adquirido una identidad transnacional, que lo arraiga tanto en Perú como en México. Esto implica que Bellatin excede el Perú manteniendo su identidad peruana, es decir, se vincula e interrelaciona con varias naciones al mismo tiempo, sin perder los lazos de unión con el país donde tiene sus raíces. Por consiguiente, el escritor pertenece simultáneamente a múltiples naciones, entre ellas el Perú, y puede, como ya mencionamos, ser calificado de transnacional. Sin embargo, en su lenguaje "no se filtrarán 'peruanismos' ni 'mexicanismos' que denoten una marca cultural de su doble nacionalidad", al contrario, el autor "admite como único lugar de pertenencia lo literario, ese universo que sistematiza a través de sus ficciones".[14] De ahí que nos detengamos a continuación en la producción narrativa de Bellatin: cabe averiguar si tales signos peruanos o mexicanos tampoco están presentes en los relatos del escritor o si, en cambio, las narrativas sí se adhieren a una de dichas culturas. Al analizar de manera más detallada la narrativa de Bellatin, veremos que se trata de un escritor y una producción literaria que adquieren más bien una dimensión transnacional, conectando lo local con lo global.

2 La transnacionalidad en la obra de Mario Bellatin

2.1 Los temas: universales

Las tramas de Bellatin giran, por lo general, alrededor de los mismos núcleos temáticos. Sin embargo, estos presentan variaciones entre sí, tal como afirma el propio Bellatin: "[l]os temas son como tres o cuatro que toman diferentes caras".[15] Observando la obra de Bellatin en su totalidad, identificamos efectivamente cuatro temas —o, mejor dicho, ejes temáticos— principales: la enfermedad, el cuerpo (deforme), el horror y la muerte. A este respecto, es llamativo que en uno de los relatos escritos por Bellatin, *Underwood portátil*, aparezca el pasaje siguiente:

> En cierta ocasión conseguí ser aceptado en una residencia para escritores. Era la oportunidad tanto tiempo esperada para poner en orden una serie de archivos que andaban sueltos en mi computadora. Decidí utilizar el tiempo no en crear nada nuevo, sino en darle forma a algunos intentos de

escritura que había ensayado durante un periodo más o menos extenso. Al leerlos constaté que los diferentes textos estaban ubicados como círculos alrededor de determinados puntos. La enfermedad, la deformación de los cuerpos, el horror y la angustia así como el estigma de la muerte eran de alguna manera los temas principales. Me asusté. Nunca los había leído juntos ni había tenido nunca la intención de ensamblarlos. Sin embargo, al mismo tiempo advertí que una suerte de homogeneidad hacía posible que esa escritura dispersa formara parte de un todo.[16]

Los cuatro temas que son centrales en las narrativas de Bellatin y que el propio escritor indica como tales pueden ser considerados como universales, dado que abordan profundamente la condición humana y, por tanto, afectan a cada individuo. En consecuencia, su alcance va mucho más allá del contexto en el que fueron concebidos.

2.2 *Los acontecimientos: ensamblados*

Según Palaversich, la producción literaria de Bellatin "está mucho menos interesada en relatar acontecimientos que en explorar la naturaleza de lo ficticio y el proceso de su producción".[17] A consecuencia de dicha aproximación procedimental a la literatura, las narrativas de Bellatin no pretenden representar la realidad de una manera imitativa como la literatura mimética tradicional, sino que exploran nuevas formas de construirse, tanto textualmente como a través de otros recursos expresivos. De hecho, argumentamos, siguiendo a Cote Botero, que Bellatin se nutre del arte conceptual inaugurado por el francés Marcel Duchamp para componer sus narrativas. Esta idea se basa en la observación de que Bellatin, al igual que Duchamp, recurre a materiales previamente elaborados para realizar nuevas obras: "la repetición sistemática de motivos y fragmentos entre las novelas del mismo autor se realiza en presencia de una lógica en la que toda escritura pasada se vuelve indefectiblemente ajena y es reapropiada por la misma lógica del ready-made".[18] Si Duchamp se asocia con el *ready-made*, la obra de Bellatin se presenta como *auto-ready-made*, porque no solo se aprovecha de material ajeno, también regresa sobre su propia escritura.[19] Dicho de otro modo, Bellatin se apropia de la técnica de Duchamp y, al mismo tiempo, se reapropia de su propio trabajo. En palabras de Bellatin:

> La idea es que el texto genere infinidad de textos. Por eso también es mi interés de que se escape a las leyes tradicionales de lo plano de un texto.

Solamente enfrentándote al texto por escrito creo que está hecho para que haya muchas lecturas. Tú te conviertes en una especie de co-creador. Lo que quiero poner en tela de juicio es ¿quién es el escritor? ¿Por qué el escritor tiene el rol que tiene? ¿Por qué tiene el tiempo o espacio que tiene? ¿Quién dio las verdades en la literatura? ¿Cómo que los textos no pueden vivir por sí mismos y no pueda el escritor convertirse en un traductor de libros que no existen?[20]

Resulta, pues, que la intertextualidad es un procedimiento al que Bellatin acude sistemáticamente a lo largo de su producción literaria, por la posibilidad de reciclar lo conocido, de reinterpretar y manipularlo, y de romper así las expectativas del lector. Esto implica que la obra de Bellatin, considerada en su totalidad, consista en fragmentos de texto que se refieren los unos a los otros. Sin embargo, al sumar los fragmentos, se producen errores en la coherencia y la cohesión textual. Tal como lo explica Schettini, "Allí donde el detalle es constructivo de la obra y lo pone en estado de relación, el fragmento es destructivo de la cultura y muestra a la cultura como un proceso de destrucción o de domesticación (comprensión) de la destrucción. Las novelas de Bellatin tienen eso del fragmento: son destructivas de la cultura como un ácido corrosivo que degrada, deforma (y ficcionaliza) el cuerpo y lo vuelve 'caso' de estudio".[21] Siguiendo esta línea de pensamiento, es importante mencionar que las narrativas de Bellatin no anhelan a la unidad o la totalidad, al contrario, la fragmentación se convierte en una estrategia para representar la cultura de una nueva manera, es decir, en su pluralidad multiforme.

Esto lo ilustra a la perfección *El gran vidrio*. La narrativa, que hace referencia a una de las obras maestras de Duchamp, *The Large Glass*, consta en realidad de tres autobiografías, a saber, *Mi piel, luminosa; La verdadera enfermedad de la sheika* y *Un personaje en apariencia moderno*. En la primera autobiografía, la fragmentación está visualmente presente: las frases están numeradas de 1 a 367, lo cual impide una lectura continua. La segunda autobiografía retoma la historia de la sheika abordada previamente en *Flores* y la convierte en una historia aparte. La última autobiografía, por su parte, incorpora referencias intertextuales explícitas a relatos anteriores de Bellatin. Así, se resumen en *Un personaje en apariencia moderno* las tramas de, entre otros, *Salón de belleza* y *Poeta ciego*. Es así, pues, que una obra como *El gran vidrio* se convierte en una construcción narrativa ensamblada.

2.3 Los personajes: identidades líquidas

La obra de Bellatin está poblada de personajes que, según el principio de ensamblaje recién descrito, van reapareciendo de relato en relato. A pesar de esto, los personajes son dinámicos: se transforman en cada instancia. Esto quiere decir no solo que los personajes evolucionan a lo largo de los relatos, sino también que pueden sufrir varios cambios de personalidad dentro de una sola historia. Si los personajes se repiten y se adaptan en función de la situación narrativa, esto indica que no tienen una identidad sólida, sino líquida. Tomamos prestado el concepto de *identidades líquidas* de Bauman, quien basa su teoría en la idea de que "liquids, unlike solids, cannot easily hold their shape. Fluids, so to speak, neither fix space nor bind time [...] fluids do not keep to any shape for long and are constantly ready (and prone) to change it".[22] Personajes con identidades líquidas pueden, pues, cambiar rápidamente de sustancia o incluso ser varios caracteres a la vez. Ilustramos esta idea partiendo de "El pasante de notario Murasaki Shikibu", una narrativa producida por Bellatin en la que las identidades resultan inestables y las relaciones entre los personajes sujetas a cambios.

"El pasante de notario Murasaki Shikibu" se narra en primera persona, desde la perspectiva de un narrador autodiegético. El narrador-personaje se presenta en una primera instancia como el corrector tipográfico de la protagonista, la llamada Nuestra Escritora: dice que tiene acceso a ciertos documentos inéditos de la autora que ella le dio para su posible corrección.[23] Sin embargo, posteriormente afirma que "somos parte de un escrito de la Dama Murasaki Shikibu, quien se convirtió en Nuestra Escritora, la que a su vez despertó hecha un joven pasante de notario".[24] Este juego con los niveles narrativos termina por trastornar la realidad y distorsionar la personalidad del narrador: mientras que constituye la instancia narrativa y trabaja para Nuestra Escritora, declara ser el personaje de una obra literaria creada por dicha autora. Al mismo tiempo, y como las palabras recién citadas ya advierten, se va borrando el perfil de Nuestra Escritora misma. En una excursión que el narrador, Nuestra Escritora y algunos otros emprenden a las cuevas de Ajanta para visitar unos templos budistas, la escritora desaparece y reaparece como otra persona. Como resume el narrador: "Se había convertido, sin saber cómo, en un pasante de notario. No era la primera vez que le ocurría una metamorfosis semejante. Muchos años atrás se había transformado nada menos que en la escritora Murasaki Shikibu —como se sabe, la autora más famosa del Japón de todos los tiempos—".[25] Por añadidura, Nuestra Escritora puede ser identificada con la escritora real llamada Margo Glantz,[26] que hace también su aparición en otros relatos de Bellatin. "El pasante de notario Murasaki Shikibu" ofrece, entonces, una clara ilustración de la gran variabilidad de los personajes creados por Bellatin. Además, resulta que los personajes reúnen en sí no solo varias personalidades, sino también diferentes culturas. A este respecto, Albornoz observa que los escritos de Bellatin son muestras de la globalización de la literatura:

> Os seus relatos [de Mario Bellatin] são conduzidos por personagens secundários, quase desterritorializados, mas que revelam uma determinada idiossincrasia do nosso tempo e da cultura latino-americana com nuances de outras culturas e formas de ver a vida. Todas as influências estão acumuladas, às vezes são explicitamente invocadas e, em outras ocasiões, sutilmente esboçadas.[27]

De su observación se deduce que los personajes de Bellatin guardan su carácter propiamente latinoamericano, pero que integran también elementos provenientes de otras culturas. De ahí que desarrollen una identidad líquida: por su interacción con el mundo, facilitada por la globalización, surgen cada vez nuevas formas de ser. Es significativo que Albornoz no mencione nada sobre la dimensión nacional de los personajes, o sea, de su condición peruana o mexicana. Esto podría indicar que Albornoz, al igual que Pohl, cree en la existencia de una comunidad transnacional panhispánica.

2.4 Los marcos de referencia: multiterritoriales

Como enfatiza el propio Bellatin, sus obras están redactadas de tal forma que el lector no pueda identificarse con los personajes y los acontecimientos presentados en ellas:

> Creo que la principal [razón] es respetar lo que planteé desde mi primer libro, el generar un no tiempo y un no espacio real o reconocible. [...] Es decir, un x jugando con distintos imaginarios, referentes de distintas tradiciones, con el fin de hacer lo mismo que hice desde el primer libro, que no exista un tiempo y un espacio reconocibles (énfasis añadido).[28]

Sin embargo, no se produce aquí un proceso de desterritorialización: en vez de situarse en un no-tiempo y un no-lugar, las narrativas se encuentran en el cruce de "distintos imaginarios" y "distintas tradiciones", por lo cual no se vinculan fácilmente con un tiempo o lugar específico. Por eso, nos parece más apropiado hablar de la multiterritorialidad de las narrativas que de su desterritorialización. Ilustraremos el carácter multiterritorial de la obra de Bellatin partiendo de tres de sus relatos, a saber, *Salón de belleza*, *El jardín de la señora Murakami/Oto no-Murakami monogatari* y *Flores*.

Salón de belleza puede ser considerado como un relato autodiegético. El narrador-protagonista reaviva los recuerdos de su salón de belleza, que mientras tanto se ha degradado a un local adonde personas que están al borde de la muerte pueden terminar sus vidas. A pesar de que estos recuerdos pasan por una voz narrativa en primera persona, no permiten formarse una imagen clara y detallada de la persona tras esta voz. El narrador-protagonista se queda sin nombre y mantiene también en el anonimato a los demás personajes. Tampoco nombra la causa de la muerte de los hombres en su entorno, aunque queda claro que se trata de una "enfermedad"[29] relacionada con la comunidad homosexual.[30] La indeterminación envuelve a los personajes, pero se instala también y, sobre todo, en el marco espacio-temporal en el que los personajes se mueven. En cuanto al espacio, el narrador-protagonista define el salón de belleza como "un lugar verdaderamente diferente"[31] y los vecinos consideran el moridero como "un foco infeccioso",[32] pero nadie proporciona información explícita, como su nombre, su ubicación o sus dimensiones. En lo que al tiempo se refiere, el narrador-protagonista se limita a mencionar que su historia empieza "hace algunos años"[33] y termina "ahora".[34] En resumidas cuentas, *Salón de belleza* responde a la descripción que Bellatin hace de su obra y que citamos arriba.

El jardín de la señora Murakami/Oto no-Murakami monogatari, en cambio, está lleno de referencias culturales concretas, más precisamente a Japón. A este respecto, cabe señalar que el jardín que da título al relato se presenta como típicamente japonés, con bambú y un estanque que contiene carpas, aunque no se menciona dónde está situado. Además, son recurrentes las palabras japonesas en letras itálicas que van acompañadas de una explicación en una nota al pie de la página, como, entre otros, *saikokú*, *kimono*, *obi*, *kabuki* y *shojibos*. Asimismo, el relato se refiere a rituales tradicionales de Japón, tal como la ceremonia del té. Por lo tanto, *El jardín de la señora Murakami* se desarrolla, contrariamente a *Salón de belleza*, en una cultura reconocible. Sin embargo, esta cultura se presenta como un lugar extranjero:

> Esa forma de preparar los alimentos había sido habitual en la familia por generaciones. Shikibu la había aprendido en la infancia. En esa época el padre del señor Murakami aún mantenía relaciones con el Japón. Más de

una vez, la vieja sirvienta habló con la señora Murakami sobre sus recuerdos de esos tiempos. En aquel entonces, algunos miembros de la familia hacían largos viajes a aquellas islas. Pero Shikibu no las había vuelto a oír nombrar desde que se difundió la terrible noticia de que una bomba lo había convertido en un país en ruinas.[35]

A consecuencia de este juego con el marco cultural, el lector se encuentra con la dificultad de distinguir lo que es propiamente japonés de lo que constituye una aportación de Bellatin. El relato está, sin embargo, repleto de invenciones del escritor. La palabra *oto* en el título, por ejemplo, no existe en japonés. Muy revelador es también la descripción que hace Bellatin de una vitrina con *sushi*, *ramen* y *mategeshin* de cera.[36] Mientras que los primeros dos platos son de origen japonés, el tercero es una creación del escritor.[37]

Algo parecido ocurre cuando el lector se enfrenta a una amalgama de culturas, tal como en *Flores*. En este relato, figuran personajes alemanes (Olaf Zumfelde, por ejemplo), se habla de una mujer italiana que tiene un niño adoptivo sudamericano (en *Cristantemos*), se desarrolla una historia norteamericana (la protagonizada por Marjorie y Brian) y aparece en varias ocasiones un *sheik* (la primera vez en *Tréboles*). La coexistencia de tantas culturas diversas produce el mismo efecto que la indeterminación que caracteriza a *Salón de bellleza* y la exotización que produce *El jardín de la señora Murakami*: el lector no es capaz de formarse una imagen clara del universo ficticio.

En suma, los personajes de Bellatin circulan por múltiples contextos, determinados o indeterminados, y así van construyendo una identidad híbrida, por lo que nos parece lícito afirmar que sus marcos de referencia se muestran desde la multiterritorialidad. En consecuencia, se experimentan sucesivamente (o simultáneamente) diversos territorios espacio-temporales y culturales.

De todo lo anterior concluimos que la obra de Mario Bellatin responde a lo que definimos en el primer apartado como transnacional. En lo que sigue, abordaremos la obra de Bellatin desde su circulación y demostraremos su alcance transnacional. Dividiremos la argumentación en dos partes, lo que permitirá ver que la producción literaria de Bellatin se propaga tanto en el mundo hispanohablante como fuera de él. En la primera parte nos detendremos en la presencia e influencia que ha adquirido una casa editorial como Alfaguara. En la segunda parte, mostraremos que las traducciones son un instrumento imprescindible para cualquier autor que quiera atraer a un público de lectores transnacionales.

3 La transnacionalidad en la circulación de la obra de Mario Bellatin

3.1 *Alfaguara: una editorial con vocación global*

Es notorio que los temas, los acontecimientos, los personajes y los marcos de referencia que Bellatin va presentando en sus narrativas contribuyen todos a crear un espacio literario transnacional. Así, Bellatin consigue demostrar que no es un escritor peruano ni mexicano, sino un escritor transfronterizo, lo cual resulta en la publicación de su obra reunida en dos tomos por Alfaguara, "una editorial con vocación global, latinoamericana y española". Como la propia empresa editora declara:

> Entre sus objetivos siempre ha estado el de acabar con las fronteras impuestas a la lengua común. De ahí que sus planteamientos no provengan nunca de una visión nacional de la literatura, sino de una visión globalizada, en la que se incluyen todos los escritores y todos los lectores de nuestro idioma [...] se han venido sucediendo los lanzamientos de escritores españoles y latinoamericanos, tanto del boom como de las nuevas generaciones, en un permanente camino de ida y vuelta de América a España, de España a América, que cada vez dota de mayor sentido la vocación global de Alfaguara.[38]

Por consiguiente, parece confirmarse que la transnacionalización impulsa la creación de una comunidad transatlántica de lengua española, tal como sugiere Pohl. Aunque esto puede ser verdad para la circulación y la recepción de la obra (original) de Bellatin, Bellatin se inspira, como acabamos de ver, en muchas más culturas para la producción de su obra.

El hecho de que la obra reunida de Bellatin esté destinada a un público global se puede inferir también a partir de las cubiertas de los dos tomos publicados por Alfaguara. En la primera cubierta, se ve una autopista, aparentemente infinita, permitiendo cruzar fronteras y culturas. En la segunda, aparece la luna que, saliendo para todo el mundo, constituye un punto de conexión con el mundo entero. Destacan también las figuras de los perros, que ocupan una posición central en relatos como *Perros héroes* y *Disecado*, y que garantizan que los dos tomos se asocien el uno con el otro. Salta a la vista que las cubiertas estén despojadas de todas las referencias culturales que en la obra de Bellatin sí aparecen. A fin de ilustrar que en la obra de Bellatin están integradas varias asociaciones con culturas extranjeras, señalamos que el autor opta regularmente por títulos extranjerizantes como *El libro uruguayo de los muertos* o *Jacobo reloaded* y que adjudica a varios de sus textos una etiqueta exótica, es decir, presenta *La escuela del dolor humano de Sechuán* como una novela (falsamente) china, califica *La mirada del pájaro transparente* de sufí y define *Jacobo el mutante* como una novela judía. Sin embargo, resulta que las alusiones a las fuentes forasteras son omitidas en las cubiertas de Alfaguara. De esta forma, el carácter universal de la obra de Bellatin se acentúa, en detrimento de su naturaleza polifacética.

3.2 Las traducciones: un éxito mundial

Hasta la fecha, Bellatin ha publicado más de cuarenta obras, de las cuales muchas han sido traducidas a otros idiomas.[39] A pesar de los numerosos trabajos que se han ocupado de la producción literaria del autor, hasta ahora ninguno de ellos ha dado una visión de conjunto que abarque tanto laoos narrativas originales como sus traducciones. Por eso, realizamos una búsqueda bibliográfica cuyo objetivo es obtener una lista, lo más exhaustiva posible, de los relatos de Bellatin que han sido transmitidos al inglés, al francés y al portugués de Brasil. Optamos por centrarnos en estas tres lenguas por varias y diversas razones. El inglés es el idioma global por excelencia y, por eso, una herramienta imprescindible para traspasar las fronteras nacionales. El francés es la lengua más utilizada en traducciones de relatos de Bellatin, por lo cual contribuye mucho a su circulación mundial. Por último, decidimos incluir el portugués de Brasil como lengua meta, porque nos parece interesante averiguar no solo en qué medida la obra de Bellatin se expande a escala mundial, sino también dentro del continente latinoamericano. A continuación, enumeraremos los títulos de los textos fuente (TF), en orden alfabético, y de los textos meta (TM) respectivos. Los originales forman todos parte de la *Obra reunida* de Bellatin que, como explicamos arriba, fue publicada por Alfaguara (el primer tomo en 2013 y el segundo en 2014), por lo que no reproducimos sus referencias bibliográficas. Los títulos de las traducciones, en cambio, van seguidos de sus datos bibliográficos completos.

Tabla 1: las obras traducidas de Bellatin al inglés

TF 1	"Bola negra".
TM-inglés	"Black Ball". Traducido por Margaret Jull Costa. *Bomb* 78 (2001/2002): 96-98.
TF 2 + 3 + 4a	"Damas chinas" + "Perros héroes" + "Mi piel, luminosa" (= parte de "El Gran Vidrio").
TM-inglés	*Chinese Checkers: Three Fictions.* Traducido por Cooper Renner/ Cooper Esteban. Edmonds, WA: Ravenna Press, 2006.
TF 4b	"El gran vidrio (tres autobiografías)".
TM-inglés	*The Large Glass.* Traducido por David Shook. Los Ángeles: Phoneme Media, 2015.
TF 4c	"La verdadera enfermedad de la sheika" (= parte de "El gran vidrio")
TM-inglés	"The Sheika's Condition". Traducido por Cindy Schuster. En *Words Without Borders: The World Through the Eyes of Writers: an Anthology*, editado por Alane Salierno Mason, Dedi Felman y Samantha Schnee, 279-285. Nueva York: Anchor books, 2007.
TF 5	"El libro uruguayo de los muertos".
TM-inglés	*The Uruguayan Book of the Dead.* Traducido por David Shook. Los Ángeles: Phoneme Media, 2019.
TF 6 + 7	"Flores" + "Biografía ilustrada de Mishima" (= parte de "La clase muerta").
TM-inglés	*Flowers + Mishima's Illustrated Biography/Flores y biografía ilustrada de Mishima.* Traducido por Kolin Jordan. Chicago: Siete Ventos, 2014.
TF 8	"Jacobo el mutante".
TM-inglés	*Jacob the Mutant.* Traducido por Jacob Steinberg. Los Ángeles: Phoneme Media, 2015.
TF 9	"La mirada del pájaro transparente".
TM-inglés	*Transparent Bird's Gaze.* Traducido por David Shook. Los Ángeles: Phoneme Media, 2014.
TF 10	"Los cien mil libros de Bellatin".
TM-inglés	*The Hundred Thousand Books of Bellatin.* Traducido por Jane Brodie y Lisa Grüneisen. Ostfildern: Hatje Cantz, 2011.
TF 11	"Nagaoka Shiki: una nariz de ficción".
TM-inglés	*Shiki Nagaoka : A Nose for Fiction.* Traducido por David Shook. Los Ángeles: Phoneme Media, 2013.
TF 12	"Salón de belleza".
TM-inglés	*Beauty Salon.* Traducido por Kurt Hollander. San Francisco: City Lights Books, 2009.

Tabla 2: las obras traducidas de Bellatin al francés

TF 1	"Damas chinas".
TM-francés	*Jeu de dames*. Traducido por Svetlana Doubin. París: Gallimard, 2008.
TF 2+ 3a	"Disecado" + "El pasante de notario Murasaki Shikibu".
TM-francés	*Empaillé; Suivi de Le clerc de notaire Murasaki Shikibu*. Traducido por Chloé Samaniego. París: Éditions de La différence, 2017.
TF 4	"El jardín de la señora Murakami/Oto no-Murakami monogatari".
TM-francés	*Le jardin de la dame Murakami*. Traducido por André Gabastou. Albi: Passage du Nord-Ouest, 2005.
TF 3b	"El pasante de notario Murasaki Shikibu".
TM-francés	*Le clerc de notaire Murasaki Shikibu*. Traducido por Anne-Claire Huby. Lyon: l'Atelier du Tilde, 2012.
TF 5	"En el ropero del señor Bernard falta el traje que más detesta".
TM-francés	*Dans la penderie de Monsieur Bernard il manque le costume qu'il déteste le plus*. Traducido por Christophe Lucquin y Andrés Felipe. París: Christophe Lucquin Editeur, 2012.
TF 6	"En las playas de Montauk las moscas suelen crecer más de la cuenta".
TM-francés	*Sur les plages de Montauk les mouches pullulent*. Traducido por Alexis Dedieu. Lyon: l'Atelier du tilde, 2014.
TF 7	"Flores".
TM-francés	*Flore*. Traducido por Chrystelle Frutozo. Albi: Passage du Nord-Ouest, 2003.
TF 8 + 9a	"Jacobo el mutante" + "Perros héroes".
TM-francés	*Jacob le Mutant. Suivi de Chiens héros*. Traducido por André Gabastou. Albi: Passage du Nord-Ouest, 2006.
TF 10	"La jornada de la mona y el paciente".
TM-francés	*La journée de la guenon et le patient*. Traducido por Christophe Lucquin y Andrés Felipe. París: Christophe Lucquin Editeur, 2012.
TF 11	"Lecciones para una liebre muerta".
TM-francés	*Leçons pour un lièvre mort*. Traducido por André Gabastou. Albi: Passage du Nord-Ouest, 2008.
TF 12	"Nagaoka Shiki: una nariz de ficción".
TM-francés	*Shiki Nagaoka: un nez de fiction*. Traducido por André Gabastou. Albi: Passage du Nord-Ouest, 2004.
TF 9b	"Perros héroes".
TM-francés	*Chiens héros*. Traducido por Gabriel Iaculli. Albi: Passage du Nord-Ouest, 2006.
TF 13	"Salón de belleza".
TM-francés	*Salon de Beauté*. Traducido por André Gabastou. París: Stock, 2000./Traducido por Christophe Lucquin. París: Christophe Lucquin Editeur, 2014.

Tabla 3: las obras traducidas de Bellatin al portugués de Brasil

TF 10a	"Flores".
TM-portugués de Brasil	*Flores*. Traducido por Josely Vianna Baptista. São Paulo: Cosac Naify, 2009.
TF 18	"Perros héroes".
TM-portugués de Brasil	*Cães Heróis*. Traducido por Joca Wolff. São Paulo: Cosac Naify, 2012.
TF 19	"Salón de belleza".
TM-portugués de Brasil	*Salão de Beleza*. Traducido por Maria Alzira Brum Lemos. Porto Alegre: Leitura XXI, 2000/2007.

A la luz de las tablas anteriores queda claro que la transnacionalidad no es únicamente una cuestión de escritores que viajan, las obras desempeñan igualmente un papel importante en la construcción de una narrativa transnacional.[40] Hemos observado que la producción literaria de Bellatin cuenta con temas universales, acontecimientos ensamblados, personajes con identidades líquidas y marcos de referencia multiterritoriales. Ahora resulta que estos rasgos —que, en su conjunto, calificamos de transnacionales— posibilitan que las obras circulen más allá de sus fronteras nacionales e incluso continentales, a través de traducciones, y que lleguen a un público mucho más amplio. Las tablas demuestran que dichas traducciones no son un fenómeno aislado, sino que se producen sistemáticamente, principalmente en inglés y en francés, pero también en portugués de Brasil. A consecuencia de esta diseminación textual a gran escala, la obra se consume no solo en el Perú y en México, gracias a lo cual Bellatin puede consolidarse como escritor transnacional.

Conclusiones

La figura y la obra de Mario Bellatin resultan, por sus características tanto textuales como paratextuales, marcadas por la transnacionalidad. Si bien Bellatin se identifica simultáneamente como peruano y mexicano, el análisis realizado en base a su producción literaria demuestra que el autor rebasa las fronteras nacionales tanto de Perú como de México. Más concretamente, Bellatin se sirve de temas literarios reconocibles a nivel universal para armar relatos que exploran la naturaleza humana. Para la construcción de sus relatos, Bellatin se apropia de un procedimiento creativo francés: el ensamblaje. Reutilizando materiales de obras anteriores, la producción literaria de Bellatin entra en diálogo con la producción artística de Marcel Duchamp, conocido especialmente por sus *ready-made*, pero también consigo mismo. Esto implica que en las narrativas de Bellatin ciertas situaciones se reiteran y, asimismo, que algunos personajes van reapareciendo de relato en relato. Sin embargo, los personajes no permanecen inalterados en el transcurso de la obra, al contrario, asumen identidades líquidas cuyas cualidades primordiales son la fluidez y la volatilidad. Tales personalidades se presentan, pues, como compuestas, en el sentido de que se basan en múltiples pertenencias. Además, se mueven en tiempos y espacios que son indeterminados, desconocidos o amalgamados, es decir, representativos, no de una parte del mundo específica, sino de nuestro mundo cada vez más globalizado. Si realizamos un estudio de la circulación de la obra de Bellatin, constatamos que los elementos recién descritos pueden ser considerados como factores que impulsan la producción de traducciones y la subsecuente difusión de los textos. Además de confirmar que Bellatin y su obra pueden calificarse de transnacionales, la panorámica bibliográfica de las traducciones al inglés, francés y portugués brasileño puede incentivar el inicio de futuras investigaciones sobre la literatura transfronteriza de Bellatin, tanto en español como en otros idiomas.

Todo lo anterior nos lleva a una reflexión sobre la relación entre la transnacionalidad y la multiterritorialidad. Si la literatura de Bellatin se somete a primera vista a un proceso de desterritorialización, el presente capítulo ha argumentado que se produce en realidad una transnacionalización, a consecuencia de la creciente globalización. Sin embargo, esto no equivale a decir que se trate de una literatura global. Es decir, la literatura de Bellatin se muestra compleja y multidimensional, porque reúne influencias peruanas, mexicanas y muchas otras más. Así pues, la globalización facilita la integración de tantos elementos diversos. Una literatura global propiamente dicha, en cambio, se caracteriza por la homogeneidad y anula las referencias culturales, desterritorializándose por completo. Por eso, nos parece más acertado concluir que Mario Bellatin es un escritor transnacional, y no un escritor global.

Notas

1. Paul Jay, *Global Matters. The Transnational Turn in Literary Studies* (Ithaca: Cornell University Press, 2010), 1.
2. Steven Vertovec, *Transnationalism* (Oxon: Routledge, 2009), 2.
3. Jay, *Global Matters*, 2-3.
4. Pier Paolo Frassinelli y David Watson, "World Literature: A Receding Horizon", en *Traversing Transnationalism. The Horizons of Literary and Cultural Studies* (Amsterdam/Nueva York: Brill Rodopi, 2011), 191.
5. Pier Paolo Frassinelli y David Watson, "World Literature: A Receding Horizon", 1.
6. Kohut, Karl. "Introducción. Literatura peruana hoy: crisis y creación", en *Literatura peruana hoy. Crisis y creación* (Frankfurt am Main/Madrid: Vervuert/Iberoamericana, 1998), 13.
7. Kohut, "Introducción...", 11.
8. Sandra Bermann, "Introduction", en *Nation, Language, and the Ethics of Translation* (Princeton: Princeton University Press, 2005), 1-2.
9. Anne O'Connor, "The Languages of Transnationalism: Translation, Training and Transfer". Éire-Ireland: A Journal of Irish Studies 51, n.° 1-2 (2016), 16.
10. O'Connor, "The Languages of Transnationalism...", 30.
11. Burkhard Pohl, Burkhard, "El discurso transnacional en la difusión de la narrativa latinoamericana", *Cuadros hispanoamericanos* 604 (2000), 45.
12. Pascale Casanova, *La République mondiale des Lettres* (París: Éditions du Seuil, 1999), 65.
13. Mario Bellatin, entrevista por Silvina Friera, 30 de agosto de 2005, "Mario Bellatin, un escritor que escapa a las calificaciones", *Página/12*, https://www.pagina12.com.ar/diario/suplementos/espectaculos/2-290-2005-08-30.html.
14. Bellatin, "Mario Bellatin, un escritor que escapa...".
15. Mario Bellatin, entrevista por Emily Hind, primavera 2004, "Entrevista con Mario Bellatin", *Confluencia* 20, n.° 1, 197-204
16. Mario Bellatin, *Obra reunida* (Madrid: Alfaguara, 2013), 490-491.
17. Diana Palaversich, "Apuntes para una lectura de Mario Bellatin", *Chasqui* 32, n.° 1 (2003), 27.
18. Andrea Cote-Botero, "Mario Bellatin: El Giro Hacia El Procedimiento y La Literatura Como Proyecto", (Tesis doctoral. University of Pennsylvania, 2014), 21.
19. Cote Botero, "Mario Bellatin: El Giro...", 38.
20. Mario Bellatin, entrevista por Emily Hind, "Entrevista con Mario Bellatin", *Confluencia* 20, n.° 1 (2004): 197-204.
21. Citado en Gustavo Quintero, "El cuerpo monstruoso del texto o Mario Bellatin escribe", *Revista de Estudios Hispánicos* 1, n.° 1 (2014), 185.
22. Zygmunt Bauman, *Liquid Modernity* (Cambridge: Polity Press, 2000), 2.

23. Mario Bellatin, "El pasante de notario Murasaki Shikibu", en *Obra reunida 2* (México: Alfaguara, 2014,) 249.

24. Bellatin, "El pasante de notario Murasaki Shikibu", 260.

25. Bellatin, "El pasante de notario Murasaki Shikibu", 250.

26. A este respecto, es interesante señalar que el relato "El pasante de notario Murasaki Shikibu" se abre con la siguiente cita de Margo Glantz: "El único error de Gregor fue haber experimentado tan sólo una transformación".

27. Carla Victoria Albornoz, "É ou não é? Sistemas de escrita na obra de Osvaldo Lamborghini, César Aira e Mario Bellatin", (Tesis doctoral. Pontifícia Universidade Católica do Rio de Janeiro, 2012), 11.

28. Mario Bellatin, entrevista por Ramiro Larrain, 2006, "Entrevista a Mario Bellatin", *Orbis Tertius* 11, n.° 12, https://www.orbistertius.unlp.edu.ar/article/view/OTv11n12d03.

29. Mario Bellatin, *Salón de belleza*, en *Obra reunida* (Madrid: Alfaguara, 2013), 15 y ss.

30. Iván Salinas Escobar, "La muerte en las novelas *Salón de belleza* de Mario Bellatin y *Les particules élémentaires* de Michel Houellebecq", *Revista de Lenguas Modernas* 26 (2017), 131.

31. Bellatin, *Salón de belleza*, 25.

32. Bellatin, *Salón de belleza*, 21.

33. Bellatin, *Salón de belleza*, 11.

34. Bellatin, *Salón de belleza*, 37.

35. Mario Bellatin, *El jardín de la señora Murakami*, en *Obra reunida* (Madrid: Alfaguara, 2013), 156.

36. Bellatin, *El jardín de la señora Murakami*, 159.

37. Emily Hind, "Novel Globalization: Mario Bellatín's *El jardín de la señora Murakami*", *Hispanic Journal* 23, n.° 1 (2002), 27.

38. Penguin Random House Grupo Editorial. "Alfaguara es la editorial de referencia en el campo de la creación literaria en lengua española", https://www.megustaleer.com/editoriales/alfaguara/AL.

39. Para una visión orientativa (pero no exhaustiva) de la obra (traducida) de Bellatin, véase la *Enciclopedia de la literatura en México* (ELEM).

40. Stephen Clingman, *The Grammar of Identity: Transnational Fiction and the Nature of the Boundary* (Nueva York: Oxford University Press, 2009), 9.

Bibliografía

Albornoz, Carla Victoria. "É ou não é? Sistemas de escrita na obra de Osvaldo Lamborghini, César Aira e Mario Bellatin". Tesis doctoral. Pontifícia Universidade Católica do Rio de Janeiro, 2012. https://doi.org/10.17771/PUCRio.acad.30162.

Anderson, Benedict. *Comunidades imaginadas. Reflexiones sobre el origen y la difusión del nacionalismo*. Traducido por Eduardo L. Suárez. México: Fondo de Cultura Económica, 1993.

Bauman, Zygmunt. *Liquid Modernity*. Cambridge: Polity Press, 2000.

Bellatin, Mario. *Obra reunida*. Madrid: Alfaguara, 2013.

——. *Obra reunida 2*. México: Alfaguara, 2014.

Bermann, Sandra. "Introduction". En *Nation, Language, and the Ethics of Translation*, editado por Sandra Bermann y Michael Wood, 1-10. Princeton: Princeton University Press, 2005.

Casanova, Pascale. *La République mondiale des Lettres*. París: Éditions du Seuil, 1999.

Clingman, Stephen. *The Grammar of Identity: Transnational Fiction and the Nature of the Boundary*. Nueva York: Oxford University Press, 2009.

Cote-Botero, Andrea. "Mario Bellatin: El Giro Hacia El Procedimiento y La Literatura Como Proyecto". Tesis doctoral. University of Pennsylvania, 2014. https://repository.upenn.edu/edissertations/1244.

Esteban, Ángel y Jesús Montoya Juárez. "¿Desterritorializados o multiterritorializados?: la narrativa hispanoamericana en el siglo XXI". En *Literatura más allá de la nación: De lo centrípeto y lo centrífugo en la literatura hispanoamericana del siglo XXI*, editado por Francisca Noguerol Jiménez, María Ángeles Pérez López, Ángel Esteban y Jesús Montaya Juárez, 7-14. Frankfurt am Main/Madrid: Vervuert/Iberoamericana, 2011.

Frassinelli, Pier Paolo y David Watson. "World Literature: A Receding Horizon". En *Traversing Transnationalism. The Horizons of Literary and Cultural Studies*, editado por Pier Paolo Frassinelli, Ronit Frenkel y David Watson, 191-208. Amsterdam/Nueva York: Brill Rodopi, 2011.

Hind, Emily. "Novel Globalization: Mario Bellatín's 'El jardín de la señora Murakami'". *Hispanic Journal* 23, n.° 1 (2002): 21-34.

Honores, Elton. *La civilización del horror. El relato de terror en el Perú*. Lima: Editorial Agalma, 2014.

Jay, Paul. *Global Matters. The Transnational Turn in Literary Studies*. Ithaca: Cornell University Press, 2010.

Kohut, Karl. "Introducción. Literatura peruana hoy: crisis y creación". En *Literatura peruana hoy. Crisis y creación*, editado por Karl Kohut, José Morales Saravia y Sonia V. Rose, 11-20. Frankfurt am Main/Madrid: Vervuert/Iberoamericana, 1998.

Lie, Nadia. "Lo transnacional en el cine hispánico: deslindes de un concepto". En *Nuevas perspectivas sobre la transnacionalidad del cine hispánico*, editado por Robin Lefere y Nadia Lie, 17-35. Leiden/Boston: Brill Rodopi, 2016.

O'Connor, Anne. "The Languages of Transnationalism: Translation, Training and Transfer". Éire-Ireland: A Journal of Irish Studies 51, n.º 1-2 (2016): 14-33.

Palaversich, Diana. "Apuntes Para Una Lectura de Mario Bellatin". *Chasqui* 32, n.º 1 (2003): 25-38.

Pohl, Burkhard. "El discurso transnacional en la difusión de la narrativa latinoamericana". *Cuadros hispanoamericanos* 604 (2000): 43-52.

Quintero, Gustavo. "El cuerpo monstruoso del texto o Mario Bellatin escribe". *Revista de Estudios Hispánicos* 1, n.º 1 (2014): 189-204.

Salinas Escobar, Iván. "La muerte en las novelas *Salón de belleza* de Mario Bellatin y *Les particules élémentaires* de Michel Houellebecq". *Revista de Lenguas Modernas* 26 (2017): 127-137.

Vertovec, Steven. *Transnationalism*. Oxon: Routledge, 2009.

La TransLiteratura de Mario Bellatin. En torno a *Biografía ilustrada de Mishima* y *Los fantasmas del masajista*

GIANNA SCHMITTER

LO QUE ESCRIBE MARIO Bellatin no es literatura; es *TransLiteratura*.[1] Es una escritura que sale constantemente de sí misma, que busca el fuera de campo[2] de la literatura al atravesar otras experiencias artísticas como el teatro, las performances, el cine, la fotografía, los dibujos y la danza. Mezcla varios géneros, materialidades, medialidades y hasta lenguas —piénsese en sus *texto-foto-amalgamas* o el uso de palabras de origen quechua, asiático o simplemente sin origen—.[3] Así, el cuerpo mismo de la literatura está atravesado por otras corporalidades y géneros; una *TransCorporalidad* que encontramos igualmente a nivel de los personajes que habitan el universo bellatineano, y hasta en la construcción de la imagen de autor de Mario Bellatin con la puesta en escena de sus diferentes prótesis (gancho pirata, forma fálica, artística, etc.). Además, Mario Bellatin trabaja en una dinámica *TransAutoral* a través de colaboraciones con otros artistas y más aún inscribe sus títulos en las obras de otros.

Definimos las *TransLiteraturas* como aquellas que tensionan y/o traspasan el espacio literario "tradicional" por su carácter *trans*, esto es tanto transgenérico (a nivel del género literario como del género de los personajes), como transmedial, transnacional, translingüístico, etcétera. Con el prefijo *trans* queremos acentuar el movimiento, ya que significa, para recordar la definición que le da la RAE, "a través de" y "al otro lado de", es decir que invoca el fuera de campo, el más allá, el *au-delà* de un espacio consagrado. Se pone de relieve el desplazamiento y el pasaje, como subraya Miriam Chiani: 'Más allá', 'al otro lado', 'a través' o 'cambio' son los sentidos del prefijo *trans*. Usar esta partícula es enfatizar el movimiento en sí, el proceso; subrayar lo que pasa, atraviesa y cambia".[4] El movimiento del *trans* acompaña y expresa la transición, reconfigura los espacios y los territorios de lo literario. Lo *trans* sugiere un movimiento horizontal, nómada, rizomático, que crea nuevas conexiones y redes de manera continua y desjerarquizada, en constante transformación. El pensamiento *trans* es un pensamiento del *devenir* —como la obra de Bellatin, en constante por-venir— y del reconocimiento de las posibilidades. Proponemos como posibles categorías de las *TransLiteraturas*, en constante diálogo y solapamiento entre sí: (1) una literatura que tematiza la transición y la crisis (histórica, política, económica, corporal, entre otros) e igualmente como metaliteratura su propia transición y crisis; (2) una literatura que se entiende y se tematiza como un cuerpo *trans* que se vuelca sobre sí mismo, como cuando los autores construyen obras que se autoalimentan; (3) una literatura poblada de personajes *trans* (tránsfugos, nómadas, híbridos, monstruos, etcétera); (4) una literatura que desborda, que es transgenérica y transmedial,[5] (5) una literatura que es transnacional; (6) una literatura que tiende a lo colectivo.

Este artículo se propone analizar las novelas *Biografía ilustrada de Mishima* y *Los fantasmas del masajista* —ambas novelas presentan un importante *dossier* fotográfico después del texto verbal— a partir del prisma de las *TransLiteraturas*, privilegiando el segundo, tercer y cuarto eje, aunque los otros puntos se vislumbrarán a lo largo del artículo para examinar la relación entre el uso de la intermedialidad y la corporeidad en y de la obra de Mario Bellatin. Para ello, es necesario pensar la corporalidad tanto a nivel de la diégesis, en otras palabras, el cuerpo de los personajes, como a un nivel más abstracto que corresponde tanto a la corporeidad de las novelas aquí consideradas como de la obra-Bellatin. En un primer momento se reflexionará entonces sobre la dupla ausencias-presencias a partir del cuerpo enfermo y mutilado, el espectro y la voz. En un segundo momento se ahondará en la relación entre cuerpo y escritura: la (des)inscripción del cuerpo y del corpus de la obra en la literatura (trans)nacional y el cuerpo de la obra que se construye sobre redes intertextuales e intermediales. En un tercer momento se aborda la articulación entre texto y fotografía en las dos novelas. Se subraya que la fotografía apunta hacia el texto desde atrás, siendo el *dossier* fotográfico una posilustración; se propone una clasificación de los modos de funcionamiento del *texto-foto-amalgama* y finalmente se volverá sobre el leer-doble que esta relación intermedial provoca.

I Ausencias, presencias

"Cabeza y creación de palabras. Mishima había advertido, sobro todo en los últimos tiempos, que no podría haber una sin la otra. O, más bien, que no podía existir una sin la ausencia de la otra".[6]

La clase muerta reúne dos novelas que tematizan la dupla ausencia-presencia. En *Biografía ilustrada de Mishima*, el personaje principal, Mishima, se inspira en el escritor y político japonés Yukio Mishima tras haber realizado *seppuku*;[7] a nivel de la diégesis está, entonces, sin cabeza. La primera descripción de Mishima presenta, no obstante, esta condición post-mortem como una normalidad: "Mishima permanece en el salón mostrando un definido sentido de superioridad. Se le ve como a un hombre de edad mediana. Viste uniforme militar y carece de cabeza".[8] En esta novela, el narrador homodiegético describe una conferencia sobre la vida de Mishima post-mortem, impartida por un universitario con la ayuda de un aparato que proyecta imágenes de la vida del escritor.

Los fantasmas del masajista, por el contrario, cuenta los motivos de la rápida pérdida de peso de João, masajista preferido del narrador homodiegético: la muerte súbita de su madre. Sin embargo, la voz materna, y con ella algunas frases características, sobreviven a través del perico que João le había regalado para que ella se sienta menos sola mientras su hijo trabajaba. En esta novela se imbrican así la descripción de la clínica que el narrador homodiegético visita para hacerse un tratamiento y la historia de la defunción de la madre de João.

El cuerpo mutilado, enfermo, e incluso muerto está entonces omnipresente en estos textos, así como la idea del espectro. Estas dimensiones deben leerse, de manera más general, a partir de las reflexiones de Mario Bellatin sobre la des-corporeidad mediante la diferenciación entre transmisión de la voz y la ausencia del cuerpo.

El cuerpo enfermo, mutilado

En el artículo "La alteridad encarnada. Una experiencia de los límites corporales", Meri Torras Francés se interesa por cuerpos imperfectos que han sufrido intervenciones (amputación, trasplantación, prótesis) y por consecuencia anormales y hasta monstruosos:

> los cuerpos trasplantados, amputados o prostéticos apuntan maneras monstruosas en tanto que obligan a revisar nuestro concepto tácito e im-

plícito de cuerpo, hasta llevarlo al colapso, dinamitando algunos de los binomios constitutivos de su integridad como son: natural versus artificial, humano versus animal, presencia versus ausencia, objetivo versus subjetivo, orgánico versus inorgánico, exterior versus interior, propio versus ajeno y, en último término, yo versus otro.[9]

Estas oposiciones se pueden proseguir: en el caso de Mishima, se trata de lo racional *versus* lo irracional, de lo real *versus* lo irreal, de lo verosímil *versus* lo fantástico, ya que el miembro amputado —la cabeza— es vital, tanto como el torso. Sin embargo, esta falta se presenta como algo posible; el texto plantea así la hipótesis mística según la cual habría una vida después de la muerte.

Esta misma hipótesis es el punto de partida de la intriga de *Los fantasmas del masajista*, aunque la trama sea distinta. El narrador homodiegético recurre a tratamientos en una clínica especializada en personas en falta de un miembro corporal. Se somete a sesiones de masajes fisioterapéuticos y acuáticos para calmar los dolores dorsales producidos por la falta de su antebrazo derecho, como los demás individuos "que parecen buscar en esas aguas la paz que sus cuerpos dan la sensación de necesitar. Es que muchas veces la falta de un miembro o alguna desviación física produce cierto tipo de tensión particular en los nervios de quienes las sufren".[10] La clínica especializada cuenta también con un espacio para la fisioterapia: seis camas, separadas por cortina, ofrecen la posibilidad de tratar a varios pacientes al mismo tiempo, sin que se vean entre ellos. Se escuchan, sin embargo, y esta transmisión de sonidos induce ya la temática que vamos a desarrollar más adelante (la presencia sonora pero la ausencia física de la madre): "Lo que se oye causa a veces desconcierto, principalmente porque casi nunca es posible imaginar cómo es el físico de la persona que es atendida al lado, de qué clase de cuerpo provienen los sonidos que estos mismos cuerpos emiten".[11] Así, otra paciente, a quien se le ha amputado su pierna algunos días antes, "se quejaba de un dolor profundo en el miembro inexistente. Parecía incapaz de soportar el sufrimiento que se producía en un espacio que era ahora ajeno a su cuerpo, en el lugar vacío que había dejado la pierna mutilada".[12]

La amputación apunta a la presencia fantasmal del miembro ausente, lo que reenvía implícitamente a una idea de entidad corporal y señala, para retomar a Sobchack,[13] la presencia de una ausencia. En este contexto cabe señalar que Mario Bellatin vuelva sin cesar, aquí como en toda su obra, sobre el vacío. Incluso la fotografía "Lugar vacío dejado por la pierna mutilada", contenida en el dossier fotográfico, busca visualizar esta dimensión. Se muestra una columna de concreto, exhibiendo un hueco redondo a través del cual se puede visualizar una estructura de metal, y detrás la oscuridad. Visualizar la pérdida —el vacío— parece ser una preocupación metafísica, si se toman igualmente en consideración las dos fotos de *Biografía ilustrada de Mishima*: "Hueco que para Mishima parecía ser lo único cierto en la vida" y "Otra mirada de la oquedad en la que Mishima pensaba se sostenía la vida". Las tres fotografías podrían formar parte de una misma secuencia, ya que exhiben huecos, aunque esta vez arquitectónicamente intencionales. Se trata de una alegoría arquitectónica, evocando un paralelismo entre el cuerpo humano y las casas en un juego con lo fantasmagórico.

El espectro

"*[l]à*, où nous sommes, n'est peut-être jamais que reflet, ombres flottantes".[14]

El fisioterapeuta João sugiere a la mujer de acariciar su pierna mutilada para que comprenda cuáles son, desde ahora, los límites de su cuerpo; no obstante, su dolor persiste. Se trata de un dolor tenaz, "un dolor infligido desde la nada, proveniente de la suerte de cosmos en el que seguramente se encontraba suspendida la pierna cercenada".[15] Esta idea de vacío, de espacio-más-allá que representa, sin embargo, un *continuum* con el espacio presente se despliega a través de numerosos ejemplos e incluye a los espectros, ya que el dolor se transforma en una suerte de espectro del cuerpo amputado y reenvía a una entidad perdida, ilusoria.

Lo fantasmagórico, que se relaciona, por supuesto, con los *revenants*, con los que (re)aparecen, está asimismo ligado al arte y a la creación: cabe señalar que los *dossiers* fotográficos de las dos novelas muestran fotografías tomadas con una cámara lomo.[16] Estas fotos poseen cierta estética que se caracteriza por la borrosidad, los colores saturados, la falta de encuadre tradicional, las fugas de luces y otros errores técnicos: revelan apariciones fantasmagóricas, una estética de lo translúcido.[17] Además, los personajes, tanto como el narrador, se interesan por la fotografía, es decir que el texto mismo hace prueba de una reflexión sobre la temática. Así por ejemplo Mishima, fotógrafo ocasional durante su infancia. Non obstante, estas fotos no han sido vistas nunca ya que nunca han sido reveladas. El narrador concluye que "[d]e alguna manera esas figuras no existieron jamás. [...] el paso de Mishima por la fotografía fue casi un simulacro".[18] De igual manera, la conferencia del profesor japonés, especialista en la obra de Mishima, es un simulacro, ya que termina "su intervención de esa tarde afirmando que Mishima nunca ha existido realmente. Tampoco el aparato didáctico de su invención, por medio del cual habíamos estado observando una especie de reflejo de la realidad".[19] La relación con la realidad y con su representación se somete en el universo bellatineano al régimen del simulacro.[20]

La idea del espectro se percibe igualmente en *Biografía ilustrada de Mishima* en cuanto a la creación literaria. La noche, alrededor de su escritorio, Mishima descubre a veces sombras que llama *longevos anónimos*. Estas auras no lo perturban, al contrario, comunican con él:

> como desde un sueño. Y el mismo fantasma, el que aparece con mayor frecuencia, le suele informar a Mishima que el escritor percibe las cosas del mundo como si alguien le fuera relatando lo que ocurre a su alrededor. Las siente de tal manera que los sucesos forman parte de un universo imaginario. Sólo es consciente de su existencia cuando alguna manifestación física se hace evidente. Cuando siente frío, hambre, o cuando su cuerpo toca alguna superficie.[21]

Así pues, la creación artística-literaria se asemeja a un trance; se conecta con este espacio-entre-dos (la vida y la muerte, los diferentes medios, la entidad y la parcialidad, entre otros). El artista mismo se convierte en una especie de espectro que pierde la conexión con la realidad, y la única posibilidad para reencontrar su vínculo con lo terrestre es el contacto físico, es decir con un cuerpo que por su falta de cabeza es él mismo un simulacro.

Voz

La voz —las palabras— parecen constituir, en la estética de Mario Bellatin, una entidad a parte, un *corpus* capaz de volver a pesar de que ya no esté. En un primer momento, vamos a examinar esta cuestión en el seno de las dos obras analizadas para ampliar luego la reflexión a la articulación de la estética de la ausencia y presencia a otras obras del escritor.

La voz juega un papel importante, sobre todo en *Los fantasmas del masajista*. Primero, la madre de João declamaba canciones brasileiras populares en la radio, oficio que la volvió célebre hasta que los bares karaoke aparezcan. Luego, João le regala un perico de raza muy charlatana —sin embargo, solo después del fallecimiento de la madre empieza a hablar. La voz es igualmente el elemento clave de un regalo que la madre le hizo a João: un contestador telefónico para que sus clientes le puedan dejar mensajes vocales. Así, el perico despierta a João, la primera vez que este pudo conciliar el sueño tras la muerte de su madre, con una frase que la paciente de la pierna mutilada le había dejado en el contestador, seguido por una frase de la canción "Construção" de Chico Buarque, canción que había significado el final de la carrera de declamadora de la madre porque no entendía la letra. El perico toma entonces el lugar de la madre: declama la canción, interviene sobre el orden del texto; despierta a João todos los días a las seis de la mañana con la misma voz y frase que la madre utilizaba. Durante el día, los vecinos escuchan igualmente la voz de la madre:

> Muchos vecinos creen que el fantasma de la madre muerta está presente en el cuerpo del ave. Algunos consideran ya la lora como si fuera su madre. De la misma manera como la mujer que sufre de dolores terribles en una pierna inexistente, João parece contar ahora también con una madre fantasma.[22]

La voz parece ser, entonces, el espectro del cuerpo, de los pensamientos. Representa una materia ausente, tanto temporal como espacialmente a distancia.

En este contexto, cabe considerar dos performances/intervenciones organizadas por Mario Bellatin. La primera es el "Congreso de los Dobles" que tuvo lugar del 19 de septiembre al primer noviembre de 2003 en el Instituto de México en París. Se había anunciado la presencia de los escritores mexicanos Margo Glantz, Sergio Pitol, Salvador Elizondo y José Agustín; sin embargo, detrás de los escritorios se encontraban otras personas que las anunciadas. Durante varios meses, los "dobles" —Gabriel Martínez, Cecilia Vázquez, Marcela Sánchez Mota y Héctor Bourges Valles— habían ensayado con "sus" escritores diez textos distintos, respuestas a preguntas tales como "el arte y la modernidad", "la muerte de la obra", etcétera. El público tomaba asiento en una mesa, escogía una pregunta y escuchaba la respuesta, que se traducía simultáneamente por un intérprete que intentaba traducir los cuatro dobles al mismo tiempo. Durante la primera semana, Mario Bellatin, curador de la performance, grababa a los dobles, para poder proyectar las imágenes durante las próximas tres semanas para retirar, de esta manera, incluso la presencia física de los dobles. La reacción de los universitarios y lectores franceses fue negativa: estaban decepcionados de no haber *visto* el cuerpo presente de sus sujetos-objetos de interés. Esta reacción es sumamente interesante, ya que la cuestión implícitamente planteada es la relación entre cuerpo y obra de los escritores. ¿Qué es lo que importa? ¿Qué debe estar presente? ¿El cuerpo del escritor o al contrario sus textos e ideas, presentes en la abstracción de las palabras?

Esta misma idea de desdoblamiento sirvió a Mario Bellatin en el año 2016 en la ocasión del Festival Internacional de Lectura de Buenos Aires (FILBA), cuya temática había sido "cuerpos presentes". Se anunciaba una entrevista con Mario Bellatin en *primera persona*. Esta vez, era Mario Bellatin que había mandado a su doble —el escritor argentino Carlos Ríos—, que parecía leer las respuestas desde su *Smartphone*. El entrevistador formulaba, además, las preguntas no en primera persona del singular, sino en tercera, jugando así de entrada con el título de la intervención.[23]

¿Qué permanece entonces cuando el cuerpo está ausente? Estas intervenciones/performances de Mario Bellatin ofrecen elementos para contestar a esta pregunta. El cuerpo es solamente vehículo, caparazón del pensamiento —que flota, se queda, se transmite a través del tiempo, como un espectro; por el contrario, el cuerpo, en tanto dimensión terrestre, sufre. Durante las performances, Mario Bellatin va, además, más allá de este planteamiento e interroga igualmente los mecanismos del circuito literario. En la dupla presencia-ausencia, se instala entonces una descorporeidad que deja traspasar las preocupaciones de orden más filosófico y estético, y sugiere la infinitud de la lengua, como lo subraya también el alter-mario-bellatin[24] en *Disecado*: "¿Mi Yo? no estaba seguro de que haber creado *El Congreso de dobles de la escritura mexicana*, que organizó en cierta oportunidad en Francia, hubiera sido otra manera de llevar a la práctica la idea de infinitud que creía presente en toda palabra escrita".[25]

II Corpo-escritura

"Cada vez que Mishima deseaba llenar con palabras las superficies en las que iba escribiendo, aparecían descritas varias enfermedades. La mayoría eran de carácter mortal. Otras tenían algún tipo de curación".[26]

El cuerpo y la escritura se articulan de distintas maneras: la escritura puede tematizar el cuerpo, pero es igualmente el cuerpo que escribe y se inscribe en una construcción social. La crítica argentina Marina Rios subraya a partir de Jean-Luc Nancy que:

> [e]l cuerpo en tanto ocupa el extremo es abertura, escribir es el gesto para tocar sentido, por lo tanto, escribir es tocar el cuerpo en el pensamiento

de Nancy. Su abertura da lugar a acontecimientos: gozar, pensar, sufrir. En las ficciones del escritor mexicano, las marcas de estos cuerpo amputados, penetrados, disciplinados poseen el gesto de articular una escritura de los cuerpos. Razón por la cual estos se registran y repiten de una a otra ficción, en ese otro corpus que conforma la propia obra del escritor. Bellatin no sólo establece cierta poética de los cuerpos a partir de su propia falta [...] sino que además lleva al límite de la representación esta preeminencia de los cuerpos.[27]

La articulación del cuerpo en/con la obra de Mario Bellatin se hace de por lo menos tres formas: mediante la inscripción del cuerpo en la diégesis, en el proceso de escritura y a través de la escritura del corpus mediante varias materialidades. Es indispensable considerar el cuerpo-corpus transnacional que Mario Bellatin elabora, tanto como la dimensión tecnológica de la escritura, que transforma el cuerpo en máquina, o incluso prótesis de escritura. Finalmente, no hay que dejar de lado el cuerpo mismo de la obra, ya que repite, gracias a estrategias como la intermedialidad o la repetición y la reaparición de fragmentos, esta misma idea de cuerpo mutilado, completado por lo que se podría comprender como prótesis literarias del cuerpo del texto, como en nuestro caso la fotografía.

(Des)inscripción del cuerpo

Las investigadoras Marie Agnès Palaisi-Robert y Meri Torras postulan en la introducción a *El cuerpo en juego: cartografía conceptual y representaciones en las producciones culturales latinoamericanas* que leer la cuerpo-escritura permite comprender la construcción de naciones y que es, sobre todo en el contexto latinoamericano, importante comprender el cuerpo en tanto superficie de inscripción de la Historia:

> Toda la historia de América Latina, se puede entender desde la tekhnê del cuerpo-texto que es una invención de sí, una práctica de sí que obliga a deconstruir las fronteras entre el cuerpo individual y colectivo, e incluso a pensar el cuerpo propio como frontera desde la cual se ordena el mundo. En otros términos, en tanto como tensión entre el deseo colectivo e individual, entre diferentes construcciones culturales y étnicas, la lectura del cuerpo-texto de lxs individuxs latinoamericanxs permite descodificar la construcción de las naciones latinoamericanas.[28]

Esta observación es discutible en la medida en que uno de los aspectos de la *TransLiteratura* de Mario Bellatin reside en el hecho de que su propuesta es, por el contrario, una literatura *TransNacional*, es decir la deconstrucción de una literatura nacional. De padres peruanos, nacido en México, regresa a los cuatro años a Perú para recibir ahí su educación escolar y más tarde universitaria. Después de sus estudios de teología, se instala en Cuba para estudiar el séptimo arte y, tras una vuelta por Perú, regresa a México en 1995. A nivel literario, empezó a publicar en el Perú: en cambio, hoy en día publica en distintas editoriales, tanto transnacionales, como locales, lo que teje una red muy global de ediciones y reediciones. Además, sus manuscritos están conservados, bajo la responsabilidad de Graciela Goldchluk, por la Universidad Nacional de La Plata en Argentina. La crítica literaria lo recibió primero como escritor peruano, luego peruano-mexicano, y más recientemente ya casi exclusivamente como mexicano. Tanto la figura de autor de Mario Bellatin como la obra vinculada a ella se des-inscribe por lo tanto de un campo literario nacional.

Aquella observación es igualmente válida a nivel de las diégesis. Sus universos literarios oscilan entre un falso orientalismo[29] con títulos como *Bibliografía ilustrada de Mishima, Shiki Nagaoka, una nariz de ficción*[30] o *El jardín de la señora Murakami*,[31] un latinoamericanismo cosmopolita (Brasil, Argentina, Perú con palabras y leyendas quechuas, México, etc.), atravesados a su vez por personajes en tránsito constante (América Latina, Europa, Estados Unidos) y las grandes religiones: el catolicismo,[32] el islam,[33] el judaísmo[34] y el budismo/sintoísmo, como en *Bibliografía ilustrada de Mishima*. La inscripción del cuerpo/corpus se hace entonces en un universo transnacional; el cuerpo y el corpus se abren hacia el más allá de lo nacional, juegan con los códigos de lo local y de lo exótico. Se trata tanto de una apertura, como de una espacialidad del cuerpo —cuyos límites se confunden con la espacialidad del más allá, como en el caso de los dolores fantasma— subrayada por Nancy: "Les corps ne sont pas du 'plein', de l'espace rempli [...]: ils sont l'espace *ouvert*, c'est-à-dire en un sens l'espace proprement spacieux plutôt que spatial, ou ce qu'on peut encore nommer le lieu".[35] Mario Bellatin, en vez de inscribir el cuerpo en una historia nacional, en un lugar preciso, lo des-inscribe para abrirlo hacia un espacio vasto y abierto que permite la transición, la mezcla de influencias, de lugares, para celebrar cierto cosmopolitismo latinoamericano.

El cuerpo de la obra I: intertextualidades

La escritora mexicana Margo Glantz, cara amiga de Mario Bellatin, reflexiona en el texto "Agujas", publicado en *Saña* —libro dedicado a Bellatin—, sobre la relación entre escritura y cuerpo. A partir del ejemplo de Scheherezade, propone que no solamente son los cuerpos que son mutilados, sino también el texto: "La mutilación es uno de los procedimientos escriturales: cada texto ostenta una estructura que fragmenta, escinde, interrumpiendo la anécdota e intercalando otro discurso".[36] Una de las especificidades de la obra de Mario Bellatin es, justamente, que se construye sobre sí misma a través de la repetición de personajes y fragmentos. Un texto mutilado, si se quiere, para acoplarlo a otro.

En las obras analizadas aquí, podemos constatar el mismo gesto. En *Biografía ilustrada de Mishima*, el universo-Bellatin se autoalimenta, es decir que comunica con otras publicaciones posteriores o anteriores. Por ejemplo, el episodio sobre el consumo del medicamento *sildenafil citrate*, igualmente conocido bajo el nombre más común de Viagra, que Mishima ingiere no para aumentar su performance sexual sino para experimentar otros estados y sensaciones.[37] Mario Bellatin publicó el texto "Sildenafil citrate" en *Pasiones y obsesiones: secretos del oficio de escribir*[38] que es una versión aumentada de este episodio incluido en *Biografía ilustrada de Mishima*. Lo mismo vale para otro fragmento de la novela, que esta vez es una reescritura del texto "Todos saben que el arroz que cocinamos está muerto",[39] del cual se reciclan incluso tres fotografías.

Otra reaparición-conexión espectral se establece mediante reflexiones en la diégesis sobre uno de los libros más conocidos del autor, *Salón de belleza*, convertido en obra de teatro. Mishima asiste a la representación de la obra y mantiene, después, una relación con el actor:

> Antes de acabar, precisamente cuando el actor ya estaba listo para huir, el personaje inoculó en el cuerpo de Mishima el mal físico, la enfermedad, que curiosamente era el tema de la obra representada. De ese modo Mishima fue contaminado, por su proprio libro, de una dolencia incurable.[40]

La inscripción de obra-Bellatin *en* su propia obra se hace no solamente mediante la repetición de fragmentos, tales como los espectros que aparecen, introduciendo el aura de otro texto, sino también a través de un juego de apropiación de títulos de otros artistas o incluso al revés: la inscripción de títulos publicados por Bellatin en la obra de otros artistas. Así, se invitó a Mishima post-mortem a París, para presentar la obra *Kamikaze Taxi*[41] —obra escrita por Bellatin— en el marco del festival de teatro experimental de la Villette. Además, la bibliografía de Mishima que se muestra durante la conferencia está constituida por títulos publicados por Mario Bellatin: *Damas chinas, Salón de belleza, El jardín de la señora Murakami*. Estas distintas inscripciones, fragmentaciones, superposiciones crean una *TransAutoría*: el espectro del otro se encuentra también en el cuerpo textual. Mario Bellatin es, desde su concepción misma, un escritor *TransLiterario*: su búsqueda se inserta en una ampliación de los recursos literarios clásicos, jugando y burlándose de estos a través de invenciones de autores[42] y de títulos[43] que nunca existieron, riéndose de la academia al reciclar textos críticos sobre sí mismo, para producir un artículo sobre otro autor, retomando, en cierta medida, el gesto de Borges en Pierre Menard. Mario Bellatin escribe a propósito de su autoconcepción como escritor en el "Epílogo/Mario el mutante/de Jorge Volpi":

> Porque Mario Bellatin no es un escritor. O no lo es en la restringida y pobre medida que posee este término en nuestros días. Desde luego, Bellatin no es de esos profesionales de la pluma que pergeñan lo mismo un articulito literario que un comentario de política, un cuento de fantasmas que una crónica de sociales, una novela policiaca que una reflexión posmoderna. No es, tampoco, de esos que prefieren publicar a escribir o que buscan los premios antes de producir las obras. [...] En vez de ello, Mario Bellatin es un creador múltiple, polifacético, itinerante, dominado por una curiosidad sin límites y dispuesto no sólo a experimentar con sus textos y acciones sino consigo mismo, con tal de escapar de los límites impuestos por los géneros literarios, por la sociedad y sus convenciones. Mario Bellatin, el artista del aire, es muchos Mario Bellatin. Mario Bellatin multiplicado. Mario Bellatin iterado como si fuera una función matemática. Mario Bellatin clonado por sí mismo. Mario Bellatin desconstruido. Mario Bellatin ubicuo.[44]

Es entonces necesario pensar tanto al escritor Mario Bellatin como a la obra-Bellatin a partir del prisma de la pluralidad. En este contexto cabe recordar que el autor vincula también su propia obra con momentos de la historia literaria, u obras de otros autores. Da por ejemplo prueba de gestos que inscriben su obra en una línea de las vanguardias y neo-vanguardias a través de títulos como *Lecciones para una liebre muerta* —que hace referencia a la obra "Cómo explicar arte a una liebre muerta" ("Wie man dem toten Hasen die

Bilder erklärt", 1965) de Joseph Beuys— y *El gran vidrio: tres autobiografías*, a su vez un guiño al "Gran vidrio" de Marcel Duchamp.[45]

El cuerpo de la obra II: intermedialidades

Otra dimensión de la corporeidad de la obra de Bellatin es la intermedialidad. Los dos libros aquí analizados cuentan con importantes *dossiers* fotográficos: para *Bibliografía ilustrada de Mishima* se presentan 26 páginas de texto y 41 fotografías (edición de Alfaguara; en la edición de Entropía se encuentran 50 fotografías); para *Los fantasmas del masajista,* 14 páginas de texto y 22 fotografías. Cada fotografía se exhibe en el espacio de una página, como si fuese un cuadro. Cuenta siempre con un pie de foto, que hay que interpretar como guía de lectura. Efectivamente, son estas palabras, que reenvían al texto principal, que permiten anclar las fotografías en cierto contexto. Mario Bellatin llama a esta relación intermedial *texto-foto-amalgama* y explica que "[n]o puede aparecer el uno sin el otro, es decir la imagen sin el texto y viceversa".[46] Es entonces posible entender estas fotografías como prótesis del texto en el caso de un *dossier* fotográfico, ya que se trata de una ilustración posterior si pensamos en términos de la costumbre de lectura occidental: primero el texto verbal, luego una prolongación mediante las fotos y no, como en otras publicaciones, una "mutilación", para retomar a Margo Glantz, del texto por la fotografía. El cuerpo del libro está atravesado por el discurso mediático, por la otra medialidad, que puede tensionar el texto verbal afirmado al contradecirlo y, de manera más general, desplazar el discurso literario hacia una periferia que tensiona el campo literario más clásico. La literatura de Mario Bellatin, al incorporar otros discursos, como la fotografía, o el dibujo, trabaja con un *fuera de campo*: se trata de abrir, de ampliar los límites de la obra literaria. Además del hecho de confrontar al lector con otra medialidad que requiere una lectura distinta, la estética espectral apela a otra sensibilidad. Es en el entre-dos de estas dos medialidades que se desarrolla esta poética singular de la *TansLiteratura* de Mario Bellatin y la intermedialidad la potencia.

III Articulaciones: texto-foto-amalgama

El formato *texto-foto amalgama*[47] es un ciclo intermedial elaborado a través de textos e imágenes —publicado entre 2008 y 2009—.[48] *El libro uruguayo de los muertos* parece encerrar o aportar claves de lectura para este ciclo. Ahí el autor escribe:

[a]ctualmente estoy construyendo una serie de texto-imagen, como los llamo. Algunas ya salieron incluso publicadas. En la revista Letras libres de agosto se encuentra el primero. No puede aparecer el uno sin el otro, es decir la imagen sin el texto y viceversa. Bajo ciertas características además.[49]

En cuanto al *texto-foto-amalgama*, encontramos varias posibilidades de combinación: (1) las fotos pueden tener pie de foto o no; (2) las fotos se pueden encontrar apartadas en un *dossier* fotográfico; (3) las fotos pueden coexistir al lado del texto. Cada combinación conlleva otra dinámica para la relación intermedial. Las fotografías de las dos novelas aquí consideradas tienen pie de foto y por lo tanto una carga ilustrativa y asociativa más guiada por la palabra y están presentadas en un *dossier* fotográfico.

Punctum. Apuntar

En el ciclo *texto-foto-amalgama*, la narración se halla tanto en el texto verbal habitual al formato de novela, como en la interacción entre fotografía, subtítulo y texto. La confrontación de los dos medios hace surgir la narración en el umbral: el sentido es convocado gracias a los enlaces tejidos entre la historia, el subtítulo y la foto. Es decir: el mirar una foto en blanco y negro en la que se ven niños jugando en la playa o de manera borrosa a una persona joven no nos ayuda para entender la historia. Es más: si el lector no ha leído la historia y considera solamente la foto y el subtítulo —por ejemplo: "Niños alemanes", primera foto del *dossier* fotográfico de *Bibliogeafía ilustrada de Mishima*—, tampoco producirá mayor sentido, ni narración. El paso decisivo ocurrirá recién cuando el lector recomponga el sistema que se evidencia en los tres elementos a una igual jerarquía en una relación de intermedialidad: foto + pie de foto + texto.

Concretamente, este sistema funciona así. El íncipit in media res de la novela *Biografía ilustrada de Mishima* consta con dos enlaces hacia las dos primeras fotografías del *dossier*. Marcamos los elementos que constituyen los enlaces entre texto y pie de foto en negrita:

> Dan la impresión de encontrarse contentos. Algunos parecen haber llegado a cierto grado de éxtasis, que Mishima no está seguro de si habrá sido conseguido por alguna sustancia en particular. Intuye que para lograrlo se deben haber realizado una serie de ejercicios espirituales. Rutinas de la religión sintoísta principalmente. Hay personas de diferentes edades. Señoras ya mayores. Niños alemanes. Dos amigas de Mishima se encuentran

al borde de un mirador. Se observa desde allí un amplio panorama marino. Mishima está al lado de un muchacho. Minutos después los dos abandonan la terraza. Mientras caminan encuentran a un sujeto, ante el cual el muchacho se arrodilla. A Mishima le molesta verlo asumiendo semejante posición. Regresa solo. Ve entonces los zapatos de sus amigas que hace unos instantes se hallaban contemplando el mar. Han quedado abandonados al borde del abismo.[50]

Este íncipit es una buena muestra del estilo enigmático de Mario Bellatin. La primera frase de la novela introduce a un grupo de personas, sin más información. Incluso la poca información que se da al lector está puesta en tela de juicio: "dan la impresión", "algunos parecen", "no está seguro", "intuye", etcétera. La descripción de la playa —"un amplio panorama marino"— se hace de forma abrupta, entrecortada, como si se tratase de una sucesión de imágenes proyectadas (por un diaporama, como en la novela, o por una película): "Señoras ya mayores. Niños alemanes". En la fotografía relacionada se pueden apreciar a cuatro niños y niñas. Dos de ellos tienen el pelo negro; los otros dos lo tienen más claro. Tres de ellos, en bañador, están juntando algo en la orilla del mar, las dos niñas están sentadas; el niño que parece ser el más grande está de pie, vestido, y observa la escena. Nada en la fotografía indica la nacionalidad de los niños. Además, se podría preguntar por qué se retoma exactamente este elemento en el *dossier* fotográfico, al tratarse de una descripción que no tendrá ninguna importancia a continuación. La misma interrogante vale para la segunda fotografía, con el pie de foto "Sujeto frente al que el amigo de Mishima se arrodilló". A través del *dossier* fotográfico, se hace a menudo hincapié en detalles del texto más bien destinados al olvido. Des-jerarquiza, o re-jerarquiza algunos elementos de la narración. El aparato *texto-foto-amalgama* entero funciona por ello en cierta medida como un *punctum*, para retomar a Barthes, un aparato que (a)punta:

> Le second élément vient casser (ou scander) le studium. Cette fois, ce n'est pas moi qui vais le chercher [...], c'est lui qui part de la scène, comme une flèche, et vient me percer. Un mot existe en latin pour désigner cette blessure, cette piqûre, cette marque faite par un instrument pointu; ce mot m'irait d'autant mieux qu'il renvoie aussi à l'idée de ponctuation et que les photos dont je parle sont en effet comme ponctuées, parfois même mouchetées, de ces points sensibles; précisément, ces marques, ces blessures sont des points. [...] punctum, c'est aussi: piqûre, petit trou, petite tache,

petite coupure ¾ et aussi coup de dés. Le punctum d'une photo, c'est ce hasard qui, en elle, me point (mais aussi me meurtrit, me poigne).[51]

Las fotos-Bellatin se podrían incluso describir a nivel estético con las características enumeradas por Barthes —*mouchetées, petite tache, petite coupure*—. Asimismo, parecen sometidas a cierto *golpe de dado* si se toma en consideración la reducción de y el intercambio entre imágenes de la edición de Entropía (50 fotos) a la de Alfaguara (41 fotos), lo que conlleva por un lado una redistribución de sentido, y por otro una disminución de los pasajes textuales señalados (*pointés*). El posicionamiento del *dossier* fotográfico después del texto narrativo induce un orden de consideración vinculado a lectura occidental, de la izquierda a la derecha: primero leer, luego mirar. Las fotografías atraviesan entonces el texto desde atrás; señalan (*pointent*) ciertos elementos que a menudo son periféricos.

Texto-foto-amalgama: modos de funcionamiento

De manera general, la relación entre el texto fuente y el pie de foto no sigue siempre un mismo patrón. Se pueden encontrar seis modos de articulación en las dos novelas:

(1) El pie de foto puede repetir de manera textual la formulación del texto fuente, es decir, el texto verbal largo, antepuesto, que narra la historia, como es el caso de la foto "Niños alemanes".[52] En este caso se puede tratar tanto de una frase entera, como de un fragmento de frase o de una sola palabra. Se crea así un efecto de repetición, de volver a leer exactamente lo ya leído, que se conecta con la poética del "escribir sin escribir" de Mario Bellatin.

(2) En la foto número 2, "Sujeto frente al que el amigo de Mishima se arrodilló", hay ligeros cambios entre el texto fuente y el pie de foto. Estos cambios son mayoritariamente cambios gramaticales, o una síntesis del texto fuente. También en este caso, la proximidad con el texto anteriormente leído es muy grande, lo que provoca un desdoblamiento textual, aumentado por el desdoblamiento visual: se trata, literalmente de un leer doble en el caso (1) y (2).

(3) Más distancia se instaura con el tercer caso, en el cual tenemos ya solamente el referente, como por ejemplo en las fotografías "Escudo que sirve de símbolo a la institución donde se impartió una conferencia sobre Mishima" y "Ratón del que se vale Mishima para realizar una parábola de la existencia" de la *Biografía ilustrada de Mishima*, donde solo encontramos el referente del texto fuente en el pie de foto. Este caso es el que más ocurrencias presenta.

(4) Otra forma en la que el pie de foto puede actuar se presenta a través de la fotografía "Hermanas de la madre de Mishima, quienes de vez en cuando lo van a visitar", donde el pie de foto aporta más información.[53] Se trata del ejemplo de las hermanas de la madre que vienen, supuestamente, del más allá. El pie de foto añade la información siguiente: "quienes de vez en cuando lo van a visitar", información omitida en el texto fuente. Sin embargo, no se añade nunca una información fundamental en el pie de foto, sin la cual sería imposible entender el texto fuente.

(5) El quinto caso que podemos destacar en cuanto a la manera en que actúa el pie de foto es que este no tiene un referente textual, pero sí uno poético-temático, como por ejemplo la fotografía "Series de sombras expuestas a la vista".[54] Así, se aumenta el texto, puesto que en cierta medida el otro medio sigue escribiéndolo gracias a su propuesta.

(6) El sexto caso sería aquel en el que el pie de foto y la foto asociada a él contradicen el texto: por ejemplo, en la fotografía "Autobús en el que Mishima y sus compañeros de religión sintoísta acostumbran realizar sus travesías". El texto fuente habla de un autobús amarillo, sin embargo, en la foto se trata de un mural que muestra un auto rojo. Se introduce aquí una ironía, se sugiere que el referente tanto verbal como visual es inestable, que todo lo que se afirma se puede contradecir, y que nada es cierto salvo el vacío que experimentan los personajes de Mario Bellatin.

Leer-doble desde la intermedialidad

En cuanto al contenido de las fotos, predominan las que muestran a seres humanos. Son igualmente abundantes las que ofrecen todo tipo de objetos o lugares, mayoritariamente urbanos. En definitiva, se trata de fotos *ready-made*: Mario Bellatin las realizó en su vida diaria. En ellas se puede apreciar a personas que el autor conoce (por ejemplo, la fotografía "Mujeres de edad madura que acostumbran a acudir vestidas de muchachas a las fiestas populares" de *Los fantasmas del masajista* en la cual posa la profesora universitaria Florence Olivier), y se puede suponer que algunas fotografías son incluso fotos "robadas", es decir sacadas sin haber pedido permiso. Gracias a los pies de foto sabemos que, a menudo, las fotografías presentan a personajes secundarios que a veces solo se mencionan una vez en el texto fuente. En este caso, la foto le da cuerpo a lo periférico.

Dentro del universo bellatineano, se tiene que interpretar esta restitución del cuerpo en oposición a todos los cuerpos mutilados, enfermos, agonizantes, que están igualmente tematizados en lo visual. La primera foto de *Los fantasmas del masajista* muestra en el primer plano una pileta, y en el segundo un mural con la imagen de un hombre flotando, seguramente nadando.[55] El pie de foto reza "Clínica especializada en personas que han perdido o están por perder algún miembro". El agua del primer plano hace eco con los chorros subacuáticos que posee esta clínica especializada, como el lector aprende en el texto fuente. El cuerpo humano, fragmentado por el encuadre de la fotografía —la barra metálica corta la mano inferior; el encuadre mutila el brazo izquierdo—, introduce la temática del cuerpo dolido, enfermo, amputado.

Darles importancia visual a los personajes secundarios a través de la materia fotográfica es rellenar huecos, devolver corporalidades. A su vez, los pies de foto y las fotografías asociadas permiten ahorrar descripciones físicas de los personajes, o al contrario potenciar el juego de pérdida de referencialidad, como en el caso de la fotografía "Personaje creado por Morita: un padre que abandona la casa familiar"; una fotografía de un hombre que sería un personaje creado por Morita.[56] Dentro de la ficción se crea otra ficción para la cual se ofrece una imagen: dentro del mundo bellatineano, la fotografía no se concibe, definitivamente, como prueba de veracidad exradiegética sino como un juego fantasmagórico, tanto a nivel de la creación de un universo poético, como a nivel de la creación narrativa, ya que la foto es el esqueleto visible de la escritura. En cierta medida el texto se trasluce a través de la foto, y la foto a través del texto: "Creo que mi pretensión con las fotos es tener únicamente un registro que, de alguna manera, sirva como un esqueleto visible de la escritura".[57]

Cabe añadir que las fotos no se presentan necesariamente en el orden de la primera mención en el texto fuente y así intervienen en el orden de la recapitulación de la historia. Asimismo, hay imágenes que tienen varios referentes verbales y otros que apenas se mencionan una sola vez en el texto. Se construye así un universo paralelo, en el que los distintitos elementos de la narración no cobran el mismo peso, lo que obliga al lector a realizar una serie de ajustes permanentes.

El pie de foto permite entonces jugar e intervenir sobre el texto fuente. Es el ancla entre el texto fuente y la fotografía que crea una relación intermedial ardua, puesto que permite la instalación de una poética que obra en el intersticio de ambos medios. La función de este sistema es el leer-doble, el leer-otro a través del espejo visual deformador de la palabra. Bellatin insiste en varias ocasiones en la idea de construir un universo paralelo para leer doblemente, como lo afirma en una entrevista con Fermín Rodríguez: "Uno está esperando una forma determinada para un tema, pero si el tema está y la forma es totalmente inesperada, se crea esa cosa que hace que leas doblemente".[58] Esta construcción de un universo paralelo apela a la visualidad y provoca un juego con los simulacros. Un juego donde se emplea lo translúcido, las trampas, la reutilización y el cambio de significado.

A modo de conclusión

Las novelas *Biografía ilustrada de Mishima* y *Los fantasmas del masajista* ejemplifican cuán importante es la corporeidad en la obra *TransLiteraria* de Mario Bellatin. El autor no se contenta con llevar a cabo reflexiones sobre las distintas formas y males del cuerpo a nivel de la diégesis, en otras palabras, mediante una tematización a través de los cuerpos de los personajes; traslada esta preocupación a la corporeidad misma de la obra que se erige sobre juegos intertextuales e intermediales, atravesada por sus espectros y auras.

La obra de Mario Bellatin es una *TransLiteratura* en su más puro sentido: una obra en constante por-venir, nunca estática, que se escribe a través de la situación, varios medios, en colaboración con otros artistas. Los *TransPersonajes* del universo bellatineano tensionan, a menudo, las categorías heteronormativas y comúnmente entendidas como "normales" y "posibles". Ensayan otras corporalidades y existencias, tanto como la *TransMedialidad* a nivel físico de la obra que sitúa esta propuesta literaria en un *fuera de campo*. La *TransLiteratura* de Mario Bellatin es un lugar abierto, un espacio en constante búsqueda de nuevas posibilidades.

Notas

1. Marie Audran y Gianna Schmitter, "TransLiteraturas", *Revista Transas*, http://www.revistatransas.com/2017/05/26/transliteraturas/.
2. Graciela Speranza, *Fuera de Campo* (Barcelona: Anagrama, 2006).
3. Por ejemplo Mario Bellatin, *Shiki Nagaoka: una nariz de ficción* (Buenos Aires: Ed. Sudamericana, 2001).
4. Miriam Chiani, "Poéticas trans", en *Escrituras compuestas: Letras/ Ciencia/ Artes. Sobre Silvina Ocampo, Arturo Carrera, Juana Bignozzi y Marcelo Cohen* (Buenos Aires: Katatay, 2014), 7.

5. Claudia Kozak, ed., *Tecnopoéticas argentinas. Archivo blando de arte y tecnología* (Buenos Aires: Caja Negra, 2012); Antonio Jesús Gil González y Pedro Javier Pardo García, eds., *Adaptación 2.0 estudios comparados sobre intermedialidad*, Collection Universitas 40 (Binges: Éditions Orbis tertius, 2018).

6. Mario Bellatin, *Obra reunida* (Madrid: Alfaguara, 2013), 537.

7. Yukio Mishima se sometió a esta muerte ritual el 25 de noviembre de 1970.

8. Bellatin, *Obra reunida*, 515.

9. Meri Torras Francés, "La alteridad encarnada. Una experiencia de los límites corporales", en *El cuerpo en juego. Cartografía y representaciones en las producciones culturales latinoamericanas*, ed. Marie-Agnès Palaisi-Robert y Meri Torras Francés (París: Mare & Martin, 2014), 230.

10. Bellatin, *Obra reunida*, 587.

11. Bellatin, *Obra reunida*, 587.

12. Bellatin, *Obra reunida*, 588.

13. *Apud* Torras Francés, "La alteridad encarnada. Una experiencia de los límites corporales", 232.

14. Jean-Luc Nancy, *Corpus*, (Paris: Métailié, 2006), 8.

15. Bellatin, *Obra reunida*, 589.

16. "Lomografía" es actualmente una marca registrada de máquinas fotográficas (mayoritariamente analógicas y algunas instantáneas) y también el nombre con que se vincula al estilo y la técnica fotográfica que surge a partir de estas cámaras. La Lomografía se origina en los años ochenta con la icónica cámara de 35 mm LOMO LC-A, fabricada en la Unión Soviética a partir de un modelo japonés. En la actualidad, la marca fabrica cámaras compactas y sencillas, de plástico y con película, que imita modelos antiguos que se usaron en el bloque soviético —se dice que inicialmente se desarrollaron para la KGB—, antes de difundirse a partir de los años noventa gracias a dos estudiantes vieneses, Matthias Fiegl y Wolfgang Stranzinger. En la actualidad, las cámaras Lomo se volvieron muy populares por su aspecto "vintage" y por su propuesta analógica y simple.

17. *Cf.* Gianna Schmitter, "El formato texto-foto amalgama de Mario Bellatin, o la puesta en escena de umbrales", en *La imagen translúcida en los mundos hispánicos*, ed. Pascale Peyraga et al. (Villeurbanne: Orbis Tertius, 2016).

18. Bellatin, *Obra reunida*, 516-17.

19. Bellatin, *Obra reunida*, 541.

20. Jean Baudrillard, *Simulacres et simulation* (Paris: Galilée, 1981).

21. Bellatin, *Obra reunida*, 519.

22. Bellatin, *Obra reunida*, 600.

23. Juan Recchia Paez y Gianna Schmitter, "Estafas de la presencia: "Mario

Bellatin en primera persona en el FILBA", *Revista Transas*, (2016), http://www.revistatransas.com/2016/10/20/estafas-de-la-presencia-mario-bellatin-en-primera-persona-en-el-filba/.

24. La escritura del nombre del autor con minúsculas es un juego de desdoblamiento instaurado por él, que retomamos aquí.

25. Mario Bellatin, *Disecado*, (Madrid: Sexto Piso, 2011), 17.

26. Bellatin, *Obra reunida*, 524.

27. Marina Cecila Rios, "La escritura de Mario Bellatin: del texto al teatro y del teatro al texto", *La palabra*, n.º 32 (2018): 9-10. https://doi.org/10.19053/01218530.n32.2018.8168.

28. Marie-Agnès Palaisi-Robert y Meri Torras Francés, eds., *El cuerpo en juego: cartografía conceptual y representaciones en las producciones culturales latinoamericanas* (París: Mare & Martin, 2014), 15.

29. *Cf.* Victoria Mariani y Gianna Schmitter, "Mario Bellatin: el Oriente al servicio de un mundo literario extraño, ¿objeto del relato o recurso estilístico?", en *La tradición orientalista en América Latina*, ed. Nohma Ben Ayad (Valparaíso: Ediciones Altazor, 2015).

30. Bellatin, *Shiki Nagaoka*.

31. Mario Bellatin, *El jardín de la señora Murakami*, 2001.

32. *Cf.* Mario Bellatin, *Retrato de Mussolini con familia* (Mexico: Alfaguara, 2015).

33. *Cf.* Mario Bellatin, *El perro de fogwill* (Montevideo: Criatura Editora, 2015).

34. *Cf.* Mario Bellatin, *Jacobo el mutante*, (Buenos Aires: Interzona Ed., 2006); Mario Bellatin, *Jacobo reloaded* (Madrid: Sexto Piso, 2014).

35. Nancy, *Corpus*, 16.

36. Margo Glantz, *Saña* (Buenos Aires: Eterna Cadencia Editora, 2010), 261.

37. Bellatin, *Obra reunida*, 534-35.

38. Sandra Lorenzano, ed., *Pasiones y obsesiones: secretos del oficio de escribir* (México: Fondo de Cultura Económica/Universidad del Claustro de Sor Juan, 2012).

39. Mario Bellatin, "Todos saben que el arroz que cocinamos está muerto. Pequeña autobiografía ilustrada", *Letras Libres*, 2008.

40. Bellatin, *Obra reunida*, 539.

41. Se trata de una puesta en escena de Philippe Eustachon, con la interpretación del director y de Valère Haberman, presentada el 16 y 17 de diciembre de 2003.

42. Por ejemplo en Bellatin, *Shiki Nagaoka*.

43. Por ejemplo en Bellatin, *Jacobo el mutante*; *Jacobo reloaded*.

44. Mario Bellatin, "Epílogo/ Mario el Mutante/ de Jorge Volpi", en *Intermedialität in Hispanoamerika: Brüche und Zwischenräume*, ed. Uta Felten y Maurer Queipo (Tübingen: Stauffenburg Verl, 2007), 259.

45. *Cf.* Julio Premat, "Los tiempos insólitos de Mario Bellatin: notas sobre *El Gran Vidrio* y las radicalidades actuales", en *Un asombro renovado: Vanguardias contemporáneas en América Latina*, ed. Luis Hernán Castañeda y Matthew Bush (Madrid: Iberoamericana, 2017), 149-72.

46. Mario Bellatin, *El libro uruguayo de los muertos: pequeña muestra del vicio en el que caigo todos los días*, Narrativa sexto piso (Madrid: Sexto Piso, 2012), 11-12.

47. Bellatin, *El libro uruguayo de los muertos*, 124.

48. Es decir: Bellatin, *Las dos Fridas*; Bellatin, "Todos saben que el arroz que cocinamos está muerto. Pequeña autobiografía ilustrada"; Bellatin, *Los fantasmas del masajista*; Bellatin, *Biografía ilustrada de Mishima.*"

49. Bellatin, *El libro uruguayo de los muertos*, 11-12.

50. Bellatin, *Obra reunida*, 515.

51. Roland Barthes, *La Chambre claire: note sur la photographie* (Paris: Gallimard Seuil, 1981), 49.

52. Los otros ejemplos de la *Biografía ilustrada de Mishima* son las fotos "Sendagaya: Barrio de Tokio" (Entropía), "¿Por qué pedir como favor que alguien consiga algo que no se desea?" (Alfaguara), "Morita" (Alfaguara), "Peces atrapados en un acuario" (Entropía). Y de *Los fantasmas del masajista* la foto número 1, "Clínica especializada en personas que han perdido o están por perder algún miembro".

53. Los otros ejemplos de la *Biografía ilustrada de Mishima* son las fotos "Vasija en la que Mishima acostumbra inspirarse para escribir su inacabado libro sobre una mujer que cocina arroz", "Personaje creado por Morita: un padre que abandona la casa familiar", "Estación de la empresa de ferrocarriles propiedad del amigo del hermano de la madre de Mishima", "Furashu: 'vidente' en situación de retiro" (Entropía), "Rincón del adoratorio sintoísta situado al lado de la granja del tío de Mishima", "Mishima visto por sí mismo como un pez detenido". Y en *Los fantasmas del masajista* se trata de las fotos "Hombre que todavía guarda la ilusión de considerarse un ser completo", "Parque donde suelen reunirse los declamadores" y "Lugar perfecto para saltar al vacío".

54. Los otros ejemplos de la *Biografía ilustrada de Mishima* son las fotos "Aspecto de la institución donde se educa a niños con problemas respiratorios"; "Mameluco de mecánico que Mishima usó durante uno de sus viajes a París" (Entropía); "Manos de amarillentas pieles que suelen ofrecerse en las tiendas de ortopedia" (Entropía). Y en *Los fantasmas del masajista* la fotografía "Presidenta de la Sociedad de Declamadoras".

55. Otra foto del mismo lugar se halla en *Biografía ilustrada de Mishima*, "Aspecto de la institución donde se educa a niños con problemas respiratorios".

56. Masakatsu Morita (25.07.1945 – 25.11.1970) cometió *seppuku* junto a Yukio Mishima. Mishima se suicidó con unos tajos en el abdomen y Morita intentó decapi-

tarlo (*kaishaku*), como lo requiere el ritual. No obstante, sus varios intentos no dieron fruto. Otro individuo tuvo que ayudarlo. Morita cometió entonces igualmente *seppuku*. Se supone que ambos fueron amantes. Mario Bellatin recupera en *Biografía ilustrada de Mishima* igualmente el personaje de Morita.

57. Bellatin, *El libro uruguayo de los muertos*, 37.

58. Fermín Rodríguez y Mario Bellatin, "Mario Bellatin", *Hispamérica* 35, n.º 103 (2006), 68.

Bibliografía

Barthes, Roland. *La Chambre claire: note sur la photographie*. París: Gallimard Seuil, 1981.

Baudrillard, Jean. *Simulacres et simulation*. Paris: Galilée, 1981.

Bellatin, Mario. *Biografía ilustrada de Mishima*. Buenos Aires: Editorial Entropía, 2009.

———. *Disecado*. Narrativa Sexto Piso. Madrid: Sexto Piso, 2011.

———. *El Gran Vidrio: Tres autobiografías*. Barcelona: Anagrama, 2007.

———. *El jardín de la señora Murakami: Oto no- Murakami monogatari*. Barcelona: Tusquets, 2001.

———. *El libro uruguayo de los muertos: pequeña muestra del vicio en el que caigo todos los días*. Madrid: Sexto Piso, 2012.

———. *El perro de fogwill*. Montevideo: Criatura Editora, 2015.

———. "Epílogo/ Mario el Mutante/ de Jorge Volpi". En *Intermedialität in Hispanoamerika: Brüche und Zwischenräume*, editado por Uta Felten y Maurer Queipo. Tübingen: Stauffenburg Verl, 2007.

———. *Jacobo el mutante*. Buenos Aires: Interzona Ed., 2006.

———. *Jacobo reloaded*. Madrid: Sexto Piso, 2014.

———. "Kawabata: el abrazo del abismo", 12 de abril de 2008. https://www.lanacion.com.ar/1002472-kawabata-el-abrazo-del-abismo.

———. *Las dos Fridas*. Huellas de México. México: Consejo nacional para la cultura y las artes Lumen, 2008.

———. *Lecciones para una liebre muerta*. Barcelona: Anagrama, 2005.

———. *Libro-fantasma de El libro uruguayo de los muertos*. México: Sexto Piso, 2012.

———. *Los fantasmas del masajista*. Buenos Aires: Eterna Cadencia, 2009.

———. "Mantener el no-tiempo y el no-espacio". Entrevistado por Inés Sáens. https://www.mxfractal.org/RevistaFractal72MarioBellatin.html.

———. "Mario Bellatin: Me siento escritor cuando voy desescribiendo". Entrevistado por Alicia Ortega. https://www.uasb.edu.ec/web/spondylus/contenido?mario-bellatin-34me-siento-escritor-cuando-voy-desescribiendo-34&s=ENTREVISTA.

———. "Mario Bellatin: Mis últimos cinco libros los escribí en un iPhone; es mi mejor prótesis, pero la odio". Entrevistado por Juan Carlos Fangacio. https://redaccion.lamula.pe/2015/12/08/mario-bellatin-mis-ultimos-cinco-libros-los-escribi-en-un-iphone-es-mi-mejor-protesis-pero-la-odio/juancarlosfangacio/.

———. *Obra reunida*. Madrid: Alfaguara, 2013.

———. *Obra reunida 2*. México: Alfaguara, 2014.

———. *Retrato de Mussolini con familia*. México: Alfaguara, 2015.

———. *Shiki Nagaoka: una nariz de ficción*. Narrativas. Buenos Aires: Ed. Sudamericana, 2001.

———. "Todos saben que el arroz que cocinamos está muerto. Pequeña autobiografía ilustrada". *Letras Libres*, 2008.

Bellatin, Mario y Daniel Link. "Linkillo (cosas mías): La Nación no gana para sustos". *Linkillo (cosas mías)* (blog). http://linkillo.blogspot.fr/2008/04/la-nacin-no-gana-para-sustos.html.

Brown, J. Andrew. *Cyborgs in Latin America*. New York: Palgrave Macmillan, 2010.

———. "Tecnoescritura: literatura y tecnología en América Latina". *Revista Iberoamericana* 73, n.º 221 (2007): 735-41. https://doi.org/10.5195/reviberoamer.2007.5315.

Carricaburo, Norma. *Del fonógrafo a la red. Literatura y tecnología en la Argentina*. Buenos Aires: Circeto, 2008.

Chiani, Miriam. "Poéticas trans". En *Escrituras compuestas: Letras/ Ciencia/ Artes. Sobre Silvina Ocampo, Arturo Carrera, Juana Bignozzi y Marcelo Cohen*. Buenos Aires: Katatay, 2014.

Cortázar, Julio. *Historias de cronopios y de famas*. Literatura Alfaguara 115. Madrid: Alfaguara, 1984.

Cuartas, Juan Pablo. "Los 'sucesos de escritura': encuadre y delineado en Mario Bellatin". *Traslaciones: Revista Latinoamericana de Lectura y Escritura* 3, n.º 5 (2016): 123-37.

Felipe, Paula Mónaco. "Mario Bellatin, perruno y enfermo de varios males". *Cartón Piedra*. https://www.cartonpiedra.com.ec/noticias/edicion-n-275/1/mario-bellatin-perruno-y-enfermo-de-varios-males.

Gil González, Antonio Jesús, y Pedro Javier Pardo García, eds. *Adaptación 2.0: estudios comparados sobre intermedialidad in honorem José Antonio Pérez Bowie*. Binges: Éditions Orbis tertius, 2018.

Glantz, Margo. *Saña*. Buenos Aires: Eterna Cadencia Editora, 2010.

Goldsmith, Kenneth. *Escritura no-creativa. Gestionando el lenguaje en la era digi-*

tal. Buenos Aires: Caja Negra, 2015.

Kozak, Claudia. *Poéticas/políticas tecnológicas en Argentina (1910-2010)*. Entre Ríos: Fundación La Hendija, 2014.

———. ed. *Tecnopoéticas argentinas. Archivo blando de arte y tecnología*. Buenos Aires: Caja Negra, 2012.

Lorenzano, Sandra, ed. *Pasiones y obsesiones: secretos del oficio de escribir*. México: Fondo de Cultura Económica/ Universidad del Claustro de Sor Juan, 2012.

Mariani, Victoria, y Gianna Schmitter. "Mario Bellatin: el Oriente al servicio de un mundo literario extraño, ¿objeto del relato o recurso estilístico?" En *La tradición orientalista en América Latina*, editado por Nohma Ben Ayad. Valparaíso: Ediciones Altazor, 2015.

Montoya Juárez, Jesús. *Narrativas del simulacro: videocultura, tecnología y literatura en Argentina y Uruguay*. Murcia: Universidad de Murcia, 2013.

Montoya Juárez, Jesús, y Ángel Esteban, eds. *Imágenes de la tecnología y la globalización en las narrativas hispánicas*. Madrid: Iberoamericana Vervuert, 2013.

———. eds. *Miradas oblicuas en la narrativa latinoamericana contemporánea: límites de lo real, fronteras de lo fantástico*. Madrid: Iberoamericana, 2009.

Nancy, Jean-Luc. *Corpus*. Paris: Métailié, 2006.

Palaisi-Robert, Marie-Agnès, y Meri Torras Francés, eds. *El cuerpo en juego: cartografía conceptual y representaciones en las producciones culturales latinoamericanas*. París: Mare & Martin, 2014.

Premat, Julio. "Los tiempos insólitos de Mario Bellatin: notas sobre *El Gran Vidrio* y las radicalidades actuales". En *Un asombro renovado: Vanguardias contemporáneas en América Latina*, editado por Luis Hernán Castañeda y Matthew Bush, 149-72. Madrid: Iberoamericana, 2017.

Recchia Paez, Juan, y Gianna Schmitter. "Estafas de la presencia: Mario Bellatin en primera persona en el FILBA". *Revista Transas*, 2016. http://www.revistatransas.com/2016/10/20/estafas-de-la-presencia-mario-bellatin-en-primera-persona-en-el-filba/.

Rios, Marina Cecila. "La escritura de Mario Bellatin: del texto al teatro y del teatro al texto". *La palabra*, n.º 32 (2018). https://doi.org/10.19053/01218530.n32.2018.8168.

Ríos, Valeria de los. *Espectros de luz: tecnologías visuales en la literatura latinoamericana*. Santiago de Chile: Cuarto Propio, 2011.

Rodríguez, Fermín, y Mario Bellatin. "Mario Bellatin". *Hispamérica* 35, n.º 103 (2006): 63-69.

Schmitter, Gianna. "El formato texto-foto amalgama de Mario Bellatin, o la puesta en escena de umbrales". En *La imagen translúcida en los mundos hispánicos*, editado por Pascale Peyraga, Marion Gautreau, Carmen Peña Ardid, y Kepa

Sojo Gil. Villeurbanne: Orbis Tertius, 2016.

Schmitter, Gianna, y Marie Audran. "TransLiteraturas". *Revista Transas*. http://www.revistatransas.com/2017/05/26/transliteraturas/.

Speranza, Graciela. *Fuera de Campo*. Barcelona: Anagrama, 2006.

Torras Francés, Meri. "La alteridad encarnada. Una experiencia de los límites corporales". En *El cuerpo en juego. Cartografía y representaciones en las producciones culturales latinoamericanas*, editado por Marie-Agnès Palaisi-Robert y Meri Torras Francés. París: Mare & Martin, 2014.

Filosofías

Mario Bellatin y la filosofía del dinero

HÉCTOR JAIMES

La compasión, en nuestra época, ha sido inclusive prohibida por la ciencia.
Fyodor Dostoevsky, *Crimen y castigo*.

GENERALMENTE, EL DINERO ES visto como un medio a través del cual se pueden adquirir objetos, bienes o servicios, pero casi nunca como un medio de dominación y de opresión. El dinero se convierte —independientemente del modo de su procedencia— en un instrumento de compra o de transacción universal, pues todos lo reconocen como el valor supremo; además, es capaz de intercambiarse por cualquier objeto, he ahí también su universalidad. Sin embargo, al analizar el carácter fetichista de la mercancía en relación con su valor expresado en dinero ("forma-dinero"), Marx nos recuerda que la mercancía oculta y, por ende, el dinero como mercancía también, las cualidades sociales del trabajo y las relaciones sociales entre los productores. Pareciera establecerse entonces, a partir de este desfase, es decir, entre lo que vemos y no vemos en la mercancía, "no relaciones sociales inmediatas de las personas en sus trabajos, sino más bien relaciones sociales entre cosas"[1]. Pero, lo que está a la base del "fetichismo de la mercancía" es precisamente lo que el dinero oculta. Como dice David Harvey, "el dinero esconde la inmaterialidad del trabajo social (valor) detrás de su forma material. Es tan fácil confundir la representación con la realidad que busca representar, y en tanto que la representación falsifica (que en algún grado siempre lo hace) terminamos por creer y actuar sobre algo que es falso".[2] Entonces, si pudiéramos ver en el dinero y en las mercancías esas "relaciones sociales inmediatas" tal vez sería más fácil definir al dinero no solamente como un medio universal de intercambio, sino también como un medio universal de opresión; sobre todo, si pensamos que en nuestra sociedad contemporánea esas relaciones sociales han multiplicado los mecanismos de alienación y de explotación, tanto de la mente como del cuerpo. En consecuencia, si a finales del siglo XIX ya se preveía una deshumanización a partir de las formas de acumulación del capital y lo que éste creaba visible e invisiblemente, debe resultar evidente en pleno siglo XXI, que somos testigos de esa deshumanización, pero llevada a un nivel más radical, al menos que pasemos esto por alto y nos concentremos solamente en las formas universales de intercambio del dinero y no en sus relaciones sociales y de opresión ocultas.

En todas las literaturas del mundo podemos encontrar un aspecto social con relación a cómo la sociedad se ve reflejada en ellas y, por lo tanto, cómo se ven reflejadas también, directa o indirectamente, sus relaciones económicas. Pero si pensamos en un escritor como Mario Bellatin, creador de una literatura ("escritura") sin parangón, pues trasciende el aspecto meramente social y de reflejo de la literatura, este aspecto se nos presenta como una interrogante. Por un lado, porque en esa "escritura" abundan los cuadros distópicos, las situaciones espectaculares, y la atemporalización de los contextos a pesar muchas veces de hacer referencias a ellos, con lo que muy rápidamente podríamos concluir —a primera vista— que Bellatin suprime el aspecto social para privilegiar el aspecto estético, mental o inclusive experimental. Pero, al pensar en un concepto como el del dinero, que es esencialmente un instrumento social, me resulta imposible no pensar que, a partir de su escritura, Bellatin no esté haciendo también una crítica social a las relaciones económicas y de opresión que estas relaciones crean; sólo que lo hace de una manera innovadora y creativa. En el fondo, parece decirnos —desde el profundo humanismo que se desprende de su obra— que el dinero no es una forma social de desarrollo, sino su contrario. Asimismo, lo que supera o podría superar estas formas de opresión es la creatividad —por su sentido permanente y desinteresado— como forma de vida.

La crítica especializada ha logrado articular un considerable corpus hermenéutico sobre la obra disímil, dispar y a todas luces desconcertante, del escritor mexicano Mario Bellatin. Tomando en cuenta aspectos externos y generales de su escritura, así como de sus complejos y provocadores mecanismos internos, esta articulación ha incursionado en un territorio textual que de entrada se nos presenta como un desafío por su inusual y sorprendente estilo. Si por un lado descubrimos aspectos temáticos recurrentes, como el uso de animales, las variadas y espectaculares metáforas del cuerpo, que muta en contenido, pero también en forma (como la escritura misma), la permanente intertextualidad de sus libros como mecanismos de referencia, así como una "economía de palabras" que muy bien podríamos equiparar con pulsiones psíquico-mentales más que con procesos narrativos en sí, que sigue una lógica interna muy personal y específica, más allá de cualquier paradigma de lectura común; esta escritura parece conducir a ventanas que dan al vacío o al infinito, lo que hace que el lector retroceda lentamente en el texto para tratar de descubrir en qué momento perdió el hilo de Ariadna, si es que en algún momento lo tuvo, o el hilo simplemente de la lectura. Además, para añadirle desconcierto y complejidad a estas ventanas que dan al vacío, pero que también muchas veces dejan de abrirse, lo que provoca una sensación de asfixia en el lector, el autor (Bellatin) interviene y nos advierte: "tengo la sensación de que escribir sin escribir se trata de una de las formas, de las estratagemas que debe colocar cada autor frente a sus palabras, rodearlas de una serie de imposturas para, precisamente, sostener la propia palabra. Creo que uno de los enemigos más tenaces de la escritura, a parte de la escritura en sí misma, es el término literatura. Y más aún, aquel nombre tan extraño conocido como literatura latinoamericana".[3]

Con estas ideas Bellatin nos da dos pistas importantes relacionadas entre sí: "sostener la propia palabra" y la diferenciación entre "escritura" y "literatura". Sostener la palabra es también diferenciar el signo del significado para establecer, a partir de la escritura misma, una negociación entre ambos, pues si pensáramos que el autor privilegia a alguno, la lectura de sus textos muestra más bien que esta negociación se presenta constantemente; sin embargo, lo que ocurre es que se da de maneras distintas. Asimismo, una distinción entre la "escritura" y la "literatura" demuestra que el propósito del autor no es particularmente literario, sino escriturario (estético). Así, esta "escritura" se constituye en un acto pre-literario, el cual da la impresión de ocurrir en un universo *atemporal*; pero insistimos en que el propósito no es literario, aunque sus textos pueden adquirir, y muchas veces adquieren, una cualidad literaria. Hago énfasis en la palabra *acto*, pues la multiplicidad y multidisciplinariedad que encontramos en la obra de Bellatin, se acerca a lo que yo llamaría, "for lack of a better term", un *performance*; es decir, no solamente una escritura performativa, sino una performatividad del acto creativo en su conjunto. En este sentido, si para Bellatin escribir es un modo performativo de la creatividad, la consecuencia directa para el lector no puede ser sino la de concebir sus textos como experiencias estéticas en sí. Sin embargo, también le resulta imposible al lector no tratar de encontrar significados sociales, humanos, universales y hasta económicos en esta escritura pre-literaria, pero también post-literaria o tal vez, paralelamente literaria. Precisamente, la economía, y más particularmente el dinero, es un tema que poco se comenta con respecto a la obra de Bellatin o el que aparentemente menos tiene que ver con su obra; no obstante, este tema no está excluido de ella y más bien aparece para mostrarnos su aspecto extraño, opresivo y alienante; lo que sugiere también, que la escritura de Bellatin es una forma intrínseca y absoluta de liberación que vence —como acto estético-escriturario— sobre el dinero. La visión de Bellatin sobre el dinero aparece indirectamente en su novela más conocida, *Salón de belleza*, pero también en otros textos, y más directamente en *El hombre dinero*.

Salón de belleza trata de un estilista que pasa de administrar y trabajar en su salón de belleza, a 'regentar' un 'moridero', que es en lo que termina convirtiéndose su salón; literalmente hablando, un lugar donde van a morir personas después de haber contraído una enfermedad que, aunque nunca se menciona, se puede presumir que se trata del sida. Al mismo tiempo, a lo largo de la novela descubrimos que el administrador del 'salón', que en las noches se disfraza de mujer para buscar hombres, también ha contraído dicha enfermedad. No obstante, la novela va adquiriendo aspectos dramáticos, porque la afición que tiene el estilista por los peces, y su manera de tratarlos, alimentarlos y clasificarlos, se convierte en una analogía del trato, la alimentación y la clasificación de los mismos enfermos; igualmente, la novela sorprende no solamente en cómo Bellatin hace del salón de belleza una implícita alusión a una pecera, sino también en cómo conecta y relaciona conceptos tan disímiles como la belleza y la muerte. Asimismo, Bellatin demuestra que si los objetos de por sí tienen un valor de uso y un valor de cambio (económico); ante la muerte, sólo pueden tener un valor de uso, pues pasan de ser mercancías a ser cosas. Así podemos ver que, ante la inminente muerte de los enfermos, un salón de belleza pueda transformarse de un día para otro en un 'moridero'.

Por otro lado, si bien esta novela ha provisto a la crítica especializada de importantes elementos conceptuales para abordar una gran variedad de temas específicos y recurrentes en la obra de Bellatin, como el cuerpo, la enfermedad e inclusive la monstruosidad, se ha pasado por alto un tema que desde mi punto de vista es igualmente crucial: su visión sobre el dinero. En *Salón de Belleza* aparecen —aunque de maneras muy sutiles y hasta anodinas— distintas significaciones financieras, económicas, e inclusive las que implican el capital simbólico. En relación con este último, sabemos que toda belleza es relativa y obedece a un contexto, pero también que toda belleza posee intrínsecamente un capital simbólico. En el 'salón de belleza', el valor simbólico de la belleza se sostiene por las tensiones y valores estéticos que emergen en esa sociedad donde opera el 'salón' y de la que sabemos muy poco, pero, curiosamente, para adquirir ese valor simbólico a través de un 'salón de belleza' debemos montar un establecimiento comercial. Como leemos: "por la zona se estaban abriendo nuevas estéticas, por lo que era fundamental para competir el aspecto que se le diera al negocio".[4] La novela muestra la etapa de esplendor y decadencia del 'salón' como si se tratara de una crisis económica también. El 'salón de belleza' se establece con el dinero que el narrador gana de joven en un hotel sólo para hombres, donde había un 'gran salón de baile'. Según cuenta el narrador:

> Yo no tendría entonces más de dieciséis años y no puedo quejarme ni del trato ni de la cantidad de dinero que recibí. El dueño, que tenía unos veinte años más que yo, me trató con mucho respeto (...). Gracias a esa persona llevé con inteligencia mis finanzas. Por eso, antes de cumplir los veintidós años pude regresar con el capital necesario para invertirlo en la creación del salón de belleza.[5]

Aunque la mención del hotel implique alguna actividad sexual, al final de la novela el narrador nos dice que en ese momento "actuaba" y que luego "trabajaba", ideas muy amplias con las que Bellatin deja que el lector arme su propia interpretación. Si con la "actuación" se implica una actividad no necesariamente comercial o de explotación, pues en toda actuación hay cierto tipo de juego y diversión, en el trabajo propiamente dicho el fin último es inobjetablemente el dinero. En ambos casos, las transacciones que se implican son corporales, lo que aumenta de manera real o inclusive filosófica, el brutal grado de explotación. Se implica también una ganancia desigual y perjudicial, porque cuando se involucra al cuerpo directamente en esta transacción, a mayor ganancia, mayor perjuicio. De esta manera, aunque el autor haga una diferenciación entre la "actuación" y el "trabajo", es evidente que este trabajo es un trabajo alienado. Según leemos, "tampoco tengo fuerza ya para salir a buscar hombres en las noches (...) Sería una locura regresar de madrugada en un autobús de servicio nocturno vestidos con la ropa con las que se trabajaba de noche".[6] Si el trabajo alienado forma parte de esta inversión de valores que la novela sutilmente va develando, podemos decir que el ciclo del dinero forma también una forma de alienación, pues me resulta incongruente un "trabajo" nocturno, como trabajo secundario, si el 'salón' era ya exitoso; sin embargo, el autor alienta una explicación: "a medida que el negocio se estabilizaba, yo me sentía cada vez más vacío por dentro".[7]

En una época de crisis económica o de decadencia se evidencia también el valor de cambio que los objetos de belleza, como en este caso, pueden tener: "Con la venta de los objetos destinados a la belleza compré colchones de paja, catres de fierro y una cocina de keroseno".[8] Pero también, cómo el moridero hizo no solamente que los objetos pasaran de su valor de cambio a su valor de uso, sino que también su uso fuera radicalmente transformado: "Algunas de las peceras las utilizo para guardar los efectos personales que traen los parientes de quienes están hospedados en el salón. Para evitar confusiones coloco una cinta adhesiva con el nombre del enfermo, y allí guardo la ropa y las golosinas que de vez en cuando permito que les traigan".[9] También se menciona a un "muchacho" que tenía un amante, el cual, al abandonarlo por caer enfermo, terminó en el "moridero" del salón. Según leemos: "vendió el departamento que poseía y me entregó todo el dinero";[10] asimismo, "otro de los motivos de mi remordimiento fue el gasto que hice en aquella ocasión. Aunque no era mucho, se trataba de un dinero que me habían entregado para otra finalidad".[11] Finalmente, encontramos una de las grandes paradojas de la novela y es que, aunque el 'salón de belleza' haya sido económicamente exitoso y que en efecto haya dado 'belleza' a sus clientes, "...el negocio a nivel económico nunca fue más floreciente que cuando el salón de belleza se convirtió en un Moridero. Entre las donaciones, las herencias de los fallecidos y los aportes de los familiares logré reunir un buen capital".[12] De esta manera, pareciera descubrirse aquí una relación entre la acumulación del capital y la muerte, más allá que la simple relación entre la acumulación del capital y la plusvalía, y esto daría también una explicación acerca del "vacío" que siente el narrador dentro de la novela.

La idea del dinero aparece también en otras obras de Bellatin, lo que confirma que el tema reviste una importancia particular para el autor. En *Canon perpetuo*, por ejemplo, la protagonista de la historia quiere ir a una "Casa" para "oír la voz de su infancia",[13] pero esto no fue posible porque al final de la historia descubrimos que, "supuestamente la solicitante se había acogido a la modalidad del trueque, y la Casa se había dado cuenta, demasiado tarde, de que lo ofrecido a cambio era bastante pobre".[14] Sin embargo, el trueque vuelve a aparecer —pero esta vez positivamente— en *Carta sobre los ciegos para uso de los que ven*, donde un par de hermanos, ciegos y sordos, abandonados en la "Colonia de Alienados de Etchepare" forman parte de un curso de escritura, impartido por un escritor de calidad dudosa que, en sus andanzas en un país comunista, se presume que Cuba, visitaba a un señor mayor para "hacer cosas" y donde "iba a recibir a cambio una lámpara de bronce o un plato de porcelana". Pero, en esta obra cabe resaltar que, si el trueque sirve como forma de intercambio, es decir, hace posible una economía, mayor valor tendría la comunicación que logran tener estos hermanos a través de la palabra.[15] Asimismo, en *Perros héroes*, que narra la historia del "hombre inmóvil", "uno de los mejores entrenadores de pastor belga malinois del país",[16] leemos: "nunca se supo de qué manera el hombre inmóvil consiguió el dinero necesario para adquirir los primeros pastor belga malinois que mantenía en su casa",[17] y "al apreciar las condiciones en que vive la familia, muchos se preguntan de dónde se consigue el dinero necesario para pagar, no sólo los gastos de perros, sino el que ocasionan los seres humanos".[18] Y, en *Flores*,

> El escritor vive en el centro de la ciudad pero quiere mudarse. Además de la perturbación que le produce el ruido urbano, tiene inconvenientes para pagar la renta. No es suficiente el dinero que le otorga el ayuntamiento por hacer una investigación sobre las distintas maneras en que se ejerce el sexo en la ciudad. Cuenta con ahorros únicamente para los siguientes meses.[19]

Aunque el tema del dinero podría considerarse secundario en cada una de las obras que he citado, éste toma una posición central en su novela *El hombre dinero*, la cual ha sido comentada por la crítica y que, de hecho, no aparece incluida en ninguna de sus obras reunidas. En *El hombre dinero* aparece más explícitamente el concepto del dinero, y digo 'concepto' mas no 'tema', pues tanto el concepto como la realidad que nos presenta Bellatin no dejan de ser abstractos; es decir, el concepto de fondo es el dinero, pero los temas que aparecen son múltiples y directamente cercanos a nosotros. Además, resulta evidente que el autor presta más atención a las relaciones de opresión que el dinero oculta, más que al dinero mismo. Igualmente, al tratar de dilucidar este concepto y a la sociedad a la que hace referencia, veremos que del texto emana una clara crítica al dinero y a sus relaciones de opresión.

La novela está dividida en dos partes. La primera, que podemos llamar real, pues se opone a la segunda, que es abiertamente irreal, pues se trata de un sueño. Sin embargo, la cualidad textual muestra que la primera parte, a pesar de ser "real" es fragmentaria, mientras que la segunda, a pesar de ser onírica, es continua; es decir, en ella encontramos un continuum narrativo, toda ella es un gran párrafo. Es importante hacer esta aclaración pues podríamos equiparar la fragmentación del sujeto en la sociedad contemporánea con la fragmentación textual de esta primera parte; mientras que la continuidad de la segunda parte sería equivalente, precisamente, a una forma de liberación de este universo opresivo y fragmentario que se muestra como una forma total de alienación.

En la primera parte encontramos a un narrador que habla de sus padres inmigrantes ilegales, los cuales tienen que salir huyendo a su país de origen luego de que una agencia de publicidad les ofreciera dinero para que expusieran a su hijo, nacido con un extraño síndrome, en los carteles publicitarios de Times Square. También encontramos al Padre Felipe, quien fue concebido durante la violación de su propia madre; su amistad con un fotógrafo ciego, Paco Grande, quien es además traficante de drogas, así como de una implícita teoría de la escritura a través de fragmentos que describen o dan sentido a la misma palabra ("escritura"); también se nos revela que el libro nuevo que se escribe lleva el título de *El hombre dinero*. En la segunda parte, se narra de manera continua y desconcertante, los detalles espectaculares del "hombre dinero", el sueño recurrente del padre del narrador, el cual habla de la tarea del hombre dinero, la cual consistía en tratar de acumular todo el dinero del mundo e inclusive de desaparecerlo; también se revela que su madre fue una prestamista, es decir, usurera, y que fue asesinada por un banquero, quien pudo precisamente salir de su miseria tras haberla matado.

La fragmentación narrativa que encontramos en la primera parte refleja el universo fragmentario y alienante en el viven los personajes, y donde el dinero juega un papel esencial. Esta alienación no puede ser más evidente que en los carteles, pantallas, y avisos de publicidad de Times Square, un centro turístico que también puede interpretarse como el centro del sistema financiero mundial. Aquí el cuerpo se transforma, se deshumaniza, se distorsiona, se cosifica, y se comercializa; pierde valor como cuerpo humano y adquiere valor como cuerpo de feria: transformado en diversión y consumo carnavalesco. Al mismo tiempo, encontramos un "centro nocturno", *The Mother,* que prevalece a pesar de los cambios permanentes de la ciudad y donde, "en ciertas ocasiones, la diversión consiste en ver en escena a unos tipos apaleándose. Al final del espectáculo suelen llevar, sobre una bandeja, un corazón de vaca que de inmediato es masticado de manera furiosa por los contrincantes."[20]

Si los carteles del Times Square son símbolos "de la exacerbación de lo humano",[21] *The Mother* es la prueba concreta donde esta exacerbación ha traspasado sus límites, pues además en ese escenario, "dependiendo del día de la semana, acostumbra ponerse en escena la dinámica de la relación entre el amo y el esclavo, la del niño torturado en la infancia o la de la muchacha atacada en la soledad de un terraplén".[22] El primer caso se trata de la dialéctica del amo y el esclavo expuesta por Hegel en la *Fenomenología del espíritu*, y la cual da como resultado la 'autoconciencia' lo que en el texto pareciera significar: "el sello de la no memoria". En efecto, el texto de Bellatin opera también como una especie de autoconciencia que sólo se revela a partir de sus múltiples momentos, tanto reales como oníricos, para finalmente develar su secreto y leitmotiv: el acto escriturario no solamente como creatividad, sino precisamente como forma de superación de la opresión que el dinero efectúa ideológicamente. También, de alguna manera, superar y reivindicar al padre, el cual estaba "siempre obsesionado por la falta de dinero".[23] En este sentido, apunta George Simmel en otro contexto, "el dinero es la efectuación específica de lo que es común a los objetos económicos (...) y la miseria general de la vida humana está plenamente reflejada por este símbolo, esto es, por la constante falta de dinero bajo la cual la mayoría de la gente sufre".[24] En este sentido, la obsesión del padre por el dinero sería un ejemplo también de esa "miseria general de la vida humana".

La segunda parte de *El hombre dinero*, también puede interpretarse como el espejo distorsionado de la realidad de la primera ya que, aunque podamos encontrar analogías entre la primera parte y ésta, en realidad el sueño asume características casi autónomas e independientes, lo que tendría sentido en cuanto a que el mundo onírico, tanto en la realidad de todos nosotros como en la novela misma, sirve como un instrumento crítico del mundo real. En efecto, la crítica al mundo real se sostiene precisamente porque la intención última del "hombre dinero" es desaparecer todo el dinero del mundo al tratar de acumularlo en su totalidad; esta crítica implicaría que al desaparecer todo el dinero del mundo los seres humanos no sentirían la opresión y ansiedad que el dinero genera, pero al mismo tiempo, esto haría posible —en principio— que las relaciones entre los individuos estuvieran regidas por modos y mecanismos no financieros o por leyes más estrictas, como las de un casino, como sugiere la novela. Al mismo tiempo, la crítica que se genera a través del universo onírico que propone Bellatin intenta destacar la virtud de las cualidades creativas sobre las relaciones económicas, o, en fin, sobre las sociedades en su conjunto puesto que, en su mayoría, están regidas por el dinero y todos sus mecanismos financieros. El hombre dinero había llegado a acumular billetes con las figuras de Shakespeare, Cervantes, Dante Alighieri; pero también, de Wittgenstein, Spinoza y de religiosos, entre otros. Como leemos, "los de carácter místico —que también coleccionaba en honor a la memoria de su padre— pertenecían casi siempre a países musulmanes".[25] En realidad, el honor a su padre no solamente tiene relación con el dinero místico sino también con el dinero "literario", ya que el padre había sido un "escritor inédito cuyo único texto versaba acerca de una conversación entre chimpancés".[26] En la parte real, el padre tenía una obsesión por la necesidad del dinero; en la parte onírica, el padre había sido un escritor que nunca había publicado un libro y que, de alguna manera, había sido reivindicado por el hijo (el hombre dinero), quien quería destruir el dinero del mundo, pues se implica que la red económica de la sociedad no permite la expresión libre y creativa porque esta expresión es esencialmente improductiva, lo que contrariaría la regulación de la actividad human en su conjunto, la cual está regida por el dinero; es decir, su constante búsqueda y su uso. De hecho, también se reivindica el trabajo del escritor independientemente de su publicación; ser escritor es tener una actitud diaria ante la vida, así esa actividad y actitud no sean cuantificables en dinero, o parezcan prácticamente inútiles. Al mismo tiempo, el hombre dinero, que existe solamente como posibilidad onírica, también reivindica a su madre, pues ésta había sido asesinada por ser una prestamista; es decir, el dinero le causa la muerte, pero no por su inexistencia, sino precisamente por su existencia a través de la usura.

A través de esta crítica que Bellatin hace sobre dinero, podemos encontrar una vertiente interpretativa que sirve no solamente para entender este texto, sino también, la escritura misma de Bellatin, la cual se resiste a la catalogación precisamente porque es una literatura/escritura de resistencia. Así, las expresiones creativas se oponen a las transacciones económicas y de alguna manera las denuncian, porque en el caso de Bellatin estas expresiones, por ser esenciales, son también radicales. Esto es, una estética radical que gira sobre sí misma, que no es cuantificable y más bien se opone a la cuantificación. Es también lo que podríamos llamar una experiencia estética, y en este sentido casi mística o a veces propiamente mística, que usa el lenguaje como un medio, mas no como un fin. Por eso Bellatin insistirá tantas veces en la distinción entre literatura y escritura; de hecho, como he mencionado anteriormente, en la primera parte de *El hombre dinero* encontramos pequeños párrafos y a veces solamente frases, que están destinados a conformar parte de la razón teórica de la escritura de Bellatin. Por ejemplo, como leemos en esta novela:

1. Escritura: Me parece terrible que no haya una forma de expresar al monstruo, la escritura propia.[27]
2. Escritura: Desconozco el momento en que la ansiedad por escribir, cuyo fin era sólo ver selladas las letras sobre una superficie, pasó a formar parte de eso que algunos llaman la obra.[28]
3. Escritura: Algunas veces he pensado que no tener registro mental de la propia escritura puede ser la razón para seguir escribiendo: poner en práctica lo que denomino El Sello de la No Memoria.[29]
4. Escritura: Me parece absurdo tratar de dar una explicación coherente a una acción de esta naturaleza, la escritura.[30]

Como vemos, la "escritura" es simplemente un acto de creación y, en este sentido, se constituye en la actividad esencial de la experiencia estética; la literatura, la interpretación crítica o inclusive la publicación y circulación del libro (texto) en el mercado editorial, son facetas secundarias y superficiales en relación con la primacía del acto creativo. La eliminación del dinero traería, en principio, que la sociedad se rigiera bajo otras reglas, inclusive más estrictas, como "las reglas de un casino".[31] Esta crítica también cobra sentido cuando en nuestro universo financiero surge constantemente el debate sobre la necesidad de la regulación de los mercados financieros e inclusive, la necesidad de la creación de un tipo de dinero nuevo y de sistema monetario, como son las criptomonedas. Por eso, en esa diferenciación, entre el acto creativo y el mundo de las finanzas, el hombre dinero dirá: "Puede sonar contraproducente que, habiendo tenido la opción de marcar mi existencia en uno de los carteles gigantes que aparecen en la esquina de Broadway y la 42, haya terminado haciéndolo en el reverso de unos papeles olvidados en casa de mis abuelos, lugar donde encontré la máquina de escribir".[32] Es decir, una existencia marcada por actos creativos en sí, sin un fin más allá de la escritura misma. Finalmente, la escritura del acto se convierte en el acto de la escritura: libertad plena, superación del dinero y sus relaciones de opresión. La escritura se fija como un espacio de libertad, superior, al que las condiciones económicas crean socialmente. Este espacio de libertad, por ser un espacio de expresión creativa, no tiene parangón en la realidad; por eso encontramos con frecuencia en la obra de Bellatin situaciones o momentos difíciles de comprender si buscáramos su correlato en la realidad perceptible por todos; pero intelectualmente, en su sentido de intuición o de experiencia estética, es más fácilmente concebible.

Así sucede en *Carta sobre los ciegos para uso de los que ven*, un texto en el que dos hermanos discapacitados, ciegos y sordos, internados en la "Colonia de Alienados Etchepare". Aunque esta institución es psiquiátrica, parte de ella es utilizada para recluir a estos hermanos, quienes formarán parte de un taller de escritura, impartido por un escritor "mediocre", carente de un brazo, que los hace experimentar de diversas formas la experiencia de la escritura. Aunque estos hermanos (hombre y mujer) logran comunicarse a través de una computadora, ya que a la hermana se le hizo un implante coclear, y él puede leer lo que ella escribe a través de un aparato electrónico de Braille. Bellatin radicaliza aquí, como vemos, al escritor discapacitado junto al lector discapacitado; sin embargo, en esta radicalización de la falta de sentidos o de la manipulación de estos a través de aparatos electrónicos, el autor inserta el texto y la escritura. En este sentido, la escritura es multiforme y unívoca, los autores son múltiples (los de la Colonia de Alienados de Etchepare) pero el texto debe aparecer como si hubiera sido escrito por un mismo autor. *Carta sobre los ciegos para uso de los que ven*, además, es un texto de noventa páginas, sin interrupciones; es decir, sin párrafos, ni subtítulos, como si se tratara de un instante suspendido que contuviera todos los momentos de la narración en uno. Aunque este texto resulta incómodo (por ejemplo, el incesto entre los hermanos, la agresión de los perros contra los pacientes de la Colonia, el aislamiento, etc.) Bellatin lleva hasta las últimas consecuencias el acto de la escritura. Igualmente, aunque pareciera tener menos importancia, aparece el subtema del escritor y el dinero. Los hermanos tienen siempre duda de la procedencia de este escritor y de sus cualidades; se presume que tiene pocos recursos, por ejemplo: "me parece inverosímil que el maestro que tenemos delante contara con el dinero necesario para hacer una llamada de larga distancia"[33] y "no parece tratarse, te lo he dicho, de una persona con los recursos necesarios para vivir en un área cercana".[34] Sin embargo, la riqueza espiritual del escritor (maestro) queda demostrada por el éxito de la experiencia escrituraria de sus discípulos; experiencia que, además, podríamos llamar también iluminación, conocimiento, o punto cero; más particularmente, juego de suma cero: la discapacidad (pérdida) equivalente de los discípulos es proporcionalmente recuperada en el texto final, el texto que resulta ser *Carta sobre los ciegos para uso de los que ven*. Pero en otro texto, *Disecado*, Bellatin nos ayuda también a ser críticos de su obra, pues adelanta él mismo su propia interpretación, con relación a su necesidad de "escribir sin escribir":

De una urgencia por resaltar en sus textos los vacíos y las omisiones antes que las presencias habituales. Quizá por eso buscó, desde sus primeras obras, lograr una forma de redacción que de algún modo escapara a las estructuras narrativas en el sentido tradicional.

Para ¿*Mi yo?* escribir fue desde el comienzo un simple recurso para ejercer, de manera un tanto hueca, el mecanismo de la creación.

Tal vez por ese motivo copió sin cesar, desde que era niño, los textos que aparecían en los frascos de alimentos o de medicinas que se encontraran en su casa.[35]

En este sentido, la creación es un acto escriturario sin referencia concreta en la realidad y en él se privilegia el espacio imaginado (mental) en vez de la temporalidad histórica (referencial). La imaginación no tiene referente ni tiempo, por eso muchos de los textos de Bellatin nos resultan sorprendentes, pues nosotros, lectores, estamos acostumbrados a entender el espacio y el tiempo de maneras inseparables y nos resulta inverosímil dicha separación. Más aún: la estética radical de Bellatin, es radical de muchas maneras, pero sobre todo, porque propone imponerse —de manera rigurosa— sobre el regimiento de la actividad humana bajo patrones económicos; paradójicamente, si el dinero determina la riqueza, en la obra de Bellatin se implica que más bien determina la pobreza, pues la verdadera riqueza —la riqueza del espíritu y de la creación— no puede ser cuantificada sino vivida a través de la experiencia estética que ocurre tantas veces, y de múltiples maneras, en la obra de Mario Bellatin. Al final, si el dinero es un instrumento de opresión, la escritura de Bellatin, asumida también como filosofía de vida, se propone como forma de liberación.

Notas

1. Carlos Marx, *El Capital*, (Buenos Aires: Editorial Cartago, 1974), 87.
2. David Harvey, *Seventeen Contradictions and the End of Capitalism* (New York: Oxford University Press, 2014), 27.
3. Mario Bellatin, "Escribir sin escribir", https://www.youtube.com/watch?v=B8_2cbKsY1A.
4. Mario Bellatin, *Salón de belleza*, en *Obra reunida* (Madrid: Alfagura, 2013), 17.
5. Bellatin, *Salón de belleza*, 24-25.
6. Bellatin, *Salón de belleza*, 15.

7. Bellatin, *Salón de belleza*, 25.
8. Bellatin, *Salón de belleza*, 15.
9. Bellatin, *Salón de belleza*, 12.
10. Bellatin, *Salón de belleza*, 17.
11. Bellatin, *Salón de belleza*, 20.
12. Bellatin, *Salón de belleza*, 35.
13. Mario Bellatin, *Canon perpetuo*, en *Obra reunida*, 70.
14. Bellatin, *Canon perpetuo*, 94.
15. Mario Bellatin, *Carta sobre los ciegos para uso de los que ven* (México: Alfaguara, 2017), 42.
16. Mario Bellatin, *Perros héroes*, en *Obra reunida*, 293.
17. Bellatin, *Perros héroes*, 320.
18. Bellatin, *Perros héroes*, 321.
19. Mario Bellatin, *Flores*, en *Obra reunida*, 379.
20. Mario Bellatin, *El hombre dinero* (México: Sexto Piso, 2013), 16-17.
21. Bellatin, *El hombre dinero*, 10.
22. Bellatin, *El hombre dinero*, 18.
23. Bellatin, *El hombre dinero*, 46.
24. George Simmel, *The Philosophy of Money* (London: Routledge, 2004), 127.
25. Bellatin, *El hombre dinero*, 96.
26. Bellatin, *El hombre dinero*, 93-94.
27. Bellatin, *El hombre dinero*, 8.
28. Bellatin, *El hombre dinero*, 9.
29. Bellatin, *El hombre dinero*, 11.
30. Bellatin, *El hombre dinero*, 12.
31. Bellatin, *El hombre dinero*, 101.
32. Bellatin, *El hombre dinero*, 25-26.
33. Bellatin, *Carta sobre los ciegos...*, 58.
34. Bellatin, *Carta sobre los ciegos...*, 80.
35. Mario Bellatin, *Disecado*, en *Obra reunida 2* (México: Alfaguara, 2014), 212.

Bibliografía

Bellatin, Mario. *Carta sobre los ciegos para uso de los que ven*. México: Alfaguara, 2017.

———. *El hombre dinero*. México: Sexto Piso, 2013.

———. "Escribir sin escribir". (2017). https://www.youtube.com/watch?v=B8_2cbKsY1A.

———. *Obra reunida*. Madrid: Alfaguara, 2013.
———. *Obra reunida 2*. Madrid: Alfaguara, 2014.
Harvey, David. *Seventeen Contradictions and the End of Capitalism*. New York: Oxford University Press, 2014.
Marx, Carlos. *El Capital*. Tomo I. Trad. Floreal Mazia. Buenos Aires: Editorial Cartago, 1974.
Simmel, George. *The Philosophy of Money*. London: Routledge, 2004.

La pedagogía del dolor en la escritura fragmentaria de Mario Bellatin

CARLA VICTORIA ALBORNOZ

En aquellas páginas se puede ver cómo las profundidades del mar son de cierta manera el espacio propicio para albergar las tinieblas presentes en el alma humana.
Mario Bellatin, *La escuela del dolor humano de Sechuán*

Introducción

A partir de la década del 90, asoma en el escenario de la literatura latinoamericana una tendencia de búsqueda de corrientes alternativas que piensan la narrativa ficcional no como el mero relato de una historia, sino como la combinación de diferentes ámbitos de creación artística que une la escritura con las artes plásticas o conceptuales. Estas propuestas muestran interés en crear experiencias que permitan desacralizar el discurso de la modernidad, algo típico de los posmodernistas, impulsadas por la crisis de las utopías y la falta de fe en el progreso histórico. Comienza a pensarse la narrativa literaria como algo diferente, ya no más como mediador o reflejo de la realidad. Se busca un tipo de literatura que no represente de forma directa, pero que tampoco sea totalmente ficticia. Aparece así una forma literaria renovada que no solamente alegoriza y parodia las problemáticas de nuestras sociedades y de nuestro tiempo, sino que también pretende ficcionalizar la propia ficción. Se trata, entonces, de una literatura que se nutre de una necesidad de desprendimiento de la realidad histórica y que llama la atención por la construcción de "diferentes configuraciones de identidades, emergencias de nuevas subjetividades, de nuevas voces y, consecuentemente, de nuevas configuraciones narrativas".[1] Dentro de esta tendencia se encuentra el particular sistema de escritura que Mario Bellatin viene desarrollando a lo largo de su obra, que ya suma más de diecisiete novelas, y de la cual *La escuela del dolor humano de Sechuán* (2005) se vislumbra como un engranaje peculiar dentro de su universo literario.

El estilo de este escritor mexicano cautiva por su extrañeza y el inevitable desconcierto a la hora de clasificar su obra. Su sistema de escritura, tal como él lo denomina, está comprometido con una estética que reúne lo fragmentario con el interés de poner en evidencia algunos aspectos de lo humano por medio de un prisma diferente, sombrío, segmentado, simple en apariencias y distante que está muy próximo del nihilismo. A través de una escritura corpórea, delirante y minimalista, las emociones son esbozadas de forma casi imperceptible. Su escritura es porosa, compuesta de pequeños fragmentos en los que proliferan voces de personajes bizarros que se entrecruzan y que Reinaldo Laddaga describe en *Espectáculos de realidad* (2007) como "pequeñas entregas, episodios anuales y semi-anuales" en los que el lector es conducido a través de un flujo continuo de vivencias performáticas. Sus ficciones no cuentan historias simples. Frecuentemente ellas nos hablan de un humanismo que no se forja en las bellas palabras. Sus relatos se desarrollan alrededor de temáticas tales como la peste, la muerte y el dolor y son mediados por una *mise-en-scène* que conjuga lo real, lo ficticio y lo imaginario. Se trata, por lo general, de relatos en que lo fuera de lo común y la transformación del cuerpo que deviene en exceso de monstruosidad son la norma y no la excepción.

La narrativa de Bellatin indaga la vulnerabilidad de la condición humana recreando situaciones de desamparo en las que la identificación con el sufrimiento ajeno, por un lado, y la indiferencia como un sentimiento que nos distingue y nos aleja del Otro, juegan un delicado equilibrio. Sus historias traen subrepticiamente a la superficie planteamientos sobre la vulnerabilidad y subjetividad de la condición humana que se centran en la compresión de la relación dicotómica de la alteridad. En donde muchas veces se retrata un cuerpo sin emoción, cuestión que se recrea una y otra vez dentro de su obra, como en *Salón de Belleza* (1994) entre otras de sus novelas o *nouvelles*.

Indagar sobre estos planteamientos ha sido uno de los principales motores de las artes, así como también de disciplinas tales como la filosofía, psicología, sociología y antropología, entre otras. Todos estos elementos se entremezclan en la experiencia narrativa a la que nos invita Bellatin. Es dentro de esta perspectiva que nos proponemos analizar algunos aspectos de *La escuela del dolor humano de Sechuán*. Un texto paradigmático que se encuentra en la frontera entre lo novelístico y lo dramático, porque nació como un proyecto teatral, aunque puede ser leído como una *nouvelle*, en donde se trabaja la vulnerabilidad de lo humano a partir de dos ejes: la pedagogía y el dolor.

La escuela, como obra, crea una dinámica particular, un protocolo de lectura por medio de la creación de un teatrillo étnico, como dirá la voz de un narrador-autor enigmático en su introducción y que ha sido "bautizado de ese modo porque fue un grupo de antropólogos quienes casi por casualidad detectaron por primera vez esta particular forma de actuación".[2] Agrega aún este narrador que "se trata de cierto tipo de *performances*, constituidas por una seria de pequeñas piezas, a veces decenas, que en apariencia guardan una cierta autonomía".[3] Sin embargo, solamente cuando esta puesta en escena termina estos fragmentos se insertan en el conjunto dando una "sospechosa idea de totalidad" y es precisamente allí, en el final, según nos advierten, que puede producirse en el auditorio una experiencia catártica. Experiencia ésta a la que se debe estar atento, según nos comenta este narrador. Por otro lado, y tal vez por este motivo, se sugiere hacer presentaciones limitadas, a lo sumo una vez al año, para celebrar importantes sucesos de la comunidad. En suma, una serie de advertencias que provoca en el lector una sensación de cautela por no saber lo que vendrá al adentrarse en el texto.

Cada uno de los cincuenta y tres fragmentos que constituyen este teatrillo, teniendo en cuenta que la mayoría de ellos ocupa solamente una página, son narrados en primera persona. Son monólogos que, en su conjunto, conforman una polifonía de voces e historias de las que emergen el horror en el que está sumergida la comunidad de Sechuán, situada en una China utópica y como perdida en el tiempo. No hay diálogo entre el abanico de personajes extraños que se despliegan a lo largo de esta narrativa. Aparecen así las voces de un niño con un brazo ortopédico, la hija del padre enfermo o en estado catatónico por efectos de la tortura, la madre de la hija abusada quien envenena a su abusador, la mujer que ahoga niños en la fuente, el pedagogo, etc. Los diferentes fragmentos funcionan como un lente que nos permite observar el microcosmos en el que se encuentra la comunidad de Sechuán en donde son transmitidos ritos, leyendas y costumbres de sabor andino, creándose así un doble juego de desterritorialización.[4] Una cierta tradición traspasa toda la narración, "un pasado imperial, también provinciano" que carga imágenes y símbolos del inconsciente colectivo y que en, algunas oportunidades, son representados en tejidos a través de diseños que cuentan lo que pasó. Tejidos que, además, son comparados con la piel de los muertos a partir de la cual se puede sacar conclusiones sobre la vida que llevó el difunto. Por lo tanto, Sechuán vive, y muere todos los días un poco, bajo un régimen político autoritario instaurado por una república popular que persigue la destrucción de la individualidad de sus ciudadanos como una forma de sometimiento. Y que, al mismo tiempo, consuma la construcción de una tragedia en común.

Pedagogía y dolor son dos conceptos que nos traen resonancias de toda una tradición de cómo enseñar y de cómo aprender formas de comportarnos en el mundo, que nos remiten a la socialización de una manera de insertarnos en una determinada cultura y que se encuentra en la frontera entre civilización y barbarie. Por un lado, la pedagogía se encarga de diseminar una metodología de transmisión de conocimientos básicos como —por ejemplo— leer, escribir, realizar operaciones matemáticas, que también incluye el adoctrinamiento a partir de un sistema de conducta y de lo que en cada cultura y tiempo histórico se consideran "buenas maneras." Por otro lado, la idea de pedagogía puede ser asociada a la relación de base que la sustenta: el establecimiento de una relación jerárquica entre aquellos que detentan el poder, o sea, aquellos que quieren imponer un patrón de conducta o una forma de ver el mundo; y aquellos que deben someterse a este paradigma. La pedagogía muchas veces ha sido relacionada a la creencia de que es generalmente el dolor, sea físico o del alma, el que imparte las grandes lecciones en nuestras vidas. Dentro de esta línea de pensamiento, sería la experiencia traumática asociada al dolor una metodología coercitiva plausible de ser utilizada. Pensemos en épocas no muy lejanas en las que se utilizaba un sistema de penitencias escolares que consistía en dar golpes en las manos con una vara a los alumnos que hubieran incurrido en alguna falta, o técnicas aún peores a ésta, como una forma de enseñanza y que —de alguna manera— estaba legitimada por los propios padres, además de la escuela. Penitencia, castigo y dolor, como formas de control y orden de una sociedad reprimida y destinada a seguir sus rituales sin cuestionar el por qué: solo el primer niño de una familia puede vivir, los demás deben morir, no se puede votar aun cuando hay elecciones, los padrinos deben pagar el funeral de sus ahijados, se deben sacar los huesos de sus muertos y examinarlos una vez por año, algunos hombres obsesos se disfrazan de hombre pájaro de fuego pegándose plumas en el cuerpo, estos hombres-pájaro indican quien debe morir. Llama la atención la introducción de éstos últimos personajes, quienes forman parte de la escuela y tienen la tarea de acompañar los rituales de muerte. En China, existe un pájaro mitológico, FengHuang, constituido por partes de varios otros animales que simboliza una especie de fraternidad o confraternidad que huye del conflicto y trae felicidad, todo lo contrario a los obesos hombres pájaros que son retratados en *La escuela,* que en lugar de buenos augurios son presagio de muerte y dolor, y que inclusive son castigados al cometer un error.

La propuesta de análisis de este trabajo es examinar este continuo juego de fuerzas que muestran los dos lados posibles de la relación pedagogía-dolor-condición humana utilizado en *La escuela.* Una pedagogía que es diseminada por medio de la instalación de escuelas populares cuyos fundadores son impulsados por comprender lo que sucede en el instante del dolor y cómo se le puede sacar provecho en la vida cotidiana:

> Actualmente, en las regiones rurales del sur principalmente, se comienzan a detectar distintas muestras de una técnica que permite sacar aún más provecho del dolor humano.[5]

Este interés "científico" de cómo captar el instante del dolor, de observar sus manifestaciones, es utilizado por las autoridades de esta república popular para impartir una pedagogía del mismo, una dinámica de dominación de la conciencia. En definitiva, un método de opresión que busca implementar una cultura del oprimido que paraliza a esta comunidad en el tiempo, le impide avanzar. Se establece así un lugar de encuentro, pero también de desencuentro en la medida en que no se propicia ni el diálogo ni la propaganda política, sino la imposición. Una imposición que puede realizarse a través de la palabra, de gestos o, como en *La escuela,* por medio de marcas en el cuerpo. Estas escuelas se diseminan por el país, y al mismo tiempo hay grupos que le rinden culto a esta idea, reuniéndose a discutir "las posibilidades que es capaz de provocar el dolor humano",[6] noción que traspasa la historia de esta supuesta nación, marcada por guerras y hambrunas. Una vez que como lectores entramos en la historia comenzamos a preguntarnos: ¿Se conoce algo más que el dolor? o ¿qué vibración es la de esta manifestación que hace de la historia de este país un círculo vicioso?

Todos estos son trazos de una performance tortuosa, como por ejemplo la de los jugadores del equipo de voleibol a los que se les amputaron los dedos de las manos por querer votar. Bellatin, dentro de *La Escuela* retrata las imperfecciones, deformaciones y monstruosidades como una normalidad dentro de la cotidianeidad de una sociedad que tiene una historia colectiva confusa, que se nutre de leyendas, de crímenes y de personajes marginados. Estos son algunos de los ingredientes del universo de la narrativa bellatinesca, en los que sobresalen elementos tales como la fragmentariedad, el cuerpo, la teatralidad.

Las marcas del autor en la fragmentariedad

La escritura de Mario Bellatin parece estar más enfocada en el desarrollo de las formas que en su contenido. Al menos así le gusta presentar al propio autor el sistema narrativo por él elaborado. Frecuentemente, el lector tiene la sensación de estar frente a una práctica constante en la que se escribe la misma historia una y otra vez, como parte de una estrategia lúdica de creación que consiste en construir y destruir el relato en una secuencia de intentos. En esa experiencia se reúnen elementos del cine, como por ejemplo el montaje y el arte escénico, tal es el caso de *Poeta ciego* (1998) y *Salón de Belleza* (1994), textos que fueron ideados como *nouvelles* cortas y que terminaron siendo adaptadas para el teatro.

La escuela del dolor humano de Sechuán nace como un texto para ser representado a partir del encuentro de Bellatin con una pareja de directores de teatro que estaba buscando material para trabajar directamente con el autor para montar un espectáculo. Bellatin escribe entonces los primeros fragmentos de *La escuela*, se los presenta a los directores y a partir del intercambio de opiniones y de los ecos que el texto provoca se construye una suerte de hilo de la narrativa. Según cuenta el propio Bellatin, después de esas reuniones él organizaba su material no por el *feedback* que recibía de los directores, sino en función de las resonancias que la palabra iba teniendo en el momento mismo de ser creada. Como una búsqueda cautivante por captar los ecos de las frases, imágenes y situaciones en el momento mismo de su enunciación. Una vez terminado el proceso de organización de los fragmentos, los directores y Bellatin convocaron a un taller de teatro integral para trabajar el texto a través de la representación, dando lugar así al surgimiento de una verdadera performance narrativa entendida como una escritura de intervención y de libre experimentación que, de alguna manera, indagaba formas de resistencia a una tradición literaria, aunque sin rechazarla totalmente, a partir de la generación de nuevos caminos de creación artística. Surgió así un texto no lineal, atemporal y situado entre la presentación y la representación. Una constelación de fragmentos que, cada uno por separado, puede ser tomado como una obra en miniatura. Cuenta Bellatin que el trabajo de corrección se realizaba cotejando el texto con la representación en carne y hueso. La técnica que utilizaba para huir del espacio teatral tradicional consistía en que los actores aprendieran una versión del texto, Bellatin lo corregía en función de lo que iba escuchando, lo rehacía, y se los volvía a entregar para que el actor descartase el texto anterior, adoptando ahora un texto reconstruido. Durante el tiempo que demoró este ejercicio el texto fue tomando nueva forma y estructura a partir de cómo sonaba el lenguaje y la disposición temporal de cada fragmento.

Este sistema de escritura personal en el que Bellatin se ha aventurado nos hace resonar la perspectiva del gesto del autor elaborado por Giorgio Agamben. En su ensayo "El autor como gesto", el filósofo italiano nos alerta sobre las marcas y funciones que el autor deja en su texto. Una marca que se establece al hacerse presente la ausencia del autor, que en el caso de Bellatin es toda esta performance detrás de la propia performance que es la obra. La estela dejada por esta ausencia es interpretada por Agamben como un gesto que niega cualquier relevancia a la identidad del autor y que, simultáneamente, lo define con una necesidad compleja e irreductible. Por medio del gesto instaurado en su escritura, el autor establece una forma de existencia, de circulación y de funcionamiento, ejerciendo, así, una función transdiscursiva en la que escritor se constituye y se construye más allá de los límites de su obra. En el sistema de escritura de Bellatin se presenta un dispositivo que podemos interpretar como un mecanismo de energías y fuerzas en los que se elabora el gesto del autor y se genera la cosmogonía de la obra. Obra que, en el caso de *La Escuela*, podríamos sospechar que ha sido inventada por el personaje del Pedagogo, el creador del método.

Bellatin crea en su escritura sistemas que se chocan: lo insólito es enfrentado a la normalidad, la totalidad al fragmento, así como la tradición es expuesta a la intervención de la experiencia. Una tensión en la que siempre surge un ángulo de visión diferente, que podríamos caracterizar como una forma "inversa" a lo que se considera usual. Bellatin plasma la rareza, la enfermedad, el dolor y también una cierta decadencia de forma tal que consigue transformar estos estados extraordinarios en algo natural. Sus personajes y sus hábitos dan voz a esa anormalidad transformándola en lo cotidiano. Así, al cruzar la frontera, lo Otro, aquello que se manifiesta como desconocido o inhabitual, se convierte en la otra fase de la normalidad. Algo que, en potencia, ya estaba contenida en ella. Se crea en sus historias un universo al revés, una faceta invertida, que podríamos denominar como el otro lado del espejo.

En este laberinto de fragmentos con que se construyó *La Escuela* encontramos el registro de voces en primera persona que, a veces, parece ser la de la misma persona: un adulto con marcas en la piel, miembros estirados y uñas desgajadas, en otras ocasiones, esa misma voz se mezcla con la del pedagogo que regentea la escuela del dolor, e inclusive, con la de alguno de sus discípulos. Y, finalmente, esa voz se presenta como la palabra de un niño de salud frágil, al que le falta un brazo, y que soporta estoicamente el miembro ortopédico que funciona a través de un sistema de arneses, ideado y construido por un grupo de vecinas que, sin embargo, es totalmente inútil y que genera un rechazo extra por parte de la comunidad. En el relato, la ausencia del brazo es de por sí tratada como una monstruosidad. En el afán de transformar lo extraordinario en normalidad se le agrega al mecanismo ortopédico un garfio en el extremo, totalmente inservible para fines prácticos, que genera repulsión en sus compañeros de clase y al que hubo que colocarle un recubrimiento de espuma para evitar que los lastimara. Consecuentemente, el niño es marginado de la escuela, de los cumpleaños de sus colegas, vive carente de toda educación y observa a través de la ventana de su cuarto cómo se despliega el mundo de una comunidad sometida a un régimen de terror y dolor. Dolor y marginalización se replican en su propio hogar, por medio de una pedagogía brutal, cuando su padre lo golpea por no aprender a hacer correctamente las sumas. Un hogar que se inserta en este sistema de lo anormal con una madre enferma, embarazada y que da a luz a un niño muerto, y un padre también enfermo de una dolencia monstruosa que lleva a que en un momento dado sus intestinos exploten, esparciendo sus excrementos por la sala y que luego las vecinas, una vez más contentas de ser útiles a la familia, ayudan a limpiar.

A lo largo de *La escuela*, los diferentes personajes aparecen y desaparecen en escenas que se suceden sin sentido de unidad aparente. A veces los capítulos son construidos a partir de preguntas y rúbricas que no tienen respuesta en ese fragmento de información que se nos presenta como, por ejemplo: "¿se podrá captar el instante del dolor? Lo ignoramos, pero sí parece ser posible intentar conocer algo de sus manifestaciones".[7] En otras ocasiones la pregunta no tiene respuesta y tampoco ninguna correspondencia con el texto, así como sucede en el fragmento que comienza diciendo:

> ¿Por qué razón deben colocar un brazo ortopédico, con un complicado juego de correas, fierro y cuero, a un niño de tres años?

Inmediatamente puede leerse una rúbrica desorientadora:

> Muchas preguntas hasta el día de hoy no hallan respuesta. Por esa razón esta escena debe ser interpretada tratando de que no se logre en ningún momento un sentido de unidad.[8]

Todos los fragmentos circulan alrededor de la idea del dolor y del cuerpo en tanto experiencia cotidiana. En cada uno de ellos parece producirse una especie de pliegue que nos transporta de la norma a lo insólito. Se trata de un pliegue que se antecede al inicio de cada uno de los relatos y que parece preceder a la misma obra. Este movimiento ausente deposita en el lector la sensación de que el instante en que se produjo ese doblez, que podemos describir como el momento de pasaje al otro lado del espejo, sucedió antes que el lector entrara en contacto con el texto. El lector no es testigo de ese evento, solamente observa lo que vino después. El lector no experimenta el instante del dolor, tiene acceso solamente a algunas de sus manifestaciones. Sin embargo, intuimos ese momento porque presentimos la rugosidad de esas historias extrañas que nos dejan incómodos por ser ellas contadas por personajes no menos peculiares. Sin embargo, el narrador-autor nos advierte desde el principio que la unidad se da al final y que esa experiencia es catártica, por lo tanto, el lector recorre los fragmentos buscando el hilo de Ariadne que dé sentido, de forma lineal o en entre líneas, a aquello en lo que se ha sumergido. En el instante en que se hace consciente la búsqueda de unidad por parte del lector queda claro que la complicidad ha sido establecida y el juego del protocolo de lectura comenzó.

La escuela está construida como si de fractales[9] se tratara, formas fraccionadas e irregulares que se caracterizan por el hecho de que sus patrones son encontrados repetidamente en escalas descendentes. De manera tal que sus partes en cualquier escala son similares a la forma del todo. En los fractales, en la parte, ya está inscripto el todo y, por lo tanto, la parte no es solamente un todo en sí mismo, sino que también es una réplica de ese todo. En ese sentido, nos preguntamos si podríamos interpretar cada episodio de *La escuela* como una parte que contiene en sí, desde su creación, la historia colectiva de esta comunidad. Cada personaje y cada relato realizado por ellos, o a sus expensas, conforma una historia que funciona como un componente y, al mismo tiempo, una totalidad de la tragedia social. Cada personaje experimenta el dolor al ser infligido, al que nadie está exento, inclusive el propio Pedagogo vivencia el horror, quien creó la Escuela del dolor humano e implementó el "método" de la experiencia del dolor. Así como también lo hace la mujer que estaba encargada de matar a los primogénitos de tres años en la fuente de la plaza central y que se encuentra encerrada en algún lugar, o el niño rechazado por la comunidad debido a su monstruosidad y que, probablemente, sea un flashback de la voz del propio pedagogo de la escuela del dolor narrando desde su infancia o, tal vez, un discípulo de él en el futuro. Los tiempos y no-tiempos se entrelazan en este laberinto, como si se tratara de retazos de un manta o tejido que va contando la historia por medio de los diseños tejidos en él. Cada uno de estos personajes es en potencia víctima o verdugo del régimen de la república popular.

Además de lo fragmentario, observamos en *La escuela*, así como en otros textos de Bellatin, la necesidad de formular una iteración. Una repetición que nos remite a la estructura paratáctica para describir los textos conformados por pequeños bloques narrativos. Una tendencia a la fragmentación de la totalidad de sentido que, como comenta Lauro Zavala, busca que "cada fragmento consiga mantener una autonomía formal y semántica que permite interpretarlo en combinación con otros fragmentos, independientemente de su lugar o de su secuencia".[10] Estas obras paratácticas, o escritas en forma de fragmentos como *La escuela*, permiten que sean leídas de forma autónoma o también en cualquier orden de secuencia. Así, el relato de la hija que lava los pies de su padre, que en un principio parece estar enfermo, se transforma en otra entrada en la misma hija que cuenta como el padre se activa de repente y comienza a moverse como si fuera un libro, hasta que el ambiente se cubre de excrementos y sabemos, por una entrada anterior ("llegada de los médicos") que ha habido una intervención sobre este padre con los pies desnudos, los médicos "con un embudo clínico comenzaron a verter un líquido viscoso directamente a la garganta. La botella, puesta boca abajo, se fue vaciando lentamente".[11] ¿Qué tipo de tratamiento médico es este que se asemeja tanto a un método de tortura? Y, ¿quién es esta hija que lava los pies? ¿Acaso es una hija viendo a su padre morir de alguna enfermedad o bajo los efectos de la tortura? ¿Se trata de una persona física o simplemente de un espectro que asiste al instante del dolor, su manifestación y de la muerte? Son todas preguntas que el lector, espectador de este teatrillo se pregunta, páginas tras páginas, al sumarse las historias. Historias que parecen comenzar a cobrar algún tipo de sentido, dando "inicio" a esa catarsis que solamente llegará al final de la obra.

Retomemos los comentarios de Agamben sobre la muerte del autor realizados por Foucault para intentar comprender que, en el gesto de la escritura, o sea, en la elección de su forma o de la configuración de un sistema como lo hace Bellatin, se encuentra en ausencia, el escritor. En ese gesto se coloca en juego la vida y la creación del autor. Algo que Bellatin hace reiteradamente en sus novelas, al elegir construir una tradición de convertir sus textos en distintas versiones de lo mismo. Relatos que no hacen más que repetir una y otra vez mitos y rituales que se encuentran en el inconsciente colectivo y que nos habla de una cierta influencia literaria. El teatrillo étnico que da vida a la narración de *La escuela* parece una excusa, una forma simbólica. Lo que interesa es la vida de cada uno los personajes (el niño sin brazo, el padre enfermo, la pintora extranjera que retrata lo que sucede, los hombres-pájaro, la asesina de niños de tres años, el pedagogo, etc.) como representación performática. Una especie de circo de *freaks* envueltos en un círculo vicioso de dolor, cuyas vidas son signadas por una pedagogía implacable con el objetivo de imponer una determinada conciencia que se transmite a través de técnicas de dolor implementadas por una escuela. Un método que tiene pasos y que estudia las manifestaciones en el cuerpo humano. Tal vez un experimento social trasladado a la microcosmología representada por la comunidad de Sechuán, para conocer mejor algunos aspectos de la naturaleza de la condición humana durante la experiencia del dolor.

Nos dice Hannah Arendt en *La Condicion Humana*, que la misma está comprendida por algo más que las condiciones en la que la vida ha sido dada al hombre. Somos seres condicionados y todo aquello con lo que entramos en contacto, forma parte de nuestra existencia. Estas influencias son las que nos transforman y transforman todo alrededor. Sin embargo, la experiencia no determina el comportamiento y sí lo hace su repetición. Es en esa repetición que se transforma el cuerpo, es por eso que se precisa de un método, que es lo que se vislumbra existe en *La Escuela*, o en el caso de la obra de Bellatin, de un sistema de escritura.

La exposición del cuerpo y su monstruosidad

Los cuerpos extraordinarios y próximos a la monstruosidad, con funciones distorsionadas de sus miembros y órganos abundan en Sechuán: los hombres-pájaro en cuerpos de obesos que pegaron plumas sobre su piel, cubriéndola por entero, y que tienen la misión de señalar a los niños que deberán ser ahogados por los discípulos de la Escuela en la fuente de la plaza mayor; o la figura del padre del niño sin brazo que atraviesa varios fragmentos, quien sufre una enfermedad innombrable y sus pies ganan una relevancia especial. Éste último, después de estar postrado en la cama por un mes con los zapatos puestos, sin comer ni defecar, sus pies y su dedo gordo quedan deformados, cuenta el hijo que en otros fragmentos se confunde con la voz de una mujer, "se había convertido en una especie de garra de mono".[12] Por otro lado, encontramos las uñas y los testículos monstruosos de un niño al punto de tornarse en un fetiche de una sórdida estética. En uno de los fragmentos cuyo título es "Uñas y testículos ajustados" aparece la rúbrica "*En los baños públicos una madre enseña con orgullo a las demás usuarias los testículos de su hijo*",[13] una acción que es anunciada aquí pero que solamente será descrita en episodios posteriores. La voz del hijo en cuestión se confunde con la del niño del brazo ortopédico sostenido por un sistema de arneses. Presumimos que se trata del mismo personaje porque ambos comentan en diferentes momentos no haber tenido la posibilidad de recibir educación escolar como consecuencia de su deformidad. Una anomalía que se transforma en motivo de orgullo de la madre al exhibirlo como un objeto a ser apreciado por su rareza, pero de la que también presume el propio hijo, quien comenta:

> Más de uno puede creer que las marcas en mi piel o mis uñas un tanto calcinadas son otro de los recursos utilizados en estas tierras para alargar hasta extremos innombrables las sensaciones de placer (...). Pero miren bien estas uñas. Obsérvenlas con detenimiento. Ningún manicurista se atrevería a desgajarlas del modo como las tengo desgajadas, nadie a triturar las medias lunas que tanto brillo adquieren cuando mi cuerpo se encuentra bien alimentado. Por más que ruegue que me las chamusquen completamente, las machaquen, las arranquen de cuajo de mis dedos. Ni siquiera me harían caso si implorase que necesito tener las uñas de ese modo para superar a las mujeres que sin duda gozan hasta lo indecible los apareamientos clandestinos.[14]

Un erotismo sombrío parece relacionar estas uñas deformadas con aquellas mujeres que se prostituyen, cuerpos que son traídos a la escena como voluptuosos y transgresores por haber sido también maltratados. Algo similar ocurre con los testículos sobredimensionados de este mismo personaje, a quien se le produce una erección dolorosa, "una extraña rozadura que le produce la tela cuando le aprisiona los testículos", el mero hecho de recordar aquel episodio en el que su madre mostraba sus miembros a las mujeres de la comunidad que frecuentaban los baños públicos. Las vecinas experimentaban admiración y también una sensación un tanto erótica de horror al ver estas uñas y testículos descritos como "palpables, sebosos, cargados de una pátina de grasa".[15] Testículos que ahora, pasados ya algunos años, "ahora grandes y pesados como los de un viejo camello",[16] por lo cual presumimos que el personaje de adulto continua siendo marginado socialmente. En este personaje, que se compone de la mezcla de registros de voces, se presume la presencia del pedagogo de la escuela, y sin mencionar emoción alguna, comienza a comprenderse, tal vez, por qué se transforma una persona en un ser horripilante, de cuerpo y alma, capaz de experimentar con el dolor en el cuerpo del otro.

Como ocurre en la mayoría de los personajes de Bellatin, los protagonistas de *La escuela* perciben el cuerpo, la piel, sus miembros y órganos defectuosos como objeto de culto. Son una aglomeración de figuras fuera de lo común que exponen su vulnerabilidad en lo concreto, palpable y visible como manifestación de un cierto humanismo. Un humanismo que está implícito, aunque nunca es descrito o se profundiza sobre él. En todo momento aparece la necesidad de transformarse, exhibirse y sobresalir como monstruos para así comprobar que son humanos. Si combinamos la monstruosidad (entendida como deformación o desmembramiento del cuerpo) con la fragmentación con la que de por sí el texto fue estructurado, y a esto le sumamos el desbaste del propio lenguaje que Bellatin realiza a partir de una sintaxis deformada y minimalista, surge el gesto de la escritura como una apuesta del autor por una estética de lo despedazado que se repite de forma insistente no solamente en *La escuela*, sino también a lo largo de toda su obra. La misma pregunta parece perforar una y otra vez el texto: ¿qué es lo que se busca exponer a través de esta monstruosidad corpórea?, ¿a qué se debe esa urgencia de exhibición?

Tal vez encontremos alguna respuesta a este interrogante en la fenomenología de la monstruosidad. Para algunos, como José Gil, esta fenomenología estaría revelándonos a través de la fascinación que provoca la visión de un monstruo, "una sobreabundancia de realidad" ofrecida por la mirada que se posa sobre estos seres extraordinarios. Pues queda claro que aquello que denominamos monstruo se caracteriza por el exceso de presencia que de él emana. Para otros, como Lucio Agra, lo monstruoso estaría representado por la profanación de lo sagrado, algo que aproximaría al hombre de sus instintos más primitivos y distanciados de cualquier tipo de espiritualidad. Lo monstruoso estaría entonces en el límite de lo humano y, por lo tanto, de la cultura.

Por un lado, el exceso puede ser entendido como un cuerpo redundante, tal es el caso de los testículos sobredimensionados y que también se manifiesta en la falta de miembros y órganos, como en el niño con brazo ortopédico. Ese desmantelamiento del cuerpo como un todo provoca que miembros y órganos cobren protagonismo. Se los ilumina de tal forma que se crea la sensación de ser vistos desde una lente de aumento. Este exceso de realidad suscita la certeza de una existencia. De esta manera, la monstruosidad surge como una prueba irrefutable de la existencia del monstruo como un ente o individuo. Así, tal como lo propone Gil, el monstruo "muestra una irrealidad verdadera".[17] Es un cuerpo descompuesto que nos angustia al mirarlo, pero que se coloca como algo que no es para ser visto, sino apenas pensado. Pues no es la imagen del monstruo en sí lo que nos provoca espanto. Es su vulnerabilidad sobreexpuesta lo que nos asusta, tal vez, por encontrar en ella el reflejo de la exposición de nuestros propios defectos. Por el otro lado, la monstruosidad de esta cultura de frontera, por decirlo de alguna manera, pasa a funcionar como un código que precisa ser descifrado, pues después de la manifestación de extrañeza o la incómoda sensación en la que nos coloca el protocolo de lectura y lo descrito en las historias fragmentadas, se genera una conexión con lo que les sucede a los personajes y comienza a comprenderse mejor la situación en la que convive la comunidad.

La monstruosidad deja al descubierto la esencia del ser. Una vulnerabilidad, como diría Emmanuel Levinas, que funciona como una apertura que deja expuesta la herida en la piel. Y en esa herida se hace presente la ofensa como algo que está más allá de todo lo que se pueda mostrar. Deja al descubierto una sensibilidad, una piel y unos órganos que sufren y que nos provocan emociones al percibir el padecimiento del Otro. Incluso cuando la sensación predominante sea la indiferencia por el Otro, el sólo hecho de percibir en nosotros ese sentimiento ya nos incomoda. De la mano de Bellatin la monstruosidad parece traer consigo no solamente una estética, sino también una pedagogía. Una forma de enseñarnos a sentir en nuestra propia piel la subjetividad del otro y así, como en un juego de espejos, emerge nuestra propia subjetividad. Algo que en todo momento llevamos puesto, que nos hace vulnerable y que está susceptible a ser pisoteada, marginada, ofendida aún en nuestra supuesta normalidad. Una vulnerabilidad de cuerpo y alma que es comparable a la que, desde la perspectiva del adulto, sentimos durante la infancia.

Por ello, no es casualidad que en este abanico de antihéroes uno de los personajes principales sea un niño, alguien que deja doblemente al descubierto su propia vulnerabilidad. Por un lado, encontramos la fragilidad de un niño que precisa los cuidados y educación de sus padres para sobrevivir, pero que transita solo por la vida, sometido a la oscuridad de su cuarto, y que únicamente ve el mundo a través de la ventana que da a los rieles de un ferrocarril. Por otro lado, el niño expone su subjetividad herida a partir de la deformidad de su cuerpo que es rechazado por los colegas de clase, sus pares, así como también por sus maestros. Sin embargo, en este mundo al revés, la misma deformidad es motivo de orgullo y exhibición para su madre, aunque no necesariamente como una estrategia para elevar su autoestima.

Aparece la sensación de estar frente a un gesto del autor al insinuar, a través de la fragilidad de los personajes, su propia vulnerabilidad. Desde esta óptica se hace cada vez más evidente un vínculo entre la estética y el estilo de Bellatin con una determinada ética. Aún cuando no parezca tratarse de una escritura de sí, hay aquí un gesto a partir del cual el propio autor se coloca en riesgo al utilizar trazos autobiográficos (al propio Bellatin le falta su mano derecha/ brazo derecho), detalles que, en definitiva, resultan nimios frente a la relevancia del gesto que implica en sí su obra. Un gesto en lo autobiográfico que, aún cuando sea utilizado como elemento de desconcierto, funciona también como una pedagogía. Una búsqueda insistente por mostrarnos ese otro lado de la normalidad. Por crear en su universo literario el reverso de lo que consideramos como natural. La norma. Sea a través de la voz en primera persona del niño, sea de la mujer que ahoga a los niños que llegan a los 3 años de edad en la fuente en horas pico como un método de control de la natalidad o del crecimiento de la población, los personajes extraordinarios de Bellatin nos transportan a un submundo que circula por imágenes y creencias plasmadas en el inconsciente colectivo desde tiempos ancestrales en la manifestación del sacrificio humano.

Todas y cada una de las funciones y actos que los miembros de esta comunidad ficticia tienen designados (el hombre pájaro que señala a los niños a ser asesinados, la mujer que ejecuta la sentencia, la madre que oculta la angustia de tener un niño deforme por medio de su exhibición, las vecinas, el pedagogo que investiga técnicas de infligir dolor, las autoridades ausentes del gobierno de la república que establecen escuelas populares del dolor humano) forman parte de un elenco que trae a la superficie una alegoría. La alegoría de la sociedad como órgano que sobrevive a pesar de los métodos coercitivos sobre ella empleados. Métodos que son aplicados a todos y que cuentan, inclusive, con formas de respiración para lo que se presume el momento del instante del dolor los discípulos de la Escuela que fueron encarcelados:

> Pararnos de tal modo, poner los brazos en cruz y realizar una breve genuflexión. Respirar tres veces seguidas haciendo mucho ruido y de inmediato contener la respiración hasta sentirnos morir. Una y otra vez.[18]

Una sociedad que es desnudada en su vulnerabilidad monstruosa, una ficción, un invento, una creación de actores que interpretan y dan vida a una comunidad como si se tratara de un hecho real. Un movimiento doble que transita entre lo real y lo irreal, entre la presentación y la representación y que, por lo tanto, se transforma en una performance.

El sometimiento del cuerpo al dolor y a la abyección es una de las estrategias performativas más habituales entre los artistas que trabajan el cuerpo-soporte.[19] Aún cuando Bellatin no haga mención directa de la influencia de estas intervenciones artísticas en su obra,[20] él parece nutrirse de estas experiencias para la creación de sus personajes. El cuerpo es puesto en estado de tensión y de alerta a través del dolor, o puede ser transformado a partir de una prótesis, ausentado o fragmentado a partir de la amputación, o incluso narrado a partir de la exhibición del mismo por un determinado período de tiempo durante la celebración de los muertos. Todo es válido para exteriorizar desde la materialidad de nuestra piel y órganos la forma en que somos conformados como sistemas vivos en constante construcción y desconstrucción, destinados a la desaparición desde el momento en que nacemos. Y, por lo tanto, vulnerables, frágiles y sensibles, aún desde el nihilismo y asepsia emocional con los que Bellatin construye su universo ficcional.

El instante del dolor como experiencia

Fragmento tras fragmento, Bellatin desanuda la narración por medio de una presencia irreductible de una frontera inexpresada. Por un lado, tenemos la alegoría desarrollada en el teatrillo étnico en *La escuela* que destaca la coerción ejercida sobre la comunidad de Sechuán a través de técnicas de opresión orientadas a infligir dolor en sus ciudadanos, un cierto control emocional y neutralidad emotiva establece una distancia en relación con el objeto de la maldad en una visión que nada tiene que ver con el amor o la compasión. A esto se suman otros mecanismos de cohesión social tales como ritos y tradiciones que se repiten de generación en generación como una manera de afirmación de la identidad colectiva. A medida que la estrategia narrativa se desarrolla, los lectores buscamos descifrar el sentido de la historia con una mirada intolerante que pretende, irónicamente, captar un secreto inconfesable. Cuando creíamos entender la historia dejándonos llevar por el relato del niño sin brazo, nuevos personajes son agregados en este rompecabezas. A medida que avanzamos el texto adquiere una nueva tensión que nos contamina. Se produce en el lector una sensación de desconfianza al saber que está frente a un juego de espejos, o frente a la imagen producida por un caleidoscopio que, al ser girado, muestra un diseño diferente. Este giro no se da tanto por la situación sino por el punto de vista del personaje que entra en escena.

Este efecto se logra, por ejemplo, cuando la voz del narrador muda a la tercera persona y comienza a revelarse la historia del pedagogo y su Escuela. No hay descripciones ni detalles que caractericen a este personaje que permanece anónimo. Simplemente sabemos que es el mentor de estas escuelas populares y que está interesado en discernir qué es lo que se encuentra por detrás del instante del dolor. Esta curiosidad es tratada con rigor casi científico. Simultáneamente, las técnicas desarrolladas en la escuela se sustentan en una teoría de lo empírico y son el resultado de un experimento dramatúrgico, que también es puesto en escena en la imagen del fotógrafo muerto al querer retratar un disparo de arma. A partir de la praxis y de su representación se busca comprender el origen de los sentimientos que cercan la experiencia del dolor. Algo que es esbozado en el fragmento que relata la construcción de la Gran Muralla en la que participaron trabajadores preparados, casi de forma iniciática, para la realización esta tarea:

> Precisamente fue en ese tiempo cuando nuestro pedagogo, inventor de la escuela humana de Sechuán, ideó el modo de convertir en rituales los sentimientos que embargan el alma de los individuos mientras llevaba a cabo la construcción de la Gran Muralla (...). Las técnicas de actuación ideadas por nuestro pedagogo eran de una limpidez asombrosa. Lograba, de una manera absolutamente eficaz, representar los sentimientos más profundos. Hoy en día conocemos con exactitud estas técnicas gracias al esmerado trabajo de las mujeres del suroeste de la región. Durante generaciones esas artesanas se han dedicado a bordar sobre telas guardadas en secreto la representación de aquellos métodos.[21]

De los detalles esparcidos como pinceladas casuales en diferentes fragmentos deducimos que las escuelas del dolor tuvieron su peculiar momento de prosperidad durante la época del imperio (anterior a la república) y que luego fueron consideradas peligrosas para la nación, supuestamente en la época en que el régimen de la república popular entró en crisis. El arte de la búsqueda por desmenuzar el instante del dolor es una constante en *La Escuela* que supera la motivación particular del pedagogo. Este interés ya estaba latente en el padecimiento del padre del niño y termina por concretarse en la figura del pedagogo que, en épocas de la persecución de los integrantes de la Escuela del dolor, muere insólitamente decapitado y ahorcado, advirtiéndosenos que:

Cada quien lo vio en su muerte de distinta manera. Sin zapatos, con garras de pájaro, con el cuerpo cubierto de plumas, con los testículos colgándole como si de un camello viejo se tratara, con una erección presente como cuando introducía las uñas destruidas en el cuerpo de sus amantes, con los pies embalsamados como les corresponde a todos los padres del planeta e incluso con un pájaro mudo acurrucado junto a la cabeza.[22]

Entretanto, durante los años de esplendor, se congregó alrededor de este pedagogo un grupo de interesados en la experiencia del dolor que "rinden culto a la idea de que el dolor es un instante, y su permanencia una representación".[23] Tesis que desemboca en un debate sobre las posibles técnicas que pueden ser aplicadas para provocar dolor. Un dolor que al principio se trató de algo individual, como una tortura individual, pero que en tiempos de la república se masifica hasta tornarse una experiencia colectiva, una tragedia grupal. Uno de los descubrimientos que se desprenden de esta tesis es que de la experiencia de dolor emanan fuerzas relativas. Incita reacciones en quien lo padece, pero también en quien lo provoca, un extraño placer que aparece cuando se busca sacarle provecho al dolor humano.

Esta fascinación por comprender el instante del dolor trae resonancias de la obsesión desarrollada en *Farabeuf* (1965) del mexicano Salvador Elizondo por comprender lo que sucede en el instante de la muerte. Esta novela corta marcó la literatura latinoamericana dejando algunas influencias, pero no consiguió establecer una tradición detrás de ella. Encontramos en *La escuela* de Bellatin una especie de homenaje a este relato que trabaja el concepto de crueldad a partir de la obsesión que suscita en el Dr. Farabeuf (cirujano) una imagen fotográfica en la que se muestra una técnica china de suplicio. Se trata de la imagen de una persona (que parece ser una mujer) atada a un poste, después de haber sido drogada con opio, que es despedazada minuciosamente a través de la mutilación paulatina de su cuerpo. El retrato funciona en el texto como un espejo que refleja la propia obsesión del protagonista por el cuerpo y lo que sucede en el instante de pasaje entre la vida y la muerte. Un registro que intenta descifrar un momento que, además de doloroso (siendo éste el objeto de interés del pedagogo de Bellatin), representa también un estado de éxtasis. Un momento de enajenación para los verdugos y para aquellos que presencian el suplicio. Pero también para el propio supliciado quien, en lugar de estar profiriendo gritos desgarradores, parece estar —al menos en la fotografía— en estado de gracia, como fuera de su cuerpo. Un devenir misterioso que se revela místico, atravesado por un placer orgásmico, voluptuoso, que se eleva a otro nivel de realidad. El recurso fotográfico también es utilizado como una técnica desarrollada por el pedagogo (en el fragmento "Noticia del Pedagogo"), a partir del cual se diseminan en la comunidad de Sechuán representaciones que "muestran a los personajes haciendo coincidir el momento exacto del disparo de la fotografía con la acción violenta que el arma empuñada es capaz de llevar a cabo". Agregando que "en algunas provincias se han suscitado una serie de situaciones trágicas al haber sido despedazado el fotógrafo en el preciso instante de obturar su disparador".[24]

En *Tres ensayos sobre la teoría de la sexualidad* (1905), Freud afirmaba que la sexualidad sería perverso-polimorfa, constituida por pulsiones parciales y anárquicas que buscan esencialmente el placer, siendo su finalidad el gozo. La perversión sería una forma involucionada de la sexualidad, recuperando una cierta dignidad dentro de la condición humana. La perversión y el fetichismo estarían conectados por ser un instrumento para hacer gozar al otro. Sin embargo, para Lacan el perverso inventará una fórmula fantasma, trabajando a partir de lo imaginario y lo simbólico. La perversión surgiría como una defensa contra la angustia de ser devorado por la madre, cuando el niño se coloca como objeto fálico para completar la falta del otro. El perverso goza con la división del otro, intenta ocupar el lugar del objeto, del falo que no tiene (o del dolor que no siente) gozando al acentuar en el otro su división (la fragmentación o herida en el cuerpo), llevándolo a extremos, permitiendo a Lacan denominar al neurótico como héroe del deseo y al perverso como héroe del gozo.

Encontramos algunos de estos aspectos en los personajes que nos aproxima *La Escuela*. Quizás el más determinante entre ellos sea el intento por traducir en la concreción del cuerpo y la palabra, algo tan abstracto como es tratar de entender el dolor como experiencia. Una vivencia que influye en los estados de ánimo, las manifestaciones (como los ataques de pánico), entre los que se incluye el éxtasis. Esta experiencia que nos desconcierta en el texto de Elizondo y que fue recreada innúmeras veces por el Marqués de Sade en —por ejemplo— *120 días de Sodoma*, novela en la que se instaura una sociedad educativa en la que un grupo de narradoras se encargan de relatar las transgresiones que luego serán ejecutadas por los libertinos. El denominador común está en utilizar la experiencia instigante por detrás el dolor como una forma de pedagogía, una suerte de análisis antropológico, en la que se concluye el surgimiento de una cultura como un umbral difuso que combina la crueldad y la barbarie con una intención de civilidad.

Con *La escuela* Bellatin, de alguna forma, también rinde homenaje a la novela *La Carne de René* (1952) del cubano Virgilio Piñera, que cuenta la historia de un hijo que es obligado por su padre a sacrificarse y dedicar su vida al servicio del dolor cortándose a sí mismo. Podríamos seguir indagando en la literatura hasta descubrir una genealogía en textos como *Ferdydurke* (1937) de Witold Gombrowicz o *Jacob von gunten* (1909) de Robert Walser, que podría haber servido de influencias o fuentes de inspiración para componer *La Escuela* al proponernos examinar desde un nuevo punto de vista esta experiencia.

Se trata ahora de intentar explorar cómo sacar provecho de la situación que le sucede al dolor. Así, el dolor ya no es visto como un objeto en sí mismo, de placer o de éxtasis, sino que también es percibido como un medio que posibilita revertir situaciones adversas en algo lucrativo, un giro. Un ejemplo de esto lo encontramos en Los democráticos, un equipo de voleibol cuya historia es relatada en varios fragmentos. El nombre del equipo se originó en el juicio sumario realizado por un grupo golpista, que surge entre la caída del imperio y el advenimiento de la república popular, que determinó que se les cortaran los dedos de la mano derecha a aquellos que hubieran ejercido el derecho a sufragio:

> Durante las horas de sufragio las fuerzas del orden controlaron que todos los habitantes mayores embadurnaran su dedo índice de la mano derecha con la marca de tinta indeleble. Cuando el comité electoral, escoltado por las mismas fuerzas del orden, abandonó el poblado llevándose las urnas, un ejército de encapuchados tomó por asalto la plaza mayor e inició de inmediato un juicio sumario.[25]

En un fragmento posterior titulado "Cerro de dedos" el relato continúa diciendo:

> Los que tuvieran los dedos limpios podían irse, los del dedo manchado, muestra de haber cumplido con el deber democrático, debían poner la mano completa sobre la mesa y prepararse para el castigo. Un par de hachazos bastaba para cercenar los dedos de por lo menos tres ciudadanos. Una pila de dedos quedó en medio del poblado.[26]

A pesar de la trágica experiencia, surgió en algunos de los mutilados una nueva destreza, la de jugar al voleibol con una potencia inusitada que no podía se igualada por jugadores en condiciones normales, grupo que posteriormente se une a una comunidad de artistas, recreándose una y otra vez a partir de la cualidad que les otorgó el haber pasado por la experiencia del dolor. Esta reversión de una situación traumática en algo provechoso es así mismo explorada por otros personajes como la madre que transforma en factor de popularidad la deformación de su hijo, o como la red de solidaridad que se establece entre las vecinas de la comunidad. La repetición de la inversión de situaciones desfavorables en algo beneficioso funciona también como otro juego de espejos en el que, si bien la experiencia parece ser la misma, los rostros de los protagonistas de la historia cambian sucesivamente. "Un oficio lleva al otro" cuenta como el equipo de voleibol se inserta nuevamente en la vida del poblado cumpliendo una función clave: la de producir las adaptaciones que necesitan los utensilios de la vida cotidiana luego de la noche sangrienta. La imagen del espejo y el juego que se produce a través de su reflejo, que nos lleva de lo virtual a lo real, es una característica utilizada por Bellatin que encontramos en *Farabeuf*, así como también en algunas narraciones sadianas.

Por un lado, la pedagogía se desarrolla en el interés científico por comprender la permanencia del instante del dolor y los posteriores ecos y resonancias producidos. Una combinación que trae un laberinto de sensaciones que aun cuando son voluptuosas, se experimentan desde una cierta distancia, están envueltas de nihilismo. Son obvios los gritos, las lamentaciones, olores, sudores o fluidos que se producen en el momento del dolor. Solamente interesa el padecimiento como categoría. Así la pedagogía del dolor prescinde de los sentimientos y emociones que pueda suscitar. Se trata de un simple procedimiento, algo mecánico y hasta podría decirse burocrático que no hace más que mostrar la configuración de una sociedad educativa. Una comunidad que funciona como una escuela a partir de la cual se establece una pedagogía de la brutalidad. Bellatin propone una pedagogía de Estado que se funda en creencias ancestrales y el culto a los muertos, en donde se pondría en evidencia que del dolor no solamente se puede extraer éxtasis, sino también un conocimiento, una adaptación y una flexibilidad.

Rito, sacrificio y erotismo

Los rituales ancestrales que se practican en la comunidad de Sechuán también pueden ser vistos como una forma de pedagogía con el objetivo de conservar una estructura simbólica arraigada en el inconsciente colectivo. Ritos a partir de los cuales se forja una cultura como mecanismo de cohesión. El pedagogo busca convertir los rituales en sentimientos y emociones. Es por eso que algunos rituales dan origen a leyendas sobre la vida y la muerte, como por ejemplo la rúbrica que comienza anunciando que "La muerte se limita a una ceremonia. Habrá tantas ceremonias como muertes ocurran a nuestro alrededor". Y luego, el fragmento da inicio a una de estas costumbres:

> Cuando una criatura muere en los poblados situados en la parte alta de las montañas, el padre debe avisar de inmediato a los padrinos para que se encarguen de los gastos necesarios. Horas después la madre del párvulo tendrá que cocinar los alimentos que los padrinos están en la obligación de proveer para la celebración del velorio... Los invitados dedican las primeras horas de la ceremonia a descubrir si la criatura murió con los ojos abiertos... En caso de que los invitados no logren ponerse de acuerdo, los presentes saben que la duda es síntoma de que pronto el párvulo se llevará consigo a alguno de los allí reunidos.[27]

En Sechuán se producen las ceremonias rituales de celebración del día de todos los muertos, de evidentes reminiscencias andinas, en las que los habitantes desentierran en los cementerios partes de los cuerpos de sus familiares y los llevan a sus casas. Cuerpos que permanecen aún después de cierto tiempo con la piel tersa, con las uñas crecidas y los tejidos intactos de sus vestimentas. Un conjunto de objetos que crea un simbolismo propio, aunque no muy claro dentro del texto, y que son por ello dignos de contemplación. Porque "de acuerdo al modo en que se mantiene el cuerpo bajo tierra se pueden sacar conclusiones sobre la vida que llevó el difunto",[28] o en las condiciones en las que murió. En otros fragmentos se menciona la importancia que tiene el brillo en los ojos del muerto, pues de él se puede deducir si su espíritu fue destinado a un lugar agradable. También entre esas costumbres se especifica la forma en que los niños deben ser enterrados, el mejor horario sería durante la madrugada. Aunque de procedencia menos antigua, los rituales establecidos a partir de la instauración de la escuela del dolor también cuentan como parte de la formación de una cultura. Los rituales se suceden en la muerte de los niños de más de 3 años en la fuente de la plaza pública en un determinado horario, como es narrado por la mujer que realiza esta tarea. Así la prohibición de que bajo un mismo techo no puedan convivir dos hijos varones, y la forma en que los niños menores de tres años son detectados, como es descrito en "Tres años, edad límite" forman parte de un acervo cultural que está contado de forma inversa a sucesos que bien podrían asociarse con conductas aún arraigadas en la China moderna.

Salvo los rituales de orden político, los restantes se insertan dentro de un conjunto de creencias folklóricas, la mayoría de las veces de transmisión oral, que buscan de alguna manera guardar un saber colectivo como una forma de preservación de la memoria. Es lo que sucede con las leyendas, como aquella que cuenta la madre de la hija abusada por su tío: durante el sueño quienes mantenían relaciones carnales con miembros de su propia familia se convertían en liebres.

Los rituales siempre nos hablan de una práctica de repetición, nos da la idea de orden y estructura que funciona como un organizador social y también como la formalización de un saber. Existen ritos de pasaje como los descritos anteriormente y también ritos sacrificiales, entre tantos otros. Todos ellos pueden ser interpretados como una forma de expresar algo indecible que a través de la repetición consiguen mantener una tradición a lo largo del tiempo. Estos rituales y tradiciones otorgan un paradigma de conducta útil para la socialización, pero también sirven como legitimación de diferencias o estratos sociales. Estos ritos expresan una determinada condición del hombre y lo auxilian en el proceso de aprendizaje de su realidad, pues son estas experiencias separadas que conllevan un determinado tiempo y espacio, las que de alguna forman lo conducen a observar la sociedad en la que está inserto desde una óptica diferente a la del día a día.

Las tradiciones, y sobre todo aquellas que se cultivan en Sechuán, están permeadas por un fetichismo hacia objetos que pertenecen a los muertos, a aquellos que detentan los secretos de la experiencia de pasaje hacia un más allá desconocido. Los ritos guardan en sí una representación, una forma dramática desarrollada como otra forma de comunicación. Podríamos decir que la práctica del rito envuelve una experiencia erótica. Al mismo tiempo, los objetos que interfieren en estas prácticas se transforman en simples fetiches al anularse en el ritual la realidad que traían aparejada. En el proceso del rito los objetos realizan un pasaje de lo material con valor de uso, o de cambio según el caso, a algo con aura mística e investido de un distanciamiento con su condición inicial. Este pasaje de condición tiene inmerso un erotismo en el que se ejerce una violencia. Decía George Bataille en *El erotismo* (1957) que su dominio es precisamente el de la violencia, y que también implica al dominio de la violación como un pasaje de separación del Ser que radica en arrancarlo de la idea de continuidad (que podríamos adjudicar a la vida) para enfrentarlo con la discontinuidad (o la idea de la muerte). En este sentido, tal como es interpretado en la cultura occidental, la muerte premeditada por otro sería el estado de mayor violencia. Ahora, en las sociedades tribales o primitivas este pasaje envuelve un enigma que busca de alguna manera ser perpetuado desde el mundo de los vivos, como parte de la memoria de su existencia. Esto es lo que al menos Bellatin intenta esbozar al construir su mosaico de fragmentos con una mezcla del prisma de las tradiciones ancestrales para interpretar la historia imperial y republicana de la comunidad de Sechuán.

Para Bataille, el hombre como un ser discontinuo se esfuerza por preservarse en su discontinuidad. La muerte, o al menos su contemplación, tiene la capacidad de restituirlo a la experiencia de continuidad. Se crea la memoria de la comunidad y de lo que pasó alrededor de La Escuela, del dolor, de sus muertos y de las ceremonias que los recuerdan. Así los ritos, los mitos y las leyendas tienen como función la representación de la muerte y la fiesta dedicada a los muertos de Sechuán puede ser interpretada como un ritual erótico que busca violentar el pasaje, el otro lado enigmático que angustia y cautiva a los vivos. Además de tener un objetivo pedagógico y de memoria, están envueltos de una estrategia lúdica que permite una abertura, una grieta desde la cual adivinar lo que sucede en la experiencia del pasaje, en el instante de dolor o en el instante de la muerte. Hay un devenir que cautiva a los habitantes de esta comunidad, así como también ha cautivado a todas las culturas desde tiempos inmemoriales. En ese pasaje hay un conocimiento silenciado que no se puede expresar a no ser de manera simbólica. Es por eso que se instaura una mecánica del sacrificio, una acción que es repetida en los juicios sumarios o en las muertes de los niños de menos de tres años, como un modo de experimentar una y otra vez los ecos de ese silencio.

A diferencia de las creencias ancestrales sobre la vida y la muerte, no parece haber en los ritos de *La escuela* una experiencia mística ligada al sacrificio. Hay sí en el sacrificio, así como en la experiencia del dolor, una motivación inherente a la condición humana de buscar fuera un objeto de deseo, algo en que pueda desplegar su erotismo y que coloque al hombre en posición de cuestionarse a sí mismo. Es por eso que el dolor en *La escuela* es una trasgresión, pero también una curiosidad filosófica y científica de la que ni siquiera se salva su propio propagador, el pedagogo que muere doblemente, degollado y ahorcado. La desaparición de su cabeza funciona como una metáfora. Con él desaparece una forma de crueldad, pero, al mismo tiempo, da continuidad a otra, las razzias y los fusilamientos sin juicios sumarios a los seguidores de la Escuela, aunque "las autoridades afirman que se trata de individuos que se dedican a la prostitución y el narcotráfico".[29]

En definitiva, un teatrillo pedagógico

Mario Bellatin diseña en *La escuela* un mosaico de fabulaciones que da vida a las memorias de una cultura enraizada en los sucesos, sus ritos y exploración de las manifestaciones del dolor. Lo hace de forma hermética, ascéptica, delimitada constantemente a la forma, aunque abriendo siempre el texto a una infinidad de interpretaciones. Nada fija el texto y aún en sus limitaciones deja entrever, para aquel que se anime que, a pesar de parecer cerrado, está abierto. Se trata de un abanico de fragmentos que remiten a algo que nunca podrá ser evocado integralmente y que solamente se torna presente a través de los símbolos y significados que se iluminan en el momento de la representación.

No es casual que el formato escogido sea el de un teatrillo étnico, un experimento antropológico como también parece serlo la propia Escuela del dolor humano. Sin embargo, este teatrillo no deja de ser una representación que investiga su función social, interrogando y buscando transformar la estructura social a partir de su contenido. Bellatin, dentro de la simpleza del registro de voz con el que los narradores cuentan sus vivencias, complejiza la relación entre los mismos dentro de su sistema de escritura. Trabaja con el distanciamiento, con una sensación de extrañamiento frente a lo cotidiano para así crear una suerte de shock desde lo monstruoso y lo absurdo para contarnos el horror. Aparece un cuestionamiento desde lo anormal, desde el otro lado de la ventana "que no tiene frente o parte de atrás" desde la que los discípulos de la Escuela presos cuentan su perspectiva de lo ocurrido, su versión de la historia. Bellatin decide embarcarse en el asombro y el *non-sense* para hacer de ese mundo a contrapelo algo cotidiano. Y, a partir de allí, el lector intenta construir algún sentido que, como se anticipaba en la introducción de *La escuela*, empezará a revelar su propósito solamente al final, al tener "todas piezas" del rompecabezas que es *La Escuela*.

Nos preguntamos si al fin de cuentas se trata de un teatro épico, porque en realidad no sabemos si ha existido una representación. Tal vez lo sea, si pensamos que el texto progresa dando saltos que nos conducen a un nuevo acontecimiento que va dejando en suspenso las sucesivas historias iniciadas. Lo que sabemos es que *La escuela* se presenta como una obra deshecha, en jirones, cortada en pedazos bruscamente, sin ningún tipo de sutileza, como los cuerpos o retazos de tejido que confirman la existencia de un entramado mayor. Cada fragmento tiene su valor propio, aunque se sustenta en el silencio, en la ausencia de la totalidad.

En ese sentido, el carácter pedagógico de este teatrillo radica precisamente en la respuesta creativa del espectador-lector. En la forma en que interpreta este evento, en la comprensión propia de los hechos traídos a la escena, así como también en la elaboración estética de los signos utilizados. Bellatin trabaja sin respuestas preprogramadas a las preguntas que establece en las rúbricas, dejando al espectador en una situación incómoda, sin demasiado material de dónde asirse. Bellatin apuesta todas sus fichas a dejarnos perdidos en un submundo del cual no sabemos cómo escapar. De esta manera, la historia es una construcción que asoma a partir de una sucesión de ideas y sensaciones con las que en un primer momento no sabemos cómo lidiar y nos preparamos todo el tiempo, como lectores, para un efecto sorpresa creándose un clima de tensión. La misma tensión en la que se encuentra la población de Sechuán frente al asecho de los miembros de la Escuela.

Por otro lado, podemos sumar la concepción de Antonin Artaud sobre el teatro de la crueldad en la búsqueda de una luz que nos ayude a comprender mejor la experiencia en la que se embarca Bellatin. Idea que Artaud desarrolla a partir de su fascinación con el teatro oriental, totalmente presentacional que, según el propio autor, "está contenido en los límites de lo que puede suceder en una escena, independientemente del texto escrito, diferente del teatro occidental que está relacionado al texto y por él limitado".[30] La supremacía del teatro propuesto por Bellatin es la de la palabra, la voz de cada uno de los personajes que relatan lo que sucedió sin un lapso definido. Y los gestos relacionados con la memoria de los hechos provienen del arte: los tejidos, las pinturas de la extranjera de los velorios de los niños muertos y asesinados y el teatro en sí. aquello que no está contado, que fue inclusive deliberadamente cortado, y que apenas se nos es insinuado a partir de un lenguaje simple y desprovisto de adjetivaciones, queda a la imaginación del lector una vez que la complicidad está dada. La actualidad del texto de Bellatin se rompe, no resuelve nada, ni expone un campo de batalla de pasiones, como diría Artaud. Solamente expresa "verdades" ocultas, lejanas a nosotros, aunque cercadas por un tiempo y un espacio. Tal vez el punto más interesante de *La escuela* sea intentar ligar un texto narrativo con la propuesta primitiva del teatro, ser una tradición oral que busca preservar la memoria, reubicando los acontecimientos en un campo de reflexión diferente. Un proyecto totalmente correlacionado con la intencionalidad que el propio Artaud veía en el teatro.

La palabra muda y sin destino nos lleva a un nivel de experiencia y afectación desconocido e incómodo. Pues este teatrillo se trata en última instancia de una narrativa performática. El texto es creado para provocar reacciones, para incomodar y dejarnos atónitos frente a esta serie de acontecimientos en apariencia descabellados, absurdos, distantes que, sin embargo, no son muy diferentes a los vividos en la propia China o en nuestras realidades latinoamericanas. Se crea así, tal como lo describía Artaud, una idea de "cierta poesía en el espacio", sórdida y que se confunde con un aquelarre de eventos, de palabras y de gestos.

Notas

1. Beatriz Resende, *A literatura latino-americana do século XXI* (Rio de Janeiro: Aeroplano, 2005), 8. La traducción es mía.
2. Mario Bellatin, *La escuela del dolor humano de Sechuán*, en *Obra reunida* (Madrid: Alfaguara, 2013), 421.
3. Bellatin, *La escuela del dolor...*, 421.
4. Desterritorialización que, por otra parte, es una característica biográfica del propio Bellatin: hijo de padres peruanos, nacido en México, que pasó el período de su infancia en el país andino y que actualmente está radicado en su país de nacimiento.
5. Bellatin, *La escuela del dolor...*, 426.
6. Bellatin, *La escuela del dolor...*, 435.
7. Bellatin, *La escuela del dolor...*, 435.
8. Bellatin, *La escuela del dolor...*, 448.
9. Nombre acuñado por Benoît Mandelbrot (2003) (partiendo del adjetivo latino *fractus*, correspondiente al verbo *frangere* y que significa "romper en pedazos"). Teorías como la de los fractales y también la del caos, gestadas en la década del 60, tuvieron impacto en la concepción de formas artísticas desarrolladas en la contemporaneidad, entre las que se encuentra la recurrente estructura fragmentaria de las artes plásticas, los audio-visuales, músicas y narrativas literarias de las cuales la obra de Bellatin es un claro ejemplo.
10. Lauro Zavala, "Las fronteras de la microficción", en *Escritos disconformes. Nuevos modelos de lectura* (Salamanca: Universidad de Salamanca, 2004), 88.
11. Bellatin, *La escuela del dolor...*, 447.

12. Bellatin, *La escuela del dolor*..., 447.
13. Bellatin, *La escuela del dolor*..., 427.
14. Bellatin, *La escuela del dolor*..., 427.
15. Bellatin, *La escuela del dolor*..., 446.
16. Bellatin, *La escuela del dolor*..., 446.
17. José Gil, *Monstros* (Lisboa: Relógio D'Água, 2006), 77.
18. Bellatin, *La escuela del dolor*..., 473.
19. Cruz Sanchez y Hernández- Navarro citan artistas tales como Vito Aconcci, Chris Buden, Marina Abramovic, Gina Pane, Paul McCarthy, Mike Parr o el grupo de accionistas vieneses entre los exponentes de esta reflexión que cuestiona los hábitos que conforman lo que denominados "cotidianeidad del cuerpo".
20. Sin embargo no podemos dejar de mencionar *Lecciones para una liebre muerta* (2005) como un diálogo-homenage a Joseph Beuys, así como *El Gran Vidrio* (2007) lo es para Marcel Duchamp.
21. Bellatin, *La escuela del dolor*..., 445.
22. Bellatin, *La escuela del dolor*..., 455.
23. Bellatin, *La escuela del dolor*..., 435.
24. Bellatin, *La escuela del dolor*..., 426.
25. Bellatin, *La escuela del dolor*..., 450.
26. Bellatin, *La escuela del dolor*..., 461.
27. Bellatin, *La escuela del dolor*..., 439.
28. Bellatin, *La escuela del dolor*..., 430.
29. Bellatin, *La escuela del dolor*..., 472.
30. Antonin Artaud, *O teatro e seu duplo* (São Paulo: Martins Fontes, 2006), 76. La traducción es mía.

Bibliografía

Agamben, Giorgio. *Profanações*. São Paulo: Boitempo, 2007.
Agra, Lucio. *Monstrutivismo. Reta e curva das vanguardias*. São Paulo: Perspectiva, Fapesp, 2010.
Albornoz, Carla Victoria. *É ou não é? O sistema de escrita na obra de Osvaldo Lamborghini, Cesar Aira e Mario Bellatin*. Novas Edições Acadêmicas, 2014.
Arendt, Hannah. *A condição humana*. Rio de Janeiro: Forense Universitária, 2008.
Artaud, Antonin. *O teatro e seu duplo*. São Paulo: Martins Fontes, 2006.
Bataille, George. *O erotismo*. Lisboa: Moraes Editores, 1980.
Bellatin, Mario. *La escuela del dolor humano de Sechuán*. En *Obra reunida*. 419-481. Madrid: Alfaguara, 2013.

Cohen, Renato. *Performance como linguagem*. São Paulo: Ed. Perspectiva, 2002.
Cruz Sánchez, Pedro A., y Miguel Hernández-Navarro. *Cartografías del cuerpo. La dimensión corporal en el arte contemporáneo*. Murcia: Cendeac, 2004.
Elizondo, Salvador. *Farabeuf*. México: Fondo de Cultura Económica, 2006.
Gil, José. *Monstros*. Lisboa: Relógio D'Água, 2006.
Laddaga, Reinaldo. *Espectáculos de realidad. Ensayos sobre la narrativa latinoamericana de las últimas dos décadas*. Rosario: Beatriz Viterbo Editora, 2007.
Larraín, Ramiro. *Entrevista a Mario Bellatin*. Revista Orbis Tertius, 2006, XI (12). www.orbistertius.unlp.edu.ar/numeros/numero-12/larrain.pdf.
Levinas, Emmanuel. *Humanismo do outro homem*. Petrópolis: Editora Vozes, 1994.
Mandelbrot, Benoit. *La geometría fractal de la naturaleza*. Barcelona: Tusquest editores, 2003.
Resende, Beatriz, ed. *A literatura latino-americana do século XXI*. Río de Janeiro: Aeroplano, 2005.
Zavala, Lauro. "Las fronteras de la microficción". En *Escritos disconformes. Nuevos modelos de lectura*. Ed. Francisca Noguerol. 87-92. Salamanca: Universidad de Salamanca, 2004.

Materia corporo-textual

Una aproximación a la (in)materialidad del cuerpo en la obra de Mario Bellatin

PAULA KLEIN JARA

EL CUERPO ES EL primer referente existencial, material e identitario del sujeto, y está predeterminado a partir de su aprehensión sensorial, principalmente visual y tangible. Maurice Merleau-Ponty lo define como "la expresión visible de un yo concreto".[1] Partiendo de lo anterior, en el universo narrativo de Mario Bellatin, el cual comprende distintos lenguajes (la escritura, la fotografía y el performance), hay una dislocación entre las representaciones figurativas del cuerpo y el sujeto para dar paso a la inserción de cuerpos 'anómalos' y cuerpos 'inmateriales'. En este ensayo me concentraré en aquellos cuerpos que presentan una 'problemática' para ser descifrados, ya sea porque se trata de cuerpos cuyo sentido estético crea experiencias alejadas del horizonte performático (por ejemplo, el fotógrafo ciego, el bailarín sin pierna, los voleibolistas sin dedos y los escritores sin brazo o sin cabeza que pueblan la narrativa del autor). O bien, de cuerpos cuya inmaterialidad (cuerpos espectrales) produce atmósferas perturbadoras que obligan al lector —un lector al que Bellatin convierte en un lector ciego— a indagar en instrumentos de interpretación que le permitan descifrar seres con cuerpos *a priori* inestables, imprecisos, ilegibles, irreconocibles o invisibles. En este ensayo no se analizarán textos específicos del autor, sino que se utilizarán referencias y ejemplos de varios relatos con la finalidad de que esta lectura sirva para una aproximación a su obra en general.

Sentidos, espectros, luz y sufismo

A menudo, en la narrativa bellatiniana se suprimen las relaciones fenomenológicas del cuerpo con el mundo. Por un lado, el narrador excluye referentes que vinculan el ser con la materia (el cuerpo) e impide al lector la reconstrucción figurativa de personajes. Por otro lado, algunos personajes son privados de la vista o el oído, convirtiéndolos en cuerpos casi impenetrables por el mundo exterior. Su existencia es íntima, como es el caso de los hermanos recluidos en un pabellón clandestino en *Carta sobre los ciegos para uso de los que ven* (2017). El contacto fenomenológico de estos sujetos con el mundo exterior se realiza por medio del relato y de la escritura. El relato y la escritura son la manifestación (el fenómeno) de un mundo interior que se experimenta a través del conocimiento suprasensorial, es decir, más allá de los sentidos físicos, del cuerpo y del mundo material. En Bellatin, los relatos de ciegos son testimonio de un mundo poetizado y reconstruido a partir del oído, el olfato, el tacto, pero también de las intuiciones, de lo soñado y de lo imaginado, proponiendo que las particularidades físicas producen experiencias particulares de la realidad. La escritura bellatiniana abre las dimensiones del sentido tanto para sus personajes como para el lector. La clave para la aprehensión de su universo serán los sentidos. De este modo, los sentidos son para Bellatin, al igual que el cuerpo, un eje central en su escritura, no sólo como tema sino como fuente de lenguaje. *Carta sobre los ciegos para uso de los que ven* toma su nombre de la obra con el mismo título de Diderot y abre con un epígrafe de este autor: "Recuerdo que alguna vez me he ocupado de esta especie de anatomía metafísica y encontré que, de todos los sentidos, la vista es el más superficial, el oído el más orgulloso, el olfato el más voluptuoso, el gusto el más volátil, y el tacto el más profundo". El cuerpo abstracto o metafísico, al que alude Diderot, ayuda a comprender la idea de una suprasensorialidad que Bellatin otorga a sus personajes pero que también exige de su lector, por ejemplo, al presentarnos seres que aparecen dislocados del cuerpo material.

    En el ejercicio literario, la caracterización prosopográfica configura la individuación, identidad e identificación directa de los actores del relato, por lo que la evocación de personajes nos viene dada generalmente por un retrato confeccionado a partir del proceso descriptivo. Ahora bien, ¿qué pasa cuando pensamos en la dimensión prosopográfica de la narrativa bellatiniana? El universo narrativo de este autor comprende *cuerpos*, concretamente cuerpos fragmentados, cuerpos alejados de lo ordinario (*extra-ordinarios*) y cuerpos que se escapan de la reconfiguración material. Bellatin despoja recurrentemente a sus personajes de sus referentes primarios de identidad: el nombre y el cuerpo. En ocasiones, los cuerpos no son referidos ni descritos, dando la impresión de querer resguardarlos celosamente de la mirada. Acaso se intuyen, por lo que es posible pensarlos como *espectros*.

Un espectro, afirma Jacques Derrida, "es alguien o alguna cosa que se ve sin ver o que no se ve viendo, es una forma, una figura espectral, que oscila de manera totalmente indecidible entre lo visible y lo invisible. El espectro es lo que pensamos que vemos, 'pensar' esta vez en el sentido de 'creer'".[2] Se trata de figuras liminales que transitan entre la ausencia y la presencia, que se sitúan en el umbral de lo ontológico, que desarticulan el ser y la materia, y que desafían la lógica del lector-espectador. En este proceso espectrógeno, Bellatin materializa los espectros por medio de elementos ajenos al cuerpo. Tomemos como ejemplo *Damas chinas* (2006), donde los personajes son evocados únicamente por su indumentaria, creando la sensación de que se trata de siluetas que se distinguen unas de otras únicamente por su vestimenta: el médico por el mandil blanco,[3] la prostituta por la falda amarilla[4] y la enfermera como "la figura vestida de blanco (...), saliendo a la antesala con los guantes de hule aun puestos".[5] La voz narrativa enfatiza su propia forma de vestir. Sus novedosos *looks* siguen las tendencias de la moda e, incluso, llega a afirmar: "Me sorprende que haga una descripción tan minuciosa de mi vestuario".[6]

Como sucede en la narrativa de este autor, las claves para comprender un relato se encuentran muchas veces en otro relato. En *Los fantasmas del masajista* (2009) la voz narrativa nos adelanta que "una forma de inmortalizar a las personas es por medio de la ropa",[7] lo cual explicaría la relación entre la preocupación por la vejez que expresa el médico de *Damas chinas* y su obsesión por estar a la moda. Asimismo, en "Mi piel luminosa", que pertenece a *El gran vidrio*, leemos que lo que cubre a los personajes "sirve para darle verdadero cuerpo a los objetos".[8] Lo anterior nos remite a un referente popular inmediato: el fantasma cubierto por la sábana blanca. El fantasma, afirma Ana Carrasco Conde, "se *in-corpora* gracias al revestimiento que lo hace materialmente cognoscible".[9] De este modo, los personajes en *Damas chinas* toman forma y se materializan a través de la vestimenta como prótesis corpórea. Sin embargo, la construcción de figuras sólo permite identificarlas como *la idea de alguien* que no es alguien concreto. Se trata de la idea de un cuerpo que no es un cuerpo. Espectros.

La imagen del fantasma es representada en la cultura popular con una sábana concretamente blanca. Este color está ligado a la luz[10] y a la iluminación divina en el cristianismo, tradición donde se origina esta figura. Como podemos constatar en *Damas chinas*, las prendas de vestir de los personajes son descritas por medio de un color. En un principio, estos colores podrían expresar un simbolismo general relacionado con el carácter etopéyico de los personajes, y conectar historias como si se tratara de un tablero de damas chinas. Así, encontramos el color azul celeste en personajes infantiles que se entrelazan con lo divino; el color amarillo en lo relacionado con el dinero; el fucsia, malva o morado con sujetos que ejercen un daño, sobre todo a niños; y el blanco en prendas que se manchan cuando la moral del personaje se ve pervertida. Sin embargo, más allá de un código semántico del color, es posible pensar el color como un espectro lumínico. Al considerar el color como luz, podemos afirmar que Bellatin *ilumina* a sus espectros cuando les asigna un color a las prendas que los materializa. La luz —y por lo tanto el color— es el principio responsable de transferir forma al mundo.[11] La visibilidad necesita de la luz y la luz hace posible al ser.

La suprasensorialidad, la inmaterialidad del cuerpo y el rastro de luz nos aproximan a un universo recurrente en la escritura bellatiniana: el pensamiento sufí. La presencia de esta dimensión mística del islam en la producción literaria latinoamericana es insólita. Aunque se encuentra una impronta del sufismo en autores como Jorge Luis Borges, Octavio Paz y Alberto Ruy Sánchez, ninguna es tan destacable como la de Mario Bellatin.[12] A grandes rasgos, el sufismo puede ser entendido como:

> una experiencia espiritual vivida, interior, cuyo dominio se encuentra más allá de lo que es factible de aprehensión mediante la razón o los sentidos físicos. No es más que en una etapa ulterior a la realización espiritual, cuando ciertos sufíes, sirviéndose de un lenguaje simbólico y metafísico, transcriben su experiencia bajo una forma verbal.[13]

El carácter sufista de la escritura bellatiniana se observa en la presencia de voces narrativas experienciales que narran desde la suprasensorialidad una realidad sin límites y que exigen de su lector una interacción también suprasensorial. En el sufismo, el universo/mundo comprende dos aspectos: uno aparente, exterior y visible que se aprehende con lo sensible, y otro oculto, interior e invisible que se conoce a través de lo suprasensible. En la literatura sufí, la representación verbal de ambas categorías no aparece necesariamente dividida. Del mismo modo, el pensamiento sufí contempla la existencia de seres corporales y seres etéreos. El acto de existir es la dimensión de luz de los seres, mientras que su quididad es su dimensión de oscuridad.[14] El ser se conoce a sí mismo sin necesidad de conocer su cuerpo pues su sustrato es "una esencia que no está en un cuerpo y no tiene figura".[15] De este modo, podemos plantear que, al desaparecer el cuerpo como fenómeno, Bellatin narra esencias y no existencias.

Antes hemos afirmado que, en el ejemplo de *Damas chinas*, la existencia se manifiesta por medio de las prendas de colores. Sin embargo, el cuerpo como materialización del ser se mantiene irreconocible en el plano de la oscuridad. El sufismo niega que la naturaleza de la luz que ilumina al ser sea corpórea, por lo que en su esencia los cuerpos están unidos a la oscuridad.[16] En la obra de Bellatin, los espectros o cuerpos metafísicos se hacen invisibles al ojo común. Jean-Luc Nancy compara estos cuerpos metafísicos con agujeros negros al tratarse de "astros que, por su dimensión, retienen hasta su propia luz y abren el universo en su interior",[17] es decir, se trata de cuerpos carentes de exterioridad y de finitud, cuya corporeidad se mantiene oculta en el plano de la oscuridad. El espectro, dado que carece de cuerpo, es incomunicable, innombrable, irrepresentable e indescriptible como Dios. Su percepción no puede experimentarse como un fenómeno corporal sino como sensaciones o intuiciones, y sólo puede ser entendido como un objeto de la consciencia, "no por ser producidos por ella —afirma Ana Carrasco Conde—, sino por ser reflejados dentro de ella".[18]

En Bellatin, la existencia material de estas figuras espectrales se pone en duda cuando se cuestiona el estado de consciencia con el que son percibidas y si pertenecen al plano de una realidad metafísica. Por ejemplo, en *Biografía ilustrada de Mishima* se afirma: "Las personas presentes a su lado le parecieron entonces una serie de espectros expuestos a la vista. La situación de encontrarse entre vivos y muertos —que era como Mishima se sentía en ese momento— le resultó similar a la que se presentó cuando él y otros monjes sintoístas viajaron algunos meses atrás en un autobús amarillo".[19] Aunque la realidad parezca transfigurada y su percepción justificada en la *infiguración* producida por el sueño, el recuerdo, la forclusión, la alucinación febril o por el efecto secundario de un medicamento, el sufismo explicaría que la multiplicidad de realidades, incluso aquellas que llamamos irrealidades, son una misma: son la totalidad.

En la obra bellatiniana, la aproximación a las presencias espectrales se enuncia a partir de verbos como *intuir, percibir, entrever, dar la sensación y sentir*. En la cultura del *ver para creer*, Bellatin inaugura una relación *supracorpórea* entre los personajes y el perceptor, es decir, una relación que se extiende más allá de lo figurativo. Lo visible descansa pasivamente en su imagen y su relación con el que ve es estrecha. Por el contrario, la relación entre lo invisible y el perceptor deviene amplia. ¿Cómo aproximarse a lo que no es visible? Por medio de los otros sentidos. En Bellatin, las voces narrativas recurren principalmente al oído, por ejemplo, en los relatos de ciegos o en *Los fantasmas del masajista* (2009), discurso construido a partir de conversaciones, de ruidos y de sueños (los sueños como fuente suprasensorial). Asimismo, se recurre a la háptica. El tacto, el más inmediato de los sentidos, es la forma más directa de aprehender la anatomía del otro pues, como afirma Merleau Ponty —y apoyando la cita de Diderot que hemos referido antes—, es la manera de "ir al corazón de las cosas y de hacerlas carne".[20] De ahí que la piel —sobre todo las pieles rugosas o cubiertas por una pátina viscosa— y los masajistas sean recurrentes en la obra de Bellatin.

Del mismo modo se recurre al dolor. En la narrativa bellatiniana el dolor genera la relación fenomenológica más estrecha entre el sujeto y su cuerpo. El cuerpo se vuelve sensible también a través de la percepción del dolor como sensación, como una especie de "tacto interno",[21] Sin embargo, el dolor no es necesariamente prueba de la existencia física del cuerpo. En *Los fantasmas del masajista*, una mujer que acude a sesiones de masajes refiere sentir dolor en un miembro fantasma y el narrador nos relata:

> Media hora después la mujer pareció quedar dormida. El terapeuta pidió a su asistente que cubriera con una manta el supuesto espacio que ocupaba la pierna trunca. Como para que no tuviera frío aquel fragmento de cuerpo inexistente. (...) Debía descansar después de que un dolor infligido desde la nada proveniente de la suerte de cosmos en el que seguramente se encontraba suspendida la pierna cercenada, había atenazado con tanta violencia a la víctima. ¿Serán esos dolores una venganza de los miembros que son separados en forma violenta de los cuerpos a los que pertenecieron?[22]

Aquí, la pierna fantasma sustituye a la pierna real. Al igual que el espectro, el miembro fantasma no es el miembro, pero es una manifestación de él; es la presencia perceptible de una representación. Un simulacro. Se trata de la propuesta de la existencia más allá de lo corpóreo; de la posibilidad de estar presente y ausente al mismo tiempo. Merleau-Ponty se pregunta, ¿qué es el miembro fantasma? ¿un recuerdo? ¿una voluntad? ¿una creencia?[23] En este fenómeno se presenta una convivencia orgánica entre lo real-material y lo irreal-inmaterial, característica esencial de la obra de Bellatin, transferida al cuerpo.

El cuerpo fragmentado

Por otro lado, la manifestación material de los cuerpos bellatinianos ocurre únicamente cuando éstos presentan una particularidad que se narra fragmentada del resto del cuerpo. A nivel estructural, la obra de Bellatin posee una inestabilidad en la narración que es lograda por medio de un montaje discontinuo. Este mecanismo de construcción del cuerpo del texto es similar al que parece utilizar en la construcción del cuerpo de los personajes. La descomposición en fragmentos y la posterior conexión aparentemente arbitraria de micro-relatos y metarrelatos a lo largo de toda su obra, permite la evocación de un relato global nebuloso del que no se conoce principio o final, es decir, se desconocen sus límites. Lo mismo sucede con los cuerpos. El autor, a través de las voces narrativas, toma el control de lo que se muestra de la anatomía de sus personajes, *enfocando* alguna de sus partes en primer plano. De manera recurrente, los personajes son presentados por fragmentos, impidiendo que el lector construya una caracterización total del cuerpo. La totalidad es reemplazada por las partes y, las figuras devienen sinecdóticas. Para Jean-Luc Nancy,

> el corpus de un cuerpo es una colección de piezas, de pedazos, de miembros, de zonas. Cabezas, manos, cartílagos, quemaduras, suavidades, (...) lunares. Es una colección de colecciones, corpus corporum, cuya unidad sigue siendo una pregunta para ella misma. El cuerpo tiene al menos cien órganos, cada uno de los cuales tira para sí y desorganiza el todo que ya no consigue totalizarse.[24]

En Bellatin, el texto se presenta en fragmentos y el cuerpo en cabezas, manos, brazos, piernas, testículos, labios, piel, lunares, uñas y pies. Tomando como ejemplo "Mi piel luminosa", los personajes son descritos a partir de la exaltación de los accidentes anatómicos. Lo 'anómalo' se torna extraordinario, insólito, fenomenal (en el sentido de fenómeno que se muestra). La imagen material del niño protagonista está concentrada en una descripción del tamaño descomunal de sus testículos. La anécdota gira en torno a la exhibición que la madre hace de los genitales de su hijo en baños públicos. Posteriormente, cuando los testículos del niño comienzan a secarse —un suceso inevitable dentro del mito intratextual—, este personaje se reconfigura tanto visual como tangiblemente a partir de la luminosidad de la piel de su abdomen, un proceso metonímico que implica la sustitución de un fragmento por otro: "Mi piel cambió a las pocas semanas. Sin que nadie lo advirtiera se cubrió con una especie de pátina, un tanto viscosa, y de una luminosidad que para algunos es incluso más asombrosa que mis propios genitales".[25] De igual manera, la composición figurativa de la madre del niño no es total. Sólo tenemos referencia de sus labios. El narrador afirma: "Hasta hace muy poco mi madre no contaba para mí con un cuerpo preciso. La diferenciaba de las otras mujeres solo por el color de sus labios. Lo único importante era su boca embadurnada".[26] De este modo, la madre adquiere una identidad material a través del dibujo de su boca y cuya estridencia compite con la representación corpórea estridente del niño: "No podía permitir que la boca de mi madre fuera más importante que el espectáculo que mis testículos son capaces de ofrecer".[27]

Mientras que el resto del cuerpo permanece *espectralizado*, la manifestación material nos es dada por fragmentos que adquieren relevancia por medio del brillo, la luz y el color como si se tratara de una descomposición del cuerpo para ser reconfigurado en una frecuencia lumínica. También los fragmentos son exaltados a través del aumento de las proporciones (grandes cabezas y narices); de la abyección; de las prótesis; y de su ausencia. La fragmentación del cuerpo y la ausencia de sus partes, retomando la idea del agujero negro de Nancy, poseen tal fuerza que producen el discurso central de la narración. De ellas conocemos su origen: se trata de accidentes anatómicos (malformaciones genéticas); enfermedades (la diabetes, por ejemplo, que provoca la muerte del abuelo en "Mi piel luminosa": "dicen que murió cortado en pequeños pedazos",[28] refiriéndose a la pérdida progresiva de los miembros); castigos (decapitaciones o amputaciones); rituales (castración o corte de pelo); fines estéticos (corte de uñas); y de la narración misma pues escribir el cuerpo no significa únicamente visibilizarlo sino también desmaterializarlo, *escribirlo* o *desescribirlo*.

Ahora bien, ¿por qué las presencias bellatinianas han sido constantemente llamadas 'inquietantes'? Por un lado, Diana Palaversich afirma que estas presencias inquietan "por su inmenso poder de desestabilizar todo concepto de la unidad del personaje y del sentido narrativo",[29] pero también por sus "anomalías". Para Michel Bernard, el concepto de *imagen del cuerpo*, refiriéndose al cuerpo normalizado, es una ilusión tranquilizadora.[30] Ese cuerpo normalizado se convierte en una imagen neutral del sujeto, identificable con un modelo performático, moral, social, psicológico, económico, productivo y estético que privilegia patrones de simetría, proporción, perfección y completitud. Bellatin apuesta por resaltar personajes insólitos e imperfectos que emergen de la oscuridad o del agujero negro de su propio universo. No obstante, la presencia de estos cuerpos extra-ordinarios no obedece únicamente a un interés romper con estereotipos o visibilizar un sector poco representado sino a su mercantilización. Bellatin pervierte los cánones estéticos y desplaza el cuerpo-mercancía bello y sublime por el cuerpo-mercancía abyecto y grotesco que se manifiesta a través del cuerpo enfermo, mutilado o invisible. Ejemplos los tenemos en "Mi piel luminosa" donde los genitales de un niño son exhibidos por su madre a cambio de dinero o lápices labiales, y en *Flores* donde un escritor es llevado por su madre a un canal de televisión para recaudar dinero para una prótesis: "El escritor fue sentado al lado de la conductora, quien después de decir unas palabras al público le pidió a uno de los camarógrafos que mostrara un primer plano de su defecto. Gracias a una serie de llamadas que llegaron al canal inmediatamente después, se consiguió muy pronto el dinero necesario para la confección de la prótesis".[31] La anatomía-fetiche adquiere un valor no sólo discursivo sino comercial y, a su vez, no sólo en términos estéticos sino performáticos ya que en el relato se despliegan posibilidades inexploradas de estos cuerpos extra-ordinarios al presentar, como hemos mencionado en la introducción de este ensayo, personajes insólitos como el fotógrafo ciego, el bailarín sin pierna, los voleibolistas sin dedos y los escritores sin brazo o sin cabeza.

La (dis)continuidad narrativa del cuerpo en la fotografía

Shiki nagaoka: Una nariz de ficción (2001), *Jacobo el mutante* (2002), *Perros héroes* (2003), *Biografía ilustrada de Mishima* (2009) y *Los fantasmas del masajista* (2009) son piezas intermediales que incorporan la fotografía al cuerpo del texto. La expectativa es que ambas estructuras, el texto y la imagen, soporten la totalidad del relato. Sin embargo, a menudo, el sentido de ambas estructuras no concurre en la obra de Bellatin. Más allá de funcionar como soporte del relato, duplican los efectos perturbadores del texto al generar construcciones visuales aisladas o incompletas que desplazan el sentido de lo representado, dando la sensación de que la totalidad es inaprehensible. Idealmente, la fotografía tendría la función de que algo o alguien —en este caso nos interesan los cuerpos— se torne visible para el que observa. Para Diana Palaversich, las fotografías en la obra bellatiniana supondrían una prueba de la existencia de los personajes, pero, al mismo tiempo, son un simulacro que debilita su autenticidad.[32] Lo anterior genera una desorientación lógica debido a la discordancia en la referencialidad de la imagen. Tanto la fotografía como la escritura son espacios ideales para inscribir imágenes de rostros, cuerpos y figuras. Sin embargo, en Bellatin se tornan difusas e ilegibles, creando un efecto provocativo e inquietante.

Bellatin juega con la susceptibilidad al engaño que posee el sentido de la vista. Si bien la vista corrobora la realidad de manera inmediata, el autor juega con la disposición del lector para creer lo que ve y le propone un pacto ficcional con el material fotográfico que le muestra. Para su interpretación, el autor proporciona al lector un texto al pie de las fotografías que explica lo que vemos, o, mejor dicho, lo que no vemos. El pie de foto, explica Joan Fontcuberta, "es la información verbal necesaria que simultáneamente construye el valor de la información visual y la conecta con el texto principal".[33] Sin embargo, en el universo bellatiniano, el texto principal y las leyendas al pie de foto rebasan el contenido material de la imagen. Esto resulta paradójico si pensamos que, especialmente respecto a los cuerpos espectrales, lo escrito se presenta como insuficiente y parecería necesario llamar a la imagen, pero en Bellatin "la imagen nunca alcanza y añora lo escrito".[34]

Ahora bien, aquí deseo concentrarme de manera particular en las fotografías de rostros y cuerpos distorsionados o ilegibles utilizadas por el autor en *Shiki nagaoka: Una nariz de ficción* y *Los fantasmas del masajista*. A pesar de que la precisión del rostro y su representación a través de técnicas como el retrato en la pintura a partir del siglo XVI y la fotografía como práctica moderna toman gran relevancia en la cultura occidental, Bellatin apuesta por presentarnos algunas imágenes indescifrables. En ellas, el efecto de borrosidad imposibilita la captura de los rostros que nos son dados como referente extratextual. Al respecto, Palaversich propone que Mario Bellatin "emplea el discurso fotográfico de una manera posmoderna: presenta la imagen no como una prueba por excelencia de la referencialidad y de la (re)producción de significado, sino más bien como sitio en el cual lo real está siempre ausente".[35] Por ejemplo, en *Shiki Nagaoka* el autor nos presenta un registro fotográfico que tiene la finalidad de documentar la existencia de un escritor japonés ficticio. Entre las imágenes hay una fotografía acompañada de la leyenda "Graduación de la quinta promoción de la escuela de lenguas extranjeras de Lord Byron donde Nagaoka Shiki fue uno de los más destacados alumnos. Nótese el círculo".[36] En la imagen observamos un numeroso grupo de personas —lo que ya imposibilita la precisión del rostro de cada una— y, entre ellas, se encuentra señalado con un círculo negro el supuesto rostro de Shiki Nagaoka completamente ilegible debido al tamaño, la lejanía, pero sobre todo al defecto de una mancha de luz que blanquea particularmente ese espacio de la imagen. En *Los fantasmas del masajista*, el *dossier* fotográfico que acompaña al texto tiene el objetivo de ilustrar el relato que el masajista cuenta a nuestro narrador. En un principio, esperamos que las fotografías establezcan un vínculo connotativo con el texto. Sin embargo, imágenes como "Presidenta de la sociedad de declamadoras"[37] y "Cantante Waldrick Soriano"[38] presentan figuras desenfocadas que no proporcionan ninguna información que permita materializar lo narrado. Por lo tanto, se intuye que su intencionalidad es otra: al poseer una gran capacidad provocativa y evocativa. Refiriéndose a la fotografía en general, Susan Sontag afirma que "las fotografías en sí mismas no explican nada, son inagotables invitaciones a la deducción, la especulación y la fantasía".[39] Y aquí, la especulación nos remite nuevamente a la noción de espectro. Los rostros borrosos, difuminados y espectralizados, así como las figuras entre sombras (el ser de luz y de oscuridad), son el fantasma de una imagen. Son figuras in(de)terminadas. Un simulacro. Están sin estar; son sin ser. Están fuera de foco, pero no están fuera de la imagen. Carecen de señas particulares. Se trata de cuerpos difusos. Cuerpos dispersos. Cuerpos-luz. Un retorno a lo ontológico. Esta espectralización en la fotografía que acompaña a los textos de Bellatin parecerían un intento por descomponer y desfragmentar el cuerpo para recomponerlo en frecuencia lumínica y hacer visible lo invisible: el ser capturado en movimiento, no sólo en el espacio sino en el tiempo. La fijeza o la representación clara y nítida del retrato común dota al sujeto cualidades inamovibles. Por el contrario, Bellatin propone hacer uso de la foto ($\phi\omega\tau$-, phōs, luz) para capturar lo incapturable, lo inestable, lo que en esencia es oscuridad, lo que está en continuo movimiento, transformación y sucesión. En *El libro uruguayo de los muertos*, la voz narrativa arroja una pista:

> Creo que ya entiendo por qué utilizo ahora las fotos en mis libros. Me parece que para apreciar de una manera directa lo irreal en lo que estamos atrapados. Para mirar con tranquilidad los fantasmas, los tiempos paralelos, los vivos y los muertos comiendo de un mismo plato de arroz y que suelen aparecer en mi cuarto justo antes de que me vaya a dormir.[40]

Ahora bien, por otro lado, un ejercicio recurrente que Mario Bellatin realiza con las imágenes que acompañan sus textos es el simulacro de *ser en otro* o *materializarse en otro*. Tanto en *Shiki Nagaoka* y *Biografía ilustrada de Mishima*, el uso de fotografías tiene el objetivo de ofrecer un testimonio material sobre la existencia de los personajes al dotarlos de un rostro y un cuerpo. Sin embargo, se trata de un recurso metaficticio. Sin bien las fotografías corresponden a personas reales, no se trata de imágenes relacionadas con los personajes de los textos, por lo que, en este ejercicio del simulacro, o del engaño, se hace necesario el pacto ficcional con el lector. Esta atribución del substrato de una persona al cuerpo de otra nos resulta familiar cuando soñamos a alguien en el cuerpo de otro. Este fenómeno nos remite a el *Congreso de dobles*, un performance creado por Mario Bellatin y presentado en París en el año 2003. Para el evento se anunció la presencia de los escritores mexicanos Margo Glantz, Sergio Pitol, José Agustín y Salvador Elizondo. Sin embargo, los escritores no asistieron físicamente al congreso, sino que habían sido remplazados por unos dobles —quienes intencionalmente no se parecían a los originales— y recitaron las ideas esenciales que los escritores previamente les habían enseñado. La segunda semana los dobles fueron sustituidos por videos de los actores y finalmente por fotografías. En esta separación ser/cuerpo, Bellatin propone la idea de una continuidad del ser, aunque éste sea depositado en otro(s) cuerpo(s). Se trata de un juego metonímico de desplazamiento del ser a otros cuerpos, a fragmentos o a prótesis. Cuerpos recipientes. Cuerpos huéspedes. Emmanuel Lévinas afirma que "el ser permanece como un campo de fuerza, como un pesado ambiente que no pertenece a nadie, pero que permanece como universal, retornando al seno mismo de la negación que lo aparta".[41] Si la imagen nítida en la fotografía es la afirmación del ser, en el universo bellatiniano es su negación. Se trata de la negación del cuerpo como elemento intrínseco al ser pues éste trasciende tanto la exterioridad como la interioridad, e incluso, como afirma Lévinas, no hace distinción entre ambas,[42] por lo que el ser tiene la potencia de apropiarse o habitar otro cuerpo. Para Derrida, la encarnación de un substrato en otro cuerpo engendra un fantasma cuando las ideas o pensamientos encarnan o se materializan en un cuerpo artefactual o protético.[43] De este modo, la imagen es un fantasma,[44] es el ser que vuelve recreado en otro: el espectro del relato universal condensado en materia (cuerpo/libro/imagen).

Conclusión

Sin duda, el cuerpo tiene un rol central en la obra de Mario Bellatin. En su obra, el cuerpo es presentado como una doble realidad: material e inmaterial. Narrar el cuerpo inmaterial es distanciarse de la idea del cuerpo como límite/limitación de la existencia. En *Los fantasmas del masajista*, el narrador afirma que "el cuerpo representa un estorbo".[45] De este modo, da la impresión de que la desmaterialización y fragmentación del cuerpo se convierte en una obsesión discursiva que busca su carácter inestable y susceptible a la transformación y descomposición llevándolo al plano de la comprensión mística y suprasensorial. Con la noción del ser sin rostro y sin identidad material, Bellatin parece explorar la idea de que el ser es más que cuerpo y el cuerpo es más que materia. En el universo de este autor se intuye la idea de un cuerpo inmanente y trascendente que excede al cuerpo material. Lo invisible, la ausencia y la oscuridad son el sentido último de la profundidad infinita, que se mueve sin fin y a la que nos aproximamos de manera cotidiana abriendo otros canales de percepción.

Notas

1. Maurice Merleau-Ponty, *Phénoménologie de la perception* (Paris: Gallimard, 1945), 82.
2. Jacques Derrida, *Artes de lo visible (1979-2004)* (Pontevedra: Ellago Ediciones, 2013), 57.
3. Mario Bellatin, *Damas chinas* (Barcelona: Anagrama, 2006), 15.
4. Bellatin, *Damas chinas*, 22.
5. Bellatin, *Damas chinas*, 30.
6. Bellatin, *Damas chinas*, 44.
7. Mario Bellatin, *Los fantasmas del masajista* (Buenos Aires: Eterna Cadencia, 2009), 41. Asimismo, aquí merece destacar que en relatos como *La escuela del dolor humano de Sechuán* (2005), el autor aborda el tema de los rituales de la momificación y subraya la importancia de las telas y ropas que conservan los cuerpos.
8. Mario Bellatin, *El gran vidrio. Tres autobiografías* (Barcelona: Anagrama, 2007), 30.
9. Ana Carrasco Conde, *Presencias irreales: Simulacros, espectros y construcción de realidades* (Madrid: Editorial Plaza y Valdés, 2017), 160.
10. Véase Grosseteste en la bibliografía, quien en la Edad Media, Grosseteste afirmaba que 3l espíritu de los muertos (la sustancia) era iluminada (de ahí el color blanco) por Dios para que los vivos lo vieran y rezaran por su alma. Así, los fantasmas son sujetos que se hacen visibles por la gracia de Dios.
11. Robert Grosseteste, citado por Carretero Gutiérrez (2003), 39.
12. Tijl Nuyts, "La dialéctica entre lo uno y lo multiple. El sufismo de Ibn 'Arabi en la narrative de Mario Bellatin", en *Confluencia: Revista Hispánica de Cultura y Literatura* 34, nº 2 (Spring 2019), 38.
13. Faouzi Skali, *La vía sufí* (Madrid: Ibersaf Editores, 2006), 8.
14. Henry Corbin, *El hombre de luz en el sufismo iranio* (Madrid: Siruela, 2000),

32. Esta noción ha sido desarrollada, fuera del pensamiento sufí, por Emmanuel Lévinas en *De la existencia al existente*.

15. Joseph Puig Montada, "La armonía entre la filosofía y el sufismo: Sohravardi", en *Anuales del seminario de Historia de la filosofía* 18 (2001), 23.

16. Puig Montada, "La armonía...", 21.

17. Jean-Luc Nancy, *Corpus* (Madrid: Arena Libros, 2003), 53.

18. Ana Carrasco Conde, *Presencias irreales: Simulacros, espectros y construcción de realidades* (Madrid: Editorial Plaza y Valdés, 2017),72.

19. Mario Bellatin, *Biografía ilustrada de Mishima* (Buenos Aires: Entropía, 2009.), 24.

20. Maurice Merleau-Ponty, *Lo visible y lo invisible* (Buenos Aires: Nueva Vision, 2010), 123.

21. Georges Vigarello, *El sentimiento de sí. Historia de la percepción del cuerpo (s. XVI- sXX)* (Bogotá: Universidad Nacional de Colombia, 2017), 30.

22. Bellatin, *Los fantasmas del masajista*, 18.

23. Merleau-Ponty, *Phénoménologie de la perception*, 95.

24. Nancy, *58 indicios sobre el cuerpo...*, 23.

25. Bellatin, *El gran vidrio*, 29.

26. Bellatin, *El gran vidrio*, 34.

27. Bellatin, *El gran vidrio*, 12.

28. Bellatin, *El gran vidrio*, 56.

29. Diana Palaversich, *De Macondo a McOndo. Senderos de la postmodernidad latinoamericana* (México: Editorial Plaza y Valdés, 2005), 136.

30. Michel Bernard, *El cuerpo. Un fenómeno ambivalente* (Barcelona: Paidós, 1994), 113.

31. Mario Bellatin, *Flores* (Barcelona: Anagrama, 2004), 94.

32. Palaversich, *De Macondo a McOndo...*, 127.

33. Joan Fontcuberta, *Indiferencias fotográficas y ética de la imagen periodística* (Barcelona: Gustavo Gili, 2011), 33.

34. Alan Pauls, citado por Xiomara Silva Torres, Xiomara, en *Escribir sin palabras: la fotografía en Los fantasmas del masajista de Mario Bellatin* (2018).

35. Palaversich, *De Macondo a McOndo...*, 127.

36. Mario Bellatin, *Shiki Nagaoka: una nariz de ficción* (Buenos Aires: Sudamericana, 2001), 50.

37. Bellatin, *Los fantasmas del masajista*, 86.

38. Bellatin, *Los fantasmas del masajista*, 92.

39. Susan Sontag, *Sobre la fotografía* (Buenos Aires: Alfaguara, 2017), 42.

40. Mario Bellatin, *El libro uruguayo de los muertos: Pequeña muestra del vicio en el que caigo todos los días* (Barcelona: Sexto Piso, 2012), 10.

41. Emmanuel Lévinas, *De la existencia al existente* (Madrid: Arena Libros, 2000), 78.
42. Lévinas, *De la existencia al existente*, 77.
43. Derrida, *El espectro de Marx...*, 144.
44. Un aspecto pendiente por analizar es la aparición recurrente de objetos antiguos como fantasmagorías de la modernidad (la Underwood portátil modelo 1915, el auto Renault 5 y los daguerrotipos). La presencia de estos objetos antiguos parecería cadáveres que sustituyen lo actual y que recrean una atmósfera de irrealidad.
45. Bellatin, *Los fantasmas del masajista*, 72.

Bibliografía

Bellatin, Mario. *Biografía ilustrada de Mishima*. Buenos Aires: Entropía, 2009.

⸻. *Damas chinas*. Barcelona: Anagrama, 2006.

⸻. *El gran vidrio. Tres autobiografías*. Barcelona: Anagrama, 2007.

⸻. *El libro uruguayo de los muertos: Pequeña muestra del vicio en el que caigo todos los días*. Barcelona: Sexto Piso, 2012.

⸻. *Flores*. Barcelona: Anagrama, 2004.

⸻. *Los fantasmas del masajista*. Buenos Aires: Eterna Cadencia, 2009.

⸻. *Shiki Nagaoka: una nariz de ficción*. Buenos Aires: Sudamericana, 2001

Bernard, Michel. *El cuerpo. Un fenómeno ambivalente*. Barcelona: Paidós, 1994.

Carrasco Conde, Ana. *Presencias irreales: Simulacros, espectros y construcción de realidades*. Madrid: Editorial Plaza y Valdés, 2017.

Carretero Gutiérrez, Mercedes. "Claves epistemológicas del Arte y la Ciencia en los desarrollos de la Modernidad". Tesis doctoral, Universidad Complutense de Madrid, 2003.

Corbin, Henry. *El hombre de luz en el sufismo iranio*. Madrid: Siruela, 2000.

Derrida, Jacques. *El espectro de Marx: El estado de la deuda, el trabajo del duelo y la nueva internacional*. Madrid: Trotta, 1998.

⸻. *Artes de lo visible (1979-2004)*. Pontevedra: Ellago Ediciones, 2013.

Fontcuberta, Joan. *Indiferencias fotográficas y ética de la imagen periodística*. Barcelona: Gustavo Gili, 2011.

Guerrero, Javier. "El experimento 'Mario Bellatin'. Cuerpo enfermo y anomalía en el tránsito material del sexo". *Estudios* 17, n.º 33 (2009): 63-96.

Grosseteste, Robert. *On the six days of Creation. A translation of the Hexaëmeon*. Oxford University Press, 1996.

Lévinas, Emmanuel. *De la existencia al existente*. Madrid: Arena Libros, 2000.

Merleau Ponty, Maurice. *Phénoménologie de la perception*. Paris: Gallimard, 1945.

———. *Lo visible y lo invisible*. Buenos Aires: Nueva Visión, 2010.
Nancy, Jean-Luc. *Corpus*. Madrid: Arena Libros, 2003.
———. *58 indicios sobre el cuerpo. Extensión del alma*. Buenos Aires: Ediciones La Cebra, 2011.
Nuyts, Tijl. "La dialéctica entre lo uno y lo múltiple. El sufismo de Ibn 'Arabi en la narrativa de Mario Bellatin". *Confluencia: Revista Hispánica de Cultura y Literatura* 34, nº 2 (2019): 37-51.
Palaversich, Diana. *De Macondo a McOndo. Senderos de la postmodernidad latinoamericana*. México: Editorial Plaza y Valdés, 2005.
Puig Montada, Josep. "La armonía entre la filosofía y el sufismo: Sohravardi". *Anuales del seminario de Historia de la filosofía* 18 (2001): 15-30.
Silva Torres, Xiomara. *Escribir sin palabras: la fotografía en Los fantasmas del masajista de Mario Bellatin*, (2018). https://revistas.uptc.edu.co/index.php/la_palabra/article/view/8846/8196.
Sontag, Susan. *Sobre la fotografía*. Buenos Aires: Alfaguara, 2017.
Skali, Faouzi. *La vía sufí*. Madrid: Ibersaf Editores, 2006.
Vigarello, Georges. *El sentimiento de sí. Historia de la percepción del cuerpo (s. XVI- sXX)*. Bogotá: Universidad Nacional de Colombia, 2017.

Jacobo el mutante de Mario Bellatin: de *Job* a *La frontera*, de Joseph Roth

FRANCISCO JOSÉ LÓPEZ ALFONSO

EN 1930, JOSEPH ROTH publicó *Job* en el *Frankfurter Zeitung*, una "zeitungroman"; esto es, una novela que compartía las temáticas del periodismo.[1] De hecho, el asunto —la situación de los judíos de la Europa oriental— había sido planteada por el propio Roth en *Judíos errantes*, una colección de artículos aparecida en 1927. Pero a la vez se trataba de un asunto ancestral, pues el relato abordaba la ausencia de Dios; una ausencia que, como percibió Vallejo en "Los heraldos negros", se hacía más sensible ante los males que tornaban la vida aún más incomprensible.

La idiotez del pequeño Menuchim, la leva de sus hijos Jonás y Schemaryah por el ejército ruso, la huida a los Estados Unidos dejando atrás a Menuchim en manos de una familia amiga, la muerte más tarde de Jonás y Schemaryah en la I Guerra Mundial, de su esposa Deborah y la locura de su hija Miriam, golpes como del odio de Dios, actualizan en Mendel Singer la figura bíblica de Job, como sugiere el título. Mendel, un hombre sencillo y piadoso, que en su aldea rusa de Zuchnow se había ganado la vida enseñando a los niños "a leer y a recitar la Biblia",[2] pierde la fe y se rebela contra Dios. "¡Quiero quemar a Dios!",[3] grita, hasta que Dios se manifiesta obrando un milagro con la llegada del pequeño Menuchim, convertido en un famoso compositor que viene en busca de su padre.

Esta novela, "la más judía de la literatura alemana", según Pérez Gay,[4] uno de sus traductores al español, es el referente de *Jacobo el mutante*, de Mario Bellatin, que ya desde el título, con el nombre de *Jacobo*, llamado Israel después de su pelea con el ángel, hasta el final del libro, cerrado con una estrella de David, parece reivindicar ese judaísmo. Sin embargo, la novela de Bellatin se presenta no como el trasunto de *Job*, sino de *La frontera*, un apócrifo atribuido al mismo Roth. Siguiendo la estela de "El acercamiento a Almotásim", de Borges, *Jacobo el mutante* asume la forma de un estudio crítico del apócrifo; es decir, se trata de un relato con apariencia de ensayo y, tal y como suele acontecer en la ficción borgeana, lleno de lagunas.[5]

El narrador-investigador, en una suerte de gradación, apunta que, excepto algunos fragmentos, no existe traducción de *La frontera*. Luego añade que hay dos ediciones, una de "la editorial Stroemfeld, que se supone íntegra",[6] y otra de "la editorial independiente Kieperheuer & Witsh que para muchos está compuesta solo por fragmentos",[7] para afirmar de inmediato que "Nadie sabe por qué hasta ahora no se ha publicado ninguna de las dos",[8] en un proceso sintáctico que recuerda la descripción de aquel objeto de anticuario hecha por Lichtenberg: "cuchillo sin hoja, que carece de mango".[9] Es decir, no existe edición alguna de *La frontera*. Lo único que existe son esos originales en los archivos de las dos editoriales que se creen incompletos, bien porque haya que "recolectar la inmensa cantidad de papeles dispersos"[10] o, al menos, recuperar los fragmentos hurtados por la lectora contratada por "la Casa Stroemfeld, Henriette Wolf, sin que hasta ahora se conozcan los motivos".[11] Aun así, los esfuerzos resultarían insuficientes, dado que Roth no publicó esta novela "por no haber[la] terminado";[12] argumento al que cabría añadir las circunstancias en que se fue redactando. Según cierta investigadora que lo acompañó en los años finales, Roth "lo iba escribiendo sumergido siempre en un estado de total embriaguez".[13]

Pero nada de esto es obstáculo para que el estudioso narrador se empeñe en un grotesco ejercicio de interpretación en el que, además, la crítica genética ocupa un lugar destacado: "En la editorial Kieperheuer & Witsh se tienen dos versiones sobre este pasaje. Leyendo la primera que no es la ofrecida líneas antes [...]".[14]

Al tomar lo que no puede ser otra cosa más que materiales pre-textuales, borradores, por el texto literario, el crítico aventura juicios insostenibles, "(...) se trata de una de las obras más crípticas y de estructura más compleja del autor",[15] y reduce al absurdo la crítica genética. ¿Cómo se pueden formular valoraciones tan categóricas sobre el todo únicamente a partir de los fragmentos? ¿Cómo, si la novela no está acabada? ¿Cómo, si estaba en proceso, aunque el proceso se interrumpiera por la muerte de Roth?

Y cuando el lector advierte esto, si además es un estudioso de Bellatin, siente como una punzada al comprender que cualquier juicio sobre una novela de Bellatin es siempre precipitada, provisional, pues esta forma parte de ese Libro Único que constituye su obra, merced a un variado sistema de relaciones intertextuales, como aquí la mención de Henriette Wolf, que aparece también en *Flores* y de manera más vaga en *Biografía ilustrada de Mishima*.

Pero el crítico-narrador no se arredra por las dificultades. Como cualquier lector, quiere saber, *necesita* comprender. Y recurre entonces a la figura del autor; es decir, a elementos extratextuales para encontrar respuesta a las preguntas o carencias del texto. Apelando al autor como el lugar originario de la escritura, "un cierto modo de ser del discurso", como dice Foucault,[16] al que se le presupone una cierta coherencia conceptual, el crítico busca declaraciones u otros textos que ilustren o corroboren el sentido del analizado: Joseph Roth "(...) señala en una de sus cartas —perdidas en la actualidad— (...) [que] El mal más profundo no era necesariamente el que había comenzado a ejercerse en los pogroms rusos, sino el que iban a infligir a la fe las generaciones sobrevivientes (...)".[17] En realidad, este uso normalizado entre la crítica no garantiza nada —recuérdese que *La frontera* se escribió en estado de ebriedad—, pero, comparado con la identificación entre el personaje y la persona que escribe, resulta menos delirante:

> Jacobo Pliniak quizá se enfrenta entonces a la crisis de fe más importante de su vida. Lamentablemente no es posible cotejar los pasajes de este libro, La frontera, con aspectos de la vida del escritor Joseph Roth [...] Realizar una pesquisa semejante hubiera podido, de alguna manera, aclarar ciertas aristas del relato (...).[18]

Tampoco la vida social, a pesar del vínculo inexcusable con la literatura, consigue explicar la naturaleza específica del texto:

> La caída del Imperio Austro-Húngaro, la errancia del escritor por Europa, su adaptación a la cultura germana imperante en Viena, la aparición del Nacionalsocialismo, su alcoholismo desenfrenado y su condición final de refugiado pobre en París —circunstancia que lo lleva a una especie de suicidio— se convierten en una suerte de claves inasibles del relato.[19]

Como en otros libros, Bellatin se pregunta aquí por la relación entre el autor y el texto, que en buena medida es una pregunta por la relación entre el lector y el texto. ¿Qué sucede con los textos cuando quedan huérfanos de su autor? ¿Qué es lo que realmente lee el lector cuando los textos son dejados a merced de sus propias reglas?

La excesiva dependencia en nuestra tradición del autor y del contexto socio-histórico en el que escribe como códigos de lectura ya fue parodiada por Bellatin con la organización de un congreso de dobles de escritores. Dice Bellatin:

> El día de la inauguración se oyeron quejas, sobre todo de algunos profesores de universidades europeas que habían viajado desde sus lugares de origen con el fin de estar cerca de una serie de autores mexicanos, muchos de los cuales eran materia de sus investigaciones.[20]

En *Jacobo el mutante*, donde Roth sería como otro escritor invitado al congreso, la pregunta "¿qué lee la gente, qué lee el otro?", se hace más incisiva porque las condiciones de lectura son excepcionales. Y no solo porque *La frontera* sea una obra inacabada, un enorme borrador fragmentado, que impone una cierta lógica interna a *Jacobo el mutante*; también porque Bellatin se revuelve contra lo que llama "la retórica del lector",[21] algo así como las expectativas alimentadas por una gramática bien conocida de la narrativa.

El narrador —no solo como guía, sino como espejo en el que el lector se ve reflejado— expresa su desconcierto ante las elipsis, que atribuye a fragmentos perdidos, y sobre todo ante la transformación de Jacobo en su hija adoptiva Rosa. "Pero no en la niña que hasta ahora se ha conocido sino en una anciana de ochenta años de edad".[22] Jacobo, que había sido juzgado como "uno de los seres más elementales del universo",[23] pasa a ser el personaje "más extraño creado por nuestro autor",[24] explicado de modo prestigioso como un caso similar al del Orlando de Virginia Woolf. Aunque el narrador no parece tenerlo muy claro y se escuda tras la opinión de otros investigadores ("Algunos piensan que es un personaje no acabado del todo [...], y otros que es en definitiva una innovación de lo que tradicionalmente suele conocerse como personaje"),[25] al final parece decantarse por una explicación arbitraria que disimula su chocarrera razón de ser: "Pareciera que la figura de Rosa Pilniakson hubiese sido creada solo para confundir a ciertos teóricos, [...]".[26]

En realidad, si se atiende a la descripción de la trama de *La frontera*, Rosa funciona como aquellas elipsis temporales. Al contrario de "la capacidad que se le otorga a un personaje para asumir un rol totalmente distinto",[27] mencionada por el narrador para explicar la metamorfosis, Rosa representa la capacidad de un personaje para asumir un rol idéntico al de otro. Más claramente, Jacobo y Rosa son un mismo actante, cuya función consistiría en defender la tradición religiosa. La aparición de la Rosa octogenaria sería un modo eficaz —aunque chocante— de plantear el problema de la secularización en un estadio más avanzado.

Bellatin parece revolverse contra los hábitos de lectura más asentados, contra el autoritarismo de la tradición crítico-interpretativa, contra la lectura entendida en el sentido tradicional, esto es, lineal y progresiva; pero también contra nuevos modos de leer promovidos por los *mass media*, en especial, por la televisión. Es cierto que el *zapping*, la larga duración de las series y de las telenovelas han facilitado la lectura diagonal. Pero también es cierto que el permanente y fácil acceso a estos productos y la desaparición de la frontera entre la cultura alta y la baja no ha generado en muchos de estos potenciales lectores ni siquiera el respeto acostumbrado por el libro.

En este sentido, Armando Petrucci apunta reveladoramente que "el nuevo *modus legendi*" comprende también una relación física diferente con el libro. Es manipulado, doblado, retorcido, llevado de acá para allá. La breve conservación y la ausencia de ubicación concreta y, por tanto, de una fácil localización "hace difícil, incluso imposible una operación que se repetía en el pasado: la de la relectura [...] que derivaba estrechamente de una concepción del libro para reflexionar, aprender y recordar".[28]

Es evidente que las novelas de Bellatin requieren de la relectura; paradójicamente, de una lectura que recuerda el modo en que Mendel Singer y Jacobo Pilniak se ganan la vida: enseñando a leer y memorizar la Torá a los niños. Ninguno de ellos es un rabino, sino una suerte de maestro de primeras letras. Pero mientras Mendel no se aparta lo más mínimo de la ortodoxia, Jacobo tiene una mayor autonomía de espíritu; quizá como correlato de su actividad ayudando a pasar la frontera a los judíos rusos que huyen de los pogroms: "Jacobo Pilniak señalaba asimismo, inmediatamente después de la primera ablución del día, que había que proclamar una nueva forma de leer la Torá".[29]

Con esta delicada *mise en abyme* que no es simplemente la de una novela (*La frontera*) dentro de otra novela (*Jacobo el mutante*), sino también la de un hombre que lee (el investigador literario) sin reparar en el reflejo de ese otro lector que es Jacobo, se empieza a percibir un tema oculto. La novela de Bellatin explora la consternación de un narrador que percibe cómo el mundo —reducido a un libro, convertido en un símbolo— se ha vuelto indescifrable. La ausencia de un texto definitivo, la inexistencia de un orden, las versiones duplicadas, los fragmentos desaparecidos, la enormidad de tantas exigencias hace que el esfuerzo interpretativo del narrador resulte conmovedor. Hay señales del colapso de todas las estructuras del significado. Todo se ha vuelto susceptible de formar parte del *Cuadernillo de las cosas difíciles de explicar* del *Poeta ciego*. La irresolución del desenlace, que debiera ser como ese *tac* que completa y da sentido al *tic*, impide la comprensión:[30]

> Las figuras quedan en suspenso. La piel de los hombres perpetuamente mojada. Un Golem. Una docena de huevos cocidos. La empleada de la editorial Stroemfeld buscando borrar las huellas del texto. No se produce ninguna mutación. Tan solo aparece la imagen de unas ovejas pastando en el roquedal.[31]

Estas líneas, que constituyen el único texto de la última parte de la novela, "Sabbath", a la que se añaden siete fotografías, repiten literalmente las de la primera parte con dos variantes, con dos mutaciones, si se quiere: el añadido de la oración que alude al hurto de Henriette Wolf y el cambio del tiempo pasado de los verbos por el presente, el tiempo de la eternidad, en el desenlace.

Toda significación queda aplazada, "en suspenso", por utilizar las sentenciosas palabras del narrador; cerrada a un sentido concreto y claro. Y esta indeterminación y el desasosiego que genera es Dios para el narrador, porque como Feuerbach apuntó en otro momento: "Dios es el eco de nuestros gemidos de dolor".[32] Con otras palabras, "Lo que el hombre echa de menos —de manera consciente o inconsciente— eso es Dios".[33] El investigador literario, que inicialmente ha seguido un modelo de lectura positivista, filológico, frustrado por las dificultades, deriva a un modelo de lectura religioso. De la lectura de quien busca evitar el error, el engaño, a una lectura de quien, para evitar la angustia, se proyecta en lo que lee. Así, esa poderosa y sugerente imagen, cargada de reminiscencias, del pastor que apacienta a sus ovejas en un roquedal, de ser un elemento incidental en *La frontera* (Abraham, un hermano espiritual de Jacobo, contempló detrás de un roquedal "cómo su poblado era quemado con sus habitantes encerrados en la pequeña sinagoga")[34] se transforma en cifra de *Jacobo el mutante*.

A este narrador que, como tantos otros del autor mexicano, escribe desde la carencia, al advertir que "están abiertas todas las posibilidades" de interpretación, "no [le] queda otro recurso sino el de cobijarse bajo un orden trascendente".[35] Su actitud hace de *Jacobo el mutante* una renovada versión del *Libro de Job* y también del *Job* de Roth, porque Job, básicamente, es el hombre que no entiende y que por ello se aferra a Dios. Martin Buber ha escrito: "Job ha actuado como el arquetipo de agarrarse a Dios en tiempos de tinieblas de Dios".[36]

"*El libro de Job* es un libro para tiempo de crisis", afirma Rodrigo Breto.[37] ¿Y qué tiempo no lo es? El desconcierto del lector (nosotros) frente a un universo distante y extraño como es el del judaísmo oriental, por el que además es conducido de manera arbitraria por el investigador,[38] podría hacerle creer que el mérito del texto reside en la supuesta reescritura para nuestro tiempo de metáforas que sirven para demostrar la continuidad entre una y otra forma de cultura. Pero sería una torpeza no ver los tintes de parodia o autoparodia en *Jacobo*.

Bellatin es fiel al *Job* de Roth al reiterar la idea central de la novela: el desgaste del judaísmo en el escenario de la modernidad: "No es casual que el relato comience en la época de los pogroms rusos y termine un siglo más tarde. Tampoco que se describa cómo una comunidad de inmigrantes va abandonando de manera gradual sus antiguas creencias".[39] Incluso la estrafalaria decisión de Rosa Pilniakson de crear una academia de bailes —más allá de la idea de hacer un Golem— entroncaría con *Job* y el corpus de ideas de Roth. En *Job*, recuérdese, el milagro se producía a través de la música: la "Canción de Menuchim" era el heraldo que anunciaba la llegada del hijo enfermo convertido en un gran compositor. Y en las crónicas de *Judíos errantes*, Roth recordaba que en el oratorio, los judíos orientales "se comportan como en un casino",[40] mientras que, al emigrar a Occidente, rezan "en aburridos templos en los que el oficio divino se hace tan mecánico como en la mejor de las iglesias protestantes".[41] Y describía también la festividad de la Torá en la que los jasídicos bailaban abrazados a los rollos de la Torá como si estos fueran muchachas: "Me conmovió profundamente que todo un pueblo ofrendara a su Dios su voluptuosidad sensual, que del libro de las más severas leyes hiciera su amado y que no supiera separar ya el deseo corporal del gozo espiritual y, por el contrario, uniera ambos".[42]

Pero hay una importante diferencia entre la novela de Roth y la de Bellatin. En *Job*, Roth ejerce como el rabí milagroso que media entre el hombre y Dios. Mientras que en *Jacobo el mutante*, podría decirse, por mantener el exótico decorado, que Bellatin lo hace como un *batlen* judeo-oriental; esto es:

> un gracioso, un bufón, un filósofo, un narrador de historias. En cada pequeña ciudad —escribe Roth— vive al menos un batlen que divierte a los invitados en las bodas y en los bautizos, duerme en el oratorio, se inventa historias, escucha disputar a los hombres y se rompe la cabeza a propósito de cosas inútiles. Nadie lo toma en serio. Y, sin embargo, es el más serio de los hombres.[43]

Jacobo el mutante es una gran broma, una novela que en lugar de representar la vida representa un texto que se ocupa de otro texto, además apócrifo. El simulacro de un simulacro en el que todo es tan excesivo —una novela escrita en permanente estado de embriaguez interpretada por un idiota como si fuese un texto religioso, próximo a la mística—, que resulta imposible dejarse engañar. Sin embargo, en esta broma inútil, evidente, sigue mostrándose diáfana la capacidad de lo ficticio para absorber el mundo real. La transformación de Joseph Roth en un personaje más, como lo es Jacobo Pilniak, no deja de provocar un escalofrío ante la posibilidad de que el mundo sea un simulacro.

Dios, que es sentido y concreción, esto es, seguridad, continúa ausente. Pero el bufón Bellatin —como autor— está lejos de mostrarse como su reflejo, como hacía Roth en *Job*. Se parece más a ese pintor contratado por Rosa Pilniakson al que le falta el brazo izquierdo y que "llegó al poblado con el grupo de trabajadores que tenía el encargo de transformar las casas en academias"[44] de baile.

El reconocimiento de esta impotencia parece corresponderse con la aceptación de que, en un mundo cada vez más secularizado, el arte no puede ser la débil esperanza de un sentido y significado últimos. Pero si este modo de trascendencia ya no es posible, tampoco parece razonable el nihilismo solemne de cierta crítica postmoderna. De hecho, *Jacobo el mutante*, con su *plumpes Denken*, podría leerse como una paródica metáfora de la teoría de la deconstrucción, para la que *leer* de verdad consistiría "justamente en poner en tela de juicio la posibilidad misma de toda lectura".[45]

Notas

1. J.M. Coetzee, "Joseph Roth, los cuentos", en *Mecanismos internos. Ensayos 2000-2005* (Barcelona: Debolsillo, 2010), 100.

2. Joseph Roth, *Job*, (Barcelona: Acantilado, 2007), pos. 65. Edición para Kindle.

3. Roth, *Job*, pos. 179.

4. Citado por Alexandra Délano Alonso, "Joseph Roth: palabra y fe", en *Casa del Tiempo* s.n. (diciembre 2001-enero 2002), 84, http:// http://www.uam.mx/difusion/revista/dico1eneo2/delano.pdf.

5. Ana María Barrenechea, "Borges y la narrativa que se autoanaliza", *Nueva Revista de Filología Hispánica* 24, n° 2 (1975): 522.

6. Mario Bellatin, *Jacobo el mutante* (México D. F.: Alfaguara, 2002), 15.

7. Bellatin, *Jacobo el mutante*, 15.

8. Bellatin, *Jacobo el mutante*, 15.

9. Citado por André Bretón, *Antología del humor negro* (Barcelona: Círculo de Lectores 2005), 50.

10. Bellatin, *Jacobo el mutante*, 15-16.

11. Bellatin, *Jacobo el mutante*, 59.

12. Bellatin, *Jacobo el mutante*, 16.

13. Bellatin, *Jacobo el mutante*, 16.

14. Bellatin, *Jacobo el mutante*, 38.

15. Bellatin, *Jacobo el mutante*, 19-20.

16. Michel Foucault, "¿Qué es un autor?", *Littoral*, n° 9 (junio, 1983): 60 https://azofra.files.wordpress.com/2012/11/que-es-un-autor-michel-foucault.pdf.

17. Bellatin, *Jacobo el mutante*, 42.

Quizá el referente de esa "carta perdida" sea la fechada el 22 de marzo de 1933 en la que Roth escribe: "Y, en lo tocante a los judíos, este pueblo está en vías de disolución (gracias a Rusia) y dejará de existir dentro de unos cincuenta o cien años. Lo segundo es que los judíos de hoy, que desde hace doscientos años no viven en su patria espiritual, no están en condiciones de soportar fisiológicamente los sufrimientos de sus antepasados. ¿Han estudiado el Talmud? ¿Rezan cada día a Jehová? ¿Se ponen *tefilín*? No, todo eso quedó atrás [...]", en Roth y Zweig, *Ser amigo...*, 86.

18. Bellatin, *Jacobo el mutante*, 28.

19. Bellatin, *Jacobo el mutante*, 28-29.

20. Mario Bellatin, "Lo raro es ser un escritor raro", en *Pájaro transparente* (Buenos Aires: Mansalva, 2006), 111.

21. Bellatin, "Lo raro es ser un escritor raro", 108.

22. Bellatin, *Jacobo el mutante*, 30.

23. Bellatin, *Jacobo el mutante*, 13. Esta consideración puede interpretarse como una broma más de Bellatin al traducir deliberadamente mal el adjetivo "einfachen" (sencillo) que aparecía en el subtítulo de la novela de Roth, por "elemental": *Hiob. Roman eines einfache Mannes. Job. Novela de un hombre sencillo.*

24. Bellatin, *Jacobo el mutante*, 20.

25. Bellatin, *Jacobo el mutante*, 20.

26. Bellatin, *Jacobo el mutante*, 46.

27. Bellatin, *Jacobo el mutante*, 22-23.

28. Armando Petrucci, "Leer por leer: un porvenir para la lectura", en *Historia de la lectura en el mundo occidental*, edición de Guglielmo Cavallo y Roger Chartier (Madrid: Taurus, 1998), 546.

29. Bellatin, *Jacobo el mutante*, 42.

30. Lizette Martínez Willet, "El estallido del referente. Historia y religión judías en *Jacobo el mutante*, de Mario Bellatin", *Akademos*, 19, n° 1 y 2 (2017), 209.

31. Bellatin, *Jacobo el mutante*, 65.
32. Citado por Manuel Cabada Castro, "La autorrealización o liberación humana como crítica de la religión en Feuerbach", en *Filosofía de la religión. Estudios y textos*, ed. de Manuel Fraijó (Madrid: Editorial Trotta, 1994), 294.
33. Citado por Cabada Castro, "La autorrealización o liberación humana como crítica de la religión en Feuerbach", 300.
34. Bellatin, *Jacobo el mutante*, 24.
35. Bellatin, "Lo raro es ser un escritor raro", 110.
36. Citado por José Carlos Rodrigo Breto, "El acoso del sufrimiento injusto", en el blog *La ficción gramatical* (10/07/2011): http://laficciongramatical.blogspot.com/2011/08/job-joseph-roth.html.
37. Rodrigo Breto, "El acoso del sufrimiento injusto".
38. José Fernando Iriarte Montañez, "*Jacobo el mutante* y la poética de Mario Bellatin : una lectura desde la enunciación del discurso", (Tesis de Licenciatura, Pontificia Universidad Católica del Perú, 2012), 111. http://tesis.pucp.edu.pe/repositorio/handle/20.500.12404/1564?show=full.
39. Bellatin, *Jacobo el mutante*, 38-39.
40. Joseph Roth, "La pequeña ciudad judía", en *Judíos errantes* (Barcelona: Acantilado, 2008), 45.
41. Joseph Roth, "Judíos orientales en Occidente", en *Judíos errantes,* 40.
42. Roth, "La pequeña ciudad judía", 56-57.
43. Roth, "La pequeña ciudad judía", 63.
44. Bellatin, *Jacobo el mutante*, 61.
45. Ramón del Castillo y Germán Cano, "Las ilusiones de la Estética", en Terry Eagleton, *La Estética como ideología* (Madrid: Editorial Trotta, 2006), 12.

Bibliografía

Barrenechea, Ana María. "Borges y la narrativa que se autoanaliza". *Nueva Revista de Filología Hispánica* 24, n.º 2 (1975): 515-527.
Bellatin, Mario. *Jacobo el mutante*. México: Alfaguara, 2002.
———. "Lo raro es ser un escritor raro", en *Pájaro transparente*. 105-124. Buenos Aires: Mansalva, 2006.
Bretón, André. *Antología del humor negro*. Barcelona: Círculo de Lectores, 2005.
Cabada Castro, Manuel. "La autorrealización o liberación humana como crítica de la religión en Feuerbach". En *Filosofía de la religión. Estudios y textos*. Edición de de Manuel Fraijó, 291-316. Madrid: Editorial Trotta, 1994.
Castillo, Ramón del y Germán Cano. "Las ilusiones de la Estética". En Terry Eagleton, *La Estética como ideología*. 9-48. Madrid: Editorial Trotta, 2006.

Coetzee, J.M. "Joseph Roth, los cuentos". En *Mecanismos internos. Ensayos 2000-2005*. 97-110. Barcelona: Debolsillo, 2010.

Délano Alonso, Alexandra. "Joseph Roth: palabra y fe". *Casa del Tiempo* s.n. (diciembre 2001-enero 2002): 83-87. http://www.uam.mx/difusion/revista/dico1ene02/delano.pdf.

Foucault, Michel. "¿Qué es un autor?". *Littoral*, n.º 9 (junio, 1983): 51-82. https://azofra.files.wordpress.com/2012/11/que-es-un-autor-michel-foucault.pdf.

Iriarte Montañez, José Fernando. "*Jacobo el mutante* y la poética de Mario Bellatin: una lectura desde la enunciación del discurso". Tesis de licenciatura, Pontificia Universidad Católica del Perú, 2012). http://tesis.pucp.edu.pe/repositorio/handle/20.500.12404/1564?show=full.

Martínez Willet, Lizette. "El estallido del referente. Historia y religión judías en *Jacobo el mutante*, de Mario Bellatin". *Akademos* 19, n.º 1 y 2 (2017): 193-213.

Nürnberger, Helmuth. *Joseph Roth*. Valencia: Edicions Alfons el magnànim-IVEI, 1995.

Petrucci, Armando. "Leer por leer: un porvenir para la lectura". En *Historia de la lectura en el mundo occidental*. Edición de Guglielmo Cavallo y Roger Chartier, 519-549. Madrid: Taurus, 1998.

Rodrigo Breto, José Carlos. "El acoso del sufrimiento injusto". En *La ficción gramatial* (10/07/2011).http://laficciongramatical.blogpost.com/2011/08/job-joseph-roth.html.

Roth, Joseph. *Job*. Barcelona: Acantilado, 2007. Edición para Kindle.

———. "Judíos orientales en Occidente". En *Judíos errantes*. 25-41. Barcelona: Acantilado, 2008.

———. "La pequeña ciudad judía". En *Judíos errantes*. 43-69. Barcelona: Acantilado, 2008.

Roth, Joseph y Stefan Zweig. *Ser amigo mío es funesto. Correspondencia (1927-1938)*. Barcelona: Acantilado, 2015.

Literatura y humor

El *realismo cómico* de Mario Bellatin:
Shiki Nagaoka y el sentido errático

JUAN PABLO CUARTAS

MARIO BELLATIN ES UN escritor comprometido con llevar los límites de la literatura hasta nuevas y novedosas capacidades. Es difícil encontrar una "novela" suya (recuérdese que rechaza las etiquetas genéricas) que pase por ser un relato lineal y clásico: podría mencionarse el caso de *Salón de belleza* (1994), su cuarta publicación, pero las últimas producciones donde el autor vuelve sobre aquella obra, desde reescrituras hasta una película cuyas imágenes acompaña él mismo leyendo textos, desestabilizan de modo retroactivo la entrada a *Salón de belleza*. Ante un escritor con una producción tan heterogénea, es difícil para la crítica no buscar líneas constantes, coherencias a lo largo de su obra. Aquí intentaremos descubrir una línea, una dimensión subterránea que viene desde los comienzos, pero que a veces emerge en aquellos avances hacia un territorio dramático, donde el autor participa de las adaptaciones de su obra al teatro u ópera, como fue el caso de *Bola negra* (2005), o realiza acciones artísticas, intervenciones, que insisten en recordarnos que él es el autor —el escritor— de su obra. Sus recientes producciones parecen estar orientadas a indagar y complicar la figura del escritor, no sólo en su relación con la obra, sino específicamente la del escritor como forma-de-vida,[1] como autor *junto* a su escritura, como si fuera posible tenérsele consideración alguna aparte de la escritura. En numerosas entrevistas, el escritor ha insistido que sólo le interesa la literatura, que él es "sólo un señor que escribe".[2] Cuanto más se acentúa este perfil intransitivo de la escritura, más emerge el escritor como figura, casi como resto, junto a aquélla. En este trabajo analizaremos de qué modo construye sentido esta obra sin presupuestos, sin requerimientos externos a lo literario y que, sin embargo, no se entrega a la pura imaginación escapista. Consideramos que el escritor mexicano logra esto mediante la operación de escribir *junto* a sus manuscritos (como escritor de archivo) y de permanecer, también, como autor, *junto* a sus textos publicados, ya sea en intervenciones performáticas o en sus intentos por descubrir la forma de vida que debe practicar un escritor. En este sentido, consideramos como *cómico* el efecto resultante de un autor que permanece indolentemente junto a su escritura, luego de las declaraciones de defunción del autor de Barthes[3] y Foucault,[4] y las de Agamben[5] que refieren al "autor como gesto". Ésta no es una apreciación superficial de mi parte, ni tampoco una estrategia externa del autor en el campo literario: este efecto cómico es *interno* al proyecto literario y artístico de Mario Bellatin. Se deduce de su obra, de su escritura, no del individuo "mario bellatin", sino del *Escritor* Mario Bellatin. Para esto, leeremos un episodio de una novela del año 2001, *Shiki Nagaoka, una nariz de ficción*,[6] que contiene preocupaciones que se extienden hasta el presente, y un episodio de una novela mucho más anterior, *Efecto invernadero* (1992).

En 2001 Bellatin es invitado a una conferencia en el Palacio de Bellas Artes, en la Ciudad de México, a hablar de su autor favorito y decide inventar uno dando a su disertación las formas de un *performance*. Para sorpresa del invitado, gran parte de la audiencia creyó en la autenticidad del autor al que él aludía. Bellatin llegó a publicar algunos artículos en revistas y dio algunas conferencias más sobre este personaje ficticio. Incluso le escribieron del Departamento de Literaturas Orientales de la Freiuniversität de Berlín para que enviara más datos sobre este escritor japonés, ya que no conseguían recabar información sobre él.[7] Al incluir en su primera y segunda edición (Sudamericana y PUC de Perú) un relato anónimo del siglo XIII y la "La nariz" de Akutagawa en un apartado titulado "Dos narraciones clásicas sobre el tema de la nariz" se volvía evidente que Shiki no era otra cosa que "un ser de ficción producto del montaje".[8] La obra resultante es una "biografía" de un escritor japonés llamado Shiki Nagaoka que nace con una nariz desproporcionada con respecto a su cuerpo. En el seno de su familia aristocrática, rápidamente se intenta normalizar el escándalo de esa particularidad corporal: el tamaño de la nariz es consecuencia de un choque entre tradición y modernidad. Más adelante, Shiki tiene un romance con un sirviente quien lo delata. Luego de esta humillación, Shiki se recluye en un monasterio con el objetivo de encontrar un espacio para seguir escribiendo, incluso en busca de una experiencia metafísica del lenguaje. Se nos relatan los desajustes entre Shiki y la vida monástica, y su propia vida dedicada a la escritura. Abandona el monasterio y pone un negocio de revelado, e influenciado por las ideas de Junichiro —su cliente principal— que definen la fotografía como "un elemento de manipulación de la realidad", Shiki publica *Fotos y palabras*, libro que influirá en el trabajo de "Rulfo y Arguedas". En sus últimos años de vida, Shiki escribe un libro "fundamental" que "no existe en ninguna lengua conocida". Según Etsuko, la hermana, para Shiki se trataba de "un bello ensayo sobre las relaciones entre la escritura y los defectos físicos, y sobre cómo la literatura que de allí surge debe distanciarse de la realidad apelando al lenguaje, en este caso al no-lenguaje". En *Shiki Nagaoka*, todas las representaciones del personaje protagonista de la obra tienen narices descomunales; y, sin embargo, esa fijación por la nariz puede llevar a confusiones con lo que está en juego en el caso Nagaoka. Porque pese a su multiplicación, la nariz no es lo importante.

Cuando los monjes se mofan y juegan con la nariz de Nagaoka, se nos dice que "La escena era de una bufonada tal que es difícil imaginarse a la víctima como el serio escritor obsesionado por las relaciones entre lenguaje, fotografía y literatura".[9] Puede verse que si bien la nariz y su circunstancia es el motivo de la mofa entre los monjes, también cobra fuerza otro aspecto abstracto pero no menos concreto: aquélla que *pegada* a ella: el "serio escritor obsesionado" que persiste en su pretensión material de ser esa misma Idea. El libro-homenaje de su hermana lo describe a la perfección: "Shiki Nagaoka, el escritor pegado a una nariz". El *exceso* aquí no es sólo la nariz, sino el ser escritor y esto es lo *realmente* cómico, dimensión que pasan por alto las lecturas biopolíticas más centradas en lo corporal como sede de prácticas de poder y control, en este caso la nariz.[10] Es cierto que la literatura de Bellatin favorece este tipo de lecturas: el cuerpo, el poder represivo de las instituciones y grupos sociales, son temas que aparecen y funcionan con fuerza en sus relatos. Sin embargo, otra lectura es posible con los mismos términos. La filósofa eslovena Alenka Zupančič, en su lectura de la comedia a través las difíciles conceptualizaciones hegelianas de la *Fenomenología del Espíritu*,[11] también llega a consecuencias que van en el sentido que aquí proponemos. Comienza por la observación trivial de que la comedia, a diferencia de la tragedia, hace foco sobre lo físico, lo corporal, y todos aquellos elementos particulares que en la tragedia o en una representación teatral buscan eliminarse o taparse mediante la máscara de una buena representación. La comedia, en esta línea, trae hacia delante lo particular para ridiculizar lo sublime de las grandes verdades o universales. La lectura de Zupančič, a partir de Hegel, invierte este esquema utilizando los mismos elementos: es lo particular lo que deviene universal, o más bien, es en lo particular donde reside la corporalidad del universal. Como explica Zupančič, "el carácter cómico no es el residuo físico de la representación simbólica de la esencia; es *esta misma esencia en cuanto física*".[12] Los universales son, coinciden con, todo aquello que desde el individuo los contraría. No es que lo particular, lo contingente, socave al universal generando el efecto cómico; antes bien, este mismo socavamiento es la acción *genética* de los universales. Debemos añadir un paso más al que venimos reiterando: la comedia no es sólo el relato de la alienación del sujeto, de su torpeza y su fracaso por imponer su meta en la sustancia social, no es el fracaso de Nagaoka por convertirse en escritor, de hecho, lo logra, sino que también es la alienación de la propia sustancia, del universal, en este caso el Escritor como Universal *aparece como tal* cuando se ve impedido por el obstáculo de una nariz.

Para eludir complicaciones especulativas con respecto a este funcionamiento de lo cómico, insistamos en este punto con un ejemplo de la propia Zupančič. Ella propone el caso arquetípico para explicar el funcionamiento de este universal cómico: un barón aristócrata que, con la nariz parada, va caminando hasta resbalar con una cáscara de banana y, rápidamente, se levanta para seguir caminando según le exige su altanera condición. Zupančič se pregunta:

> ¿No resulta sino demasiado obvio que la debilidad humana capital aquí -lo que es más humano, concreto y realista- es precisamente la inquebrantable fe del barón en sí mismo y en su propia importancia, es decir, su impertinencia? Éste es el rasgo que lo hace "humano", no el hecho de que pise un charco o resbale con una piel de plátano. Las pieles de plátano, los charcos fangosos y todos los demás recursos con los que la realidad recuerda el carácter cómico de su existencia son en último término mucho más abstractos (y, no lo olvidemos, a menudo mucho menos realistas) que la muy vívida y palpable creencia del barón en su propio Sí-mismo aristocrático.[13]

Retornando a la escena en la que los monjes se ríen de Shiki Nagaoka: su accidente con la nariz no es el choque entre ese aspecto físico y lo sublime del entorno, antes bien, es el choque entre la nariz y la pretensión de ser escritor de Shiki Nagaoka. Su "ser escritor" es el que se corporiza allí. Es el Escritor con mayúsculas quien sale a escena. No es de extrañar que "Mario Bellatin", el personaje, aparezca con más insistencia en sus últimas obras. Mientras que en relatos como *La escuela del dolor humano de Sechuán* (2001) o *Lecciones para una liebre muerta* (2005), comienzan a circular elementos que pueden leerse como material "autobiográfico", en *El gran vidrio* (2007), en manuscritos de *Biografía ilustrada de Mishima* (2009) o en *Disecado* (2011), Bellatin-escritor aparece dentro del relato e incluso, en algunos casos, en tercera persona. Este rasgo emerge en coincidencia con la escritura y su circunstancia como tema del acto de escribir, donde el individuo "Mario Bellatin" es un elemento más de aquellas circunstancias. En este sentido, el esquema especulativo que Zupančič toma de Hegel se vuelve menos oscuro ante el caso que nos ocupa: lo "autobiográfico" es menos el coqueteo de un autor mexicano con un género de larga historia, que la indagación obsesiva en la línea fronteriza entre el individuo "Mario Bellatin" y la empresa artística llamada "Bellatin", con mayúsculas. Entre el hombre y el Escritor, entre el hombre y la Idea.

Cabe recordar los resultados que nos dejó la experiencia de El "Congreso de Dobles de la Escritura Mexicana". El evento fue una puesta en escena urdida por Bellatin en la cual se simulaba esa reunión de tipo académico denominada "congreso" y en la cual se reunía a escritores como Margo Glantz o Salvador Elizondo. La particularidad del evento residía en lo siguiente: los escritores fueron reemplazados con "dobles" de los escritores mismos, personas que habían acompañado a los personajes reales durante un tiempo previo al evento para capacitarse en sus maneras y saberes. Así lo retrata el propio autor:

> El interés por saber hasta qué punto los textos pueden existir sin la presencia del autor creo que fue el origen del Congreso de dobles de escritores que organicé el año pasado [...]. Para lograrlo organicé un evento donde no iban a estar presentes los escritores convocados sino sus dobles, es decir gente común entrenada por los mismos autores para repetir diez temas inéditos. Para la experiencia elegí a Margo Glantz, Sergio Pitol, Salvador Elizondo y José Agustín. En un comienzo pensé también en otros escritores, de diferentes generaciones, pero advertí que mientras más jóvenes eran los convocados menos entendían o eran capaces de involucrarse en un proyecto de este tipo [...]. En París se dispuso de una sala de arte, de cuatro pequeñas mesas y una serie de grandes carteles donde se graficaban las cientos de fotografías tomadas durante el proceso de clonación de los escritores. El público contaba con un menú compuesto por los diez temas elegidos, y la única forma de escuchar estos temas era preguntándoselos a los dobles de manera personal. [...] De la experiencia queda un libro que muestra íntegro el proceso de entrenamiento, así como un video que ilustra la experiencia llevada a cabo en la sala. Aún ahora, cuando miro el video

de vez en cuando, me pregunto cómo es posible que se haya realizado un proyecto de este orden, que involucró a tantas personas.[14]

Según Bellatin relata en *Disecado*, este "suceso de escritura" no fue bien recibido por parte de los críticos literarios:

> El día de la inauguración del Congreso de Dobles de la Escritura Mexicana se recibieron algunas quejas. La mayor parte provino de una serie de grupos de profesores de literaturas latinoamericanas de universidades europeas. Muchos de ellos habían viajado desde sus facultades de origen sólo con el fin de estar cerca de sus objetos de estudio.[15]

La brecha entre los escritores como "objetos de estudio", como cuerpos, y luego como "pensamiento", como obra y los respectivos "intercambios" que habilitan, aparece en otro de sus relatos: "Kawabata, la escritora, el filósofo travesti y el pez" (2015), donde se refiere las peripecias que padece el "filósofo-travesti", un joven estudiante de filosofía que por las noches se travestía. La disociación del cuerpo y del "pensamiento", que parece ser la línea del relato, tiene aquí la figuración en un estudiante que mientras se maquilla para el *intercambio* sexual durante la noche, habla del *pensamiento* de Kant o de Nietzsche: "Mario Bellatin recordaba que el filósofo-travesti llegaba a su casa en las tardes, se preparaba un té y comenzaba a referirse al mito del eterno retorno o a criticar las categorías kantianas mientras comenzaba a maquillarse".[16] Esta brecha entre cuerpo y pensamiento es algo que ha preocupado al escritor desde hace tiempo. En *Efecto invernadero* (1992) es la oposición belleza-muerte: es lo que pregunta de su protagonista, Antonio ("Y si la belleza corrompe a la muerte"); las recientes reescrituras de *Salón de belleza* (1994) van en este sentido,[17] en *Poeta ciego* (1998) la causa por la cual la secta se divide luego de la muerte del líder, el Poeta Ciego, es, otra vez, a qué se sigue, si al hombre o a sus ideas. Esta brecha sigue resurgiendo en otras obras, más o menos encubierta: *Perros héroes* (2003), *La jornada de la mona y el paciente* (2006) o *Biografía ilustrada de Mishima* (2009) y *Los fantasmas del masajista* (2009). El problema siempre es, entonces, el cuerpo o una instancia de sujeción (como la del entrenador inválido de *Perros héroes*) y el pensamiento. El enfoque biopolítico ha proporcionado análisis interesantes del cuerpo como objeto de injerencia de la dominación biopolítica, pero lo productivo de la brecha en sí misma queda intacto: cómo las "ideas", el pensamiento, surgen de la meseta de lo cotidiano, de la ridiculez corporal, o para parafrasear el título de una de sus novelas, cómo surgen *los fantasmas del masajeado*.

Aquí proponemos prestar atención a lo *real* de lo cómico. Este último, que nuestro sentido común liga a la dimensión risible de ciertos excesos corporales, es, en todo caso, más que eso: es el otro "exceso", el aspecto real y concreto de los roles inmateriales que asumimos. Y lo que es decisivo y difícil de aceptar: este mismo carácter abstracto del rol, de la máscara o título que es más que nosotros mismos, que es más que nuestros cuerpos e individualidades, produce su propia *corporalidad* o materialidad, o, que es lo mismo, es a partir de ese obstáculo que muchas veces llamamos "cuerpo" desde donde se cristaliza tal rol o "personaje". En nuestro caso, por supuesto, el Escritor. ¿Pero cómo sucede esto? Aquí es necesario desarrollar, junto con Zupančič, el concepto de mediación, como opuesto al de representación. La filósofa eslovena afirma, siguiendo a Hegel, que en la comedia la sustancia pierde coincidencia consigo misma y, mediante esa falla que la divide, comienza a relacionarse consigo misma. En pocas palabras: un efecto de autorrelación. A diferencia de la tragedia, donde un sujeto representa a un carácter, donde actor y personaje están separados, en la comedia uno de los dos términos genera al otro desde dentro de sí mismo, y por esto mismo se convierte en este otro.[18] Es decir, mientras que en la tragedia o en cualquier representación no cómica, el actor o su buena pericia consisten en que su cuerpo sea *sepultado* o sea lo menos perceptible posible por el personaje que representa, en la comedia todos los tropiezos y excesos del cuerpo, o del actor, son necesarios para la génesis o construcción del personaje, que se da sobre el escenario mismo, en tiempo real, frente a los espectadores, o lectores en nuestro caso, que de modo dialéctico actualizan esa esencia universal resucitando y emergiendo de la tumba de lo corporal. Así la nariz de Shiki, pero también su relación frustrada con el sirviente y el rechazo de su familia, constituyen adversidades en el camino de Shiki para poder escribir y ser Escritor, pero simultáneamente son esos mismos elementos adversos, circunstanciales, los que nos dejan ver en la lectura el deseo irrefrenable de Shiki por ser escritor. En este sentido deben entenderse las intervenciones de Bellatin, como autor, con respecto a su obra: con su corporalidad junto a sus textos, *da cuerpo* a la brecha existente entre él mismo y ese vacío abstracto que para Foucault es el autor como "función". El escritor mexicano ha señalado ya que el objetivo es que sus textos se sostengan sin necesidad de factores como el autor, espacio, tiempo, tradición, metas, mundos preferidos, etc. Pero, al mismo tiempo, dificulta esto insertando aquí y allá información autobiográfica.[19] Podemos llamar "instalación del Escritor" a esta operación más reciente del escritor mexicano, que consiste en poner en juego el nombre "Escritor" en la lógica de difusión y recepción de su literatura. Sin embargo, como mencionamos al principio, esta lógica tiene sus premisas constitutivas desde los principios de la obra bellatiniana. En su segunda novela, *Efecto invernadero* (1992), encontramos una extraña nominación de los personajes: el único con nombre propio es Antonio; el resto de los personajes se llaman "Amigo", "Amante", "Madre". Esta nomenclatura tan básica como directa que recuerda a las fábulas infantiles es propia de la comedia. Según Zupančič, son Significantes-Maestros, y no representan la "esencia" de un personaje o situación, sino más bien su punto agudo o sensible: el punto donde, como un elemento químico, un personaje o situación permanece "reactivo" y / o "explosivo", y está conectado a otros elementos por un enlace que no está simplemente dado, sino que es continuamente renegociado. El segundo paso crucial en el arte de la comedia es el juego (generalmente antagónico) que se construye entre estos Significantes-Maestros: combinaciones, redobles, repeticiones simétricas y asimétricas, el retorno de los obstáculos, etc.[20] Estos dos puntos entran en juego sobre la base de un tercero que los integra: el sentido en la comedia se da modo sorpresivo, el sentido siempre reaparece, o se repite, no se revela, ya que la revelación no es el negocio de la comedia, sino de la tragedia. El sentido se produce de una manera genuinamente errática. O, para decirlo aún más directamente: el sentido en sí mismo es un error, un producto de error; el sentido tiene la estructura de un error. Los conocedores de la obra del autor mexicano podrán asociar este último punto a la relativa contingencia que rige la escritura de aquél: aunque todo puede acompañar o participar en el movimiento de la escritura, no hay grandes esquemas previos, mucho menos extraliterarios.

Resumo brevemente la trama de *Efecto invernadero*. La novela relata la agonía y el tránsito hacia la muerte de Antonio, personaje que evoca hechos de la vida del poeta surrealista peruano César Moro: su estancia en París, sus prácticas artísticas, su estancia en México, su madre creyente y la apasionada relación con Antonio. A un paso de morir a causa de una enfermedad terminal nunca mencionada, Antonio, único personaje con nombre propio, es asistido al final de sus días por las dos personas que él elige tener cerca, la Amiga y el Amante, quien dispone la habitación de Antonio siguiendo sus instrucciones, de manera que cuando él muera, la Madre que, según el enfermo querrá recuperar su cuerpo poseído por el mal desde la concepción, encuentre la habitación y la escena mortuoria dispuesta a la manera de un ritual. En *Y si la belleza corrompe a la muerte*, borrador de *Efecto invernadero*, pero publicado como texto independiente en *Condición de las flores*, comprobamos que los personajes sí tienen nombres propios, mientras que en la novela publicada en 1992 los nombres están reemplazados por el vínculo que tienen con Antonio, el personaje principal y único en conservar su nombre. Así, Aubert se convertirá en el Amante; Margot, en la Amiga; Julia, en la Protegida; y Alida en la Madre. En esta versión, Margot y Aubert sospechan que los temores de Antonio al tiempo y su reflejo provienen de "haber sido hijo de Alida. Margot afirmaba que haber tenido sobre sí la presencia imaginaria y real de *esa* madre, era un hecho capaz de acrecentar todos los temores".[21] En *Efecto invernadero*, luego del trabajo de elisión de elementos, no hay posibilidad de esos pronombres demostrativos: la madre no es "esa madre", sino la Madre. La pregunta que surge al leer es: ¿Cuánto hay de madre en la Madre? ¿Está ese ser humano a la altura de su título-nombre o de su máscara? La Madre en la novela tiene diferentes funciones que atribuiríamos a un concepto de madre más o menos extendido y casi fracasa en todas. Jura no dejarse tocar jamás por su marido, negando así también su papel de esposa-amante. Cuando podría haber una distribución clara de los papeles, la "querida" de su marido para el sexo y la Madre para la reproducción, ella también se niega a la reproducción. Incluso no asiste a la muerte de su esposo, sino que, como en el caso de Antonio, sólo recibe su cuerpo una vez muerto. La Madre ensaya testimonios falaces de los últimos momentos de su marido y hasta inventa un mensaje de éste a su hijo. La inquieta que la habitación descrita por los colegas de su marido, quienes sí entraron a verlo, difiera de la habitación que ella imagina. Olvida, también, el horario de las comidas de Antonio y su cuñada se lleva al niño a su casa en varias ocasiones. Y en el capítulo 10 de la primera edición, leemos que Antonio quiere negarle expresamente el papel de "Madre doliente": "Antonio le ocultó a la Madre la existencia de la enfermedad terminal. De este modo pretendió negarle la posibilidad de convertirse en una Madre doliente ante el cuerpo moribundo del hijo".[22] Una objeción que podría hacerse a esta lectura es que no hay ningún derecho cotejar el título-nombre con sus acciones, como si fuera posible disociarlos: el problema es que tenemos un título-nombre que lleva en sí esta escisión. Nombra un personaje y coloca sus acciones bajo determinado papel desde un comienzo; la lectura reactualiza asonancias y disonancias, y estas últimas terminan a cuenta de la Madre, porque la objeción puede ser invertida: ¿qué derecho tenemos a obviar que en la lectura vamos a introducir inevitablemente nuestros presupuestos, en concreto, lo que entendemos por Madre, lo que entendemos por Escritor?

Está la Madre y está el individuo que soporta el nombre. Porque se ve que soporta con gran dolor ese nombre y se lo ve mejor que si el escritor nos explicara con más descripciones y páginas que Alida sufre el papel de ser madre. Volviendo a Shiki Nagaoka, el padecimiento es similar, el mote o universal "Escritor" es casi un padecimiento, pero a diferencia de *Efecto invernadero*, está separado, o por lo menos la brecha entre el individuo y el rol que busca asumir, su universal, están disociados, están uno *junto* al otro. Aquí comienza la comedia, o al menos aparece su seña: no en el hecho de fracasar al intentar asumir un rol, título o máscara, que es la tragedia de la Madre, sino en *asumir* que en este fracaso mismo está o aparece ese Universal como tal. Si bien es un movimiento que se da en la Madre de Antonio en *Efecto invernadero*, en Shiki Nagaoka aparece mejor dibujado: la separación entre el individuo y su máscara, separación que nos advierte de la materialidad física y viva de esa máscara, que aparece con más fuerza cuando hay algo que se le opone, no una cáscara de banana como en el ejemplo de Zupančič, o acciones impropias de una madre como en la Madre de *Efecto invernadero*, sino como una gran nariz que quitan la seriedad o realidad al Escritor Shiki Nagaoka (Así comienza *Shiki Nagaoka*: "Lo extraño del físico de Shiki Nagaoka, evidenciado por la presencia de una nariz descomunal, hizo que fuera considerado por muchos como un personaje de ficción").

Todavía podemos especular un poco más con otro personaje, aunque nos hemos referido a él durante toda esta presentación. Me refiero al escritor Mario Bellatin. *Shiki Nagaoka...*, según dijimos, comenzó como una conferencia ante la cual el autor debía dar cuenta de cuál era su escritor preferido. Su respuesta fue inventar un autor que condense sus propias preocupaciones en torno a la escritura. Un alter ego, ni más ni menos.

- ¿Cómo surge la idea de escribir Shiki Nagaoka? ¿Tuviste en mente a Schwob o a Borges mientras lo escribías?

MB- Empezó como una conferencia. Cierta vez a alguien se le ocurrió organizar un ciclo de sesiones donde un grupo de escritores hablara de su autor favorito. Pasé más de una semana tratando de descubrirlo hasta que advertí lo obvio. Que no puede haber un autor preferido, sobre todo porque escoger a uno elimina al resto. Fue por eso que decidí crear mi autor favorito, que creo apareció, sin darme mucha cuenta, como una suerte de alter ego. Me parece, aunque no estoy muy seguro, que a diferencia de Borges o de Schwob que son los autores que tomas como referencia-, en mis textos están definidas las reglas que explican lo absurdo, la impostura, lo imposible más bien, de la situación.[23]

El tema del alter ego, o más bien del doble, va acompañado a la forma de la biografía en Bellatin. Pareciera comenzar en *Shiki Nagaoka...*, y aunque las fechas no importen, podríamos arriesgar ese año, 2001, como comienzo de una serie que pasa por las obras de trasformaciones de un personaje en otro, *Jacobo el mutante* (2002) y *El pasante de notario Murasaki Shikibu* (2011), la experiencia de El Congreso de Dobles de la Literatura (2003), las otras "biografías" —*El gran vidrio* (2007) y *Biografía ilustrada de Mishima* (2009)— y por último, *Disecado* (2011) donde el narrador se encuentra con su doble. El tema del doble tiene, a nuestro juicio, otra significación que la de ser un tema sobre el cual escribir. En una entrevista de 2013, Mario Bellatin deja en claro los axiomas implícitos que regulan su producción literaria en la actualidad:

> En general, cuando me preguntan por mis escritores preferidos prefiero en ocasiones sus biografías; es lo que me interesa, y es en lo que he tratado de indagar en el camino que se emprende para ser escritor, tan complicado socialmente, sobre todo cuando no publicas, en ese previo entre escribir o no escribir. Qué interesante la pregunta: yo admiro a muchos escritores más por sus biografías que por sus libros. ¿Cómo enfrentan la realidad? ¿Cómo enfrentan el espacio cotidiano? ¿Cómo sobrellevar sus obras frente a tanta vida concreta? Porque siempre hay formas sociales para alejar a alguien de su máquina de escribir.[24]

Puede apreciarse que, más que el "doble" como motivo literario, el autor está más interesado en el Escritor como forma-de-vida, o siguiendo nuestra lectura, como *persona*, como universal impedido, obstaculizado por "tanta vida concreta", que debe siempre traducir su nueva necesidad, la de ser Escritor, sobre el escenario de la contingencia que siempre lo aleja "alguien de su máquina de escribir". Hay cierta nota fatalista o trágica en estas declaraciones del escritor. Sin embargo, hemos comprobado que los mismos elementos que funcionan en una disposición trágica, imperceptiblemente pueden pasar a funcionar de un modo cómico. Si exigiéramos un poco más nuestra capacidad especulativa, podríamos decir que "la muerte del autor", teorizada por nombres como Barthes, Foucault y Agamben, tiene aquí su encarnación, su corporización más concreta y cómica: el autor está muerto porque *no llega a fin de mes...*

A modo de conclusión, quisiera agregar una palabra más sobre los textos "japoneses" del autor mexicano. De una manera u otra la crítica tiende a ver lo japonés como una máscara más, no de una identidad, sino de la ausencia misma de una, o directamente, de la muerte del autor.[25] De la identidad como des-identidad,[26] o como proliferación de máscaras. A esto nos llevan dos características también mencionadas por la crítica: la ambigüedad de los mundos referidos en esos textos y la insistencia bellatiniana en traicionar los presupuestos del lector. Esto tendría una consecuencia *liberadora*: el lector podría construir el sentido del texto,[27] algo que el propio Bellatin no deja de fomentar. Sin embargo, ¿es tan así? O mejor: ¿cómo construye sentido un lector a quien se le han boicoteado sus presupuestos con respecto al Japón? ¿Cómo se construye sentido a partir de una obra que, como aquella crítica ha indicado muy bien, parece cerrarse sobre sí misma?[28] Aquí propusimos una respuesta, precaria, pero que por ahora funciona: como en la comedia, el sentido en Bellatin se produce de una manera genuinamente errática. El sentido mismo tiene la estructura de un error,[29] de algo que surge inesperadamente, de modo contingente, a veces como una *adversidad*. Las adversidades que se interponían en el camino de Shiki Nagaoka para alcanzar su meta reaparecen en la forma, en su contacto con nosotros, los lectores: en el camino de la lectura de Bellatin encontramos siempre algo insólito que va a dar cuerpo al sentido que habremos de dar —si podemos— a la obra. Y para esto, no debemos renunciar a nuestras ideas sobre Japón, como el propio autor se cuidó de hacer. No es Japón, pero tampoco podemos decir que no sea la idea distorsionada que tenemos de Japón. Como la "Madre" en *Efecto invernadero* o el Escritor en *Shiki Nagaoka...* Japón es un título, un universal que debe ponerse a prueba. Y esto se logra mediante la lectura, que es donde se produce el cortocircuito entre el Japón virtual del lector y el Japón actual que el escritor presenta. En una entrevista Bellatin afirma:

> Me gustaría quedarme con esta idea distorsionada de lo que es el Japón. La esencia. Mi interés es lo que queda de las ruinas. No tengo interés en los orígenes. Estoy contento con lo que me llega después de la traducción. El misterio, un texto, los caracteres —como pueden ser transmitidos a lo largo de los siglos—. No me interesa la verdad del Japón, sino la retórica del Japón.[30]

La lectura de Bellatin es, entonces, el choque de nuestros presupuestos y la "retórica del Japón"; y "lo que queda de las ruinas" es o será el sentido, una "esencia" siempre nueva. En contra de las lecturas posmodernas que definen a Bellatin como un escritor lúdico que juega con los signos (lectura que a veces desliza el propio autor), podemos decir que su lectura nos deja algo *real* del Japón. Lo real no es el Japón mismo, por supuesto, sino la forma en que nos relacionamos con ese nombre. El Japón como símbolo indescifrable, pero no en un sentido enigmático que moviliza la interpretación, sino en un sentido *insensato*: el Japón es directamente —para continuar con el registro especulativo— uno de sus símbolos o letras tan "gastadas" en nuestra cultura occidental, que significan poco y nada (en tatuajes, en tazas de porcelana). No hay ningún misterio: la comedia también implica el gesto gustoso de quitar el velo para mostrar lo nulo de aquello que se oculta[31]. Y sin embargo este símbolo insensato es *real*, es eficiente; está en el mismo orden de los títulos o nombres aquí analizados: máscaras que cómicamente generan una esencia errónea, o, mejor dicho, una *esencia errática*. Como ya dijo Zupančič en una cita anterior: "El carácter cómico no es el residuo físico de la representación simbólica de la esencia; es esta misma esencia en cuanto física".

Notas

1. Daniel Link, *Suturas. Imágenes, escritura, vida* (Buenos Aires: Eterna Cadencia), 507

2. Mario Bellatin, "Yo, creo, soy un señor que escribe", en *Lamula.Pe*, 2014, https://lamula.pe/2014/11/01/yo-creo-soy-un-senor-que-escribe/buensalvaje/.

3. Roland Barthes, "La muerte de un autor", en *El susurro del lenguaje* (Barcelona: Paidós, 1987).

4. Michel Foucault, "¿Qué es un autor?", en *Entre filosofía y literatura. Obras esenciales I*. (Barcelona: Paidós, 1999).

5. Giorgio Agamben, *Profanaciones* (Buenos Aires: Adriana Hidalgo Editora, 2005), 81-96.

6. De aquí en más, *Shiki Nagaoka*...

7. Tomo estos datos de Ximena Berecochea, *Texto e imagen en la narrativa contemporánea mexicana: el efecto de lo interdisciplinario en seis novelas*, (Tesis doctoral, University of Toronto), 90-91.

8. Leonel Cherri, "De vidrios y dobles: Mario Bellatin y la experiencia autobiográfica", en *IV Coloquio Internacional Literatura y Vida*, Rosario, 2016, 2.

9. Bellatin, *Shiki Nagaoka*..., 21.

10. Mariana Amato, "La vida en el umbral, una poética", en *La variante Bellatin:*

navegador de lectura de una obra excéntrica, Julio Ortega y Lourdes Dávila (comp.). (México: Universidad Veracruzana, 2012).

11. Alenka Zupančič, *The odd one in: on comedy* (Massachusetts: Massachusetts Institute of Technology, 2008).

12. Zupančič, *The odd one...*, 236.

13. Zupančič, *The odd one...*, 239-240.

14. Citado por Graciela Goldchluk, "Lecciones de realismo para una liebre muerta (sobre la obra de Mario Bellatin)", *Imágenes y realismos en América Latina* (Leiden: Almenara, 2014).

15. Mario Bellatin, *Disecado* (México: Sexto Piso, 2011), 20. El carácter ficcional de estas afirmaciones no le quita peso: sigue mostrando, para nuestros fines, que la brecha entre obra y creador es una preocupación constante del autor mexicano.

16. Mario Bellatin, "Kawabata, la escritora, el filósofo travesti y el pez", en *Salón de belleza* (La Plata: Malisia, 2015), 48-49.

17. En "Kawabata, la escritora..." encontramos una lectura que explicita el vínculo entre *Efecto invernadero* y *Salón de belleza* a raíz del tema de la relación entre belleza y la muerte (Bellatin, "Kawabata, la escritora...", 53).

18. Zupančič, *The odd one...*, 244.

19. Ignacio López-Calvo, "La muerte del autor mediante la falsa traducción en el Japón de Mario Bellatin", *Extremo Oriente y Extremo Occidente: Herencias Asiáticas en la América Hispánica* (Lima: Fondo Editorial PUCP, 2018), 254.

20. Zupančič, *The odd one...*, 177.

21. Mario Bellatin, *Condición de las flores* (Buenos Aires: Entropía, 2008a) 56. El énfasis es mío.

22. Mario Bellatin, *Efecto invernadero* (Lima: Jaime Campodónico Editor, 1992), 50.

23. Mario Bellatin, "Entrevista a Mario Bellatin", en *Los asesinos tímidos*, (2008b).

24. Mario Bellatin, "Escribir está por encima de todo", en *Revista Replicante*, 2013.

25. López Calvo, "La muerte del autor...", 252.

26. Enrique Schmukler, "Simulacro, identidad...", 10.

27. Lina Aguirre, "Configuraciones de la individualidad...", 127-128.

28. Ximena Berecochea afirma que los textos de Bellatin que incluyen fotografías exigen una lectura que "se asemeja al acercamiento de un objeto empírico que no invita al lector a ser parte de lo narrado ni a establecer ligas que lo involucren en un nivel profundo, sino que se levanta a una distancia infranqueable", Berecochea, *Texto e imagen en la narrativa...*, 89.

29. A algo similar llega Navarro, "La noción de precursores...", 141.

30. Citado por López Calvo, 264.

31. Slavoj Zizek, *Visión de paralaje* (Buenos Aires: FDE, 2006), 158.

Bibliografía

Agamben, Giorgio. *Profanaciones*. Buenos Aires: Adriana Hidalgo editora, 2005.

Aguirre, Lina. "Configuraciones de la individualidad en *El jardín de la señora Murakami* y *Shiki Nagaoka: una nariz de ficción* de Mario Bellatin". *Transmodernity: Journal of Peripheral Cultural Production of the Luso-Hispanic World* 8,3 (2018): 127-148.

Amato, Mariana, "La vida en el umbral, una poética", en *La variante Bellatin: navegador de lectura de una obra excéntrica*, Julio Ortega y Lourdes Dávila (Comp.), México: Universidad Veracruzana, 2012.

Barthes, Roland. "La muerte de un autor", en *El susurro del lenguaje*. Barcelona: Paidós, 1987.

Bellatin, Mario. *Shiki Nagaoka: Una nariz de ficción*, Barcelona: Editorial Sudamericana, 2001.

———. *Efecto invernadero*. Lima: Jaime Campodónico Editor, 1992.

———. *Poeta ciego*. México: Tusquets Editores, 1998.

———. *Disecado*. México: Sexto Piso, 2011.

———. *Condición de las flores*. Buenos Aires: Entropía, 2008a.

———. "Kawabata, la escritora, el filósofo travesti y el pez". En *Salón de belleza*. La Plata: Malisia, 2015.

———. Entrevista a Mario Bellatin, en *Los asesinos tímidos*, 2008b. http://asesinostimidos.blogspot.com/2008/08/entrevista-mario-bellatn.html.

———. "Escribir está por encima de todo", en *Revista Replicante*, 2013. http://revistareplicante.com/entrevista-con-mario-bellatin/.

———. "Yo, creo, soy un señor que escribe". En *Lamula.Pe*, 2014. https://lamula.pe/2014/11/01/yo-creo-soy-un-senor-que-escribe/buensalvaje/.

Berecochea, Ximena, *Texto e imagen en la narrativa contemporánea mexicana: el efecto de lo interdisciplinario en seis novelas*. Tesis doctoral. University of Toronto, 2014.

Cherri, Leonel, "De vidrios y dobles: Mario Bellatin y la experiencia autobiográfica". *IV Coloquio Internacional Literatura y Vida*, Rosario, 2016.

Cuartas, Juan Pablo. *Los comienzos de Mario Bellatin : Tiempo y consistencia en Efecto invernadero*, Universidad Nacional de La Plata, 2014. http://www.memoria.fahce.unlp.edu.ar/tesis/te.1044/te.1044.pdf.

De Man, Paul. "La autobiografía como desfiguración". *Suplementos Anthropos* XXIX (1991): 113-118.

Epplin, Craig. "Mario Bellatin: Dobles y Descartadas". *The bar Buenos Aires Review*. http://www.buenosairesreview.org/es/2015/05/mario-bellatin-dobles-y-descartadas/.

Foucault, Michel "¿Qué es un autor?". En *Entre filosofía y literatura. Obras esenciales I*. Barcelona: Paidós, 1999.

Goldchluk, Graciela. "Lecciones de realismo para una liebre muerta (sobre la obra de Mario Bellatin)". *Imágenes y realismos en América Latina*. Leiden: Almenara, 2014.

Larrain, Ramiro. "Entrevista a Mario Bellatin". *Dossier de Orbis Tertius* 11, 12, 2006. http://www.orbistertius.unlp.edu.ar/article/view/OTv11n12d03/3803.

Link, Daniel. *Suturas. Imágenes, escritura, vida*. Buenos Aires: Eterna Cadencia, 2015.

López-Calvo, Ignacio. "La muerte del autor mediante la falsa traducción en el Japón de Mario Bellatin". En *Extremo Oriente y Extremo Occidente: Herencias Asiáticas en la América Hispánica*. Ed. Axel Gasquet y Georges Lomné. Lima: Fondo Editorial PUCP, 2018, 193-298.

Navarro, Álvaro Martín, "La noción de precursores en los discursos narrativos a partir de las obras 'Japonesas' de Mario Bellatin". *Revista Iberoamericana* 21.2 (2010): 131-157.

Palaversich, Diana. "Apuntes Para Una Lectura de Mario Bellatin", en *Chasqui: revista de literatura latinoamericana*, Vol. 32, n.° 1 (2003), 25-38.

Rancière, Jacques. "¿Autor muerto o artista demasiado vivo?". En *Golosina mental*, 2011. http://golosinacanibal.blogspot.com/2011/03/autor-muerto-o-artista-demasiado-vivo.html.

Schmukler, Enrique. "Simulacro, identidad y ficción de autor en dos textos "japoneses" de Mario Bellatin". *Hispamérica* XLII, n° 125 (2013): 3-10.

Zizek, Slavoj. *Visión de paralaje*. Buenos Aires: FDE, 2006.

Zupančič, Alenka. *The Odd One in: On Comedy*. Boston: Massachusetts Institute of Technology, 2008.

La risa en la obra de Bellatin: hacia una lectura jadeante

MARTÍN GASPAR

Es una contradicción en sí misma y por lo tanto es cómico dedicar un interés infinito a aquello que, a lo sumo, siempre será una aproximación.
Søren Kierkegaard, *Postcriptum no científico y definitivo a migajas filosóficas.*

"DELIRANTES Y NO HILARANTES": así calificó Diana Palaversich los libros de Mario Bellatin, parafraseándolo.[1] La aclaración parece innecesaria y por lo tanto sintomática: ¿quién podría encontrar hilaridad en esta obra, teniendo en cuenta los temas que asiduamente trata, el estilo aséptico que la caracteriza, y la gravedad de muchas de las lecturas que ha recibido? Y sin embargo, allí está y nos tropezamos con ella. Estos son tres ejemplos de intérpretes—y tres modos de interpretación—de Bellatin que llegan a la risa por distintos caminos:

1. *Bola negra-El musical de Ciudad Juárez* comienza con imágenes desde lo alto de la ciudad, luego imágenes en movimiento del interminable vallado en la frontera, después de las igualmente interminables y monótonas cercas que rodean las áridas maquilas.[2] De fondo, se escucha un coro operático que habla de un insecto que se come a sí mismo. Vemos luego el coro en un tracking hacia la izquierda: un grupo de jóvenes que fueron instruidos a jadear en ese momento del *performance*, mientras Mario Bellatin, allí presente, lee su relato "Bola negra". Los rostros de estos jóvenes muestran la solemnidad del caso. Interpretan un llanto, o jadean con seriedad y mirando al frente, impasibles o sufrientes. Pero hacia el final de la toma vemos que un joven de la fila de atrás, medio a escondidas, se está riendo.

2. Otra interpretación de "Bola negra"—en este caso la novela gráfica homónima basada en el breve relato—dio pie, también, a la risa. El dibujante Liniers, que hizo las ilustraciones de este libro de 168 páginas, comentó en una entrevista: "Yo no entiendo cómo en cinco páginas del texto me sacó una cantidad enorme de dibujos y de imágenes. Mario tiene una especie de sentido del humor muy extraño, que siempre me saca carcajadas".[3]

3. En el ensayo que cierra la colección *Condición de las flores*, Daniel Link, apunta lo siguiente:

> Se sabe que Buster Keaton tenía prohibido reírse por contrato, para mejor provocar el efecto cómico buscado. De los textos de Bellatin no podría decirse lo mismo: nadie les prohíbe reír, y si ellos eligen no hacerlo es porque han olvidado el sonido de la risa o porque consideran que no hay de qué reírse. En cuanto al efecto cómico, libran a la inteligencia del lector el saber encontrar esos puntos donde el desasosiego se transforma en alegría. La ausencia de la risa en los textos de Bellatin no es un síntoma de pesadumbre, sino todo lo contrario: la liberación de esa potencia de toda servidumbre, de todo pacto y de toda interdicción.[4]

El lector de obras de Bellatin habrá compartido estos tipos de risas, que no son los únicos que provoca. El joven juarense puede reírse por nervios, tal vez, pero además el acto de jadear al que lo instruyeron invita a la risa (¿qué es un jadeo sino media risa (o medio llanto)?), y tanto el texto de "Bola negra" como su *performance* en un musical contienen incongruencias risibles. Acaso percibir cierta incongruencia—algo que, ya Aristóteles y luego Kant señalaron como disparadores de la risa—produjo también la acaso festiva risotada de Liniers. Aunque en su caso pareciera que la "cantidad enorme" de imágenes (que "le sacó" el texto de Bellatin) está conectada con un "sentido del humor muy extraño" (que "le saca" carcajadas). La risa de Liniers puede ser una respuesta al sentirse abrumado por el absurdo o la abundancia o la abundancia de lo absurdo. En este caso la risa es antípoda de la reflexión filosófica o la indagación: sería—como la teorizó Helmut Plessner—un "punto final" de alguien que levanta los brazos (*You're too much!*) y se toma las cosas con liviandad como escapatoria o para no pensar (más).[5] Por último, Link ilustra la risa del crítico. Su pasaje compara "los textos" con Buster Keaton; son ellos los que no se ríen y a los que "nadie les prohíbe reír". Esta personificación que aparta el autor de la obra—se trata del humor que el lector puede entrever en los textos y no (como sugiere ambiguamente Liniers) del propio Bellatin—es significativa, porque pone la agencia en manos del lector y sus indagaciones. Reutilizando el verbo de Liniers: la risa para Link es lo que uno *saca* del texto.

Sea entonces que se origine en nervios o incomodidad, en la incongruencia, en el placer inquietante de sentirse abrumado o en el hallazgo de haber encontrado un "punto donde el desasosiego se transforma en alegría", llegamos ocasionalmente y no pocas veces a la risa en textos que son homogéneamente sombríos. Podemos acaso corregir la afirmación inicial y decir que los textos de Bellatin sí son hilarantes, pero a su modo, un modo delirante y desparejo. No son hilarantes como un relato de César Aira (con quien se lo ha comparado más de una vez) ni delirantes como *El padre mío* de Diamela Eltit (un texto demencial que nunca puede conducir al regocijo). Su delirio tiene que ver con formas del desconcierto: un desconcierto que es diferente para el integrante del coro, el dibujante y el crítico. Un desconcierto hermenéutico, pero también del orden de la emoción y el afecto, que produce risas forzadas, escondidas, liberadas, inquietantes.

En otro texto propuse que, así como Barthes habló de la muerte del autor (y el auge del lector), los textos de Bellatin—con su continuo escatimar y saturar de pistas, sus cambios de diégesis y múltiples tramas, su insistencia en construir enigmas irresolubles—intiman una muerte del crítico, o de la indagación crítica (y el auge del admirador). Postulé que algunos lectores admiran el enigma y su hermetismo y lo repiten, mientras que otros se apropian de él, le insuflan posibilidades de reflexionar sobre todo tipo de asuntos, como tanto se ha hecho con las parábolas borgeanas.[6] Cuando bosquejé esas posibilidades, excluí la potencialidad de los momentos en que los lectores ríen que quiero explorar en esta ocasión. No siempre está claro por qué nos reímos al leer a Bellatin y las causas, como acabamos de ver, son múltiples: la risa ante lo inquietante y abrumador, la risa ante lo incongruente, la risa como conclusión posible de la función crítica son algunos ejemplos. Me interesa esta última posibilidad, porque este tipo de risa—la que intuye Link—ofrece una manera de aproximarse al enigma cambiando su planteo. La risa, en este último sentido, significa un acto del entendimiento que no es igual a la admiración ni a la repetición del enigma.

¿Qué significa leer de este modo, que podemos llamar, recordando la imagen del joven de la película, *jadeante* por estar a mitad de camino de la risa? ¿Qué emociones están en juego? En estas páginas procuraré primero establecer las lecturas que habitualmente dedicamos, desde la crítica, a nuestros objetos de estudio (y en especial a Bellatin) y las emociones que este tipo de lectura (orientada por la hermenéutica de la sospecha y por formas de la indagación en busca del "sentido") conllevan o presuponen. Luego propondré una lectura atenta a los momentos abrasivos, las costuras que dejan los textos y en los que hilarantes rupturas de expectativas permiten una nueva forma de conocimiento: epifanías de haber dado con los límites de nuestras prácticas de lectura.

Leyendo el enigma bellatiniano: las emociones de la crítica sintomática

Leer una novela de Bellatin buscando iluminaciones interpretativas contundentes es, como bien se sabe, una tarea infructuosa. Palaversich dice que, enfrentado a su obra, "el lector busca (en vano) el orden original de los eventos y la conexión entre lo que a primera vista parecían elementos caóticos y no relacionados. Para desviar esos impulsos detectivescos, Bellatin tiende trampas narrativas, ofreciendo pistas (falsas) que prometen desentrañar el misterio del texto".[7] Sus novelas, efectivamente, no carecen de pistas, sino que las prodigan. Por un lado, no parecen esconder sus intertextos: *Jacobo el mutante* hace referencia directa a una clave de lectura que es la obra de Joseph Roth, *El gran vidrio* a Duchamp, *Lecciones para una liebre muerta* a Joseph Beuys, *Shiki Nagaoka*, ya desde el epígrafe, al cuento de Akutagawa, *Biografía ilustrada de Mishima*, a la obra del autor japonés. Por otro, hace incluso explícitos los posibles protocolos de lectura: en *Disecado* (entre otras) se literaliza la "muerte del autor"; en *Poeta ciego, Damas chinas y Flores* se pone en tela de juicio; en *Shiki Nagaoka*, se teoriza abiertamente sobre la noción de que traducir es y no es escribir. Quien quiera leer Perros héroes como una alegoría, no hará otra cosa que lo que indica el subtítulo de la novela y seguramente es siguiendo esa invitación que lo hace; ante la confusión de Flores, siempre se puede leer el final del primer párrafo del libro: "Es de este modo como he tratado de conformar este relato, de alguna forma como se encuentra estructurado el poema de Gilgamesh".[8] Por supuesto que seguir esos consejos y rastros intertextuales que, evidentes, nos proponen las novelas corrobora una intuición de sentido anticipado o privilegiado por el propio texto que sirve de sustento.

"Lo que pretendo con mi escritura es crear una suerte de andamios, de vacíos, para que el lector de alguna forma ingrese a este universo y se convierta en un coautor, un cómplice, así como yo también", señaló Bellatin en una entrevista.⁹ La metáfora funciona—los textos no son edificios sino andamios, no tienen paredes sino vacíos—y funciona demasiado bien: el lector no es coautor ni cómplice porque las paredes están planeadas. Dicho de otro modo: el andamio es un vacío vertical que anticipa los trayectos. ¿Por qué esta insistencia en el vacío, o en el vaciamiento? En un ya distante comentario a Emily Hind, Bellatin señaló, refiriéndose a *La escuela del dolor humano de Sechuán*: "Tengo ese miedo de que la gente puede leer lo que dice. Eso del lector a mí me parece terrible. Todos mis libros son una especie de retruécanos y búsqueda de lograr que el lector no lea lo que está leyendo".¹⁰ Esta frase contiene, como sugiere Linda Egan, todo un programa estético: ¿no es acaso este comentario una "confesión de un artista que provoca su incomprensión [misunderstood by design]"? (mi traducción).¹¹ La relación que postula Bellatin con "el lector" es la de un artista que quiere evitar, según decía Sontag en un célebre ensayo, que su obra sea destruida por la interpretación. Quiere que ésta transcurra ciertos caminos. Bellatin habla de "miedo" y de estrategias de evasión y despiste, Palaversich de los "impulsos detectivescos" de los lectores. Si somos detectives, somos Lönnrot en "La muerte y la brújula".

Ciertamente hurgamos en los intertextos, "ordenamos la evidencia" (diría Malcom Compitello), sospechamos que cada dato puede ser la clave final. Nos subimos al andamio. Un ejemplo del resultado lo da esta conclusión de un agudo ensayo sobre *Damas chinas*: "*el narrador no desarrolla, en su discurso explícito, una reflexión sobre el potencial de [un] vínculo entre la ginecología y la prostitución, pero sí postula sus elementos y sugiere la lógica que podría unirlos*".¹² Varias de las cláusulas de esta frase —"no desarrolla", "postula elementos"; "sugiere la lógica"—son aplicables a toda una obra que se empeña tanto en dar pistas y proponer reflexiones como en hacerlas disparar hacia un futuro potencial: la lógica "*podría* unirlos". *El enigma persiste, adrede e insidioso*, como aquella imagen que cierra *Perros héroes* y guía al lector a una epifanía en suspensión: "Fíjense: el hombre inmóvil mantiene inalterable su particular sonrisa".¹³ El crítico que sigue este tipo de mandato (¡fíjense!) o las "postulaciones" de las novelas repite el enigma o lo usa para hablar de asuntos de su interés, aplicando el texto y nunca descifrándolo.

Curioso estado emocional. Habiendo leído varios textos de Bellatin, sabemos que nuestra obcecada búsqueda de una revelación o solución del enigma es *a sabiendas* en vano y que terminaremos mirando una sonrisa enigmática o repitiendo una hipótesis anticipada. La cacería de sentidos, la pesquisa, es intrínsecamente ansiosa—nos preocupa perder la pista, o pasarla por alto—y sabemos que con Bellatin esta ansiedad no se calma con una solución o respuesta concreta.

Eve Sedgwick calificó la persecución policial de las claves del texto como "paranoica" y la describió señalando, entre otras, las siguientes características: es anticipatoria, es una teoría fuerte, es reflexiva y mimética y de afectos negativos. Vista así, la hermenéutica de la sospecha aplicada a la obra de Bellatin llevará al practicante paranoide a buscar más, a interesarse en descubrir y domesticar textos, a reducir emociones negativas relacionadas con la incomprensión y la sorpresa. Pero, dado que la búsqueda es a sabiendas en vano, creo que hay que entenderla de otra manera: una manera cercana a la risa y el goce. Rita Felski propone que la herméutica de la sospecha no busca en el fondo "destruir" (Sontag) y "cancelar la sorpresa" (Sedwick), sino jugar de un modo particular con el texto:

> La lectura de la sospecha [suspicious reading] es un juego del lenguaje en un sentido bien literal de 'juego'. Como tal, combina reglas y expectativas con la posibilidad de movidas inesperadas y cálculos inventivos, que permiten una forma controlada del juego. El crítico compite con un contrincante textual imaginado, hace cálculos estratégicos determinados y precisos, adopta un papel específico que viene cargado de ciertos requisitos [mi traducción].[14]

En la obra de Bellatin, el "contrincante textual" es hiperconsciente y plantea sus protocolos de lectura. Sus novelas, se ha dicho, son como juguetes. Siendo que el humor parece ausente por completo del estilo, de las tramas, siendo que el disfrute está tantas veces tachado y rechazado por los personajes y las tramas de convalecencias y muertes, la risa acaso ofrezca una manera de observar el revés del tapiz y su construcción. Para esto hay que sospechar, por supuesto, y leer con detenimiento. De hecho, una lectura que no juegue a la sospecha en serio se detendrá en las imágenes lúgubres, en el asombro, y no llegará a ver en qué medida los textos desafían las interdicciones y se ríen de ellas y con/de nosotros. Para esto es útil sospechar y haber sido educado en las emociones paranoicas de la sospecha.

La lectura jadeante

Empecemos con una imagen que emblematiza la incertidumbre conducente a las formas de la risa en Bellatin.

En la edición de *Disecado* de Sexto Piso, la solapa presenta una foto de Bellatin mostrando los dientes.[15] A mitad de camino entre el grito enojado y la risa, la imagen parece una parodia, acaso una autoparodia: ¿apunta a las muchas referencias caninas de su obra?, ¿es un *performance* que alude a un mensaje contenido en el libro o en la obra?, El lector de la imagen puede no tomársela muy en serio, pero en tal caso no estará participando del juego y de un vistazo atravesará a superficie. Pero para quien busca señales y claves, esta imagen polisémica al cuadrado condensa un nivel inevitable de confusión. Sianne Ngai, en su libro *Ugly Feelings* propone un estado provocado por ciertas escenas cinematográficas que resulta apropiado para describir la respuesta afectiva que incita esta foto. Se trata de

> un afecto inherentemente ambiguo de desorientación afectiva en general—lo que podríamos llamar un estado de sentirse vagamente "inquieto" o "confundido" o, más precisamente, una meta-emoción en la que uno se siente confundido sobre lo que siente. Esto es 'confusión' en el sentido afectivo del asombro, más que en el sentido epistemológico de la indeterminación. A pesar de su marginalidad en el canon filosófico de las emociones, ¿no es este sentimiento de confusión sobre lo que uno siente un estado afectivo en sí mismo? ¿No es de hecho ese sentimiento familiar que a menudo anuncia el afecto básico del 'interés' que subyace todas las indagaciones intelectuales? [mi traducción].[16]

Los andamiajes of Bellatin, al igual que esta foto, son un juego que suscita interés precisamente por la indeterminación afectiva que produce. La risa constituye un paréntesis, un desahogo del pasmo meta-emocional. La foto es abrasiva o juguetona o ambas cosas a la vez. La risa no es jovial sino más bien una mueca a la que se llega luego de tomarse en serio las pistas de la imagen. El diálogo del lector con esta imagen produce una síncopa del sentido y de ahí la risa.

La lectura jadeante —como la de la imagen de Bellatin en la solapa— es atenta y puntillosa, está a la caza de las indeterminaciones afectivas y hermenéuticas. Es una lectura que sospecha del texto, se lo toma en serio, y por tanto se detiene en sus juegos —síncopas de sentido, incongruencias, bruscas transformaciones, propuestas descabelladas— en lugar de sobrellevarlos mientras atiende asuntos presumiblemente más importantes como el desciframiento del enigma y la búsqueda de sentido. Una lectura de las perversiones del texto que pueden llevar a lo que Barthes llamaría goce, a lo que Link llama "momentos de liberación" o a lo que Ngai denomina "meta-emoción" en medio del desasosiego. Goce, liberación, indeterminación, que a su vez se manifiestan como formas de la risa y el humor.

Para ilustrar estos momentos y risas, catalogo debajo una serie de juegos textuales en los que he encontrado que residen:

a) El juego de la anagnórisis y el "vínculo"

En su ensayo "Las magias parciales del Quijote", Borges concluye: "¿Por qué nos inquieta que Don Quijote sea lector del *Quijote*, y Hamlet, espectador de *Hamlet*? Creo haber dado con la causa: tales inversiones sugieren que si los caracteres de una ficción pueden ser lectores o espectadores, nosotros, sus lectores o espectadores, podemos ser ficticios".[17] En las novelas de Bellatin se plantea la siguiente inquietud: si los personajes de una ficción crean posibilidades interpretativas, juegan a hacer sentido y plantean hipótesis, entonces nuestras hipótesis pueden ser de ficción y por lo tanto debemos sospechar de ellas.

Como lectores, nos es inevitable tratar de entender y de este modo no podemos no ser como uno de los muchos personajes de ficción bellatinianos que están en la misma situación. (Recordemos, por ejemplo, a la madre en *Los fantasmas del masajista*: "Lo que la madre no terminaba de entender eran los juegos de sentido que la canción proponía una vez que la historia era contada de manera lineal").[18] El caso más extremo de este juego y por lo tanto el más cómico está probablemente en *Jacobo reloaded*, cuando el juego de la interpretación se recalienta. En un momento el narrador—quien oficia de crítico, recordemos, ya que cita, estudia e interpreta un supuesto manuscrito de La frontera, una novela inconclusa de Joseph Roth protagonizada por Jacobo Pliniak—llega a decir en un momento:

> En otro orden de cosas, cabría preguntarse también por un posible vínculo entre el interés de Jacobo Pliniak por los *pogroms* y su probable impedimento para engendrar hijos. No creo que se lo haya formulado Joseph Roth al escribir el texto, y no me parece tampoco que exista ninguna relación entre ambas instancias. Ni yo mismo entiendo esta pregunta. Se trata de interrogantes que quizá nunca hallen una respuesta, aunque tal vez el resto de la narración pueda dar ciertos atisbos sobre el misterio místico que parece mantenerse por debajo del texto.[19]

Tenemos aquí al narrador, un intérprete del texto de Roth que plantea una pregunta (el vínculo entre *pogroms* y esterilidad) que supone que Roth *no* se la formuló, que *no* le parece pertinente ("no me parece tampoco que exista ninguna relación"), que *no* entiende, que "quizás *nunca* halle una respuesta". Todo esto es desopilante. Pero el remate nos congela la risa: "ciertos atisbos" de la respuesta pueden estar en las profundidades incognoscibles del misterio místico. También la congela el estilo frío y, por supuesto, el tema: estamos hablando de un posible vínculo entre formas de la muerte y la no-vida: *pogroms* y esterilidad.

El "vínculo", cabe insistir —porque allí reside su ficción hilarante— produce un desafío en el plano hermenéutico y también en el afectivo. En el primer plano, es afín al conceptismo: si el concepto es un "acto del entendimiento que exprime la correspondencia que se halla entre los objetos", ¿no es la risa provocada por los textos de Bellatin una conclusión (hueca, pero definitiva) de una búsqueda de correspondencias (o vínculos)? En el segundo, subido al andamio textual y participando del juego de las interpretaciones, conecta elementos y produce potenciales incongruencias: ¿no será que hay un vínculo entre ginecología y prostitución (*Damas chinas*), entre un hombre inmóvil y América Latina (*Perros héroes*), entre escritura y cabeza (*Biografía ilustrada de Mishima*), entre un espacio para enfermos terminales y una pecera (*Salón de belleza*), entre dinero y literatura (*El hombre dinero*), entre religión y sadismo, saberes y discapacidad...? Algunos de estos "vínculos" tienen un barniz más cómico que otros, que son del orden de lo trágico, pero todos tienen la misma forma: un andamiaje de chiste al que le falta el remate, dos términos entre los cuales estamos invitados a exprimir una correspondencia que bien puede ser hilarante.

b) El juego del estilo

Se han usado muchos adjetivos para describir el estilo de Bellatin, pero podemos quedarnos con esta secuencia: "preciso, frío y casi clínico".[20] Nos topamos con este pasaje, en que ese estilo está aplicado a un singular asunto que no pareciera merecerlo:

> En ese tiempo Mishima llevaba una cabeza provisional que le había confeccionado cierto artesano que se dedicaba a la manufactura de vestimentas de guerra. Se trataba de un trabajo rudimentario. Su cabeza parecía en ese tiempo más una granada de diseño arcaico que una parte fundamental de su cuerpo.[21]

No hay adverbios que califiquen, no hay adjetivos que orienten. Hay precisión y detalle, hay algo enigmático. La situación es extremadamente graciosa por absurda. Hay sin embargo algo que intuimos grave en este pasaje. Por la manera en que está narrado, y también porque está situado en una novela sobre un autor que se suicidó cometiendo el tradicional *seppuku* e hizo que cercenaran su cabeza poco después de que, al incitar un golpe de estado, sufriera el oprobio de que los soldados se burlaran de él. El artesano de "vestimentas de guerra" y la "granada de diseño arcaico" adquieren otro cariz considerando que Mishima era un acendrado tradicionalista. El estilo, terso, contribuye a nublar el hecho de que hablar de una prótesis de cabeza parecida a una granada es cómico.

Para considera el modo en que el estilo y la narración escatiman lo cómico, observemos la siguiente narración: "Un hombre con bastón y lentes de ciego se sienta en un asiento para discapacitados en el metro y abre el *New York Times*. Un policía se abalanza sobre él, lo detiene y le dice: '¡Usted es un inmoral que se aprovecha de la desgracia ajena!' Él, aterrado, responde: 'No, señor, sólo quería elegir qué película ver esta noche'". Contado así, esto tiene forma y estilo de chiste. Contado por el narrador de *El hombre dinero* en una serie de fragmentos separados por espacios, sin diálogo ni exclamaciones, encaramado en la narración del hijo de una familia de inmigrantes en que los padres sufren acoso y privaciones y el hijo "un extraño síndrome", es otra cosa.[22] Efectivamente, el relato de *El hombre dinero* está recubierto de una pátina lúgubre que hace del chiste una perversión: la novela empieza con "No deja de ser trágico" y luego se repiten palabras como "funesto", "trágico", "indigno" en las sucesivas páginas.[23] ¿Qué hace entonces en medio de todo esto un pasaje que contiene un chiste? El modo en que está contado y el entorno hace que se nos escape (páginas más tarde, también se hará difícil leer comicidad en esta oración absurda: "Cada vez que mi padre llegaba a este punto de su sueño recurrente, *ya no sabía si creerle o no*"; o en esta otra, que aclara lo evidente: "El dinero era, creo, lo más importante. Estaba todo el tiempo presente su falta, *no su presencia*".[24] Lo absurdo, dicho a la pasada, lo incongruente, agregado como una cláusula cualquiera. El humor difícil, porque no está señalizado.

Según una hipótesis de los estudios de psicología evolutiva, la risa es una señal de juego.[25] Un homínido que jadea repetidamente (un precursor de nuestro "jaja") señala a un congénere, por ejemplo, que "esto no es una pelea". El estilo neutro de Bellatin, ausente de toda marca, dificulta la detección del juego, porque como dice Link, *no se ríe*. No se ríe, pero tampoco llora: a Buster Keaton, por más que tropiece, se caiga o salve la vida por un milímetro, nada le duele.

c) El juego de lo obsceno

Hay risas, que acaso no nos atrevemos a esbozar: crueles, inadecuadas, incómodas. El texto nos las propone (el texto las *menciona*) y nos las tenemos que ver con ellas. ¿Las compartimos o no? Tres ejemplos:

1. En estos años he aprendido que una de las formas más fastidiosas de morir, se da cuando la enfermedad empieza por el estómago. Decir esto me causa cierta gracia, pues siempre he oído aquel dicho popular que afirma que al hombre se le agarra por el estómago. Y no solamente lo oí, sino que lo puse en práctica.[26]
2. Tras aclarar que una cosa es ser un hombre inmóvil y otra un retardado mental, el hombre inmóvil asegura que no hay perro tarado sino amo estúpido. De inmediato se echa a reír en forma desmesurada.[27]
3. Nuestro escritor [Shiki Nagaoka] comenzó a tomar la sopa de buen grado hasta que, de pronto, un estornudo del niño produjo la caída de la nariz al plato y el inmediato regocijo general.[28]

La risa del hombre inmóvil en *Perros héroes* es tan políticamente incorrecta, su comentario anterior tan obsceno, que instintiva y educadamente se impone un distanciamiento de ambos. La lectura jadeante no descarta de plano sino que se detiene a examinar ese distanciamiento y su fricción. ¿A qué conclusión o epifanía nos llevan sus sentencias? ¿No deberemos examinar nuestro lenguaje, nuestros estereotipos, acaso la noción de "lo políticamente correcto"? ¿Nos atreveremos a reír, a probar qué se siente reconocer lo obsceno en nosotros mismos? En cuanto al narrador de *Salón de belleza*, una mueca amarga tal vez se dibuje en su boca y la compartamos, porque hay "cierta gracia". Pero ¿de qué índole? En cuanto a Nagaoka, ¿seremos tan crueles como para reírnos de su nariz en la sopa? Confieso que yo reí al leer este pasaje, y no dejo de pensar en mi crueldad.

La risa no es, no puede ser, una respuesta al enigma ni un desciframiento. Su potencial reside en la capacidad de exigir una reflexión, a veces incómoda, sobre nuestros protocolos de lectura: ¿por qué (no) me río? En el caso de la obra de Bellatin, que se presenta como aparentemente ajena a toda risa, los momentos a menudo incómodos en que surge para la lectura crítica son particularmente reveladores tanto de las costuras de la obra (su "negativo") como de las búsquedas que hacemos al leer y las emociones que involucran. La lectura jadeante, que se detiene y enfoca en los posibles momentos hilarantes, resulta una alternativa a "hacer sentido", o mejor dicho, una forma de hacerlo que valora la incongruencia de pistas y la emociones. La risa es, después de todo, una de las más elementales formas del goce y el conocimiento. Acaso sumarme a los monjes que se rieron de Nagaoka signifique que me liberé de una prohibición, probé qué hay al otro lado de los límites, me reí y volví para examinar quiénes soy.

Notas

1. Diana Palaversich, prólogo a *Obra reunida*, de Mario Bellatin (México: Alfaguara, 2005), 13.

2. Marcela Rodríguez, Mario Bellatin, (2012), *Bola negra-El musical de Ciudad Juárez*, https://www.youtube.com/watch?v=LZkj2joj9YM.

3. El informador. "Liniers hace rodar la bola negra". *El informador*, 1 de diciembre de 2017, https://www.informador.mx/cultura/Liniers-hace-rodar-la-bola-negra--20171201-0014.html.

4. Daniel Link, "Post-scriptum" a *Condición de las flores*, de Mario Bellatin (Buenos Aires: Entropía, 2008), 135.

5. Helmut Plessner, *Laughing and Crying: A Study of the Limits of Human Behavior*, trad. James Spencer Churchill and Marjorie Grene (Evanston: Northwestern University Press, 1970), 139.

6. Martín Gaspar, *La condición traductora* (Rosario: Beatriz Viterbo, 2014), 151-155.

7. Palaversich, *"Prólogo"*, *13*.

8. Mario Bellatin, Flores, 377.

9. Alicia Ortega, "Mario Bellatin": "Me siento escritor, cuando voy desescribiendo", *Spondylus*, 10 de julio de 2014, https://www.uasb.edu.ec/web/spondylus/contenido?mario-bellatin-34me-siento-escritor-cuando-voy-desescribiendo-34.

10. Emily Hind, "Entrevista con Mario Bellatin", *Confluencia* (2014), 200.

11. Linda Egan, "Rambling Prose: Plot as Flaneur in Mario Bellatin's Narrative", *Chasqui* 44, n.º 1 (2015), 34.

12. Luis Hernán Castañeda, "El fracaso del mal en *Damas chinas*", *Salón de anomalías. Diez lecturas críticas de Mario Bellatin* (Lima: Altazor, 2014), 105.

13. Mario Bellatin, *Pérros heroes*, 354.

14. Rita Felski, "Suspicious Minds", *Poetics Today* 32, n.º 2 (2011), 229.

15. Mario Bellatin, *Disecado*. (México: Sexto Piso, 2011).

16. Sianne Ngai, *Ugly Feelings* (Cambridge: Harvard University Press, 2005), 14.

17. Jorge Luis Borges, *Obras completas. 1932-1972* (Buenos Aires: Emecé, 1974), 669.

18. Mario Bellatin, *Los fantasmas del masajista* (Buenos Aires: Eterna Cadencia, 2009), 23.
19. Mario Bellatin, *Jacobo reloaded* (México: Sexto Piso, 2014), 67.
20. Diana Palaversich, "Apuntes para una lectura de Mario Bellatin", *Chasqui* 32, n.º 1 (2003), 34.
21. Mario Bellatin, *Biografía ilustrada de Mishima*, en *La clase muerta* (México: Alfaguara 2011), 17.
22. Mario Bellatin, *El hombre dinero*, 15.
23. Mario Bellatin, *El hombre dinero*, 7.
24. Mario Bellatin, *El hombre dinero*, 48, 69.
25. Ver Marvin Harris, *Our Kind: Who We are, Where We Came From* (New York: Harper & Row, 1989).
26. Mario Bellatin, *Obra reunida*, 46.
27. Mario Bellatin, *Obra reunida*, 314.
28. Mario Bellatin, *Obra reunida*, 221.

Bibliografía

Bellatin, Mario. "Bola negra". *Obra reunida*, 203-212. México: Alfaguara, 2005.
———. *La clase muerta. Biografía ilustrada de Mishima. Obra reunida*, 507-601. México: Alfaguara, 2011.
———. *Disecado*. México: Sexto Piso, 2011.
———. *El hombre dinero*. México: Sexto Piso, 2013.
———. *Flores. Obra reunida*, 373-434. México: Alfaguara, 2005.
———. *Jacobo reloaded*. México: Sexto Piso, 2014.
———. *Los fantasmas del masajista*. Buenos Aires: Eterna Cadencia , 2009.
———. *Perros héroes. Obra reunida*, 307-372. México, D.F.: Alfaguara, 2005.
———. *Salón de belleza. Obra reunida*, 9-37. México: Alfaguara, 2011.
———. *Shiki Nagaoka: una nariz de ficción. Obra reunida*, 213-260. México: Alfaguara, 2005.
Borges, Jorge Luis. *Obras completas. 1932-1972*. Buenos Aires: Emecé, 1974.
Castañeda, Luis Hernán. "El fracaso del mal en *Damas chinas*". 99-118. En *Salón de anomalías. Diez lecturas críticas de Mario Bellatin*. Lima: Altazor, 2014.
Egan, Linda. "Rambling Prose: Plot as Flaneur in Mario Bellatin's Narrative". *Chasqui* 44, n.º 1 (2015): 151-158.
El informador. "Liniers hace rodar la bola negra". *El informador*, 1 de diciembre de 2017. https://www.informador.mx/cultura/Liniers-hace-rodar-la-bola-negra--20171201-0014.html

Felski, Rita. "Suspicious Minds". *Poetics Today* 32, n.º 2 (2011): 215-234.
Gaspar, Martín. *La condición traductora*. Rosario: Beatriz Viterbo, 2014.
Harris, Marvin. *Our Kind: Who We are, Where We Came From*. New York: Harper & Row, 1989.
Hind, Emily. "Entrevista con Mario Bellatin". *Confluencia* (2014): 197-204.
Link, Daniel. "Post-scriptum". *Condición de las flores* (Buenos Aires: Entropía, 2008), 135-136.
Ngai, Sianne. *Ugly Feelings*. Cambridge: Harvard University Press, 2005.
Ortega, Alicia Ortega. "Mario Bellatin: 'Me siento escritor, cuando voy desescribiendo'". *Spondylus*, 10 de julio de 2014. https://www.uasb.edu.ec/web/spondylus/contenido?mario-bellatin-34me-siento-escritor-cuando-voy-desescribiendo-34.
Palaversich, Diana. "Apuntes para una lectura de Mario Bellatin". *Chasqui* 32, n.º 1 (2003): 25-39.
———. "Prólogo". 11-23. *Obra reunida*. México: Alfaguara, 2005.
Pauls, Alan. "El problema Bellatin". *El interpretador*. 20 de noviembre de 2005. http://*salonkritik*.net/10-11/2011/06/el_problema_bellatin_alan_paul_1.php.
Plessner, Helmut. *Laughing and Crying: A Study of the Limits of Human Behavior*. Trad. James Spencer Churchill and Marjorie Grene. Evanston: Northwestern University Press, 1970.
Rodríguez, Marcela y Mario Bellatin. *Bola negra-El musical de Ciudad Juárez*, (2012). https://www.youtube.com/watch?v=LZkj2joj9YM.
Roher, Larry. "A Mischievous Novelist With an Eye and an Ear for the Unusual". *New York Times*, (2009). https://www.nytimes.com/2009/08/10/books/10bellatin.html?mtrref=www.google.com&gwh=2012C8D494F8E689715C727442746CAD&gwt=pay&assetType=REGIWALL.
Sedwick, Eve. *Touching Feeling: Affect, Pedagogy, Performativity*. Durham: Duke UP, 2003.
Sontag, Susan. "Contra la interpretación". 15-27. En *Contra la interpretación y otros textos*. Trad. Horacio Vázquez Rial. Barcelona: Seix Barral, 1984.

Cuestiones de género

La petrocultura y Frida Kahlo: De la biopolítica al energopoder en *Las dos Fridas* y *Demerol sin fecha de caducidad* de Mario Bellatin[1]

EMILY HIND

¿Es sor Juana moderna? Al principio podría extrañar al público que comience un ensayo sobre Mario Bellatin (1960) y dos de sus obras sobre Frida Kahlo (1907-1954) con una duda acerca de sor Juana Inés de la Cruz (1648 o 1651-1695). Así como los científicos fechan el comienzo de una nueva edad geológica en la que nos encontramos, llamada el Antropoceno, hacia el año 1610,[2] y con ello sugieren nuestra cercanía con los tiempos de la monja, así el paso entre Kahlo y la monja se acorta en la representación oficial mexicana. Es decir, si contemplamos el entorno de las publicaciones *Las dos Fridas*[3] y *Demerol sin fecha de caducidad*,[4] dos textos sobre la pintora escritos por Bellatin que forman parte de su "ciclo 2008-2009",[5] vemos que en aquellos años Frida Kahlo y sor Juana circulaban de modo paralelo en los billetes mexicanos de $500 y $200 pesos, respectivamente. Con la moneda nacional, el gobierno sugería la relevancia inmediata e históricamente confusa tanto de la monja enclaustrada como de la pintora comunista que sólo cobraba en dólares. En este ciclo, el acercamiento de Bellatin a la figura de los artistas famosos en los libros—además de Kahlo, medita sobre el escritor japonés Yukio Mishima—logra repetir el gesto recontextualizador efectuado por el gobierno en los billetes para, quizá, respaldar esa sorpresiva contemporaneidad de 1610, sugerida por los geólogos. Sin embargo, el reciclaje emprendido por ambos partidos, el Estado y Bellatin, no insiste en precisiones científicas; al contrario, confiere cierto desconcierto ante la imagen. Como explica Gianna Schmitter respecto a las fotos reutilizadas por Bellatin, "implica su independización respecto al referente".[6]

A continuación, examino cómo el procedimiento contemplativo de Bellatin logra la desestabilización del concepto de modernidad —inestabilidad preocupante para las feministas—. Después, a partir del acercamiento meditativo de Bellatin al uso de Demerol por parte de Kahlo, me esfuerzo por leer esta obra a través de la comprensión de la urgencia del Antropoceno, nuestra era de catástrofe climática que determina "the conditions under which all reading must henceforth proceed" ("las condiciones bajo las cuales toda lectura de ahora en adelante debe proceder").[7] Fijarme en la referencia a los opiatos en *Las dos Fridas* y *Demerol sin fecha de caducidad* resulta natural debido a la crítica abrumadora sobre el tema del *narco*; temo que si seguimos con ese enfoque, nos arriesguemos a ignorar la temperatura creciente del agua en que nos cocemos. Comparto ese miedo con Paul Goldberg, quien nos recuerda que poco se ha dicho sobre el impacto ecológico de la guerra contra las drogas.[8] Por eso, el presente artículo intenta preparar el camino para pensar sobre Bellatin en términos de la crisis ecológica del Antropoceno, época creada por la actividad humana.

Partiendo de la atención que dedica nuestro campo al tópico del *narco* y sus connotaciones en relación con la biopolítica, procuro dirigir el asunto hacia lo *petro* y su relevancia para el "energopoder", esto es, el control estatal de las energías fósiles y la electricidad.[9] Leeré *Las dos Fridas* no como petronovela, pues la técnica meditativa de Bellatin no se conforma con el procedimiento novelístico normativo, sino como una contemplación extraña, aun dentro de las meditaciones de Bellatin. *Las dos Fridas* facilita la percepción de algunos efectos de la petrocultura. Al contrario del viaje en carro hacia Frida Kahlo emprendido en *Las dos Fridas*, *Demerol sin fecha de caducidad* propone una fantasía energética en que nada se enchufa, ni se carga, ni se alimenta con combustible alguno, fantasía que sugiere que, al voltear de los desvaríos de lo *narco* a la insustentabilidad de lo *petro*, posiblemente ni siquiera cambiamos de tema.

María Esther Castillo García se afilia con la moda francesa al estudiar la autoficción —una referencia no al Chevy de *Las dos Fridas* sino a la autobiografía— en la versión reimaginada de este libro, titulado *Tratado sobre Frida Kahlo* en *El libro uruguayo de los muertos*, y en *Demerol sin fecha de caducidad*.[10] Esa repetición dentro de los libros de Bellatin, como Castillo García observa, resulta metódica: "el auto-plagio es sistemático".[11] La autoficción justifica la duda sobre la modernidad de Bellatin mismo. Vuelvo a compararlo con la monja que murió en 1695, 265 años antes del nacimiento de Bellatin y unas cuatro décadas después del comienzo del Antropoceno. Además de la crisis ecológica, el misticismo los une. Si sor Juana toma los votos católicos que la someten desastrosamente a una jerarquía machista, Bellatin explora con menos intimidaciones el arte místico, esta vez mediante el sufismo de la tradición islámica. En prosa fragmentada, resume lo que va del misticismo a la enseñanza de la escritura: "El ejercicio sufí, que trata de buscar el todo dentro de los distintos accidentes".[12] (Aprovecho para recordar al público la regla de la Escuela Dinámica de Escritores que fundó Bellatin: los estudiantes no escriben allí; esta regla de alguna manera forma parte de la meta paradójica y algo mística de Bellatin de escribir involuntariamente, o "escribir sin escribir").[13] Esta cuestión de escritura involuntaria, exigida por fuerzas innegables y ajenas a uno, también remite a un argumento utilizado por sor Juana, autora de la *Respuesta a sor Filotea*.

En el corto plazo, la religión patriarcal no hace tanto daño a Bellatin como a sor Juana. Nadie exigirá que Bellatin se deshaga de su biblioteca —ni en la versión de "los cien mil libros" compuesta enteramente por su propia obra—.[14] El privilegio otorgado a los hombres desde 1610 (por no decir "desde siempre") posibilita tomar en serio a Bellatin en lugar de acusarlo de vanidoso y equivocado. No queda nada claro que una autora —una mujer, quiero decir— ganaría el mismo éxito comercial y académico al publicar tanto libro "autoplagiado", vistiendo siempre el mismo uniforme negro durante los últimos años, cambiando el brazo prostético hasta por un falo enorme,[15] engañando al público para mostrarle su credulidad, prohibiendo el acto de escribir a sus estudiantes de escritura, buscando "escribir sin escribir", y un largo etcétera. Elaboro un punto casi excesivamente predecible cuando afirmo que el primer artículo académico dedicado plenamente al sufismo en la obra de Bellatin, publicado en 2019, no toca el problema de género.[16]

Si leemos a Bellatin en sus propios términos, el género femenino apenas viene al caso. Por ejemplo, señalo la representación del derviche, al parecer para Bellatin siempre hombre. En una entrevista, la imagen de un derviche aparece como adorno en la pared de la casa de Bellatin,[17] y en una de las fotos de *Las dos Fridas* se ve una estatuilla de un hombre barbudo, cuyo pie de foto indica: "Representación de un derviche girador, quienes suelen creer en la inmanencia del tiempo y del espacio".[18] Ya que muchos análisis del arte de Bellatin esquivan el asunto del sufismo, se podría decir que el misticismo se suele tornar laico para propiciar una indagación académica sobre la naturaleza de la escritura. Otro acercamiento que llegué a adoptar utiliza la boga secular de la "atención plena", conocida en inglés como *mindfulness*, para admirar la resistencia en la obra de Bellatin a distinguir entre puntos centrales y secundarios y por negarse a emitir juicios sobre esos detalles.[19] En ese mismo sentido de laicismo, cito la observación de Samuel Steinberg, extraída de un artículo sin tinte religioso, donde asevera que si los libros de Bellatin narran algún elemento exterior a la obra misma, tal externalidad tiene que ver con "this present, severed from any temporality but the now" ("este presente, cercenado de cualquier temporalidad excepto del ahora").[20] Precisamente esta posibilidad de volver a observar el momento presente con "mente de principiante", es lo que interesa de las novelas de Bellatin. La crítica no puede imitar el procedimiento a la hora de armar un análisis literario, puesto que forzosamente creamos jerarquías entre los datos, además de recomendar un camino a seguir.

Por el género literario en que escribo (y también por el género femenino a que pertenezco) no comparto la búsqueda por la trascendencia dentro de las religiones del patriarcado. Citando de *Las dos Fridas*, no profeso esa creencia sufí ("determinado pensamiento místico") sobre que "la realidad es inmanente y se viven en simultáneo todos los tiempos y todos los espacios".[21] Como mujer que disfruta de sufragio y salario, me asusta la posibilidad de percibir en medio de hoy "todos los tiempos y espacios". (¡Qué horror!) ¿Ese espanto en sí no comprobará la modernidad de mi querido "ahora" y mi distancia dichosa de sor Juana? En fin, la búsqueda de Bellatin *no* parece tan distinta de la de sor Juana, aunque el hombre contemporáneo disfrute de más flexibilidad ideológica con sus meditaciones. Por ejemplo, la libertad que la meditación provee a Bellatin lo hace singularmente lúcido cuando incorpora el tema de las drogas, un tema que de otro modo resulta sobresaturado por propaganda. Ni en *Demerol sin fecha de caducidad* ni en *Las dos Fridas* el narrador de Bellatin se escandaliza frente al Demerol, aspecto sorpresivo en el segundo caso, dado que pertenece al género de literatura juvenil.

Vale la pena detallar las razones tras la estructura atípica de este último libro; desde la primera página de *Las dos Fridas*, el narrador explica que este proyecto, a diferencia de todos los otros, se dirige a "jóvenes" y se escribe "por encargo".[22] Así, el texto interrumpe el procedimiento habitual de Bellatin en que permite que las palabras, en su fluir involuntario, "marquen los límites y rumbos de los textos".[23] Además, las primeras y las últimas páginas desafían el acercamiento característico del Bellatin místico y meditativo, porque presentan una biografía fiel a los hechos de la vida de Kahlo —con excepción de la fecha errónea de 1926, dada dos veces para el año del accidente que sufrió

Kahlo en 1925, cuando el camión en que viajaba chocó con un tranvía eléctrico—.[24] A pesar de esta sinceridad insólita que obedece a las exigencias de una narrativa confiable y pedagógica dirigida a un público menor de edad, Bellatin no escatima la información sobre las narcocostumbres de Kahlo. Desde la tercera página del texto, revela que la pintora "se hizo adicta al Demerol", hecho que vuelve a afirmar en la penúltima página: "La paciente hizo uso indiscriminado del Demerol".[25] Es más, la atención plena dirigida sin juicio hacia las drogas se evidencia cuando, para llegar a Kahlo, el narrador sale de la capital y, entre otros encuentros, pasa por un pueblo, "dedicado a la experimentación con hongos y raíces alucinógenas"; el lugar sorprende al narrador porque "todo parecía estar en orden".[26] En la misma página, se subraya el punto: "Me llamó la atención que en el ambiente de ese poblado no quedara ninguna huella de los estados alterados que se vivían en forma cotidiana".[27]

Bromeo solo un poco al decir que el público de Bellatin siente los efectos de la droga en *Demerol sin fecha de caducidad más que* "frida kahlo", siempre nombrada con minúsculas, evidencie cualquier ausencia de sobriedad. Es decir, en *Demerol sin fecha de caducidad* Bellatin no hace aspavientos frente al hábito de consumo de droga de una frida kahlo envejecida más allá de la edad que tuvo al morir. La sustancia epónima viene al caso por las fotos de Graciela Iturbide de los objetos del baño de la Casa Azul, encerrados por 50 años, historia que repasan a detalle Ángeles Donoso Maycaya[28] y Valería de los Ríos.[29] Como observa Paola Cortes Rocca, la relación sugerente entre el texto de Bellatin y las fotos de Iturbide no supone ninguna jerarquía estable: "Bellatin no escribe un prólogo al trabajo de Iturbide; Iturbide no ilustra un relato de Bellatin".[30] Se publican los dos proyectos como *tête bêche*, cada libro con su propia portada, con orientación inversa. Así al voltear el mismo libro, la lectora se descubre ahora frente a *Demerol sin fecha de caducidad* de Bellatin, ahora frente a *El baño de Frida Kahlo* de Iturbide, y nunca se encuentra con la contratapa "sino con un nuevo libro invertido".[31] Dentro de esa jerarquía inestable con su doble comienzo, la narrativa de Bellatin nunca juzga al hábito medicinal de "frida kahlo", la artista posmuerta que aparece ante un público por medio de un "singular aparato didáctico".[32]

Aunque nunca juzga la adicción como tal en *Demerol sin caducidad*, Bellatin aprovecha para meter múltiples referencias a la atemporalidad del Demerol. Desde la primera página se menciona "una caja muy antigua de Demerol" que también aparece en las fotos de Iturbide. Además del título que cita la marca, en el texto se repite tres veces la frase, "medicamentos sin fecha de caducidad".³³ Los efectos posibles de esa medicina se insinúan por medio de otros objetos que en *El baño de Frida Kahlo* aparecen como naturaleza muerta, y que en el texto de Bellatin se observan como si fuera una primera vez, por ejemplo, "dos recipientes de peltre para realizar lavativas" de los cuales "se desprendían, [...] las mangueras de hule necesarias".³⁴ Este aparato para realizar enemas que se retrata en las fotos de Iturbide y que se describe en el texto de Bellatin sugiere varias posibilidades históricas, desde el estreñimiento que acompaña el abuso de opiatos hasta —nunca se sabe— una forma alternativa de administrar la medicina cuando el cuerpo ya no aguanta otro método.

Dejemos los detalles escabrosos para subrayar la estética dominante. A lo largo de las obras de este ciclo narrativo 2008-2009 de Bellatin, las drogas se distinguen más por sus nombres que por sus efectos. De este modo, Bellatin logra la hazaña admirable de evadir en gran parte la repetición de los discursos oficiales en torno a lo *narco*. Por ejemplo, en *Biografía ilustrada de Mishima*, sobre la vida después de la muerte llevada por el escritor japonés ahora decapitado Yukio Mishima, la droga —que comparte la descripción de la nicotina en "Marlboro Light"—,³⁵ se nombra como *sildenafil citrati*, lo cual suena a Viagra. Tal droga moderna no lo resulta en el contexto del Mishima posmuerto, dada la antigüedad de la búsqueda por la trascendencia y la coincidencia con la nicotina. Claro, no pretendo ignorar el debate sobre la modernidad de la nicotina. En *Cigarettes Are Sublime* (*Los cigarros son sublimes*), Richard Klein sugiere que Aristóteles no conocía la modernidad, ya que no conocía el tabaco —aunque los muchos estudios de la historia de la droga se podrían matizar con el hecho de que los griegos antiguos sí sabían de la morfina—.³⁶ Sor Juana, lectora de las ciencias del "Nuevo Mundo", sí habrá sabido de la existencia del tabaco, entre otros reclamos a la modernidad derivados de su entorno americano.³⁷ Por su parte, Kahlo empleaba ambas drogas simultáneamente. Por el testimonio de la enfermera Judith Ferreto Segura, quien cuidaba de Kahlo cuando ya no viajaba sino en su propia cama, la pintora no paraba de fumar aún bajo el efecto de los somníferos, de los que abusaba: "Frida fumaba continuamente y pedía un cigarro cuando estaba a punto de quedarse artificialmente dormida. Como su sueño no era natural, podía dejar caer el cigarrillo, así que había que mantener atención especial en ello".³⁸ Si Bellatin hace referencia insistente al Demerol en cuanto a Kahlo, resulta interesante que no mencione el cigarro.

Las ausencias componen el síntoma molesto para los personajes en la obra de Bellatin. En *Demerol sin fecha de caducidad* se posibilita la noción de la droga como prótesis, tal como la pierna ortopédica que busca frida kahlo porque "le hacía falta una suerte de artificialidad capaz de suplir el vacío de su cuerpo".[39] Leonel Cherri nos resume el procedimiento refiriéndose, por ejemplo, a las biografías ilustradas de Mishima y Kahlo del ciclo 2008-2009: "los autores buscan una prótesis artificial no para ocultar sino para exponer el vacío que los constituye".[40] Para las feministas, el cuerpo nunca es tan fácil de borrar. Ciertamente, en el contexto de mi análisis, el vacío recuerda a la abnegación exigida por el catolicismo al servicio de controlar, por ejemplo, a la mujer.

Hablando de sospechas foucauldianas, resulta significativo el hecho de que sor Juana, Kahlo y Bellatin compartan el convento convertido en hospital transformado en universidad. Alejandro Gómez Arias, amigo que viajaba con Frida en el momento de su famoso accidente en 1925, cuenta que subieron a la joven a la ambulancia para depositarla en la Cruz Roja, "ubicada en el cercano convento de San Jerónimo, donde ahora está el Claustro de Sor Juana".[41] En ese mismo lugar donde sor Juana murió siglos atrás, Bellatin a veces trabaja como maestro. A principios del siglo XXI en el Claustro, yo tomé una clase de escritura creativa con él.

Para romper con el encierro, volteo hacia el artículo de Paola Cortes Rocca sobre *Demerol sin fecha de caducidad*. Seguramente si confío más en la recontextualización que se apropia de Kahlo para "el uso pop" encontraré la estabilidad deseada de la modernidad y me alejaré de una vez por todas del fatídico 1610.[42] Es decir, tal vez para encontrar la modernidad es preciso eliminar hasta el mayor grado posible el sentido de historia, olvidándome del sinsentido de practicar la atención plena en un "aquí y ahora", como si la meditación no fuera una práctica antigua. Creo que acabo de anticipar que el método no funciona a mi satisfacción. Cortes Rocca compara la estética de una participante del grupo de Warhol con la *performance* de Kahlo; un poco más de una década después de la muerte de la pintora, los del círculo de Nueva York viven artísticamente al "vestirse, comer, caminar, fumar, [...], ir a ciertas fiestas, [...] y perder el tiempo *como artistas*".[43] Esta lista de actividades mayormente podría aplicarse hasta a los bohemios del siglo XIX —y tal vez sustituyendo *artistas* por *nobles* describe a los franceses adinerados bajo Luis XIV,[44] lo cual nos remite a 1610 de nuevo—. Ese último aspecto de hacer que la observen a una perdiendo el tiempo con estilo capta la representación de Kahlo en la mayoría de las fotos, pues siempre aparece posando. Aún las fotografías de Kahlo en las que supuestamente está pintando la muestran sin una gota de pintura fuera de lugar —es decir, simulando el trabajo—. En conjunto, las fotos de Kahlo, revisitadas bajo el estímulo de la obra de Bellatin, imponen en mí la profunda nostalgia por el tiempo en que no se trabajaba, cuando *vivir* bastaba, y me tengo que despertar de esa ilusión con la advertencia de que convertirse tan plenamente en la vocación de una es la labor de las religiosas —de sor Juana, pues—. Una vez más me encuentro ante el espejo del monasterio. ¿No hay escape de las trampas de la colonia?

Resumo en más detalle el comienzo de *Las dos Fridas* para sacarme del tiempo místico. En la primera página de *Las dos Fridas* el narrador recibe una foto de Frida Kahlo, la cual envía por correo electrónico en busca de información sobre ella. Recibe la noticia de que la susodicha "habitaba en un alejado pueblo y poseía un pequeño puesto en el mercado".[45] Craig Epplin expresa mejor la idea en *Las dos Fridas* respecto al doble de Frida Kahlo: "The woman is not Frida Kahlo, who died in 1954, but she might be" ("La mujer no es Frida Kahlo, quien murió en 1954, pero podría serlo").[46] Lo mismo se podría decir del narrador: no es Bellatin, pero podría serlo. Es más, en una conversación personal, Bellatin me aseguró repetidas veces que en cuanto al viaje a Oaxaca con el perro Perezvón descrito en *Las dos Fridas* no echó mano a la ficción: "Todo es cierto".[47] No obstante esa insistencia, sabemos que Bellatin miente desde la primera página. Desde la primera foto, en la imagen borrosa que supuestamente "los editores" le entregan al narrador de *Las dos Fridas* cuando le encargan el proyecto, se ve a una Frida Kahlo rara, con otra boca y unos aretes de aro atípicos del estilo indigenista de Kahlo; además la ropa chillona no parece concordar con la estética de la pintora.[48]

Sobre esto, vuelvo a citar el estudio deslumbrante de "las migraciones de las fotografías"[49] y de los pies de foto realizado por Schmitter: "En *Las dos Fridas* una imagen retrata a "Mujeres que trataban de persuadir a los foráneos que se acercaran a Frida Kahlo", mientras que en la *Biografía ilustrada de Mishima*, el pie de foto atribuido a la misma imagen explica, "Rincón del adoratorio sintoísta al lado de la grana del tío de Mishima".[50] No confiamos en estas descripciones y llevan a la sospecha de que el *fracaso* de resucitar el pasado marca la modernidad. Resulta un punto devastador en vista de nuestra época del Antropoceno. En *Demerol sin fecha de caducidad* y *Las dos Fridas*, Bellatin nunca escondió ese contexto con rigor. Como prueba, señalo otra foto de esta segunda Frida que la muestra frente a un refrigerador contemporáneo.[51]

Bellatin insinúa que los jóvenes, con su mente de principiante, deberían ser capaces de darse cuenta. En defensa del público de *Las dos Fridas* que momentáneamente se confunde con el engaño, me solidarizo con la dificultad de observar las fábricas sintéticas y los refrigeradores contemporáneos. De hecho, llevo páginas y páginas de argumentación que demuestra la dificultad de proclamar nuestra distancia de la época colonial, aun cuando los historiadores nos aseguran que ya murió. (Nuestros tiempos no son coloniales, pero podrían serlo.) No sólo el misticismo de Bellatin propone la ausencia de escape. El artículo científico que aboga por el año 1610 como el comienzo del Antropoceno —menos de medio siglo antes del nacimiento de sor Juana— comete los mismos errores colonialistas que se supone que dos geógrafos empleados en el Reino Unido quisieran evitar al realizar su análisis. Saco del artículo "Defining the Anthropocene" ("Definir el Antropoceno"), sin orden especial, taras molestas como la búsqueda implícitamente condicionada por el valor del orgasmo masculino, que insiste en la importancia del "palo dorado" ("golden spike") para legitimar el comienzo preciso de las épocas geológicas; el nombrar únicamente a los hombres y nunca a las mujeres en el recuento histórico; la doble referencia sin más a la "anexión" ("the annexing") de las Américas; la mención una sola vez de la palabra "capitalista" ("capitalist"), la cual aparece en la nota 89 como parte de un título; y el empleo de la voz pasiva, de manera que nadie se responsabiliza por los fenómenos más severos.[52] Como ejemplo de esta última tendencia, destaco la personificación que se encuentra en la declaración "colonialism, global trade and coal brought about the Anthropocene" ("el colonialismo, el comercio global y el carbón provocaron el Antropoceno").[53] Para el oído sensibilizado al México moderno y su guerra contra las drogas, la implicación de que podríamos comenzar otra guerra idiota, esta vez contra la fuerza animada del carbón, me exaspera por fútil y me instiga a volver a leer a Bellatin por su negación a dividir las drogas entre categorías de bien y mal —además de su invitación a fijarnos en la presencia de la energía—.

Ahora sí llego al propósito anunciado de cambiar el tema de la droga. No requiere malabares. En realidad, Bellatin hace explícita esa invitación a la temática de la petrocultura en *Las dos Fridas* por el carácter extraño (para él) de ese libro como proyecto sinceramente didáctico, al principio y al final por lo menos. Algunas lectoras objetarán que exagero lo *petro*. Dirán que posiblemente el refrigerador detrás de Kahlo emplea energía solar y que posiblemente la camisa de la imitadora de Kahlo es de fibras naturales. Esas objeciones en parte se derivan de la novedad del tema; resulta relativamente reciente el esfuerzo por estudiar la conexión profunda entre la cultura y la energía.[54]

Para defenderme de las expectativas que exigirían un exceso de exactitud, cito a Imre Szeman cuando insiste que resulta posible "y necesario" hablar de un periodo de "petromodernidad o petrocultura" porque a pesar de las energías solapadas y las exclusiones abarcadas, "it is nevertheless the *hegemonic* form of energy at the present time" ("es no obstante la forma *hegemónica* de energía en el tiempo actual").[55] Esa hegemonía del petróleo pasa casi desapercibida en la crítica literaria mexicana. Existen solo dos estudios centrales del tema. En su recopilación de la ficción relacionada con la industria petrolera, siguiendo el proyecto iniciado por Luis Mario Schneider,[56] Edith Negrín opina que "no podemos dejar de prestar atención" a la presencia del petróleo en las noticias mexicanas, aunque "estamos tan acostumbrados a sus productos, respecto a la organización doméstica y los transportes, que apenas tomamos en cuenta su origen".[57]

La confundida jerarquía que maneja Bellatin nos ayuda a fijarnos en el petróleo, aunque no sabremos qué pensar de él. Al respecto destaco el carro, un Chevy negro del año 2000, "negro, austero, práctico", que el narrador emplea para realizar el viaje hacia la Frida Kahlo que vive lejos de la Ciudad de México.[58] Insisto que no busco siempre analizar lo *petro* en términos simplistas de bien y mal, tomando la lección de los errores cometidos con lo *narco*. Por ende, evito la tentación de distinguir entre manifestaciones duras y suaves de lo *petro*. Desde el prefijo, se establece la dualidad de lo *petro* porque simultáneamente connota "hardness and flow" ("dureza y flujo"), además de "compression and escape" ("compresión y escape").[59] El Chevy negro, austero y práctico también es, siguiendo la lógica bisagra, algo que nos pone no en números negros, sino rojos; no la austeridad sino un lujo; y como todo vehículo *petro*, no una opción pragmática sino la insustentabilidad flamante. Al respetar la multiplicidad de lo *petro*, con sus ubicuos plásticos flexibles y sus rígidos asfaltos y contaminaciones insolubles, se elude la creación de categorías arbitrarias entre lo "lícito" y lo "ilícito". Al estilo de la observación de Avital Ronell, quien declara la imposibilidad de definir o teorizar las drogas, ya que precondicionan nuestro pensamiento,[60] Bellatin parece estar de acuerdo acerca de la imposibilidad del pensamiento sobrio, aunque tal vez mejor expresa la idea con una queja implícita acerca de la insuficiencia de la ebriedad. Las drogas nunca desaparecen de las narrativas relevantes, aún si sus efectos no tienen una relación estricta con el tipo de droga. De la misma manera, en *Las dos Fridas*, Bellatin no parece imaginar que pudiéramos vivir como abstemios del petróleo, por lo menos no si pertenecemos a la clase lectora. Leer es ya un consumo facilitado por el petróleo. Como observa Stephanie LeMenager al principio de *Living Oil* ("Vivir el petróleo") —libro cuyo segundo apéndice lleva la cuenta de la energía necesaria para publicarlo—[61] el consumo del petróleo satura nuestras existencias al punto en que la percepción de lo "vivo", lo "en vivo", ahora se media por lo *petro*: "liveness, as in seeming to be alive, now relies heavily upon oil" ("la calidad de vivir, en tanto aparentar estar vivo, ahora depende en gran medida del petróleo").[62] Procuro evitar los falsos debates del bien y el mal, en vista de mi adicción al petróleo, y supongo que si le parece igualmente descabellado a Ronell estar "a favor" de las drogas como estar "en contra" de ellas, yo también me debo declaro agnóstica ante lo *petro*.[63]

Abrir los ojos a la petrocultura, como si la desconociéramos, sin juzgar, nos advierte de la condición de las petrovíctimas, categoría que identifica a Kahlo. Como resultado del accidente a los 18 años entre el camión y el tranvía, es posible entenderla además como una desventurada petroadicta. Para mostrar la conexión entre los papeles de víctima y adicta, cito el repaso que hace Mauricio Ortiz de la salud de Kahlo en términos de los viajes; a la vez que la artista sufrió de problemas como "alcoholismo, tabaquismo, anorexia y una muerte, a los 47 años (1954), bajo sospecha de suicidio", intentaba remediar sus achaques al consultar una lista exagerada de especialistas médicos, esparcidos por dos continentes, "no sólo en México, también en San Francisco, Detroit, Nueva York, París".[64] En una sola colección de sus fotos, se registran los modos de transporte que tomaba Kahlo: la cámara la capta viajando en un tren de regreso de Detroit en 1932; también la vemos posar al bajar de un avión, cargada de libros, al aterrizar en Nueva York en 1938 y, en dos imágenes de 1943, se para frente a un carro blanco, vestida a su manera bohemia con faldas largas y rebozo.[65] En una de estas dos últimas fotos, Kahlo extiende el brazo por la ventana abierta del lado del chofer y posa la mano sobre el volante. Se alcanza a ver un cable que se extiende en el aire detrás de ella, cruzando de un lado del cielo al otro, arriba de la cabeza adornada con flores de otro modo atemporales. A pesar de la relación íntima que desarrolló Kahlo con las formas modernas de viajar, sugeridas en estas fotos —y en las críticas que hacía de la industria petrolera, evidentes en el cuadro *Aquí cuelga mi vestido* con la representación del retrete, el teléfono y la bomba de gasolina— probablemente no es ésta la adicción que primero viene a la mente cuando se piensa en la pintora, como bien lo sabe Bellatin.

No obstante, a lo largo de *Las dos Fridas*, se refiere a la presencia del petróleo, una sustancia que implica un tiempo lineal, si no es que una modernidad estrictamente delineada por el poder de la plasticidad que el petróleo presta. Impresiona la lectura del petróleo facilitada por *Las dos Fridas* al lado de la supresión de toda referencia visual y por escrito al hábito de fumar de Kahlo. Sí, vuelvo a lo *narco* de la nicotina porque esa ausencia resulta realmente chocante tras estudiar las fotos en busca del petróleo. Las muchas fotos de la pintora con cigarro en la boca o la mano, la primera de las cuales se tomó en 1930, no son difíciles de encontrar.[66] Quizá se tiende a eliminar la imagen de la Kahlo fumadora porque no brinda el tipo de femineidad que el público contemporáneo quisiera consumir. Como Klein nos recuerda, al encenderse un cigarro una mujer demuestra una maestría que viola las normas del pudor femenino con sus suposiciones de la vergüenza, inocencia y hasta dignidad.[67] En esta supresión del cigarro de Kahlo, Bellatin tal vez no se distancia tanto del discurso oficial sobre lo *narco* como afirmé anteriormente. Encuentro más irritante la ausencia de ocio de la Kahlo de Bellatin en *Demerol sin fecha de caducidad*, donde se mantiene ocupada realizando todos los proyectos que el público conoce como obras de Bellatin.

En realidad, tampoco Bellatin se distancia de la posición oficial ante lo *petro*. *Las dos Fridas* reproduce el rostro de Kahlo plasmado sobre un autobús, seguramente en la Ciudad de México, ya que el vehículo consiste en dos camiones de tamaño grande conectados con un aparato de acordeón. En la primera de las fotos de Bellatin del camión con la cara enorme de Kahlo, se ve la firma del fotógrafo original, representada arriba del hombro de la pintora: Leo Matiz.[68] En la siguiente página de *Las dos Fridas*, con dos fotos adicionales, Bellatin juega a recortar la imagen para sacarlo del contexto en la misma manera en que se recortó la imagen de Kahlo para el camión.[69] De esta manera, Bellatin puede agregar implícitamente su firma a la de Leo Matiz sobre esta pose de Kahlo. Para la tercera foto, solo se percibe, fuera de enfoque, el nombre de Frida Kahlo y el letrero ilegible que se refiere a las celebraciones del centenario, alrededor de la publicación del libro y el nacimiento de Kahlo en 1907. Las fotos de Bellatin recalcan el servicio que hace Kahlo como la cara oficial del transporte, ahora un transporte más limpio, según un estudio de la calidad de aire de esos camiones en sus carriles exclusivos —estudio que también repite la cifra de 160 pasajeros por vehículo—.[70]

¿Por qué elegir a Frida Kahlo específicamente para promover la idea del transporte público en la Ciudad de México en el año 2007? Aquí el gobierno duplica un gesto de las compañías energéticas privadas. La propaganda producida por la industria petrolera defiende la práctica de contaminar, al emplear la imagen de la mujer como propeto, al contrario de la labor más típica (en términos del género) de *las* activistas (mujeres) en contra de la contaminación.[71] Este asunto se torna todavía más provocador al lado de las imágenes originales de Leo Matiz que muestran a Frida Kahlo reclinándose contra un carro.[72] Al sacar la imagen del contexto original, en que Kahlo posa frente a un coche particular en Coyoacán en 1945, se imagina a Kahlo viendo el cielo eterno *sin* un carro enorme detrás de la artista y *sin* un poste de teléfono con los cables correspondientes. El estado sustituye el fondo moderno de Kahlo para darle otro fondo todavía más moderno: un camión de transporte público para 160 pasajeros. Esta sustitución, algo redundante en última instancia, devuelve a la petrovíctima más famosa de México al método de transporte en que viajaba durante el accidente de 1925 y sirve de advertencia ansiosa para toda viajera informada de la biografía. No logro una interpretación de Kahlo como símbolo de energopoder que no contamine mi petromodernidad con un eterno retorno a algún momento peor de la historia, no obstante el calor de mi entorno aquí en el horno del Antropoceno.

Por cierto, en las fotos que Bellatin incluye del carro, nadie lo maneja. El Chevy negro aparece siempre estacionado: ahora con un perro del lado pasajero, ahora "frente a restaurante".[73] Esta despersonalización característica de la petrocultura degrada al narrador de Bellatin, en primer lugar, porque ni siquiera se hace fotografiar al lado del carro como hace Kahlo para quedarse registrado, y en segundo lugar porque no parece quedarse seguro a la hora de bajar del carro. Deduzco esa inseguridad por la foto del Chevy estacionado "frente a restaurante", en donde se ve solamente una llanta trasera del carro, un trecho de carretera, y el restaurante del otro lado de dicho camino. Ni la foto ni el texto explica cómo un peatón que baja del carro podría cruzar la carretera para llegar al restaurante, al parecer a tres carriles de distancia.[74] Se supone que la carretera no es muy transitada y así se puede atravesarla caminando, pero no hay rasgos de ningún cruce peatonal. Una isla de concreto con postes divide los dos sentidos de circulación y probablemente provee un lugar pequeño de resguardo entre los carros, si alguien puede subir a la isla y si cabe entre los postes —maniobra que debe costar a los que andan en silla de ruedas—. Los carros sin chofer en estas fotos parecen haber expropiado la infraestructura.

La hostilidad de la petrocultura hacia la gente discapacitada muestra la mentira de la supuesta movilidad de ella. La crudeza de transportar a Kahlo en su cama[75] forma un paralelo con el abuelo del narrador discapacitado tras sus cirugías, para quien adaptan "una silla de manera normal [con] unas pequeñas ruedas de carropatín".[76] La posible indignidad de esa adaptación primitiva se sugiere por los ruidos extraños que hace el abuelo "mientras era transportado".[77] Hasta aquí aprendimos que en sus momentos de salud más robusta, el abuelo apoyaba la misma infraestructura de energía que ahora lo excluye. Estudió bajo un régimen fascista "el oficio de técnico en electricidad" y en México viajaba a distintas regiones del país "para vigilar el funcionamiento de la red de plantas de luz".[78] Resulta convincente que la razón por la que Bellatin cuenta esos detalles se debe al hecho de que el abuelo *dejó* el empleo como técnico en electricidad, tal como abandonó el país fascista. Tal vez por eso Frida Kahlo no aparece retratada tras el volante de los carros. Entendió que sería de más interés como sujeto artístico al bajarse del carro. El narrador de Bellatin tal vez parodia la lección al ausentarse de las fotos del carro.

Claro, una cosa es la tensión provocada por la decisión de abandonar el carro, y otra cosa es no tener tal opción. Como revelan las fotos de Bellatin y de Kahlo, los que no tienen carro, ni carrera de electricista, ni viaje en cama, no pertenecen a la misma clase que los petrohabilitados. Aquí surge todavía otra razón por la cual la democracia que se podría imaginar debido a la despersonalización e intercambiabilidad del carro, no acaba en la utopía esperada. Se entiende esta exclusión en *Las dos Fridas*, sobre todo por la foto de Bellatin de un niño y una mujer que caminan literalmente al margen de la petrocultura al no tener carro.[79] Es decir, el niño y detrás de él la mujer, pisan la tierra sin pavimentar al lado de la carretera, ésta de orilla dramática puesto que el asfalto termina justo con la anchura del carril, sin otro espacio para emergencias. El pie de foto insinúa un nivel de crueldad inusual en la obra de Bellatin: "Vista del país donde mi familia intentó poner en práctica sus ideas políticas".[80] Qué bien que la familia no pudiera instalar su preferencia por el fascismo, pero ¿cuál es esa referencia al "país"? ¿Se refiere al niño y a la mujer como "el país"? ¿O ni siquiera figuran en esa descripción? ¿El "país" se alude a la carretera y las montañas a fondo? Si los ciudadanos no tienen carro, ¿no cuentan?

No me atrevo a contestar estas preguntas sin observar primero la coincidencia entre la foto de Bellatin y otra de las imágenes que sacó Matiz el día en que Kahlo posaba por el cielo nublado de México. En esta misma serie, catalogada en la colección curada por Estefanny Esquivel Madero y Arturo Ávila Cano para la Fundación Leo Matiz y Google, de las fotos de Matiz,[81] se captura la imagen de Frida sentada en la calle sin pavimentar en Coyoacán, en 1945. No hay tráfico. Kahlo, con un cigarro entre los dedos, busca (se supone) el dinero en la bolsa de su delantal para pagar al vendedor ambulante de telas que le muestra su mercancía; detrás del hombre maduro, viendo la transacción sobre el hombro de Frida, se ve a un niño descalzo, con un sombrero como el del vendedor, y con un overol enrollado hasta las rodillas. El reclamo a la modernidad del petróleo que se vislumbraba en las otras tomas con el carro ahora se niega: la calle sin asfalto, ni carro y el niño sin zapatos desdicen la democracia en potencia del carro. Afortunadamente esta foto no se titula "El país", sino que hace referencia al "Vendedor de telas". La modernidad dudosa de ese plano me remite a una línea continua en el tiempo, desde la esclava que tenía sor Juana hasta el artículo de denuncia de Bellatin respecto a la renta de seres humanos que prolifera en nuestros tiempos.[82]

La petrocultura no perdona a nadie de esas desigualdades y es en ese reconocimiento de mi propia complicidad que articulo el problema de género implícito en la presentación de la petrocultura en *Las dos Fridas*. Tras salir el narrador del restaurante, "Mientras me dispongo a subir al auto nuevamente", se le acerca una mujer que vende pastelillos "que aseguraba acaba de hornear".[83] La mujer en la narrativa aquí, sin carro, expuesta a los riesgos de la infraestructura que favorece a los choferes y no a los peatones, recuerda al vendedor de telas en la foto con Frida Kahlo. Si en la foto con Kahlo, los pobres son dos hombres y la Frida sentada sugiere su calidad de petrovíctima, es distinta la escena en *La dos Fridas* porque al narrador le vienen a la mente "fragmentos de un poema de T.S. Eliot, donde una voz asegura que ha cometido fornicación, pero se disculpa afirmando que ocurrió en otro país y, además, con una mujer que ya está muerta".[84] La referencia a T.S. Eliot tal vez intenta construir puentes entre otras décadas, para anclar la modernidad dentro del modernismo, pero el resultado es lamentable por la sexualización indebida de la mujer.

Aunque la voz narrativa de Bellatin atribuye la cita al poema de T.S. Eliot, en realidad parafrasea el epígrafe de Christopher Marlowe, que Eliot sacó de la obra de teatro *The Jew of Malta* (*El judío de Malta*). Para resumir el problema aquí, el narrador de Bellatin cree citar del poema "Portrait of a Lady" ("Retrato de una dama"), de 1915, y en realidad cita de una obra de teatro de 1589 o 1590, todavía más antigua que sor Juana ("Thou hast committed—/ Fornication: but that was in another country,/ And besides, the wench is dead").[85] Por lo visto, la misoginia se provoca como uno de los efectos secundarios de ocupar un estatus privilegiado. La mujer que camina al lado de la carretera y vende panes a los choferes no se está ofreciendo como objeto sexual. ¿La voz narrativa de Bellatin al sugerir otra cosa narra como un hombre anglo-europeo? Al repetir la cita de Eliot, que es a su vez una cita de Marlowe, Bellatin posibilita tal afinidad, aunque quizá no al grado del autoritarismo que Cara Daggett describe cuando define el concepto de "petromasculinidad". Hay que recordar, por mucha fragilidad que el narrador de Bellatin muestre a la hora de pensar en poesía sobre mujeres fornicadas y muertas, todavía no llega al grado de apoyar a sus parientes fascistas. (Carmen Perilli asienta la base histórica de esas referencias en "la comunidad véneta situada en el trayecto a Oaxaca", al analizar el recuento de esa experiencia de Bellatin en *El libro uruguayo de los muertos*).[86]

Por la cita y el carro "extranjeros" no podemos disociar del todo al narrador de Bellatin de la petromasculinidad: demuestra un vínculo con este arraigo de las petroculturas que han respaldado "Anglo-European fossil-burning men" ("los hombres anglo-europeos quemadores de fósiles").[87] La definición que utiliza Daggett de la misoginia resulta útil aquí, ya que ni con *Las dos Fridas* ni con *Demerol sin fecha de caducidad* Bellatin escribe textos rabiosamente misóginos; más bien, erra con ese pensamiento aparentemente involuntario sobre los prejuicios tradicionales (¡lo que se toma por erudición!) contra la mujer como una práctica disciplinante ("the policing practice").[88] La ventaja de esa definición de misoginia en términos disciplinarios es que facilita la evaluación de los sistemas en lugar de los individuos.[89] Recalco la calidad del narrador de Bellatin como un chofer más, con un Chevy más, dentro de un problema mucho más grande.

Otro análisis útil en ese sentido feminista fue publicado por Heather Turcotte, quien argumenta la centralidad del género y la sexualidad en la representación de petroviolencia.[90] La imagen propiciada por Bellatin en *Las dos Fridas* de la mujer al lado del asfalto, caminando detrás de un niño, sugiere que el orden social en México concuerda con el argumento de Turcotte sobre las economías de la violencia que se fortalecen por las construcciones mutuamente relacionadas entre la violencia de género y el petróleo —lo que llamo aquí más ampliamente la petrocultura—.[91] Cabe agregar que la misoginia del narrador de Bellatin surge de nuevo con la descripción del entorno de la pintora: hace hincapié en los hombres. A pesar de que la Frida Kahlo histórica se rodeaba de mujeres, de los siete conocidos mencionados de Kahlo, sólo Lupe Marín es mujer, y aparece en el texto como ex esposa de Rivera y futura esposa de Jorge Cuesta.[92]

Aquí concluyo con un breve repaso del caso inverso de *Las dos Fridas*. En

Demerol sin fecha de caducidad, se proponen el combustible imaginario y la libertad del régimen energético, en lugar de lo *petro*. Esta disociación de la extracción del petróleo tiende a seguir la misma invisibilidad del petróleo —por lo menos cuando se compara con, por ejemplo, el carbón que preocupa a la escritura victoriana—.[93] *Demerol sin fecha de caducidad* no se enfoca en el petróleo porque repasa la meta de "crear sin crear" o, cuando este anhelo se atribuye a frida kahlo, a "pintar sin pintar".[94] De acuerdo con este procedimiento místico, la narrativa de *Demerol sin fecha de caducidad* supone un combustible de fantasía que nunca se precisa, al modo de los místicos que trascenderían las energías limitadas, y por ende lineales, que producen el cambio climático.

El artículo de Renee Carmichael sobre *Demerol sin fecha de caducidad*,[95] un poco como el también excelente artículo de Craig Epplin,[96] concuerda con esa fantasía de energía inmanente. Justo en el mismo estilo que la obra de Bellatin, Carmichael da vueltas ingeniosas sobre las posibilidades de suprimir la fuente de energía. Más específicamente, se realiza una lectura del "código" digital de la novela, como si la energía del código y sus ejecuciones surgieran de la nada. Carmichael entiende "ejecución" como "desincorporación".[97] Los cuerpos pueden imaginarse como "*inputs y outputs*".[98] Carmichael juega de manera brillante con las posibilidades en abstracto del código y la coreografía, realizadas sin cuerpo, pero nunca se contempla la fuente de energía detrás de esas ejecuciones. Es decir, entre cuerpo y descorporalización nunca se mencionan las energías, ni renovables ni no renovables. ¿Qué energía propulsa la lectura, la ejecución? La autonomía de una ejecución que sucede por sí sola, tal como la lectura que se realiza en la oscuridad, no parece importar.

Con *Demerol sin fecha de caducidad*, Bellatin estimula ese tipo de crítica fantasiosa al referirse a un sistema de energía sin permitir que se vea la fuente. Estas referencias aparecen desde la primera página en torno a "un artefacto premunido de una pantalla, por la cual se mostraba una especie de película de la realidad".[99] Nunca se aclara el mecanismo de combustible debido a la gramática de Bellatin que anima lo inanimado: "De pronto, la pantalla comenzó a mostrar imágenes".[100] En la misma página se repite la impresión de la animación, esta vez mediante la operación de suprimir el verbo; se ve solamente "siempre a través de la pantalla".[101] Aunque se advierte que el profesor (y claro que es hombre) piensa "apagar el aparato por unos minutos", nunca se describe esa interrupción; tampoco se menciona algún enchufe, ni el momento de encenderlo.[102] La pasividad conjurada por el sujeto ausente que de otro modo realizaría las acciones, atribuye una trascendencia a las obras de arte, como si fueran autónomas de la voluntad humana y de las energías terrenales. Cuando el público se da cuenta de que Kahlo les oye a través de la pantalla y que su presencia resulta más viva (más "en vivo") de lo que habían imaginado, se atribuye otra calidad a la pantalla sin explicación.[103] Este aparato vacío, por lo menos en la descripción, desprovisto de botones, cables y otras entrañas mecánicas, sugiere un paralelo con la meta de frida kahlo al pintar "de manera un tanto vacía, el mecanismo de la creación".[104] La conclusión de *Demerol sin fecha de caducidad* desmonta el aparato, al instalar el reclamo a la lógica. "Como es lógico", de insistir que el aparato didáctico no existió, tampoco el congreso sobre frida kahlo y con respecto al profesor, "se duda también [de] su existencia".[105] De acuerdo con que sin energía, todo queda en plan de fantasía.

De hecho, en *Demerol sin fecha de caducidad* nunca se explica el mecanismo de ninguna energía. Cuando se refiere al transporte de los dobles para un congreso de escritores, el verbo soslaya toda mención de los combustibles: "Trasladaría al lugar del evento sólo las ideas de estos creadores, ni las obras ni su presencia física".[106] Ese "traslado", en el proyecto de Bellatin del congreso de escritores, precisa de boletos de avión de la Ciudad de México a París;[107] aquí el movimiento simplemente se va a cumplir por la voluntad de kahlo. No obstante la carencia de energía descrita en *Demerol sin caducidad*, abunda la tecnología. Se menciona una cámara digital de kahlo —aunque no es necesariamente suyo el aparato, puesto que simplemente se le ve utilizándola—.[108] Se menciona una línea telefónica,[109] además de los aparatos contemporáneos que implícitamente emplean electricidad, "un teléfono celular, un *i-pod*".[110] El contexto reconocible con los celulares y los aparatos de Apple nos hace darnos cuenta de que en realidad muchxs vivimos como si esa trascendencia de las fuentes de energía ya nos tocara.

En ese sentido, lo *petro*, aun en su calidad lícita, se parece bastante a lo *narco* en su aspecto ilícito. Tal como con el comercio de la cocaína, no se sabe siempre de dónde viene el petróleo con que cargamos el auto. Tal como con la cocaína mezclada con otras sustancias, no siempre sabemos con qué se mezcló la gasolina. Aún cuando el petróleo es puro y todavía se encuentra cerca de la fuente, no siempre tenemos certeza sobre ese origen. Como un abogado defensor de Chevron ante una demanda ecuatoriana por daños medioambientales dijo del petróleo de *alguien* en los ríos Cofán: "it doesn't have a trademark on it" ("no trae marca de registrada").[111] Esa fungibilidad hizo posible la decisión del gobierno mexicano de expropiar el petróleo en

1938, y también de deshacerse de esa misma política con la Reforma Energética en 2013. El petróleo en sí se podría entender como ese vacío que Ronell atribuye a las drogas; vale la pena insistir que tal como lo *narco*, lo *petro* lleva a todo menos la sobriedad.

Surge la duda de si este anhelo de soluciones desde el más allá ayuda con un problema de aquí y ahora. ¿Bellatin propicia una fantasía de energía sin fuente que agrava la crisis del medio ambiente? ¿Marca nuestro vicio? ¿O esta fantasía nos señala la meta? Bellatin no usa ninguna temática velada y, no obstante, resulta difícil fijarse en la presencia inconfundible de la modernidad por el gesto constante del reciclaje. La escritura de Bellatin tal vez presenta un modelo del agotamiento final provocado por la insustentabilidad: personajes inmóviles, historias que se cuentan de nuevo, involuntariamente, personajes que se solapan, todos con prótesis, ninguno con certeza respecto a cuál detalle importa. Sacando inspiración del diseño *tête bêche* de *Demerol sin fecha de caducidad*, propongo que ahora nos toca voltear el texto y comenzar la otra historia. Tal vez esta versión narrará desde 1610 sin repetir el pensamiento de 1610.

Notas

1. Le agradezco a Héctor Jaimes la invitación a participar en este libro. A Irmgard Emmelhainz por avisarme de la existencia de la foto de Frida Kahlo bajando del avión y a Roberto Cruz Arzabal por la conversación y la corrección de estilo.

2. Simon Lewis y Mark Andrew Maslin, "Defining the Anthropocene", *Nature* 519, n.º 7542 (2015): 171-180.

3. Mario Bellatin, *Las dos Fridas* (México: Conaculta/Random House Mondadori, 2008).

4. Mario Bellatin, *Demerol sin fecha de caducidad* (México: Galería López Quiroga/Rosegallery/Editorial RM, 2008).

5. Gianna Schmitter, "Construir sentidos en el umbral: El formato texto-foto-amalgama de Mario Bellatin", *Pasavento: Revista de Estudios Hispánicos* 5, n.º 1 (2017), 34.

6. Schmitter, "Construir sentidos en el umbral", 29.

7. Thomas Menely y Jesse Oak Taylor, "Introduction", en *Anthropocene Reading: Literary History in Geologic Times*, ed. por Tobias Menely (University Park: Pennsylvania State University Press, 2017), 14

8. Paul Goldberg, "Narco-Pastoral: Drug Trafficking, Ecology, and the Trope of

the Noble Campesino in Three Mexican Narconovelas", *ISLE: Interdisciplinary Studies in Literature and Environment*, 23, n.º 1 (2016), 33.

9. Dominic Boyer, "Energopower: An Introduction", *Anthropological Quarterly* 87, n.º 2 (2014): 309-334.

10. María Esther Castillo García, "Mario Bellatin, El señor Bernard y Frida Kahlo: La reivindicación el autor en la ficción", *Alba de América* 36 (2016), 58.

11. Castillo García, "Mario Bellatin, El señor Bernard y Frida Kahlo", 51.

12. Mario Bellatin, "Prólogo", en *El arte de enseñar a escribir*, ed. por Mario Bellatin, 2ª ed., (México: Fondo de Cultura Económica/Escuela Dinámica de Escritores, 2007), 13.

13. Castillo García, "Mario Bellatin, El señor Bernard y Frida Kahlo", 57.

14. Iván Thays, "Los cien mil libros de Mario Bellatin", blog *Vano Oficio*, en *El País* 21 de marzo de 2012, https://blogs.elpais.com/vano-oficio/2012/03/los-cien-mil-libro-de-mario-bellatin.html.

15. Javier Guerrero, "El experimento 'Mario Bellatin'. Cuerpo enfermo y anomalía en el tránsito material del sexo", *Estudios* 17, n.º 33 (2009), 80.

16. Véase Tÿl Nuyts, "La dialéctica entre lo uno y lo múltiple. El sufismo de Ibn'Arabi en la narrativa de Mario Bellatin", *Confluencia* 34, n.º 2 (2019): 37-51.

17. Pablo de Llano, "Cien mil veces Mario Bellatin", *El País*, 23 de junio de 2012, https://elpais.com/cultura/2012/06/20/actualidad/1340190798_287117.html.

18. Bellatin, *Las dos Fridas*, 7.

19. Emily Hind, "The Disability Twist in Stranger Novels by Mario Bellatin and Carmen Boullosa", en *Libre Acceso: Latin American Literature and Film through Disability Studies*, ed. por Susan Antebi y Beth Jörgensen (Albany, NY: SUNY Press, 2016), 229-243.

20. Samuel Steinberg, "To Begin Writing: Bellatin, Reunited", *Journal of Latin American Cultural Studies* 20, n.º 2 (2011), 107.

21. Bellatin, *Las dos Fridas*, 7.

22. Bellatin, *Las dos Fridas*, 4.

23. Bellatin, *Las dos Fridas*, 4.

24. Bellatin, *Las dos Fridas*, 21, 44.

25. Bellatin, *Las dos Fridas*, 6, 46.

26. Bellatin, *Las dos Fridas*, 37.

27. Bellatin, *Las dos Fridas*, 37.

28. Ángeles Donoso Macaya, "Variations of 'Frida': Graciela Iturbide, Mario Bellatin, and La Chica Boom", en *Technology, Literature, and Digital Culture in Latin America: Mediatized Sensibilities in a Globalized Era*, ed. por Matthew Bush y Tania Gentic (New York: Routledge, 2016), 186.

29. Valería de los Ríos, "Analogías: Fotografía y literatura en Mario Bellatin", *Trans Revue de littérature générale et comparée* 19, (2015): 1-14.

30. Paola Cortes Rocca, "La insoportable levedad del yo. Iturbide y Bellatin en *El baño de Frida Kahlo*", *Filología* 44 (2012), 132.
31. Cortes Rocca, "La insoportable levedad del yo", 132.
32. Bellatin, *Demerol*, 7.
33. Bellatin, *Demerol*, 23, 27, 34.
34. Bellatin, *Demerol*, 8.
35. Bellatin, "Marlboro Light", en *Vagón fumador*, ed. por Mariano Blatt y Damián Ríos (Buenos Aires: Eterna Cadencia, 2008), 162-168; véase Hind, "The Disability Twist", 231.
36. Richard Klein, *Cigarettes Are Sublime* (Durham: Duke University Press, 1993), 27.
37. Jorge Cañizares-Esguerra, *Nature, Empire, and Nation: Explorations of the History of Science in the Iberian World* (Stanford: Stanford University Press, 2006).
38. Martha Zamora, *En busca de Frida*, (Huixquilucan, Estado de México: Autopublicado, 2015), 163.
39. Bellatin, *Demerol*, 24.
40. Leonel Cherri, "La imagen de autor en Mario Bellatin y el "pequeño dispositivo pedagógico", (conferencia IV Congreso Internacional Cuestiones Críticas, Universidad Nacional de Rosario, 1 y 2 de octubre de 2015) *Research Gate*, https://www researchgate.net/publication/317359228_La_imagen_de_autor_en_Mario_Bellatin _y_el_pequeno_dispositivo_pedagogico.
41. Zamora, *En busca de Frida*, 104.
42. Cortes Rocca, "La insoportable levedad del yo", 131.
43. Cortes Rocca, "La insoportable levedad del yo", 131.
44. Joan DeJean, *The Essence of Style: How the French Invented High Fashion, Fine Food, Chic Cafés, Style, Sophistication, and Glamour* (New York: Free Press, 2005).
45. Bellatin, *Las dos Fridas*, 7.
46. Craig Epplin, "Mario Bellatin: Doubles and Outtakes", *The BAR: Buenos Aires Review*, 12 de mayo de 2015, http://www.buenosairesreview.org/2015/05/mario-bellatin -doubles-and-outtakes/.
47. Bellatin, Conversación personal con Emily Hind, 27 de abril de 2018 en Irvine, California.
48. Bellatin, *Las dos Fridas*, 4.
49. Schmitter, "Construir sentidos en el umbral", 34.
50. Schmitter, "Construir sentidos en el umbral", 27.
51. Bellatin, *Las dos Fridas*, 39.
52. Lewis y Maslin, "Defining the Anthropocene", 171-180.
53. Lewis y Maslin, "Defining the Anthropocene", 177.
54. Imre Szeman, "Conjectures on World Energy Literature: Or, What Is Petroculture?", *Journal of Postcolonial Writing* 53, n.º 3 (2017), 277.

55. Szeman, "Conjectures", 280.

56. Luis Mario Schneider, *La novela mexicana entre el petróleo, la homosexualidad y la política* (México: Nueva Imagen/Editorial Patria, 1997).

57. Edith Negrín, *Letras sobre un dios mineral: El petróleo mexicano en la narrativa* (México: El Colegio de México/UNAM, 2018), 17.

58. Bellatin, *Las dos Fridas*, 12.

59. Cara Daggett, "Petro-Masculinity: Fossil Fuels and Authoritarian Desire", *Millennium: Journal of International Studies* 47, n.º 1, (2018), 36.

60. Avital Ronell, *Crack Wars: Literature, Addiction, Mania* (Lincoln: University of Nebraska Press, 1992), 59.

61. Sougandhica Hoysal, "Life Cycle Assessment of Conventional Academic Print", en Stephanie LeMenager, *Living Oil: Petroleum Culture in the American Century* (Oxford, UK: Oxford University Press, 2013), 202-208.

62. LeMenager, *Living Oil*, 6.

63. Ronell, *Crack Wars*, 50.

64. Mauricio Ortiz, "El cuerpo roto", en *Frida Kahlo. Sus fotos*, coord. por Hilda Trujillo (México: Banco de México/Editorial RM, 2017), 190, 191.

65. Trujillo, *Frida Kahlo*, 199, 183, 180, 181.

66. Trujillo, *Frida Kahlo*, 139.

67. Klein, *Cigarettes*, 117.

68. Bellatin, *Las dos Fridas*, 44-45.

69. Bellatin, *Las dos Fridas*, 46.

70. Henry Wöhrnschimmel, *et al.*, "The Impact of a Bus Rapid Transit System on Commuters' Exposure to Benzene, CO, $PM_{2.5}$, and PM_{10} in Mexico City", *Atmospheric Environment* 42 (2008), 8195.

71. Shannon Elizabeth Bell, Jenrose Fitzgerald y Richard York. "Protecting the Power to Pollute: Identity Co-optation, Gender, and the Public Relations Strategies of Fossil Fuel Industries in the United States", *Environmental Sociology*, 5, n.º 3 (2019), 327, 329, 332.

72. "Frida, Under the Sign of Leo", *Google Arts & Culture*, https://artsandculture.google.com/exhibit/bwLCRWxEAuvWLg.

73. Bellatin, *Las dos Fridas*, 12, 18.

74. Bellatin, *Las dos Fridas*, 12.

75. Bellatin, *Las dos Fridas*, 25.

76. Bellatin, *Las dos Fridas*, 25.

77. Bellatin, *Las dos Fridas*, 25.

78. Bellatin, *Las dos Fridas*, 26.

79. Bellatin, *Las dos Fridas*, 23.

80. Bellatin, *Las dos Fridas*, 23.

81. "Frida, Under the Sign of Leo".

82. Bellatin, "Human Currency in Mexico's Drug Trade", *New York Times*, www.nytimes.com/2010/03/28/opinion/28bellatin.html.
83. Bellatin, *Las dos Fridas*, 20.
84. Bellatin, *Las dos Fridas*, 20.
85. T. S. Eliot, "Portrait of a Lady", *Wikisource*, https://en.wikisource.org/wiki/Prufrock_and_Other_Observations/Portrait_of_a_Lady_(Eliot).
86. Carmen Perilli, "El libro como un pueblo fantasma: Mario Bellatin", *Recial* 8, n.º 12 (2017): https://revistas.unc.edu.ar/index.php/recial/article/view/18584/html.
87. Daggett, "Petro-Masculinity, 34.
88. Daggett, "Petro-Masculinity, 43.
89. Daggett, "Petro-Masculinity, 43.
90. Heather M. Turcotte, "Contextualizing Petro-Sexual Politics", *Alternatives* 36, n.º 3 (2011): 200.
91. Turcotte, "Contextualizing Petro-Sexual Politics", 205.
92. Bellatin, *Las dos Fridas*, 44.
93. Szeman, "Conjectures", 283.
94. Bellatin, *Demerol*, 7.
95. Renee Carmichael, "El lenguaje digital fuera de la pantalla: La potencia política de ejecuciones de código en *Demerol* de Mario Bellatin y *Loops* de Merce Cunningham". *Perífrasis* 10, n.º 20 (2010): 147-163.
96. Craig Epplin, "Mario Bellatin: Literature and the Data Imaginary", *Revista de Estudios Hispánicos* 49, n.º 1 (2015): 65-89.
97. Carmichael, "El lenguaje digital", 161.
98. Carmichael, "El lenguaje digital", 161.
99. Bellatin, *Demerol*, 7.
100. Bellatin, *Demerol*, 7.
101. Bellatin, *Demerol*, 7.
102. Bellatin, *Demerol*, 26.
103. Bellatin, *Demerol*, 31.
104. Bellatin, *Demerol*, 8.
105. Bellatin, *Demerol*, 34.
106. Bellatin, *Demerol*, 14.
107. Bellatin, "Prólogo", en *Escritores duplicados: Narradores mexicanos en París. Narrateurs Mexicains à Paris: Doubles d'Écrivains* (México: Landucci Editores/CONACULTA, 2003), 4-7.
108. Bellatin, *Demerol*, 15.
109. Bellatin, *Demerol*, 17.
110. Bellatin, *Demerol*, 25.
111. Imre Szeman, "Crude Aesthetics: The Politics of Oil Documentaries", *Journal of American Studies* 46, n.º 2 (2012): 432-433.

Bibliografía

Bell, Shannon Elizabeth, Jenrose Fitzgerald y Richard York. "Protecting the Power to Pollute: Identity Co-optation, Gender, and the Public Relations Strategies of Fossil Fuel Industries in the United States". *Environmental Sociology* 5, n.º 3 (2019): 323-338.

Bellatin, Mario. *Biografía ilustrada de Mishima*. Buenos Aires: Entropía, 2009.

——. *Demerol sin fecha de caducidad*. México: Galería López Quiroga/ Rosegallery/Editorial RM, 2008.

——. *El libro uruguayo de los muertos: Pequeña muestra del vicio en el que caigo todos los días*. México: Sexto Pisto, 2012.

——. *Las dos Fridas*. México: Conaculta/Random House Mondadori, 2008.

——. "Human Currency in Mexico's Drug Trade". *New York Times*, 27 de marzo de 2010. www.nytimes.com/2010/03/28/opinion/28bellatin.html.

——. "Marlboro Light". En *Vagón fumador*. Editado por Mariano Blatt y Damián Ríos, 162-168. Buenos Aires: Eterna Cadencia, 2008.

——. "Prólogo". En *El arte de enseñar a escribir*. Editado por Mario Bellatin, 2da edición, 9-13. México: Fondo de Cultura Económica/Escuela Dinámica de Escritores, 2007.

——. "Prólogo". En *Escritores duplicados: Narradores mexicanos en París. Narrateurs Mexicains à Paris: Doubles d'Écrivains*. 4-7. México: Landucci Editores/ CONACULTA, 2003.

Boyer, Dominic. "Energopower: An Introduction". *Anthropological Quarterly* 87, n.º 2 (2014): 309-334.

Cañizares-Esguerra, Jorge. *Nature, Empire, and Nation: Explorations of the History of Science in the Iberian World*. Stanford: Stanford University Press, 2006.

Carmichael, Renee. "El lenguaje digital fuera de la pantalla: La potencia política de ejecuciones de código en *Demerol* de Mario Bellatin y *Loops* de Merce Cunningham". *Perífrasis* 10, n.º 20 (2010): 147-163.

Castillo García, María Esther. "Mario Bellatin, El señor Bernard y Frida Kahlo: La reivindicación del autor en la ficción". *Alba de América* 36 (2016): 49-66.

Cherri, Leonel. "La imagen de autor en Mario Bellatin y el "pequeño dispositivo pedagógico". Conferencia en el IV Congreso Internacional Cuestiones Críticas, Universidad Nacional de Rosario, 1 y 2 de octubre de 2015. *Research Gate*. https://www.researchgate.net/publication/317359228_La_imagen_de_autor_en _Mario_Bellatin_y_el_pequeno_dispositivo_pedagogico.

Cortes Rocca, Paola. "La insoportable levedad del yo. Iturbide y Bellatin en *El baño de Frida Kahlo*". *Filología* 44 (2012): 121-138.

Daggett, Cara. "Petro-Masculinity: Fossil Fuels and Authoritarian Desire". *Millennium: Journal of International Studies* 47, n.º 1, (2018): 25–44.

Eliot, T.S. "Portrait of a Lady". *Wikisource.* https://en.wikisource.org/wiki/Prufrock_and_Other_Observations/Portrait_of_a_Lady_(Eliot).

DeJean, Joan. *The Essence of Style: How the French Invented High Fashion, Fine Food, Chic Cafés, Style, Sophistication, and Glamour.* New York: Free Press, 2005.

Donoso Macaya, Ángeles. "Variations of 'Frida': Graciela Iturbide, Mario Bellatin, and La Chica Boom". En *Technology, Literature, and Digital Culture in Latin America: Mediatized Sensibilities in a Globalized Era.* Editado por Matthew Bush y Tania Gentic, 181-204. New York: Routledge, 2016.

Epplin, Craig. "Mario Bellatin: Doubles and Outtakes". *The BAR: Buenos Aires Review,* 12 de mayo de 2015. http://www.buenosairesreview.org/2015/05/mario-bellatin-doubles-and-outtakes/

———. "Mario Bellatin: Literature and the Data Imaginary". *Revista de Estudios Hispánicos* 49, n.º 1 (2015): 65-89.

"Frida, Under the Sign of Leo". *Google Arts & Culture.* https://artsandculture.google.com/exhibit/bwLCRWxEAuvWLg.

Goldberg, Paul. "Narco-Pastoral: Drug Trafficking, Ecology, and the Trope of the Noble Campesino in Three Mexican Narconovelas". *ISLE: Interdisciplinary Studies in Literature and Environment,* 23, n.º 1 (2016): 30-50.

Guerrero, Javier. "El experimento 'Mario Bellatin'. Cuerpo enfermo y anomalía en el tránsito material del sexo". *Estudios* 17, n.º 33 (2009): 63-96.

Hind, Emily. "The Disability Twist in Stranger Novels by Mario Bellatin and Carmen Boullosa". En *Libre Acceso: Latin American Literature and Film through Disability Studies.* Editado por Susan Antebi y Beth Jörgensen, 229-243. Albany, NY: SUNY Press, 2016.

Hoysal, Sougandhica. "Life Cycle Assessment of Conventional Academic Print". En Stephanie LeMenager, *Living Oil: Petroleum Culture in the American Century,* 202-208. Oxford, UK: Oxford University Press, 2013.

Klein, Richard. *Cigarettes Are Sublime.* Durham: Duke University Press, 1993.

Lewis, Simon y Mark Andrew Maslin. "Defining the Anthropocene". *Nature* 519, n.º 7542 (2015): 171-180.

LeMenager, Stephanie. *Living Oil: Petroleum Culture in the American Century.* Oxford, UK: Oxford University Press, 2013.

Llano, Pablo de. "Cien mil veces Mario Bellatin". *El País,* 23 de junio de 2012. https://elpais.com/cultura/2012/06/20/actualidad/1340190798_287117.html

Menely, Thomas y Jesse Oak Taylor. "Introduction". En *Anthropocene Reading: Literary History in Geologic Times.* Editado por Tobias Menely, 1-24. University Park: Pennsylvania State University Press, 2017.

Negrín, Edith. *Letras sobre un dios mineral: El petróleo mexicano en la narrativa.* México: El Colegio de México/UNAM, 2018.

Nuyts, Tÿl. "La dialéctica entre lo uno y lo múltiple. El sufismo de Ibn'Arabi en la narrativa de Mario Bellatin". *Confluencia* 34, n.º 2 (2019): 37-51.

Ortiz, Mauricio. "El cuerpo roto". En *Frida Kahlo. Sus fotos*. Coordinado por Hilda Trujillo, 189-195. México: Banco de México/Editorial RM, 2017.

Perilli, Carmen. "El libro como un pueblo fantasma: Mario Bellatin". *Recial*, 8, n.º 12 (2017). https://revistas.unc.edu.ar/index.php/recial/article/view/18584/html.

Ríos, Valeria de los. "Analogías: Fotografía y literatura en Mario Bellatin". *Trans Revue de littérature générale et comparée* 19 (2015): 1-14.

Ronell, Avital. *Crack Wars: Literature, Addiction, Mania*. Lincoln: University of Nebraska Press, 1992.

Schmitter, Gianna. "Construir sentidos en el umbral: El formato texto-foto-amalgama de Mario Bellatin". *Pasavento: Revista de Estudios Hispánicos* 5, n.º 1 (2017): 19-36.

Schneider, Luis Mario. *La novela mexicana entre el petróleo, la homosexualidad y la política*. México: Nueva Imagen/Editorial Patria, 1997.

Steinberg, Samuel. "To Begin Writing: Bellatin, Reunited". *Journal of Latin American Cultural Studies* 20, n.º 2 (2011): 105-120.

Szeman, Imre. "Conjectures on World Energy Literature: Or, What Is Petroculture?". *Journal of Postcolonial Writing* 53, n.º 3 (2017): 277-288.

———. "Crude Aesthetics: The Politics of Oil Documentaries". *Journal of American Studies* 46, n.º 2 (2012): 432-433.

Thays, Iván. "Los cien mil libros de Mario Bellatin". Blog *Vano Oficio*. En *El País*, 21 de marzo de 2012. https://blogs.elpais.com/vano-oficio/2012/03/los-cien-mil-libro-de-mario-bellatin.html.

Trujillo, Hilda, coord. *Frida Kahlo. Sus fotos*. México: Banco de México/Editorial RM, 2017.

Turcotte, Heather M. "Contextualizing Petro-Sexual Politics". *Alternatives*, 36, n.º 3 (2011): 200–220.

Wöhrnschimmel, Henry, Miriam Zuk, Gerardo Martínez Villa, Julia Cerón, Beatriz Cárdenas, Leonora Rojas-Bracho y Adrián Fernández-Bremauntz. "The Impact of a Bus Rapid Transit System on Commuters' Exposure to Benzene, CO, $PM_{2.5}$, and PM_{10} in Mexico City". *Atmospheric Environment* 42 (2008): 8194-8203.

Zamora, Martha. *En busca de Frida*. Huixquilucan, Estado de México: Autopublicado, 2015.

Textos, cuerpos y espacios mutantes en *Jocobo reloaded* de Mario Bellatin, una aproximación feminista

SEBASTIÁN REYES GIL

EN TIEMPOS DE OLAS neoconservadoras, realizar una lectura feminista de la novela *Jacobo reloaded* (2014), y de la obra de Mario Bellatin en general, es coyuntural políticamente. Un texto no es una obra cerrada en sí misma, y está siempre conectado con las controversias del mundo en el que se crea, circula y se lee. Este ensayo explora algunas nociones de mutación textuales en *Jacobo reloaded*, siguiendo la sugerencia de "Quedarse siempre como lector en mutación continua",[1] según apela el narrador de la novela. Propongo una aproximación *queer* y feminista, como lectura crítica sobre las construcciones de sexo/texto, donde las mutaciones y transformaciones son dos operaciones cruciales de las formas y temas en la obra. Y lo son de sus formas, porque la obra muta, deviene y cambia, haciendo de la discontinuidad y la ruptura de linealidades progresivas, su mecanismo de creación. Se trata, al decir del mismo narrador, como lo señala en repetidas oportunidades, de procedimientos mutantes de una escritura que se caracteriza por desplegar el cuerpo y la materialidad tanto del texto mismo, como del sujeto narrador, los personajes y también los espacios en la novela.

La mutación tiene etimológicamente un origen en "mudar", y según la RAE, la palabra significa "Acción y efecto de mudarse".[2] En *Jacobo reloaded* los desplazamientos son múltiples. Comencemos con los referidos a la estructura del texto. Se trata de novelas sobre novelas, de textos derivados y superpuestos unos en otros. *Jacobo reloaded* fue publicado en una edición que viene acompañada de nuevos dibujos y fotografías, y si *Jacobo el mutante* (incluida aquí como la primera parte) trataba sobre la novela inacaba de Joseph Roth, llamada *La frontera*, a su vez, *Jacobo reloaded* trata tanto sobre *Jacobo el mutante* como sobre *La frontera*. Así podemos decir que *Jacobo reloaded* se compone de tres novelas principales: la novela imaginada de Roth, *Jacobo el mutante*, y *Jacobo reloaded* que incluye las dos anteriores. La obra se presenta desplegando varias transformaciones de narrador, de espacios tiempos e identidades de los personajes, de manera que la mutación cumple con una función creadora en la novela. En su acepción biológica, mutación es una alteración de la secuencia de ADN, mientras que el campo de la lingüística es un "cambio fonético en que se produce un salto, sin etapas intermedias".[3] La idea de la mutación como salto proviene de la biología evolucionista del siglo XIX, y se anteponía a los postulados de Charles Darwin, para quien los cambios entre especies se producían gradualmente. En *Jacobo reloaded* (2014), como veremos, el texto se transforma según saltos y cortes, giros y contorsiones, en discontinuidades de tramas y dimensiones que nos dejan una novela siempre inacabada.

Una entrada posible para analizar las mutaciones formales o estructurales en *Jacobo reloaded*, es observar algunas de sus operaciones narratológicas. Ellas nos ayudan a visualizar y problematizar el texto, para luego realizar una lectura feminista, que es mi interés final. Propongo que, mediante la constante transformación textual, la prosa nos ofrece nuevas maneras de pensar no solo la novela como género, sino que también algunas coyunturas referidas a las relaciones entre sexo, espacio y religión. Tanto la transtextualidad como la transexualidad en la obra están presentes e imbricadas desde el principio. Con transtextualidad, Genette se refiere a un escrito que deriva de otro, e incluye ejemplos como el paratexto,[4] la meta o intertextualidad. Las relaciones entre textos son múltiples en *Jacobo reloaded*, afectándose unos a otros de manera que hay una constante transmisión entre sus partes, sus símbolos, espacios, tiempos, dobleces y repliegues de la novela sobre sí misma. Por ejemplo, el texto puede leerse como una prolongada cita, una novela metatextual, ya que el narrador se refiere constantemente a la novela imaginaria e incompleta de Joseph Roth, *La frontera*, o bien en la segunda parte, a la misma *Jacobo el mutante*. Los juegos narratológicos de esta novela son tan radicales que desafían las categorías lingüísticas. Las transtextualidades se forman en las porosas fronteras que hay entre sus diferentes partes, en la promiscuidad de sus elementos. Tanto la letra, las inscripciones varias en *Jacobo reloaded*, las marcas impresas, los significantes, como lo narrado, o sea la historia, lo que la novela nos cuenta, sus significados, pasan por sucesivos y constantes procesos de cambio. Así puede ser vista como autónoma, por ejemplo, la serie de ilustraciones de Zsu Szkurka de *Jacobo reloaded*, de manera que forman un todo independiente. Pero la serie de dibujos está también montada como parte de la narración, en la novela como totalidad, que es más que la suma de las partes. *Jacobo reloaded* lleva al extremo las posibles relaciones entre las partes, y de las partes con el todo. El texto es mutante como cuerpo, lo cual tiene una relación también con la noción de sujeto no binario que, desde múltiples puntos de vista, el feminismo ha venido teorizando en las últimas décadas, desafiando las nociones del dualismo cartesiano y acercándose a una concepción spinoziana de la materia.[5] Según propone Grosz, pensadora a la que recurriré aquí en varias oportunidades, "el cuerpo nos da un punto de mediación (...) desde el cual repensar la oposición entre lo interno y lo externo, lo privado y lo público, el yo y el otro, y todos los binarismos asociados con la oposición cuerpo/mente".[6] En este ensayo, propongo relacionar la deconstrucción de los binarismos efectuada por la teoría feminista, como modo de leer las trasmutaciones del texto como cuerpo.

Al referirnos al cuerpo mutante del texto, debemos considerar entonces la materialidad de la obra, y debemos mencionar que el (neo)conceptualismo nos ofrece una tradición de renovación de materialidades en la literatura. El plagio, la copia, la reapropiación y expropiación de códigos, signos y registros son propios del arte de escribir, son algunos de los procedimientos, que encontramos en *Jacobo* y que son propios de esta tendencia literaria, y relacionaremos con la escritura feminista. Como señala Horn, estudiar "una estrategia apropiada que explícita y continuamente se refiere a un entorno ya cambiado e implacablemente cambiante del que forma parte".[7] Horn propone observar programas de escritura no creativa (*uncreative writing*), que promueven la no originalidad, frente a la autoría como autoridad y propiedad sobre la obra. En la escritura no creativa el escritor necesita reciclar y redistribuir. En *Jacobo reloaded* se nos emplaza a una experiencia de lo sensible donde fotografías, fotocopias, boletas, íconos, tinturas y diversas tipografías, entre otros materiales, forman mezclas textuales y nuevas producciones de literatura. Respecto a la relación entre Bellatin y el conceptualismo en Latinoamericana, Héctor Hoyos defiende la idea de que nos encontramos en un "giro hacia el arte".[8] Estaríamos presenciando una nueva "ola" de literatura conceptual, y Hoyos se pregunta qué la distingue de la larga tradición conceptualista latinoamericana. Su hipótesis es que el corpus de novelas que responden a este giro tiene lugar contra un fondo de canon transnacional de arte contemporáneo. Autores como Mario Bellatin y César Aira, desafían "la domesticación y la deslocalización del arte contemporáneo, ofreciendo formas literarias que latinoamericanizan y revitalizan el espíritu de las vanguardias históricas".[9] Por otra parte, según Egan, lo narrativo en Bellatin se libera de la trama a través de la digresión: "Estructuralmente, se basa comúnmente en la digresión, la contradicción, la incongruencia, la desfamiliarización, el paralelismo, la circularidad, las espirales y los dispositivos de eco comparables".[10] La digresión funcionaría como procedimiento que, cuando es parte central del texto, elimina precisamente esa distancia entre trama central y desviación periférica.

Estudiando la obra de Robert Walser y sus digresiones, Frederick afirma que en esa narrativa no solo se nos niega un principio y un final, sino que "emergen múltiples, superposiciones e intentos de borrarse entre ellas",[11] de modo que el lector se encuentra con finales y no finales al mismo tiempo. Las transfiguraciones y mutaciones de *Jacobo reloaded* se producen también de manera que cada una de ellas presenta nuevos comienzos y finales del texto, donde los límites del antes y después tienden a confundirse. En cada una de las mutaciones ocurre una discontinuidad y al mismo tiempo, una línea que permite establecer encadenamientos. En este sentido, estamos frente a un texto genealógico. Foucault define el método genealógico donde se dan innumerables comienzos: "El análisis de la descendencia permite la disociación del yo, su reconocimiento y desplazamiento como una síntesis vacía, liberando una profusión de eventos perdidos".[12] Según ese método, se analizan los accidentes, las desviaciones e inversiones, como manera de abordar el objeto de estudio. Nosotros podemos asumirlo como método de escritura y lectura de *Jacobo reloaded*, toda vez que se trata de "mantener los eventos que pasan en su propia dispersión, identificando los accidentes, las desviaciones, las inversiones, lo que se revierte incluso, los faltas o los errores, las omisiones".[13] Estas observaciones de Foucault sobre la manera de abordar la historia, son orientadoras aquí, precisamente porque se fijan en los aspectos que constituyen la novela, contra una poética de trama progresiva y sus convenciones de inicio, desarrollo, clímax y desenlace. Ninguna reconstrucción del tiempo del discurso en una historia lineal posibilitaría rearmar la coherencia de las convenciones temporales. Si la estructura de la obra no puede concebirse según esas normas, hay consecuencias estético-políticas, es decir posibles lecturas literarias, y feministas aquí, sobre la distribución del poder, la formación del sexo y el sujeto en el texto.

Hay una manera de concebir la identidad y el cuerpo, semejante a cómo nosotros tenemos nuestras propias vidas pre-dibujadas. En una apelación a la vida del lector, al lugar de la lectura, el narrador nos dice que los lectores capaces de comprender los saltos lógicos de *Jacobo reloaded*, entienden también las transformaciones "por la simple razón de haber experimentado mutaciones parecidas en el transcurso de sus propias vidas".[14] Es pertinente asociar estas ideas a las implicancias de las disrupciones de la linealidad, y lo que la feminista Sara Ahmed ha denominado como crítica a la direccionalidad, que veremos más adelante. Por ahora, quiero destacar que el método o sistema genealógico, al enfocarse en las máscaras que constantemente reaparecen,[15] describe bien cómo en *Jacobo reloaded* operan desde el principio mismo de la obra. En relación a este aspecto, se dice en la novela, por ejemplo, que uno de los personajes, el Maestro Espín, desarrolla la Teoría Mariótica, la que se basa en una "suerte de organización mecánica por medio de la cual las palabras escritas por ese autor (Mario Bellatin) desencadenaban hechos ajenos a la lógica de las cosas pero no a la verosimilitud".[16] Esta Teoría Mariótica, que es también un método de escritura, aparece en otra parte, descrita como un "Suceso que ocurre cada vez que un hecho mínimo y aislado rompe un orden establecido, surgiendo luego una cadena de caos incontrolable y acciones cada vez más absurdas".[17] Observamos cómo el propio narrador teoriza sobre la estructura de disgregaciones, desagregados, caminos laberínticos que desarticulan cualquier trama orientada al descubrimiento de una historia central o una verdad del texto, un principio o un fin predeterminado. En este sentido, veremos, los mecanismos de descentramiento pueden efectivamente asociarse a las críticas feministas al sujeto masculino y a la construcción y extensión de sus dicotomías.

Mutaciones textuales, sexuales y religiosas

Mi propósito en estas notas sobre la forma de la novela se orienta a una crítica estética y política que, considerando las transformaciones textuales y sexuales, cuestione figurativamente el sistema sexo/género de la novela, y junto con ello, a la cultura más general en la que esta se inserta, que en Latinoamérica al menos, continúa siendo dominada por lógicas convencionales, mercantiles y masculinas. Al menos cuatro elementos se combinan aquí para la crítica a la construcción de lo masculino en la escritura. El primero de ellos ya lo hemos mencionado, se refiere a las operaciones de transtextualidad. Quiero relacionar esta primera cualidad mutante, con otros tres elementos en esta novela que también se transmutan: la religión, la sexualidad y el espacio. Los tres están intrínsecamente relacionados. Ya desde los comienzos de la novela, se nos anuncia que Jacobo Pliniak se transformará en "la piadosa dama Rosa Plíniason".[18] Se nos confirma luego, que "el personaje Jacobo Pliniak, (...) a mitad del relato se transforma en una mujer, a la manera de Orlando de la escritora inglesa Virginia Woolf".[19] El narrador especula a qué se debe este cambio en el personaje de Roth, y nos indica que algunos piensan que se trata de una "innovación de lo que tradicionalmente suele conocerse como personaje".[20] En otra parte, la voz narrativa insiste en que:

> Uno de los descubrimientos más sorprendentes para la literatura, no sólo para el escritor Joseph Roth sino para la del siglo XX, parece estar contenido en la mecánica de cómo un rol asignado a determinado personaje deriva, de pronto, en el de otro totalmente distinto.[21]

Tenemos roles y asignaciones de identidades a la deriva entonces, como particularidad de la literatura contemporánea. Transmutaciones de sexo, edad y nombre en el protagonista (y no solo en él), que desarticulan la linealidad de la trama, van provocando las más inusitados rarezas y transfiguraciones. El texto parece manipulado como un objeto modular, variable, recodificable. Más adelante, en un importante giro, la mutación de Jacobo en el personaje de Rosa,

> ocurre cuando Jacobo Pliniak se sumerge en el lago para llevar a cabo las abluciones rituales (...) Instantes después regresa a la superficie convertido en su propia hija. Pero no en la niña que hasta ahora se ha conocido sino en una anciana de más de ochenta años de edad. Jacobo Pliniak ha adquirido de pronto, luego de la ablución, el cuerpo de una vieja en cuya memoria quizá esté registrada la existencia de un tal Jacobo Pliniak, muerto ahogado mientras realizaba sus abluciones en un lago, a cuyas orillas había construido una casa.[22]

En otra parte Rosa Plinianson, nos dice el narrador, es además la hija adoptiva de Jacobo. Las transformaciones rompen cualquier verosimilitud, e interfieren caóticamente en la estructura de los parentescos. Esta confusión de genealogías puede ser vista desde un punto de vista estructural, como desarreglo lógico del texto, hasta un nivel esquizoide. Butler explica, siguiendo a Jacques Lacan, la teoría de que "la Ley que prohíbe la unión incestuosa entre el niño y su madre origina las estructuras de parentesco", y al mismo tiempo, "la Ley se confirma e individualiza dentro de los términos de cada ingreso infantil en la cultura".²³ La cultura siempre intervenida por la Ley del padre, cumple una función autoritaria y diferenciadora en el lenguaje, y también en la lógica de la historia como trama. Estas formaciones culturales y sociales con sus jerarquías de dominio son desarmadas en el proceso de desidentificación del yo, que desconfiguran los patrones predispuestos por el sistema cultural. En otras palabras, si todo orden del relato está marcado por la ley paternal, y por la función fálica en la lengua que organiza y reproduce la coherencia (masculina), en estas transfiguraciones de Jacobo a mujer y de padre a hija, la función autoritaria sufre un impedimento por partida doble: por una parte, formalmente (transtextualidad), y por otra temática (nuevas significaciones e identidades). Es interesante respecto a la transformación en niña, lo que Grosz comenta al estudiar el cuerpo sin órganos de Guattari y Deleuze, porque remarca que la transformación en niña es especialmente prohibida en nuestra cultura. La explicación de Grosz comienza citando a estos filósofos: "Aunque todos los devenires ya son moleculares, incluido el de mujer, hay que decir que todos comienzan y pasan por el devenir mujer. Es la ley para todos los demás devenires".²⁴ Es la pequeña niña el personaje privilegiado de la resistencia, la niña no como inocencia romántica o fantasía pederasta, sino como "un sitio cultural de la mayor y más intensa "desinversión" (*intensified disinvestments*)"²⁵ y recreación del cuerpo.

En *Jacobo* la ablución es un punto de inflexión, una desviación en la trama y corte narratológico del relato, según el cual ocurre una transfiguración del protagonista donde los límites del cuerpo, el espacio, la identidad, se confunden y reconectan de maneras absurdas y extrañas. La idea de inmersión ritual en el judaísmo, como rito pureza y limpieza, implica también el nacimiento, el pasaje por un umbral revelador, que pone a la persona en un estado liminal y la traslada hacia un otro que es también él/ella misma. Pero las mutaciones parecen no detenerse aquí, y el mismo Jacobo en esta escena se transfigura luego en una anciana, que es y no es su propia hija Rosa. La ablución resulta en una mutación textual/sexual, como el mismo narrador señala, incluyendo el cambio de género y la religión de los personajes, cuando afirma:

> Me parece oportuno señalar que en la Kabalah a estas transformaciones que implican a la persona, al género y al tiempo se les suele nombrar: Remansos Aforísticos. Mientras más alejada en la persona, el género y el tiempo se presente en la transmutación, el relato se acercará un punto a otra dimensión.²⁶

El Remanso Aforístico sería el tipo de texto al que se recurre, sobre todo en la segunda parte de *Jacobo reloaded* como escritura fragmentaria, aforismo y rezo. En la fragmentación, propia de la escritura Mariótica de Bellatin, la letra funciona como axioma para la meditación y la transformación del yo. También podemos observar la mutación asociada a la creencia religiosa de la transmigración de las almas. Jacobo muta en el alma de propio su hija, y luego en la historia aparece un nuevo personaje, suerte de doble del propio Jacobo, del narrador y también del "autor", llamado Jacobo Steinberg, y que es el traductor inglés del mismo *Jacobo reloaded*. Este traductor, afirma que:

> Puede ser difícil que lo crean —seguro les será más difícil hacerlo a los no versados en el arte de la transmigración de las almas— pero yo, Jacobo Steinberg —traductor del inglés del libro Jacobo el mutante— soy la reencarnación de esa mujer, Rose Eigen./ Quizás deba comentar aquí que soy su bisnieto./ Para entender mejor la historia de Rose y yo, quizás sea mejor que la divida en mutaciones.[27]

La investigación de las líneas genealógicas que el propio Steinberg realiza, lo lleva a encontrar una serie de paralelismos entre su vida y las de Jacobo el mutante, el personaje de Roth que Steinberg traduce. Jacobo Steinberg, afirma que "En la teología de la reencarnación, concebida tal como la describen los cabalistas, un alma pasa por un constante proceso de transmutación".[28] Las operaciones de transmutación que van de texto en texto continúan multiplicándose, de manera que el libro hacia el final confirma su propio método de escritura.

La obra tiene varias referencias a la religión, judía y jasídica, pero también algunas a la sufí y católica. Por su estructura fragmentaria, especialmente en la segunda parte, el narrador vuelve otra vez a la idea del texto como rezo. Ya en libro *La frontera* de Joseph Roth, se advertía el texto como oración, que "le sirvió al autor no solo para santificar las cosas que iba señalando sino para dar testimonio del mundo secreto que cultivó durante su vida".[29] Luego, cuando aparecen en la narración las escuelas de baile, estas parecen ser una alegoría de un método religioso al que la gente adhiere. El baile de las academias piensa el narrador es uno que

> Quizás Joseph Roth haya estado buscando, a través de una curiosa mezcla entre tendencia mística y mítica de la interpretación —teoría en la que el baile juega un papel fundamental—, expresar su visión del derrumbe de

toda una estirpe (...). Expresar quizás que la esencia de las religiones monoteístas es la misma. No solo la esencia sino que la práctica. Tampoco parece casual que se describa cómo una comunidad de inmigrantes va abandonando, de manera gradual, sus antiguas creencias.[30]

Las escuelas de baile tienen un elemento dionisiaco y transformador, los habitantes de la zona son inmigrantes que se convierten. Ocurren hasta aquí varios desplazamientos y cambios simultáneos: de sexo, de las almas, de los migrantes, de los espacios, y vemos cómo las partes del libro convergen en el proceso transfigurador de la ficción. Volvamos a la conversión religiosa de Rosa Plinianson, que sería otra transmutación de Jacobo, está vez del judaísmo al catolicismo, cuando Roth, según el narrador, afirma en su libro *La Frontera* que: "A la mañana siguiente se levantó temprano y salió a la calle vestida con el hábito de Sor Gertrudis la Venerada, que no había usado desde la muerte de su madre. Había contado con dos trajes sagrados, aquel de Sor Gertrudis la Venerada y el de Graciela la Conversa".[31]

La narración combina de esta manera la transexualidad, conversión religiosa y la mutación textual en una misma amalgama. La escritura se forma según transposiciones en historias superpuestas, que hacen de *Jocobo reloaded* un texto barroco, o, mejor dicho, neobarroco, ya que "refleja estructuralmente la inarmonía, la ruptura de la homogeneidad, del logos en tanto que absoluto, la carencia que constituye nuestro fundamento epistémico"[32]. Dispersión y disolución del sujeto narrador en distintas personas (máscaras), hacen de las historias en el texto una serie de transformismos que, por otra parte, nos permiten introducir algunas ideas provenientes de la teoría feminista y *queer*, en relación con las líneas de vida y el individuo. La teórica feminista Sara Ahmed ha pensado en las líneas de orientación divergentes y en direccionalidades diversas, y propone repensar en la política de las "líneas de vida": "la relación entre la herencia (las líneas que se nos dan como nuestro punto de llegada al espacio familiar y social) y la reproducción (la demanda de que debemos devolver el don o regalo de esa vida, extendiendo dicha línea)".[33] En *Jacobo reloaded* las diversas conversiones y mutaciones impiden las lógicas lineales de vida heredada. Si estamos presionados en líneas, como apunta Ahmed, en *Jacobo* esas rayas se bifurcan, cortan y vuelven a emerger como marcas o huellas en nuevos segmentos y nuevas vidas. Uno de los personajes de *Jacobo reload*, el traductor llamado Jacobo Steinberg, que se integra a la misma obra que traduce, dice que:

Recuerdo además, aunque estos textos se diluyen un poco en mi memoria, haber escrito algo también sobre las fronteras temporales, geográficas y lingüísticas por las que debemos cruzar todo el tiempo para seguir con nuestras vidas de la manera como nos han sido asignadas.[34]

La asignación de fronteras, límites, líneas que debemos recorrer como trayectorias de vida prediseñadas, lugares sociales y culturales que se nos permite o prohíbe habitar, cruces permitidos o proscritos, son algunas de las dimensiones que se cuestionan en *Jacobo reloaded*, cuya escritura burla esas prescripciones. Las formaciones mutantes resaltan en cambio lo impredecible y la desviación. Una manera de pensar políticamente este texto es considerar las mutaciones como concepción del sujeto, desde algunas ideas de la teoría feminista en relación al cuerpo y la identidad. Entre una gran variedad de ideas, Elizabeth Grosz ha leído las nociones sobre la psiquis, la materialidad y el cuerpo de Guattari y Deleuze desde un punto de vista feminista, para desmitificar las oposiciones binarias. Para ellos la Ley, en vez del padre, es un "imperativo de experimentación sin fin, metamorfosis o transmutación",[35] y nos hablan de sustancias que están compuestas de líneas, movimientos, velocidades, ensamblajes, multiplicidades, siempre en acción y haciéndose. Se trata de un deseo no basado en la carencia que lo comanda y produce, sino que en una productiva máquina deseante. Y podemos decir aquí, de una máquina de transfiguraciones y mutaciones. Se podría tratar también de transindividualismo, como crítica al Yo, estatuido según las estructuras normativas y heterosexuales, la triangulación edípica, y su camino único de madurez y cambio hacia posiciones sociales y familiares predeterminadas. Para Eve Kosofsky Sedgwick la pedagogía del transindividualismo "se basa en las cualidades singulares de la personalidad, y al mismo tiempo se desindividualiza a sí mismo y al otro para revelar la naturaleza intersubjetiva de la relacionalidad".[36] Se trataría según Kosofsky Sedwick, de disposiciones que derivan de tal relación son de "ternura y gratitud (no el estilo Edipo, la envidia, la falta, la violencia)".[37] Reflexiones como estas, nos señalan un argumento importante del feminismo contemporáneo sobre maneras de pensar los organismos como transformativos. Esta misma cualidad de cambio del ser y el organismo, la encontramos en un ensayo feminista "clásico", cuando Haraway describe a un cyborg que también implica fluidez, de "información polimorfa" y sistemas que enfatizan rangos de flujo a través de los límites en lugar de la integridad corporal.[38] Todas estas nociones se acercan a una defensa, por decirlo así, de la capacidad mutante de los seres vivos, y entre ellos los humanos. El narrador dice sobre el libro de Roth: "precisamente el tema central de semejante texto podría considerarse como una conjetura acerca del arte de transformación".[39] La ablución de Jacobo, como acto de sumergirse para volver a la superficie transformado en mujer, es también una metáfora de un cuerpo fantasmal, que como hemos visto, tiene ecos con la transformación religiosa, mística. En sus estudios sobre literatura, Bradway observa cómo en un texto *queer* (refiriéndose a los escritos de Kathy Acker) se "corta y reforma el cuerpo; es animalista y mercurial en su inestabilidad analógica, convirtiéndose a la vez en leopardo, cangrejo, perro y serpiente, al recibir un disparo de 'ectoplasma rancio' en sus cuerpos".[40] Más adelante en su estudio, Bradway se refiere al ano y la vagina en los textos de Acker como "superficies pulsantes e invaginadas de corporeidad vitalista, el cuerpo se pliega sobre sí mismo de formas que no se ajustan a la economía fálica de la presencia y la ausencia, ni a tramas psicoanalíticas de castración".[41] Si parafraseamos esos comentarios aquí, diríamos en la corporalidad del texto en *Jacobo el mutante*, es *invaginante*, reversible y reciclable. En este sentido, hay toda una nueva ecología y sexualidad del texto que se encuentra desplegada.

Respecto a la mutación de la atmósfera y el escenario, la taberna La Frontera y las academias de baile presentan algunos ejemplos. La novela de Roth también se llama *La Frontera*, entonces simultáneamente, como si se tratara de un punto nodal o un *link* que lleva a varias a direcciones, La Frontera funciona como símbolo de intercambio de textos, personas, dinero, granos y sexo. Los traspasos temáticos y se dan a veces, como el mismo narrador lo señala, y como hemos venido notando, sin solución de continuidad. En algunas partes se especula que esos cortes pueden deberse a la pérdida de páginas en el libro original de Roth. El espacio del texto es en parte la misma escritura de un libro siempre incompleto[42], donde se destaca la noción borgiana de texto inacabado, de derivados, como lo sería la segunda parte de *Jacobo reloaded*, una suerte de suplemento de *Jacobo el mutante*, escrita en una estructura fragmentaria aforística, de pedazos de historias de vida en una reconstitución de memoria siempre inconclusa. Resulta en última instancia, siempre imposible terminar y limitar. Los objetos, personajes y lugares, aparecen y se desvanecen para emerger otra vez en el texto con otros nombres y cuerpos.

Los cortes en el texto, más que encontrar esta explicación lógica, son parte de su mecanismo intrínseco. Más que una digresión, lo que observamos en casos como estos son saltos radicales y espaciales, ya que los personajes aparecen viviendo de pronto en otra parte, sin que nos explique cómo han llegado ahí:

precisamente cuando el lector asume, de una manera verosímil además, no solo la presencia en el texto de Jacobo Pliniak sino sobre todo, su derecho a permanecer dentro de su propia estructura narrativa, nuestro personaje se transforma, sin mayor trámite, en su supuesta hija adoptiva, Rosa Plinianson, máxima autoridad del comité de damas del poblado que habita. Todo comienza cuando, sin ninguna solución de continuidad, en cierto punto de la trama, Jacobo Pliniak se encuentra viviendo en América.[43]

El viaje, la desaparición y rencarnación en otro cuerpo o espacio, tiene resonancias con la transmigración de las almas a las que se refiere el narrador. Las torsiones y giros en este caso espaciales y también corporales, abren preguntas sobre las relaciones entre cuerpo, identidad y espacio, que también han sido intensamente investigadas por la teoría *queer* y feminista. La transfiguración del espacio y la emergencia de cuerpos en él interroga las divisiones de género entre público/masculino y privado/femenino. El espacio y el tiempo condicionan los límites del organismo, dice Grosz, y se refiere a los cuerpos como "fuera de lugar". Según ella, "las formas en que vivimos en el espacio afectan nuestras alineaciones corporales, comportamientos y orientaciones".[44] Las entidades y el espacio son recíprocos, "porque cualquier comprensión de los cuerpos requiere un espacio y marco temporal".[45] Si las conversiones del espacio se relacionan en *Jacobo reloaded*, resultan en transformaciones también físicas, considero que es políticamente desafiante pensar las maneras en que los cuerpos condicionan y afectan según su posición en el espacio y el tiempo del relato. La identidad, como lo enseña Lacan en su famoso ensayo *El Estadío del espejo* (1966), se construye según la relación del sujeto con el espacio y los demás objetos. Creo que una manera de imaginar a Jacobo texto, narrador, sujeto, personaje, sería como un sujeto en los laberintos de espejos que hay en los parques de diversiones: múltiples perspectivas, ecos, rebotes sobre una misma persona. En *Jacobo* cada recorte, cada plano discontinuo, es lo que posibilita también la mutación de zona y entidades que pasan de un lugar a otro, surgiendo y desvaneciéndose como modos de ocupar y desocupar territorios, desde La Frontera hasta Nueva York, desde Nueva York hasta la costa oeste de EE.UU.

La conversión religiosa está de modo parecido relacionada con el texto y el espacio. En la novela, se nos dice que Jacobo Pliniak ha adquirido un terreno frente a un lago, donde ha construido una casa. En ese lugar los miembros de la comunidad van perdiendo uno a uno su religión, pero Jacobo "continúa poniendo en práctica sus ideas personales acerca del agua y el cuerpo".[46] La piel se le arruga por las abluciones, y es entonces cuando una mañana, al sumergirse en el lago y salir a la superficie, sale convertido en su propia hija. Entonces señala que:

> parece oportuno señalar que en la Kabalah a estas transformaciones que implican a la persona, el género y el tiempo se les suele nombrar Remansos Aforísticos. Mientras más alejada en la persona, el género y el tiempo se presente la transmutación, el relato se acercará un punto a otra dimensión. Quizás por eso el escritor Joseph Roth se atreve no sólo a crear este episodio tan particular, sino que, líneas más adelante, afirma que en el poblado donde comienza a habitar la vieja dama Rosa Plinianson han empezado a ser instaladas cientos de academias de baile.[47]

Entonces tenemos varias transmutaciones simultáneas, porque la *Kabalah* es una vía de mutación (en Rosa Plianianson que es vieja, pero también en su propia hija). La novela juega constantemente con la tensión entre lo perecedero, lo que queda, y lo que está en constante cambio.

Mucho más adelante, en la segunda parte del libro, mientras el narrador medita y realiza sus prácticas sufí, tiene visiones, las que van formando historias, como la del abuelo y de otro personaje, Macaca (que en otra parte muta en Nora Kimberley). El abuelo ha adoptado el idioma castellano, pero habla también la lengua de sus antepasados, el yiddish. En una de esas visiones, junto a Macaca, aparece un nuevo personaje, el Maestro Espín, quien profesa la Teoría Mariótica, y que "se llama de esa manera por el nombre de un escritor/ Mario Bellatin". Luego dice: "El Maestro Espín no pretendía comprender tanto los textos de aquel autor, sino los mecanismos que había utilizado para producirlos".[48] Y luego en la página 106, se nos comenta acerca de ese método como "una suerte de organización mecánica por medio de la cual las palabras escritas por ese autor desencadenaban hechos ajenos a la lógica de las cosas pero no a la verosimilitud". Esta manera de hacer el texto en Bellatin, como hemos venido afirmando, confirma la oposicón a los binarismos, desplegando lo *trans*, donde se desplazan los significados sin detenerse en una fijación. Respecto a la cuestión religiosa y el espacio que se transmuta, Irigaray observaba algo liberador en la mujer mística, cuando afirmaba que "Los muros de su prisión se rompen, la distinción entre interior/afuera es transgredida. En tal éxtasis, ella arriesga perder su yo, o al menos de ver la seguridad de su identidad desvanecerse".[49] A estas alturas hemos llegado a un punto, en que me gustaría defender esta novela de Bellatin como una crítica a la construcción universal del sujeto masculino. Aunque parezca esta una observación demasiado general, quiero insistir en considerar el procedimiento deconstructivo en la escritura de Bellatin, como una manera de escritura que desestabiliza la construcción del sujeto mediante una serie de operaciones que articulan extranjería, transmutaciones y otros procedimientos derivadas del profijo "trans". La serie de transmutaciones en *Jacobo reloaded* recurren a una escritura que nos sitúa frente a un texto híbrido, cuya lógica de cortes, discontinuidades y vacíos, de agenciamientos inverosímiles, proponen el cambio constante como forma de escritura, pero también de lectura.

Las últimas páginas de *Jacobo reloaded*, según se nos informa en el texto, están escritas por Jacobo Steinberg, el traductor del mismo texto, de manera que el traductor ingresa al mismo libro que traduce. Una serie de extraños paralelismos empiezan a ocurrir entre el libro que traduce y la propia vida de Steinberg, hasta que este concluye que: "Poco a poco llegué a entender que yo era la reencarnación de Rose Eigen".[50] Esa mujer es la bisabuela de Steinberg. Encarnada en el traductor, debe "traducir al escritor contemporáneo Mario Bellatin", y dar a conocer la Teoría Mariótica, que se describe como un "suceso que ocurre cada vez que un hecho mínimo y aislado rompe con un orden establecido, surgiendo luego una cadena de caos incontrolable y acciones cada más absurdas".[51] La narración retorna, hasta el final del texto, así misma, a su propia y perpetua transmutación. De hecho, Steinberg señala que "el único mecanismo para entender *Jacobo el mutante* era entregarse a su estado perpetuo de transformación".[52] Por eso en este ensayo he intentado leer *Jocobo reloaded* según algunas de sus transformaciones y juegos de escritura, desarrollados a través de operaciones transtextuales formales. Los cortes, desviaciones y dobleces, las bifurcaciones de la trama y las mutaciones de los personajes y el espacio, abren el texto a dimensiones de sexualidad, religión y espacio mutantes. En su famoso ensayo *La risa de la Medusa*, Cixous afirmaba que "El ensamblaje de uno y otro, no fijo en la secuencia de lucha y expulsión o alguna otra forma de muerte, sino que es infinitamente dinamizado por un proceso incesante de intercambio de un sujeto a otro".[53] Ya había aquí, en una de las exponentes de la crítica feminista francesa, una crítica a la ensambladura inamovible de la identidad determinada por el discurso hegemónico masculino. Aquí, como novela mutante, el texto se transforma según una serie de disrupciones estructurales de la trama, y el relato lineal, hemos visto, se quiebra en segmentos interconectados de maneras a veces inverosímil. Es en esas relaciones entre las partes, en los límites porosos entre ellas, en las fronteras internas y externas del texto, donde surge una concepción del sujeto, sea el narrador, un personaje, o el autor invocado, que, en vez de permanecer como un yo fijo y definitivo, que progresa hacia un final prestablecido, tiende a peregrinar (como las almas, se nos dice) en la búsqueda de una genealogía siempre incompleta. La transmutación atraviesa toda la novela, tanto en su forma como en su contenido, abriendo espacio para que surja una concepción del yo no limitada por designaciones convencionales de sexo, etnia, religión o espacio, que reproduzcan la normatividad cultural dominada por la razón objetiva o positiva. La impronta ilógica de las mutaciones en *Jacobo*, se condicen con propuestas teóricas del feminismo, que ha cuestionado una verdad o esencia detrás del cambio de máscaras y espacios. Es aquí donde vemos una convergencia con la Teoría Mariótica, una suerte de filosofía de la desindividualización, que es también un método de creación literaria y una búsqueda permanente de la identidad.

Si bien lo importante no radica exacta o únicamente en el contenido de los cambios, sino en los cambios en sí como procedimientos formales, el análisis de esta obra no podría obviar que las transformaciones son principalmente en Jacobo hacia una niña, y también una anciana. Ambos cuerpos se encuentran, al menos estereotípicamente hablando, fuera de la órbita de la mujer como objeto de deseo del hombre, y fuera de la mujer como cuerpo al servicio sexual de la reproducción y el trabajo doméstico. Otras mujeres en la novela, como la esposa de Jacobo Pliniak, Julia, es insumisa y abandona a Jacobo. Luego se nos narra que el bisabuelo de Jacobo Steinberg, el traductor, expulsa a su mujer, Rose, de manera que hay otra mujer que hace madre, mientras que Rose como madre biológica es repudiada.[54] El hijo de esa mujer (es decir el abuelo de Jacobo Steinberg), se nos cuenta, tiene así dos madres, lo cual desvirtúa también la relación de la mujer con lo materno como función social asignada. Como doble o en resonancia con Jacobo Pliniak, Jacobo Steinberg es quien se "sumerge en los estudios místicos de mi religión",[55] en la *Kabalh,* para luego experimentar ahora él (como antes Pliniak) la infidelidad de al menos dos hombres.

La novela está, en síntesis, siempre volviendo otra vez los juegos de ecos y reflejos, los que paradojalmente establecen nuevas líneas de relatos, pero al mismo tiempo, pueden causar un efecto de asfixia angustioso, cuando el lector se pregunta si acaso hay alguna salida a la madeja laberíntica en la que se transforma el texto. Hasta casi cierto goce masoquista se requiere por parte del lector, para seguir una y otra vez, repitiendo otra mutación, otra coincidencia, otro ominoso doblez. Tal vez este efecto se deba a la condición material del texto que, aunque cambia, no puede ser nunca trascendental, en el sentido de que debe responder siempre a una determinada materialidad. Ahora, en qué tipo de materialidad (cuerpo, alma, letra, nombre, dibujo, fotografía, etc.) es una pregunta que el lector va descubriendo en la lectura. Lo que no podemos negar en la escritura de esta novela son sus efectivos desmantelamientos de estructuras, su interrogación del sujeto, las deconstrucciones del cuerpo, el cuestionamiento de los dualismos y las dicotomías, la mutación como expresión de una fuerza productiva e impredecible.

Hemos revisado cómo las mutaciones textuales expresan en *Jacobo reloaded* la apertura del texto y el sujeto (representado en el narrador y también los personajes). Hemos visto, en este sentido, al texto como cuerpo, como superficie material significante, por una parte, y como relato y sus significaciones. Si el texto es también un cuerpo marcado por la escritura, si este se transforma de la manera en que hemos analizado, la narración que construye al sujeto dispersa lo que es habitualmente el relato de la vida pequeñoburguesa, convencional. *Jacobo* nos dice que las nociones que tenemos de nosotros mismos son por cierto ficciones que podemos dividir y yuxtaponer, reconfigurar, cambiando las piezas de lugar. El libro como cuerpo, y especialmente como cuerpo femenino, o bien como corporalidad *queer*, tendría una reversibilidad de la escritura, una letra que se vuelve sobre sí misma una y otra vez, al mismo tiempo siendo una y otra. Nunca queda claro en esta novela, cuales son los límites de esas transformaciones.

Notas

1. Mario Bellatin, *Jocobo reloaded* (Madrid: Sexto Piso, 2014).
2. "Mutación", *Diccionario Real Academia Española*, https://dle.rae.es.
3. "Mutación", *Diccionario Real Academia Española*, https://dle.rae.es.
4. Gerard Genette, *Palimpsestos* (Madrid: Taurus, 1989), 11-12.
5. Elizabeth Grosz, *Volatile Bodies: Toward a Corporeal Feminism* (Bloomington: Indiana University Press, 1994).
6. Grosz, *Volatile Bodies...*, 20-21.
7. Mirjam Horn, *Postmodern Plagiarisms: Cultural Agenda and Aesthetic Strategies of Appropriation in US-American Literature (1970–2010)* (Berlin/Boston: Walter de Gruyter GmBH, 2015), 111.

8. Héctor Hoyos, *Beyond Bolaño* (New York: Columbia UP, 2015) 158.
9. Hoyos, *Beyond Bolaño*, 158.
10. Linda Egan, "Rambling Prose: Plot as Flaneur in Mario Bellatin's Narrative", *Chasqui* 44, n.º 1 (2015), 151. Nota: Todas las traducciones de textos en otro idioma original son mías.
11. Samuel Frederick, "Re-reading Digression: Twards a Theory of Plotless Narrativity", *Textual Wanderings. The Theory and Practice of Narrative Digression* (London: Legenda, 2011), 23.
12. Michel Foucault, "Nietzsche, Geneaology, History", en *Language, Counter-Memory, Practice: Selected Essays and Interviews* (Ithaca: Cornell UP, 1977), 146.
13. Foucault, "Nietzsche, Geneaology, History", 146.
14. Bellatin, *Jacobo...*, 204.
15. Foucault, "Nietzsche, Geneaology, History", 94.
16. Bellatin, *Jacobo...*, 106.
17. Bellatin, *Jacobo...*, 173.
18. Bellatin, *Jacobo...*, 23.
19. Bellatin, *Jacobo...*, 27.
20. Bellatin, *Jacobo...*, 27.
21. Bellatin, *Jacobo...*, 38.
22. Bellatin, *Jacobo...*, 38.
23. Judith Butler, *Gender Trouble* (New York: Routledge, 1990), 43.
24. Guattari y Deleuze, cit. en Grosz, *Volatile Bodies...*, 175.
25. Grosz, *Volatile Bodies...*, 175.
26. Bellatin, *Jacobo...*,. 38.
27. Bellatin, *Jacobo...*, 206.
28. Bellatin, *Jacobo...*, 215.
29. Bellatin, *Jacobo...*, 49-50.
30. Bellatin, *Jacobo...*, 51.
31. Bellatin, *Jacobo...*, 62.
32. Severo Sarduy, *El barroco y el neobarroco* (Buenos Aires: El Cuenco de Plata, 2011), 35.
33. Sara Ahmed, *Queer phenomenology: orientations, objects, others* (Durham: Duke University Press, 2006), 28.
34. Bellatin, *Jacobo...*, 216.
35. Grosz, *Volatile Bodies...*, 168.
36. Tayler Bradway. *Queer Experimental Literature: the Affective Politics of Bad Reading.* (New York, NY: Palgrave Macmillan, 2017), 207.
37. Bradway, *Queer Experimental...*, 207.
38. Linda Birke, "Bodies and Biology", en *Feminist Theory and the Body: A Reader* (New York: Routledge, 1999), 46.

39. Bellatin, *Jacobo*..., 89.
40. Bradway, *Queer Experimental*..., 115.
41. Bradway, *Queer Experimental*..., 115.
42. Bellatin, *Jacobo*..., 36-37.
43. Bellatin, *Jacobo*..., 29.
44. Bellatin, *Jacobo*..., 54.
45. Bellatin, *Jacobo*..., 55.
46. Bellatin, *Jacobo*..., 37.
47. Bellatin, *Jacobo*..., 38.
48. Bellatin, *Jacobo*..., 105.
49. Lucy Irigaray, *Speculum of the Other Women* (Ithaca, NY: Cornell UP, 1985), 92.
50. Bellatin, *Jacobo*..., 215.
51. Bellatin, *Jacobo*..., 215.
52. Bellatin, *Jacobo*..., 216.
53. Cixous, cit. en Toril Moi, *Sexual/Textual Politics* (New York; Routldge, 2002), 108.
54. Bellatin, *Jacobo*..., 206.
55. Bellatin, *Jacobo*..., 51.

Bibliografía

Ahmed, Sara. *Queer Phenomenology : Orientations, Objects, Others*. Durham: Duke University Press, 2006.

Báder, Petra. "La metamorfosis del espacio en Salón de Belleza de Mario Bellatin". *Colindancias: Revista de la Red de Hispanistas de Europa Central* n.º 5 (2014): 205-214.

Bellatin, Mario. *Jocobo reloaded*. Madrid: Sexto Piso, 2014.

Birke, Linda. "Bodies and Biology". *Feminist theory and the body: A Reader*. Eds. J. Price y M. Shildrick. 42-49. New York: Routledge, 1999.

Bradway, Tayler. *Queer Experimental Literature: the Affective Politics of Bad Reading*. New York: Palgrave Macmillan, 2017.

Butler, Judith. *Gender Trouble*. New York: Routledge, 1990.

Egan, Linda. *Rambling Prose: Plot as Flaneur in Mario Bellatin's Narrative. Chasqui: revista de literatura latinoamericana* 44, n.º 1, (2015): 151-158.

Foucault, Michele. "Nietzsche, Geneaology, History". En *Language, Counter-Memory, Practice: Selected Essays and Interviews*. Ed. D. F. Bouchard. 139-164. Ithaca: Cornell UP, 1977.

Frederick, Samuel. "Re-reading Digression: Twards a Theory of Plotless Narrativity". *Textual Wanderings. The Theory and Practice of Narrative Digression*. Ed. by Atkin, Rhian. 15-26. London: Legenda, 2011.

Genette, Gerard. *Palimpsestos*. Madrid: Taurus, 1989.

Grosz, Elizabeth. *Volatile Bodies: Toward a Corporeal Feminism*. Bloomington: Indiana University Press, 1994.

Horn, Mirjam. *Postmodern Plagiarisms: Cultural Agenda and Aesthetic Strategies of Appropriation in US-American Literature (1970-2010)*. Berlin/Boston: Walter de Gruyter GmBH, 2015.

Hoyos Ayala, Héctor. *Beyond Bolaño*. New York: Columbia UP, 2015.

Irigaray, Lucy. *Speculum of the Other Women*. Ithaca, NY: Cornell UP, 1985.

Moi, Toril. *Sexual/Textual Politics*. New York; Routldge, 2002.

"Mutación". *Real Academia Española. Diccionario de la lengua española*. 23.ª Ed. https://dle.rae.es.

Sarduy, Severo. *El barroco y el neobarroco*. Buenos Aires: El Cuenco de Plata, 2011.

La dimensión estética:

Arte, fotografía, literatura y performance

Mario Bellatin: el arte escrito

MARINA CECILIA RIOS

MARIO BELLATIN ES ESCRITOR, fotógrafo, cineasta y en el campo de la crítica literaria estas filiaciones han sido tema de debates: ¿es escritor? o, ¿es un artista integral? Y en este sentido es que en sus textos literarios —independientemente de los *performances* o instalaciones que haya realizado por fuera de la literatura— se evidencian las huellas del vínculo entre literatura y arte que el escritor asume. Más que huellas, se trata de una poética que estructura modos de narrar y escribir. A esta poética la he conceptualizado con el nombre de "figuras del arte". En este ensayo propongo analizar la figura de la instalación y la figura del "relato como libro". Mientras que la primera es una manifestación de la puesta en escena; la segunda, lo es del *ready-made* literario.[1] Indagar sobre dichas figuras permite profundizar sobre cuestiones relativas a los cuerpos, las subjetividades y regímenes de expresión a partir de la conjunción entre lo visible y lo decible.

Instalación literaria: primera perspectiva crítica

Mario Bellatin diseña algunos textos con una impronta específica: imágenes escritas e imágenes visuales. La figura de la instalación, tal como este ensayo la articula, trabaja sobre la relación entre texto e imagen para reflexionar sobre lo decible y lo enunciable a partir de corporalidades que entran en tensión con la textualidad que se compone. En primer lugar, el antecedente de la instalación en el terreno del arte articula una zona de contacto con el *ready-made* duchampiano y de la que el escritor mexicano se apropia.

Pablo Oyarzún identifica cómo la influencia de Duchamp no sólo se expandió al campo del surrealismo sino también en la producción experimental norteamericana de los años '50. Oyarzún observa que el predominio del arte norteamericano coincide con la influencia de Duchamp hacia la segunda mitad del siglo XX y por ello, formas, tendencias y géneros como el *pop art*, *op art*, *performance*, instalación, *happening*, entre otras prácticas, tienen como "iniciador ejemplar" a Duchamp.[2] Por su parte, Kozac y Stubrin contextualizan:

> Su consolidación [la de la instalación] se produjo a finales de la década del sesenta y comienzo de la década del setenta. Momento en el que formato objetual de las obras de artes visuales comienza a desaparecer a partir de la asimilación de la herencia duchampiana y lo inicios del arte conceptual.[3]

En el texto *Los fantasmas del masajista*, tanto su estructura, diseño y narrativa permiten pensar en la instalación como una forma de poner en escena: cuerpos, imágenes y objetos, todos ellos, en cercanía con la figura del *ready-made*. Como bien explican Kozac y Stubrin, el concepto de instalación se relaciona con la idea de una obra de entorno. Esto significa que el espacio en donde se realiza la instalación es fundamental en la composición de cada obra. Para las críticas, la unicidad de la instalación: "reside, a su vez, en la particularidad de su condición efímera a medio camino entre la obra material que deja una huella, materia de museo y de colección, y la intervención diluida en el tiempo de su actuación".[4] Esto marca una diferencia con el *happening* que sería un contrasentido repetirlo, en cambio, la instalación se puede volver a montar siempre y cuando se mantenga su relación establecida con el espacio. Además, las críticas destacan que la instalación desafía así lo límites de la reproductibilidad y el mercado, aunque no se puede negar su carácter perdurable (por ejemplo, en su acceso indirecto a través de videos o fotos o la posibilidad de un nuevo montaje). También, el rol que adquiere el espectador es fundamental puesto que, por lo general, puede interactuar de diversas formas. Además, los recursos utilizados no sólo se limitan a cuestiones técnicas o tecnológicas (videos, hologramas, fotografías) ni a objetos o materiales artísticos sino también se pueden encontrar elementos cotidianos extra-artísticos.

Garramuño como parte de su argumentación sobre la "no pertenencia" en la literatura, recupera los conceptos de instalación y performance para pensar en algunos textos de Mario Bellatin como el de *Lecciones para una liebre muerte* (cuya referencia explícita dialoga con la performance de Joseph Beuys de 1965) y los denomina "textos-instalación" o "textos-performance".[5] Líneas más adelante, la crítica establecerá que *Lecciones para una liebre muerta* también funciona como un *texto-performance* en el sentido que lo expusiera

Paloma Vidal porque Bellatin "se arriesga como performer" al exponer su cuerpo como parte de su obra acercando el arte a la vida. Estas aproximaciones de Garramuño son importantes como antecedentes para pensar en los cruces entre literatura e instalación. No obstante, este ensayo propone una dirección complementaria: en cómo la instalación se hace visible en la escritura entablando un diálogo, muchas veces, horizontal entre prácticas literarias y artísticas, además de establecer continuidades con las acciones o intervenciones del escritor por fuera del libro. Ahora bien, en qué sentido es posible identificar la instalación en la ficción en cuestión, siendo que el concepto artístico de instalación se apoya en el entorno o ambientación como punto de partida, la clave para su transposición se encuentra en la de concebir el espacio del libro, en su materialidad, sus usos y visibilidad como el soporte preciso para el despliegue de una *instalación literaria* en la que el montaje funciona como procedimiento. Asimismo, como la participación del espectador también es condición de posibilidad, *Los fantasmas del masajista* nos ofrecen modos de interacción entre texto e imagen para no dejar dudas al lector (espectador) de su participación.

Los fantasmas del masajista: cuerpos diáfanos, traslúcidos y opacos

Con esta novela entramos en el terreno que recorre la relación entre literatura y fotografía y Valeria De los Ríos esgrime: "La historia de la relación entre literatura y fotografía en Latinoamérica es antigua. Desde su llegada al continente en 1840, la fotografía fue anunciada en distintos formatos, desde la crónica noticiosa hasta la carta privada".[6] También repone que su aparición física dentro del texto literario es impulsada por las vanguardias históricas, en particular el Surrealismo. Por su parte y en el marco de los estudios visuales, Piderit Guzmán repara que fue a partir de los años sesenta cuando la relación entre imagen fotográfica y palabra escrita se convirtió en un problema o pregunta teórica. Para la crítica esto se relaciona con la problematización de la fotografía ya no como reproducción objetiva del mundo real sino como un tipo de herramienta discursiva, es decir como un dispositivo en el sentido foucaultiano.[7]

Tal como señala Cherri, a partir del año 2001 el escritor mexicano comenzó a incluir fotografías en sus libros con la publicación de *Shiki Nagaoka: una nariz de ficción*. Cherri observa que este giro se relaciona con lo que él denomina una "falsa retórica" en la obra de Bellatin, pero también con una preocupación por el estatuto de lo literario y por la imagen de autor. Por su parte, Valeria De los Ríos señala una relación de analogía entre la literatura y la fotografía al menos en *Las dos Fridas* y *Los fantasmas del masajista* como una relación improbable entre imagen y texto que desestabilizan la noción de sujeto y representación. Mientras que Gianna Schmitter trabaja sobre el concepto de Bellatin "formato-foto-amalgama" que contribuyen a diseñar un meta-sentido que señala la construcción de la propia obra del escritor.

La hipótesis de partida es que en *Los fantasmas del masajista* la figura de la *instalación* orbita a través de la interacción entre texto e imagen para poner en escena cuerpos diáfanos, traslúcidos y opacos que entran en tensión ostentando una horizontalidad entre lenguajes artísticos en las que pasado y presente articulan una mirada contemporánea. La serie de fotografías se suceden unas a otras a lo largo de once páginas resultando un total de 22 imágenes (en la edición de Eterna cadencia). Cada una de ellas está acompañada de un epígrafe que intenta anclar o explicar la foto. Todos estos pies de foto comienzan con un sustantivo que nombra a la foto: lugares, seres y objetos. Por ejemplo: "Clínica especializada en personas que han perdido o están por perder algún miembro".[8] "Madre de mi terapeuta favorito".[9] "Juguete para loros".[10] Es decir que el epígrafe está diseñado para cierta indexicalidad, característica que comparte con una de las posibilidades de la fotografía, aunque cabe anticiparlo, se trata de una indexicalidad que no se comporta como tal. Otra característica es que las imágenes no son nítidas, hay una propuesta de "lo desenfocado, lo borroso, en blanco y negro o colores lavados, que justamente hacen evidente los procedimientos y contextos de composición".[11] En cuanto a la cámara fotográfica, Cote-Botero destaca que la utilización de una cámara lomo permite imágenes desenfocadas en las que se destaca el valor pictórico por encima del mimético.

También Schmitter (2016) releva en una nota al pie de página que, según el autor, quien autorizó a publicar las fotografías en su artículo, le explicó que son fotografías tomadas con cámaras estenopéicas o de plástico. A golpe de vista lo que queda muy claro es que los epígrafes intentan anclar a la imagen, pero éstas no parecen tener absolutamente nada que ver. Esto produce dos o tres operaciones simultáneas que el lector debe realizar: relacionar la imagen y el epígrafe entre sí al tiempo que debe confrontar esto con la lectura previa de la parte en prosa. Porque hay un orden de la lectura, primero se lee el texto, luego, las imágenes. A su vez, cada una de ellas está dispuesta en una página de modo que la mirada también invita a seguir un orden lineal. En este sentido, el lector advierte inmediatamente la trampa que esas fotos guardan: completar el sentido, buscar la relación, re-significar la historia, otorgarle importancia a una escena o aspecto que en la lectura había pasado por alto.

En su estudio sobre la relación entre fotografía y literatura en Mario Bellatin, Gianna Schmitter (2016) propone una estética de lo traslúcido y explica que las propuestas gráficas del escritor enfocan y desenfocan lo narrado a partir de las posibilidades técnicas que ofrece la fotografía. Es decir, que aparece lo borroso y lo fragmentado que reenvían a un uso de lo traslúcido tanto como herramienta técnica como conceptual. Para Schmitter, la intención de Bellatin es deformar la mirada. Entonces, ella define lo traslúcido por la presencia de obstáculos transparentes que aparecen borrosos o movidos, cuestionando así la relación con lo real y lo mimético. En efecto, en las figuras 1 ("Clínica especializada en personas que han perdido o están por perder algún miembro")[12] y 2 ("Espacio para las camillas individuales")[13] se pueden observar las características que Schmitter destaca: lo borroso, los colores lavados o blanco y negro, la idea de obstáculos que no permiten visualizar nítidamente la imagen. Aunque también, agrego, la presencia de los epígrafes juega a degradar lo traslúcido de la imagen en una opacidad.

En esta figura 3 ("Cantante Waldick Soriano"),[14] el epígrafe de la foto indica que el sujeto que allí aparece borroso es el cantante Waldick Soriano, estableciendo una relación opuesta a los principios de evidencia o indexicalidad de la fotografía. Un cuerpo al que se le atribuye opacidad a partir de la orden verbal (sabemos que esa imagen no le pertenece al cantante).

En este sentido, Bellatin construye un dispositivo visual que ordena, redirige hacia una operación conceptual al que mira, que en este caso es el lector-espectador. Este dispositivo puede ser leído como dos aspectos de la misma cuestión: donde lo visible y lo enunciable se excluyen mutuamente o donde se amalgaman ("no puede aparecer el uno sin el otro" dice Bellatin) ostentando un cuerpo que se opaca en el espacio abierto por la interacción entre texto e imagen.

Por otra parte, tanto Schmitter (2016, 2017) como De los Ríos, observan que muchas fotografías utilizadas en diferentes narraciones del escritor "migran" a otras. Del mismo modo que Bellatin recorta, traslada, repite de un texto a otro: personajes, frases, historias, motivos; las fotografías se desplazan y son re-utilizadas a veces con otro pie de foto, otro encuadre u otro epígrafe. Es el caso, por ejemplo, de la figura 4 ("Habitación de la madre de João").[15]

Schmitter (2017) explica que la reutilización de la foto implica su independización respecto al referente y al mismo tiempo, se presta al juego, al simulacro. Es interesante destacar el gesto del escritor frente a sus materiales de trabajo: del mismo modo que manipula la escritura, la recorta, la despoja, la repite, la varía, etcétera también lo hace con la fotografía sin que por ello ninguna de las dos prácticas se privilegie por sobre la otra. Es cierto que hay en el texto de *Los fantasmas del masajista* varios homenajes (a Chico Buarque, por ejemplo) pero también a modos de hacer, modos de trabajo ya utilizados por las prácticas vanguardistas que también buscaban la horizontalidad de lenguajes. Sobre esta filiación con las vanguardias en dos momentos De los Ríos anota: "Su inclusión en un texto escrito se vincula con la idea de manipulación y montaje como procedimientos herederos de prácticas artísticas vanguardistas"; y también respecto del personaje de la declamadora y la canción de Buarque: "creando una especie de montaje oral, de carácter vanguardista".[16] Ahora bien, es evidente que la propuesta del texto de Bellatin no se queda en estas instrumentalizaciones de técnicas vanguardistas o en el homenaje sino que explora a través de la relación entre literatura y arte (si pensamos a la fotografía como tal) en un tipo de ficción en la que la pregunta por lo real se desplace a una pregunta por lo real de la ficción. En el sentido en que esa galería final que el lector-espectador recorre, entra en diálogo con la versión en prosa previa exigiendo al lector que se pregunte por su propio proceso de interpretación en esa primera lectura. Cuando Didi-Huberman a través de las figuras del hombre de la creencia y el de la tautología estudia el arte conceptual y el minimalismo, se detiene, a partir de esos objetos "simples" y "geométricos" de artistas como Donald Judd o Michael Fried en la experiencia del dar a ver y esgrime: "Ver es siempre una operación del sujeto, por lo tanto, una operación hendida, agitada, abierta".[17] Por ello, Bellatin en *Los fantasmas del masajista* "da a ver" no porque dispone de una galería de fotografías sino porque la imagen y la palabra ya están presentes al comienzo de la narración a partir de esos cuerpos diáfanos que el lector puede imaginar en el narrador carente de un brazo y el masajista delgado por la angustia. Cuerpos diáfanos que a través del relato oral (del narrador) diseñan otros cuerpos que a medida que avanza la narración se van opacando hasta convertirse en imágenes fantasmales.

Ahora bien, al comienzo de la historia en prosa, la narración diseña de manera bastante directa, sin metáforas (como es propio en Bellatin), una suerte de estampa fija en la que la presencia del masajista atravesando un momento de notable delgadez y la del narrador cuya espalda se contractura por la falta de su antebrazo derecho, exhiben cuerpos anómalos, pero también diáfanos. Estos cuerpos dejan ver la angustia del masajista por la pérdida (de su madre) y la carencia de origen del narrador (la falta de su antebrazo). Sobre esa imagen de unos cuerpos diáfanos en el sentido de que dejan "pasar la luz" y sus percepciones auditivas y táctiles transcurre el relato que de a poco muestra nuevos cuerpos (la mujer de la pierna amputada y la madre declamadora) que ya no serán diáfanos sino traslúcidos tal como se explicitó. En efecto, la estética que Schmitter lee en las imágenes fotográficas se anticipan en la prosa o, quizás, se re-significa, en tanto y en cuanto la historia de la declamadora mantiene un presencia ambivalente en el texto. Su historia siempre está referida, de sus actuaciones poco se dice, aunque sabemos que había llegado a ser muy reconocida en el ambiente y que su técnica era novedosa. Al mismo tiempo, en ese discurso referido se narra su muerte como si su ausencia se duplicara. El pasado-presente de la madre coagula en una imagen fantasma (como la pierna de la paciente de João) que reencarna en una lora condenada a la repetición. En este sentido, el cuerpo de la madre, de la lora, de la mujer carente de una pierna, y de aquellos personajes apenas referidos en las canciones populares: el albañil que cae de la construcción en el tema de Buarque o el joven malandro que tiene relaciones con su tatarabuela y luego la asesina, se tornan traslúcidos, a veces, opacos por esa presencia-ausencia de cuerpos que el texto va degradando como si la escritura también tuviera color. Referencias de esas historias breves, muchas veces mezclados con el sueño del propio masajista que vuelven aún más difusas estas presencias corporales.

Valeria De los Ríos establece una relación de analogía entre estas presencias-ausencias corporales y la fotografía y explica que todas estas alusiones se vinculan con la imagen fotográfica. Porque la prosa juega con huellas o testimonios de algo que ya no está y de este modo resalta lo espectral. Por ello, aparece el tema de la duplicación sonora a través de la contestadora automática que el masajista le regala a su madre y que simboliza la reproductibilidad. O bien, la profesión de la declamadora cuya actividad consiste en repetir oralmente un texto que ya fue escrito. Todas estas cuestiones, De los Ríos las vincula con la imagen fotográfica que reproduce un momento que ya no existe. Imágenes que al referir a un instante que ya no está recuerda a la perspectiva de Didi-Huberman y su relectura de Benjamin sobre las imágenes dialécticas, el filósofo esgrime:

todos se paran como frente a una puerta abierta a través de cuyo marco no se puede pasar, o no se puede entrar (...) Mirar sería tomar nota de que la imagen está estructurada como un delante-adentro: inaccesible y que pone distancia, por más próxima que esté-puesto que es la distancia de un contacto suspendido, de una imposible relación de carne a carne-.Esto quiere decir, justamente-y de una manera que no es sólo alegórica-,que la imagen está estructurada como un umbral. Un marco de puerta abierta, por ejemplo. Una trama singular de espacio abierto y cerrado al mismo tiempo. Una brecha en una pared, o un desgarramiento, pero obrado, construido, como si hiciera falta un arquitecto o un escultor para dar forma a nuestras heridas más íntimas. Para dar a la escisión de lo que nos mira en lo que vemos, una especie de geometría fundamental.[18]

Este análisis es desarrollado a propósito de los artistas Robert Morris o Tony Smith, entre otros, que a partir de sus imágenes de cubos, puertas, féretros o pórticos juegan con el fin. Para Didi-Huberman enterrar la imagen es seguir produciéndola y en el ejercicio de la mirada coincide el duelo y el deseo. Una *fantasmática* del tiempo, dice Didi-Huberman. De allí, que el lugar de la imagen importa al igual que el lugar que se abre en cada imagen que Bellatin selecciona para su texto (Figura 5: "Urna donde depositaron las cenizas de la madre muerta").[19] La imagen y el pie de foto invocan a la ausencia, al espectro que se abre a la vista del lector. La declamadora orbita como un fantasma tanto en el texto como en las imágenes que abren un umbral interminable en la mirada del lector.

Si como dicen Kozak y Stubrin la instalación y su variante de tecno-instalación a través de los recursos técnicos y las tecnologías problematizan su dimensión política, en *Los fantasmas del masajista* el dispositivo visual y enunciativo que Bellatin diseña para hacer experimentar al lector acerca del poder de la mirada, del lenguaje y de la conjunción de ambos alerta sobre la capacidad de la técnica (en este caso fotográfica) de producir imágenes no sólo dialécticas en el sentido de Didi-Huberman sino también ficcionales en las que el lector-espectador deba suspender la pregunta por lo real para adentrarse en lo real de una ficción que produce cuerpos angustiados, espectrales que se van oscureciendo en una atmósfera, un ambiente que al final nos envuelve en tanto experiencia real de lectura. Con "lo real de la ficción" me refiero al ejercicio que el texto impone al lector en su gesto interpretativo. La galería de imágenes supone volver a leer/mirar aquello que ya pasó por la vista del lector y que lo lleva a cuestionarse sobre nociones de trama, relevancias acerca de los temas, formas narrativas y representaciones mentales previamente esbozadas por el lector.

A propósito de esta cuestión, Mónica Bernabé al indagar sobre los límites de la literatura observa que en determinadas ficciones contemporáneas se presenta lo que denomina *el factor documental* y explica: "...insisto, no debe entenderse como una forma de documentar o referirse a lo real, sino como la puesta en funcionamiento de un dispositivo óptico, una suerte de materialismo que remite a una huella efectiva de lo real en el campo perceptivo".[20] De modos divergentes, Bellatin recurre al *factor documental* en el que combinan un dispositivo óptico pero también enunciativo figurando *instalaciones literarias* en la que lo conceptual y perceptual se asocian para crear dentro del soporte del libro un ambiente, un entorno y producir una reordenamiento de lo enunciable y lo visible para el lector-espectador.

Hay algo más que podemos advertir en estos procesos de producción, la suma de las ilustraciones y las fotografías tomadas por Bellatin ostentan un proceso de producción abierto ya sea porque estos escritores practican más de un tipo de disciplina artística como el caso de Bellatin y sus experiencias como director teatral, cineasta, fotógrafo. Federico Galende analiza algunas prácticas artísticas experimentales de los años setenta e identifica la diferencia entre el artista operativo benjaminiano y el artista trabajador. El crítico observa que mientras que el primero, a partir de las técnicas del montaje y del distanciamiento, intenta penetrar en la conciencia del espectador para hacer visible la verdad de la que los han privado; el segundo, exhibe los procesos del trabajo de la que los trabajadores que han sido despojados sin que medie intención alguna. Esta condición del artista trabajador que Galende lee en algunos artistas chilenos de los años setenta podría considerarse para pensar estos casos actuales. Las ficciones exhiben un proceso y el artista ostenta su condición en el trabajo.[21] Una condición que se evidencia creativa, conceptual como una política de la producción literaria: pensar, trabajar, hacer y producir revitalizando el oficio del escritor.

Algo de esto nos devuelve a la figura de Duchamp cuyos *ready-made* eran objetos manufacturados y extraídos del ámbito industrial, del mundo del trabajo para ubicarlos en otro contexto. En este sentido, es que tanto Oyarzún como Kozak y Stubrin vinculan a los *ready-mades* como precursores de la instalación. Las fotografías de Bellatin en *Los fantasmas del masajista* ya utilizadas o no, cuyos referentes contienen esa indiferencia característica del *ready-made* duchampiano se disponen y montan como parte del entorno necesario para el desarrollo de la ficción.[22] Entre la puesta en escena de cuerpos, actuaciones, subjetividades y también objetos, la ficción gravita bajo la estela del *ready-made* que como anticipé busca la manera de hacerlo operar en el terreno de la escritura.

Ready-made literario: segunda perspectiva crítica

El propio *ready-made* se transpone en la escritura y permite no sólo "poner en escena" sino además otorgarles densidad conceptual a las narrativas. Se trata de una alusión o presencia que siempre está latente en pequeños detalles que se diseñan (un personaje, un objeto, un motivo, una estructura o secuencia textual, una escena enunciativa) y que inadvertida, está ahí para recordarnos que la literatura puede funcionar como "un puente de plata entre lo hecho y no hecho" en palabras de César Aira.[23]

La figura del *ready-made* en su traspaso a la escritura opera de modo oblicuo en los textos literarios porque a lo largo de la historia del arte el propio concepto de Duchamp sobre todo, a partir de los años cincuenta cuando éste volvió a ver la luz en el campo artístico de la mano del arte Norteamericano, ha sido re-interpretado y caracterizado de diversos modos. Esta impronta es uno de los rasgos que ha hecho perdurar al *ready-made* y sus sucesivas re-elaboraciones. Así, Buchloh al explorar la historia del arte conceptual propone pensar diferentes fases de recepción sobre la obra de Duchamp. Argumenta que, en las dos primeras, a partir de los norteamericanos Johns y Rauschenberg a comienzos de los años cincuenta, y de Warhol y Morris a principios de los sesenta, las reelaboraciones se fueron ampliando hasta el punto que luego de 1968, año tomado en cuenta como una tercera fase de recepción, la comprensión de este modelo por parte de los artistas conceptuales privilegia la declaración de intenciones por sobre la contextualización. Esto significa que persiste la afirmación de "esto es una obra de arte" por sobre los rasgos de objeto de uso y consumo como producto de la producción industrial o su carácter serial o dependencia a un contexto que les da sentido. Asunto que por fuera de la etapa del conceptualismo fue repasado, recuperado e incluso re-interpretado como veremos más adelante a partir de las revisiones de Bourriaud. En línea con Buchloh, Foster en su desarrollo sobre los retornos de la vanguardia a partir de las neo-vanguardias también propone diferentes instancias de recepción en las que diversas generaciones de artistas desarrollan re-elaboraciones del paradigma del *ready-made* para hacerlo transgresivo en su contexto. Entonces, Foster explica que en el arte conceptual a partir del *ready-made* se explora el aspecto enunciativo de la obra; en el minimalismo o el arte pop, en cambio, se concibe al *ready-made* como un artefacto que tematiza la serialidad de las imágenes u objetos del capitalismo avanzado o también; que en el arte específico de los años setenta se concibe a esta categoría artística como una "presencia física", entre otras posibilidades que destaca el crítico.

Estas revelaciones de la crítica del arte demuestran el derrotero que tuvo y sigue teniendo el *ready-made* duchampiano producido a principios del siglo XX y recuperado con mayor énfasis hacia mediados del periodo hasta la actualidad. Por su parte, Boris Groys plantea que desde Duchamp y su uso del *ready-made*, el mayor cambio radica en la posibilidad que tiene el artista de producir obras de un modo alienado e industrial al tiempo que esas obras conservan dicha apariencia. Ejemplos de ello son Andy Warhol y Donald Judd (desde estéticas diversas) en donde se puede apreciar que la conexión entre el cuerpo del artista y el cuerpo de la obra se interrumpió justamente por estas condiciones de producción. En la actualidad, para Groys también persiste esta condición sumada a otras como la de los medios contemporáneos (redes sociales, Internet) que posibilitan al público global compartir y producir fotos, videos que no se diferencian de las obras que el filósofo denomina post-conceptuales. Para muchos artistas y críticos este fenómeno del borramiento del trabajo en la práctica artística ha sido visto como una liberación del trabajo mismo. El artista se torna un portador de ideas más que un sujeto de trabajo duro ya sea alineado o no. De esta manera, la estrategia del *ready-made* duchampiano parece minar los derechos de propiedad intelectual logrando que el arte y la cultura tengan un uso irrestricto del público. Sin embargo, para el filósofo alemán, indagando sobre los modos de funcionamiento del arte (traslado de obras, construcción de espacios para el museo, galerías o instalaciones), del mercado y del universo de internet considera que el "arte post-Duchamp" se revela como un trabajo alienado y abstracto por sobre el creativo. En definitiva, lo que produce valor artístico es un trabajo inadvertido en la construcción y creación de espacios destinados al arte.

En consonancia con lo referido, Bourriaud se propone leer a Duchamp desde la ideología de su tiempo para cuestionar la noción de "apropiación" con la que se leyó al *ready-made*. La aparición de este objeto de arte novedoso implicó un "gesto-límite" y aumentó el propio léxico del arte. Para argumentar en contra de la idea de apropiación, el crítico parte de la categoría de indiferencia a la que remite Duchamp en varios de sus escritos para destacar el punto de partida para la confección de un *ready-made* en contraposición aquel término que el propio Duchamp nunca utilizó. Esta noción de indiferencia significa que el artista elige un objeto que le es indiferente, es decir, que carece de la belleza estética y retiniana de la pintura y la escultura, y en esa elección se evidencia, para Bourriad, el acto contrario a la ambición en la que se funda la propiedad. Justamente porque el *ready-made* implica ofrecer una nueva idea sobre un objeto, es decir, sustraerlo de su territorio y de allí que la noción de apropiación no tiene vigencia.

Tanto las perspectivas de Groys como la de Bourriad resultan operativas para deliberar sobre los modos del *ready-made* en Bellatin. Así, la óptica contemporánea de Groys desde una lente marxista es iluminadora para pensar qué ocurre entre el cuerpo del escritor puesto en la ficción (narradores que escriben, escritores que publican) y la escritura que producen. Por ello, indagar sobre la condición del cuerpo, de las subjetividades, de la imagen de escritor en el texto nos conduce hacia dos lugares posibles. Por un lado, el *ready-made* como figura del arte establece una conexión con el cuerpo del artista, del escritor o escritora y/o narrador/a; y por otro, existe un vínculo con un cuerpo textual que responde a la propia materialidad de la escritura. En este sentido y para encuadrar este concepto duchampiano, el *ready-made* en los textos literarios asume sus propios modos y características que resultan productivas para la intervención crítica y analítica de un rasgo (formas de transposición del *ready-made*) que ciertas literaturas contemporáneas empiezan a demandar.

Uno de los modos en el *ready-made* se hace visible en algunos textos de Bellatin tiene que ver con aquello que Aira propone en *Las tres fechas*:

> La experiencia se escribe a sí misma en tanto se organiza psíquicamente en el que la vive. Una utopía recurrente en los escritores es escribir y vivir a la vez de modo de ganar tiempo. En los hechos, casi siempre algo se escribe mientras sucede la experiencia: diarios, cartas, notas. Ackerley había llevado un diario en su viaje a la India, que le sirvió de base (...) para escribir Hindoo Holiday. Foster fue más lejos, porque compuso The hill of Devi sin escribir nada, salvo unas páginas de introducción y transición: se limitó a recopilar las cartas que había enviado. De modo que es un libro ready-made: ya estaba escrito desde el momento en que sucedieron los hechos,

lo que actúa retrospectivamente sobre éstos e identifica la escritura con la experiencia: lo que sucedió no fue otra cosa que la escritura de un libro.[24]

El "libro *ready-made*" no es entonces la suma de aquellas ficciones que adquieren la forma de un diario, de una autobiografía o de una carta sino el modo en que éste actúa de modo retrospectivo sobre los hechos. Por eso este cruce que Aira diseña guarda cierto enigma en tanto y en cuanto, desde esta perspectiva, toda la literatura conserva esa posibilidad (como potencia) de ser parte de hechos ocurridos en los que la escritura actúa sobre ellos.

Desde este punto de partida la figura de un libro emerge a veces duplicado en el propio libro que lee el lector; otras, la imagen de un libro oculto, subsidiario al relato que se esboza a partir de retazos, alusiones o referencias como sinécdoque de un libro por venir o ya hecho y por último, un libro que emerge de la vida del artista y habita el relato ¿Por qué figurar una imagen de libro que se está haciendo? En la era del blog, del texto digital, de la cibercultura y del canon digital (Mendoza 2011) ¿Por qué volver a una imagen como la del libro impreso? O tal vez, la pregunta pueda transformarse en otra ¿De qué tipo de libro se trata? Estas son las preguntas que guiarán el siguiente análisis.

El relato como libro o el libro como relato: *El Gran Vidrio* y las vidas escritas

Para César Aira aquellos casos como el de Ackerley quien escribe a partir de su diario de viaje o el de Foster quien se limita a recopilar sus cartas y editarlas en forma de libro son *libros ready-made* porque ya estaban escritos desde el momento en que se sucedieron los hechos y actúan retrospectivamente sobre éstos. Esta lectura resulta sugerente para analizar un modo de funcionamiento de esta reformulación aireana del *ready-made*. La vida del artista o escritor se vuelve libro desde el momento en que su vivencia se narra como un acontecimiento. O en verdad el libro ya tenía existencia a partir de las propias experiencias del artista o escritor. Aclaremos: experiencias ficcionalizadas en personajes que mucho o poco tendrán que ver con las experiencias reales de los escritores. Más allá del grado de autofiguración que las novelas del corpus presenten cabe destacar que el *libro ready-made* funciona como una figura que parte de lo hecho (un episodio de la vida del narrador, por ejemplo) hacia lo no hecho (constituir la experiencia en un libro impreso, un sueño sufí) y se despliega fuertemente en algunos textos del escritor mexicano.

Mario Bellatin en *El gran vidrio,* particularmente en las autobiografías "La verdadera enfermedad de la Sheika" y "Un personaje en apariencia moderno", aborda una idea de libro cuya línea entre literatura y vida se amalgaman para producir un relato que nunca es el libro que el lector lee, pero siempre se parece y cuyas alusiones conducen a una obra abstracta, abierta y en proceso. El narrador y escritor aparece miniaturizado en la ficción como el escritor mario bellatin. En "La verdadera enfermedad de la Sheika" emerge la imagen de un escritor que sueña, entra en trance y encuentra allí su fuente de escritura y en "Un personaje en apariencia moderno" la literatura y la vida producen un efecto de choque, de confrontación al combinar escenas de la vida de Bellatin y su hacer como escritor con las múltiples personalidades de las autobiografías: niño, escritor, religioso, mitómana, marioneta, el escritor mario bellatin. De esta manera, mientras que en "La enfermedad de la sheika" se hace referencia a dos libros distintos uno que pareciera ser la historia que el lector está leyendo y el otro, el sueño que le vendió a la revista playboy, lo que conforma el centro del relato en realidad es un corpus de textos, de historias sobre el sueño, el recuerdo y el trance del narrador vinculados a sus prácticas religiosas en las que vivir y escribir son coincidentes con la imagen del autor Mario Bellatin y por lo tanto el *libro ready-made* ya está sugerido en el texto. Cabe recordar que esta autobiografía comienza con la visita del narrador a la casa de un supuesto matrimonio que él dice haber retratado en su último libro, que la mujer y el marido lo insultan por haber vendido el sueño a la revista (titulado "La enfermedad de la sheika"), y que en ese marco, el narrador recuerda la historia de la líder espiritual, un sueño y una serie de accidentes que multiplican los relatos circulares. De allí que la autobiografía remita a un corpus de historias, relatos y textos que se diseña al interior de la autobiografía; nominalizo algunos para ilustrar este corpus textual que trazan el propio cuerpo de la escritura:

1. Relato sobre la visita del narrador a un matrimonio que retrata en su último libro y que tiene un perro carente de pelaje llamado Lato.
2. Relato sobre el padre del amigo del narrador a quien ese perro le perteneció anteriormente.
3. Alusión a un sueño del narrador vendido como relato a la revista Playboy.
4. Relato del sueño místico sobre la enfermedad de la sheika.
5. Recuerdo de otro derviche de la comunidad sufí, Cherifa quien fue atropellada por un vehículo cuando salió a comprar el té.

6. Dentro de este recuerdo, evocación del narrador acerca de un sueño con Cherifa viajando en un autobús con la mujer del comienzo de la autobiografía y el perro carente de pelaje, Lato.
7. Relato de un sueño de muerte sucedido de un trance en el que el narrador lleva al hombre del matrimonio en una ambulancia. Esto desencadena:
8. La noticia de la muerte del amigo, Nuh, afectado por el sida en cuyo velorio los derviches giradores realizan su liturgia.
9. Recuerdo de la muerte del amigo caído desde el coro de una iglesia.

Estos son algunos de los relatos que se van imbricando en la autobiografía; entre recuerdos, trances y sueños, pero también rituales, profecías y literatura (los libros que escribe el narrador) ocurren estas historias en diversos planos cuyo pasajes o transiciones no son del todo claras. Entre el sueño y la vigila, entre la experiencia y el recuerdo, el narrador que carece de un brazo (cuya prótesis fue arrojada al Ganges) escribe su vida concomitante y análoga a la imagen del autor "Mario Bellatin" (que carece de un brazo, que se convirtió al Islam, que es escritor) en la que conjuga lo ya hecho con el futuro por venir: "La escritura como profecía, ha dicho la sheika en más de una ocasión. No en vano en la religión islámica el milagro es un libro y nosotros somos sólo una letra de ese libro".[25] En este sentido, se trata de un corpus textual concentrado en la imagen de un libro, un *libro ready-made* capaz de unir sueños y profecías realizadas en el instante mismo que el narrador/autor las evocó o imaginó en sus sueños, experiencias y recuerdos.

La tercera autobiografía "Un personaje en apariencia moderno" complejiza estos niveles para confrontar eso que se reconoce como "la vida del escritor Mario Bellatin"[26] y el juego de la ficción en la que sus otras personalidades se despliegan: la marioneta, la mitómana, el escritor, todos ellos narradores de esta autobiografía. Alan Pauls (2014) denomina a estas escenas "vidas ready-made" para referirse a los textos del escritor del que parece provenir el material del que están hechos y el soporte en el que se inscriben. También los llama *biografemas*, o "bloquecitos de vida ya encuadrados" que funcionan como artificio en el texto y que son legibles y articulados estéticamente. El crítico y escritor realiza una operación de lectura que resulta significativa: equipara "vida y literatura" al poner esos retazos de vivencias de Bellatin al mismo nivel que cualquier idea de obra o ficción. En efecto, uno podría advertir que esos "bloquecitos de vida" son parte del texto literario como un material más de trabajo. Para Pauls se trata de una literatura expandida que, alimentada por el giro conceptual y performático, pierde especificidad e imponen reglas o axiomas más allá de las historias que quieran contar:

> La regla lo atraviesa todo: en el caso de Aira, por ejemplo: atraviesa la existencia (escribir una página por día), la práctica (no corrige nunca, huir hacia adelante ante el primer nudo de inverosimilitud, incorporar hechos del presente inmediato cuando el relato no avanza), la relación con el mundo (publicar siempre en editoriales distintas). ¿Qué es lo que le importa a Bellatin de la literatura? (...) definir "las reglas del juego" de un sistema del que las obras, en caso de que las haya, serán apenas manifestaciones accidentales. De ahí que a menudo sus libros (...) no se presenten como obras, es decir: como productos acabados, sino como documentos de un work in progress fragmentario, cuyos materiales, etapas e instrumentos aparecen puestos al desnudo....[27]

Y en este sentido, Bellatin realiza un movimiento semejante al de las prácticas religiosas en *El gran vidrio*: le concede estatuto literario a esos fragmentos de vida propia. Pero de vida propia atravesada por el artificio de la ficción. Lo que Julio Premat a partir del análisis de la tapa y contratapa del libro denomina "la autobiografía como prótesis",[28] la literatura como objeto artificial a partir de un hermetismo ("a este libro no se lo entiende").[29] Es decir, un libro escrito que requiere de una "fachada" que es la tapa con la imagen de un edificio destruido y que pretende explicar "las fiestas de cristal" tal como la contratapa quiere especificar. Una fachada, siguiendo a Premat, para volver al libro inteligible.[30]

Esta tercera autobiografía articula una sospechosa unidad al hacer converger diferentes momentos de las experiencias de Bellatin y diseña un *libro ready-made* en el que vida y literatura se vuelven indiscernibles para constituir puro artificio y material literario. En el caso de la autobiografía "Mi piel luminosa" aparece publicada en el sello de *Los cien mil libros de Mario Bellatin* bajo el título *La novia desnudada por sus solteros...así*. También en *La escuela del dolor humano de Sechuán* se presentan fragmentos de la misma historia. Algunas otras variantes aparecen en revistas o en pequeños fragmentos en otras publicaciones del escritor.[31] Otro caso se da con el texto *Giradores en torno a mi tumba* que podría referir a los derviches de la historia de "La verdadera enfermedad de la sheika" aunque en verdad el texto remite a diversas historias ficcionales y no ficcionales de escritor. Bellatin establece nuevos modos de hacer y producir sus obras. En esta dirección y retomando a Bourriaud, el crítico establece que, con *Rueda de bicicleta*, Duchamp trasladó a la esfera del arte el proceso capitalista de producción abandonando los materiales convencionales que representaban el trabajo pre-industrial para producir arte. Entonces, el artista -sostiene Bourriaud- ya no trabaja más con la materia clásica del arte y se convierte en un consumidor de la producción colectiva. Esto suscita una pregunta obligada en el caso de los textos literarios: ¿Qué ocurre con la escritura que sigue siendo materia de la literatura, aunque haya una propuesta en la que los materiales circulan de un terreno a otro? Bellatin se convierte en su propio consumidor puesto que interviene, edita, copia y pega fragmentos de su escritura que forma parte de un proceso creativo que está siempre en obra, haciéndose. Él mismo a partir de las posibilidades de la escritura digital recorta sus textos y también otros materiales -como hemos visto con la fotografía- para re-utilizarlo en futuros proyectos y así formar nuevos *libros ready-made*.

Retomando la lectura que realiza Boris Groys acerca del arte post-Duchamp en el contexto contemporáneo, el filósofo se pregunta qué pasa con el cuerpo del artista cuando el trabajo resulta alienado. De esta manera, Groys sentencia que el cuerpo del artista se vuelve *ready-made*: "Uno puede decir que es precisamente este cuerpo del trabajador modernizado el que es usado por el arte como *ready-made*".[32] Es interesante este punto de vista que Groys propone en la que el mundo del arte no está exento de los cambios del mundo capitalista y global y cómo éstos alcanzan al artista. El filósofo toma como ejemplo el caso que ofrece la performance de Marina Abramóvic "The Artistic is present" realizada en el MoMA de Nueva York en el año 2010. Allí, la artista se sentaba a lo largo de todo el horario de apertura del museo expuesta a la mirada del espectador que podía sentarse frente a ella a observarla. Groys lee esta acción como una tematización de la disciplina y esfuerzo que se requiere para permanecer toda la jornada laboral en el museo al tiempo que su cuerpo se sometió a las mismas condiciones que las obras del MoMA.

Pero ¿qué pasa en el terreno de la literatura con el cuerpo del escritor, con su obra y su condición de trabajador? Bellatin tiende a mostrar sus producciones como procesos abiertos (en el sentido que siempre están reescribiendo, republicando, modificando sus textos), colaborativos (muchos trabajan con otros artistas o escritores) y versátiles (algunos de estos escritores se animan a experimentar con otros soportes o prácticas de arte). Esto servía como afirmación del propio trabajo de escritor, una política de la producción literaria.

Ahora bien, en diálogo con Groys si el cuerpo del artista se vuelve *ready-made*, en el caso del escritor, éste también lo hace, pero en diferentes niveles y procedimientos: utiliza su vida como material y fuente de escritura. Es un escritor que re-compone aquel vínculo entre obra (en este caso ficciones escritas) y el cuerpo del artista porque la escritura media entre ambos. Esto marca una distancia entre la literatura y las prácticas artísticas puesto que, como expresa Aira, la literatura es obra y discurso al mismo tiempo. Es en este sentido, que las diversas figuraciones del *libro ready-made* que se despliegan en el texto tanto en el cuerpo del narrador/escritor como el de la escritura que desarrolla y la convierte en "libro" constituyen la forma misma del relato. Se lee un libro que a su vez corresponde a otro figurado en el que se cuentan episodios de la vida de ese escritor (muchas veces concomitantes a las imágenes reales del escritor, otras, no tanto) al tiempo que esas historias son el núcleo del relato que el lector tiene entre sus manos. Una escritura material, un libro impreso que aboga por establecer continuidades (a partir de las autofiguraciones, las transposiciones) con los cuerpos reales de los escritores que se figuran e inscriben en un *libro ready-made*.

Volviendo a Groys, el crítico establece que cuando el artista exhibe su propio cuerpo en el museo el que en verdad resulta expuesto es su "cuerpo-para-trabajo". Esto y su representación es lo que lo vuelve interesante para el arte, esgrime Groys. En el caso de las ficciones en cuestión ¿Cómo leer esta figuración del cuerpo transformado en obra de arte? Este texto rodea los cuerpos para el trabajo a través de personajes que se convierten en arte al tiempo que se literaturizan, es decir, narran su vida, sus experiencias, exhiben su propia subjetividad en la que el único verosímil que importa es el del artista o escritor que une su experiencia de vida y subjetividad con el arte, con la literatura y con aquellos elementos desordenados de la cultura que constituyen parte del soporte que les da forma de libro a cada autobiografía.

Finalmente, cabe destacar que si Duchamp adjuntó una serie de escritos para su obra *El gran vidrio* es porque una porción del valor conceptual residía en el discurso sobre la obra. Es por ello que la literatura de modo inverso puede incorporar el valor visual y no-retiniano del *ready-made* para figurar las posibilidades reflexivas y conceptuales de una literatura que también es arte.

Notas

1. *Cf.* Marina Rios, "Literatura y arte: del ready-made a la puesta en escena" en *Intersecciones. Literatura latinoamericana y otras artes* (Buenos Aires: NJ Editor, 2017).
2. *Cf.* Pablo Oyarzún. "Anestética del ready-made". En *Anéstetica del ready-made*. Santiago: Universidad Arcis, 2000.
3. Claudia Kozak y L. Strubín, "Instalación", en *Tecnopoéticas argentinas, archivo blando de arte y tecnología* (Buenos Aires: Caja negra editora, 2015), 152-153.
4. Claudia Kozak y L. Strubín, "Instalación", 153.
5. Florencia Garramuño, *Mundos comunes* (México: Fondo de Cultura Económica, 2015), 195.
6. Valeria De los Ríos, "Analogías: Fotografía y literatura en Mario Bellatin", *Trans* 19 (2015), https://journals.openedition.org/trans/1089.
7. Para un recorrido por los abordajes teóricos a partir de los sesenta, véase *Visualidad y dispositivo(s). Visualidad y dispositivo(s). Arte y Técnica desde una perspectiva cultural*. Eds. Alejandra Torres y Magdalena Pérez Balbi, (Buenos Aires: Universidad Nacional de General Sarmiento, 2016).
8. Mario Bellatin, *Los fantasmas del masajista*, 73.
9. Bellatin, *Los fantasmas del masajista*, 77.
10. Bellatin, *Los fantasmas del masajista*, 82.
11. Gianna Schmitter, "Construir sentidos en el umbral: el formato texto-foto-amalgama de Mario Bellatin", en *Pasavento, Revista de Estudios Hispánicos* vol. 5, n.º 1 (2017), 23.
12. Mario Bellatin, *Los fantasmas...*, 73.
13. Bellatin, *Los fantasmas...*, 74.
14. Bellatin, *Los fantasmas...*, 92.
15. Bellatin, *Los fantasmas...*, 88.
16. Valerio De los Rios, "Analogías: fotografía y literatura en Mario Bellatin." En *Trans* 19 (2015), 7, https://journals.openedition.org/trans/1089.
17. Georges Didi-Huberman, *Lo que vemos, lo que nos mira* (Buenos Aires: Manantial, 2014), 47.
18. Didi-Huberman, *Lo que vemos, lo que nos mira*, 169.
19. Bellatin, *Los fantasmas...*, 87.
20. Mónica Bernabé, "La cuestión del espacio/en el límite de la literatura", *Cuadernos de literatura* Vol. XIX n.º 37, (2015), 336.
21. No es casual que muchos artistas y escritores contemporáneos trabajen en sus obras a partir de desechos, residuos que el sistema capitalista expulsa como forma de reflexión o crítica sobre el actual mundo del trabajo. Para una aproximación sobre este

eje, *Cf.* Isabel Quintana "Arte y trabajo: vidas precarias", *Estudios de Teoría Literaria: Revista digital: artes, letras y humanidades*, Año 5, n.º 9 (2016): 163-172.

22. En la estructura misma del ready-made se halla la indiferencia con la que luego el espectador se identificará. En este caso, Bellatin elige fotografías de sujetos, personas, lugares que nada tienen que ver con lo que el pie de foto pretende indicar: ¿Por qué ese sujeto y no otro para estar en lugar de Waldick Soriano? ¿Por qué esa espalda de un desconocido para referirse a la espalda del sueño del masajista?

23. *Cf.* César Aira, *Sobre el arte contemporáneo seguido de En La Habana* (Buenos Aires: Literatura Random House, 2016).

24. César Aira, *Las tres fechas* (Rosario: Beatriz Viterbo, 2001), 48.

25. Mario Bellatin, *El gran vidrio*, 98.

26. Me refiero a las alusiones explícitas sobre la vida de Bellatin como, por ejemplo, nombrar los títulos de sus novelas o aludir a historias de su vida que circulan en numerosas entrevistas como el hecho que en su infancia escribió un libro sobre perros, entre otras referencias.

27. Alan Pauls, "El arte de vivir en arte", en *Temas lentos* (Santiago: Universidad Diego Portales,

2014), 181.

28. Julio Premat, "Abecedario Mario Mario Bellatin", en *Mil Hojas: Formas Contemporáneas de la Literatura*. (Santiago de Chile: Hueders, 2015), 391.

29. Julio Premat, "Abecedario Mario Mario Bellatin", 389.

30. *Cf.* Julio Premat, "Fachada, Abecedario, *El gran vidrio* de Mario Bellatin".

31. Para mayores precisiones sobre las versions, *Cf.* Goldchluk (2011) "Lecciones de realismo para una liebre muerta (sobre la obra de Mario Bellatin)". *Simposio Internacional Imágenes y realismos en América Latina*, Leiden, 29 de setiembre al 1 de octubre de 2011.

32. Boris Groys, *Volverse Público* (Buenos Aires: Caja Negra Editora, 2014), 127.

Bibliografía

Aira, César. *Las tres fechas*. Rosario: Beatriz Viterbo, 2001.

Aira, César. *Sobre el arte contemporáneo seguido de En La Habana*. Buenos Aires: Literatura Random House, 2016.

Bellatin, Mario. *Lecciones para una liebre muerte*. En *Obra reunida*. Buenos Aires: Alfaguara, 2005.

———. *El gran vidrio*. Buenos Aires: Anagrama, 2007.

———. *Los fantasmas del masajista*. Buenos Aires: Eterna Cadencia, 2009.

———. *El libro uruguayo de los muertos*. En *Obra reunida 2*. Buenos Aires: Alfaguara, 2014.

———. *Perro héroes*. Buenos Aires: Interzona, 2014.
Bernabé, Mónica. "La cuestión del espacio / en el límite de la literatura". En *Cuadernos de literatura* Vol. XIX n.º 37, (2015): 328-340.
———. *Por otro lado. Ensayos en el límite de la literatura*. México: Fondo Editorial Estado de México, 2017.
Bourriad, Nicolás. *Radicante*. Buenos Aires: Adriana Hidalgo, 2009.
Buchloh, Benjamin. "El arte conceptual de 1962 a 1969: de la estética de la administración a la crítica de la instituciones". *Formalismo e Historicidad*. Scribd. http://es.scribd.com/doc/138476941/Buchloh-Benjamin-El-Arte-Conceptual-de-1962-a-1969.
Cherri, Leonel (2015). "La imagen de autor en Mario Bellatin y el 'pequeño dispositivo pedagógico'". *IV Congreso Internacional Cuestiones Críticas*, 30 de septiembre, 1 y 2 de octubre.
Cote Botero, Andrea. *El giro hacia el procedimiento y la literatura como proyecto*. Tesis doctoral. University of Pennsylvania(2014).https://repository.upenn.edu/cgi/viewcontent.cgi?article=3056&context=edissertations.
De los Rios, Valeria. "Analogías: fotografía y literatura en Mario Bellatin." En *Trans* 19 (2015). https://journals.openedition.org/trans/1089.
Didi-Huberman, Georges. *Lo que vemos, lo que nos mira*. Buenos Aires: Manantial, 2014.
Donoso Macaya, María de los Ángeles (2007). " 'Yo soy Mario Bellatin y soy de ficción' " o el paradójico borde de lo autobiográfico en *El gran vidrio*". *Chasqui* Vol. 40, n.º 1, 96-110.
Galende, Federico. *Vanguardistas, críticos y experimentales. Vida y artes visuales en Chile, 1960-1990*. Chile: Ediciones metales pesados, 2014.
Garramuño, Florencia. *Mundos comunes*. México: Fondo de Cultura Económica, 2015.
Goldchluk, Graciela. "Lecciones de realismo para una liebre muerta (sobre la obra de Mario Bellatin)". *Simposio Internacional Imágenes y realismos en América Latina*, Leiden, 29 de septiembre al 1 de octubre de 2011.
Groys, Boris. *Volverse Público*. Buenos Aires: Caja Negra Editora, 2014.
Huyssen, Andreas. *Después de la gran división*. Buenos Aires: Adriana Hidalgo, 2006.
Kozak, Claudia y Strubín L. "Instalación". En *Tecnopoéticas argentinas, archivo blando de arte y tecnología*. Buenos Aires: Caja negra editora, 2015.
Mendoza, Juan. *El canon digital*. Buenos Aires: La crujía, 2011.
Oliver, Florence. "De algunos usos de la fotografía en la literatura hispanoamericana contemporánea". *Cuadernos de literatura* Vol. XX n.º 40 (2016): 430-448.
Oyarzún, Pablo. "Anestética del ready-made". En *Anéstetica del ready-made*. Santiago de Chile: Universidad Arcis, 2000.

Pauls, Alan. "El arte de vivir en arte". En *Temas lentos*. Santiago: Universidad Diego Portales, 2014.

Premat, Julio. "Abecedario Mario Mario Bellatin". En *Mil Hojas: Formas Contemporáneas de la Literatura*. Ed. Carlos Walker. 345-424. Santiago de Chile: Hueders, 2015.

Piderit Guzmán, María Fernanda. "Humanario: los recorridos del texto y la imagen fotográfica". En *Visualidad y dispositivo(s). Arte y Técnica desde una perspectiva cultural*. Eds. Alejandra Torres y Magdalena Pérez Balbi. 59-69. Buenos Aires: Universidad Nacional de General Sarmiento, 2016.

Quintana, Isabel. "Arte y trabajo: vidas precarias". *Estudios de Teoría Literaria: Revista digital. Artes, letras y humanidades* Año 5, n.º 9 (2016): 163-172.

Rios, Marina. "Literatura y arte: del *ready-made* a la puesta en escena". En *Intersecciones. Literatura latinoamericana y otras artes*. Comp. Mario Cámara y Adriana Kogan coordinadores. 83-98. Buenos Aires: NJ Editor, 2017.

———. "La escritura dinámica de Mario Bellatin: del texto al teatro y del teatro al texto". *La Palabra* 32 (2018): 99-116. https://doi.org/10.19053/01218530.n32.2018.8168.

Schmitter, Gianna. "El formato texto-foto amalgama de Mario Bellatin, o la puesta en escena de umbrales". En *La imagen traslúcida en los Mundos Hispánicos*. 227-249. Dijon: Orbis Tertius, 2016.

———. "Construir sentidos en el umbral: el formato texto-foto-amalgama de Mario Bellatin." En *Pasavento, Revista de Estudios Hispánicos* vol. 5, nº 1 (2017): 16-36.

Torres, Alejandra y Pérez Balbi, Magdalena, Eds. *Visualidad y dispositivo(s). Arte y Técnica desde una perspectiva cultural*. Buenos Aires: Universidad Nacional de General Sarmiento, 2016.

Mario Bellatin y sus comedias del arte Repetición y variabilidad

MARIO CÁMARA

El texto no es una ensoñación, sino una fantasmagoría. El texto no es un registro de nada más que un gesto.
Daniel Link

A ESTA ALTURA RESULTA difícil encarar algún tipo de lectura abarcativa sobre la literatura de Mario Bellatin. La profusión de ediciones a través de editoriales de diferentes países, que hace que un lector argentino, por ejemplo, no consiga muchos de los títulos editados en México o Uruguay, pero también, y esto es todavía más importante, las automenciones, cuasirrepeticiones y/o reescrituras de sus propios libros que enloquecen la idea de original, las transposiciones de formato, de narración a historieta, de novela a filme, las novelas editadas con y sin fotografías o, en sucesivas ediciones, con diferentes grupos de fotografías, y algunas acciones de arte en aparente o explícita relación con sus textos escritos,[1] todo ello dificulta, en principio, una aproximación crítica tradicional pues ¿cómo deberíamos leer la novela *Perros héroes* por ejemplo?, ¿con fotografías o sin fotografías?, y si es con fotografías, con cuáles, porque las que posee la edición original no son las mismas que las que aparecen en la compilación de Alfaguara. ¿Qué tipo de relación establecer entre *Jacobo el mutante* y *Jacobo reloaded* o entre las diferentes puntuaciones que aparecen en dos ediciones de *Bola Negra*? ¿Qué tipo de "trampas" nos tiende Bellatin a través de estas transformaciones y con qué fin? Podríamos afirmar que este movimiento incesante ha perseguido el objetivo de construir una *literatura mutante,* que vuelve obsoleta, o al menos de muy difícil concreción, cualquier cartografía que procure un cierre o delimitación clara y definida. Caracterizar su literatura como *mutante* dispara, al menos, una nueva interrogante, que trataré de responder en las páginas siguientes: ¿cuál es el sentido de este proyecto en nuestra contemporaneidad?

Mi hipótesis inicial propone pensar la producción de Bellatin como una reflexión sobre el carácter inestable, permanentemente reformulable, provisional y, por lo tanto, proliferante de toda narración. En este sentido no interesarán tanto los tópicos desarrollados por nuestro autor a lo largo de sus novelas y relatos —la enfermedad, el dolor, la religión, por citar unos pocos—, sino los procedimientos puestos en juego, las disposiciones del material, el montaje entre texto e imagen, las estrategias de edición y la figura pública de autor que ha ido construyendo, entre otros aspectos relevantes.

Existen numerosas formulaciones, dispersas a lo largo de sus escritos, que revelan el proyecto Bellatin. Voy a mencionar apenas dos. La primera aparece en "Lo raro es ser un escritor raro", que forma parte de *Pájaro transparente*. Allí su proyecto surge como consecuencia de la reacción de la crítica. La segunda la propone, como parte de su poética, en *Condición de las flores*.

> Cuando me cansé de aquel sistema hice tratos con distintas editoriales para que aparecieran varios libros al mismo tiempo. Quería que los textos se fueran entremezclando hasta convertirse todos en un mismo libro. Tal vez ese ejercicio haga un poco extraña mi obra.[2]

> Cada uno de los libros es un aspecto de un libro que vengo redactando desde que era niño, basado en la forma de aquellos catecismos de tapas duras y blancas que llevaban un crisantemo atrapado entre sus páginas. El primero tomó forma a los diez años de edad. Trataba de los perros que conocía. De mi visión de ellos. Creo que ahora sigo en la búsqueda de algo similar. De establecer una cierta mirada de las cosas. La practico ahora con una cámara de fotos que cuando salió al mercado, cuarenta años atrás, fue pensada como un juguete.[3]

Libro perdido que se intenta recuperar o mismo libro que se alimenta de forma incesante, cualquiera de las dos opciones que elijamos, lo cierto es que el resultado constituye una masa textual, y posee algo así como un doble principio. El primero consiste en producir en el lector la irrefutable certidumbre, pese a la fragmentación creciente de muchos de sus textos, de que se está frente a una única y gran obra en constante crecimiento. Sin duda que a ello contribuye el permanente retorno de los tópicos mencionados, la enfermedad, la sexualidad, la crueldad, la marginalidad, entre otros, y un *estilo absoluto* constituido con una prosa parsimoniosa, distanciada, que se presenta como objetiva, con la que Bellatin ha ido abordando cada una de sus narraciones. El tono despojado de *Las mujeres de sal*, su primer libro, por ejemplo, no difiere demasiado del tono de sus más recientes narraciones: un narrador poco inclinado a las efusiones afectivas y una prosa austera pero detallista.[4] La literatura de Bellatin, en este sentido, es fácilmente reconocible pues, como él mismo sostiene en la segunda cita, ha construido "un modo de ver las cosas". En este sentido, su trayectoria literaria parece haber comenzado *in media res*, como si ya fuera el autor de varios libros.[5] Probablemente una de las mayores transformaciones en su escritura haya sido la incorporación de imágenes, algo que solo sucederá a partir del año dos mil, pero aun así su estilo ha conseguido fagocitar esa transformación.

El segundo principio, que a primera vista parece entrar en conflicto con el anterior, son las reescrituras, reformulaciones y transposiciones de sus propios libros. Bellatin ha ido construyendo un universo pleno de reenvíos, pero no al modo de otros universos literarios, tales como los de Balzac con los diversos personajes y ambientes de "La comedia humana", García Márquez y las historias y personajes de su Macondo o, lo que María Teresa Gramuglio ha denominado "la zona" de Juan José Saer, por citar apenas tres. Balzac, García Márquez y Saer iban tejiendo el paciente retrato de una comunidad específica, la iban iluminando de un modo cada vez más preciso revelando nuevas y progresivas aristas a través de diferentes narraciones. El universo de Bellatin, por el contrario, tiende a poner en estado de interrogación cualquier situación, peripecia o anécdota. La sensación que tenemos frente a ese texto infinito no es, por lo tanto, la de estar adentrándonos en un universo cada vez más familiar, sino la de abismarnos en un territorio más y más desconocido. Diana Palaversich, quizá por ello, ha comparado la literatura de Bellatin con las películas de David Lynch:

> Leer las obras del narrador Mario Bellatin es una experiencia parecida a mirar las películas de David Lynch de cuya proyección salgo al final, como en el caso de la más reciente Muholland Drive, con la sensación de que me gustó mucho aunque no tengo la más mínima idea de qué se trataba.[6]

Palaversich se refiere, al analizar la literatura de Bellatin, entre otras cosas, a la falta de inscripción referencial de sus narraciones, a la supresión de nexos causales, a la concreción de universos inverosímiles. Nuestro estado de incerteza proviene por ello, en gran parte, del hecho de toparnos con narraciones que a simple vista deberíamos entender, o deberíamos poder descifrar, pero cuyo sentido último se nos escapa. Sin embargo, hay algo más, en cierto sentido más acotado pero cuya presencia derrama sentido por toda su literatura, se trata, como anticipé, de sus reescrituras, reformulaciones y transformaciones. Su existencia constituye uno de los ejes conceptuales para pensar su literatura mutante. La variación, el *ritornello* también podríamos proponer, exhiben el trabajo de la escritura, su condición de apertura siempre disponible para insertarse en una nueva serie. En este sentido, podemos adscribir a la propuesta de Ariel Schettini cuando afirma que "a partir de la estética del fragmento se prefigura un mundo siempre acumulativo".[7]

En *Jacobo el mutante*, por ejemplo, novela sobre la cual volveré a referirme en el apartado siguiente, como su nombre lo indica contiene en su interior una mutación, la del propio Jacobo en su hija, Rosa Plianinson, que a su vez se presenta como una anciana. En esta narración no solo los nexos causales se nos retacean, sino que tenemos frente a nosotros una narración *inestable*. No sabemos exactamente en qué consiste la novela perdida que allí se menciona y se atribuye a Joseph Roth, cuyo título es *La frontera*, no sabemos por qué Jacobo pasa de la estepa rusa a los Estados Unidos, ni los motivos de transfiguración en su propia hija. En este sentido, así como la novela Joseph Roth se ha perdido y resulta imposible acceder a la totalidad de su narración, *Jacobo el mutante* escenifica la imposibilidad de constituir una narración cerrada y acabada. Pero lo que resulta más interesante para pensar el concepto de variación, es el primer texto de la novela "La espera" y el último, "Sabbath", que reproduciré a continuación:

> 'La espera': Las figuras quedaron en suspenso. La piel de los hombres perpetuamente mojada. Un Golem. Una docena de huevos cocidos. No se produjo ninguna mutación. Tan sólo apareció la imagen de unas ovejas pastando en el roquedal.[8]

> 'Sabbath': Las figuras quedan suspenso. La piel de los hombres perpetuamente mojada. Un Golem. Una docena de huevos cocidos. La empleada de la editorial Stroemfeld buscando borrar las huellas del texto. No se produce ninguna mutación. Tan solo aparece la imagen de unas ovejas pastando en un roquedal.[9]

Como se puede observar es casi el mismo texto. Las diferencias son mínimas, una frase de más, la subrayada, y el tiempo verbal, en el primero en pasado, en el segundo en presente. Esta cuasi reproducción, sin embargo, resulta central. Ya no se trata de un escenario semejante, digamos un desierto, una ciudad abandonada, una ciudadela asiática y exótica, tampoco de un personaje que nos resulta familiar, sea un hombre postrado en silla de ruedas o un fotógrafo ciego, se trata de un fragmento que reproduce casi las mismas exactas palabras pero tituladas de un modo diferente. La tentación de la lectura en clave borgeana es grande. Como en *Pierre Menard, autor del Quijote*, Bellatin nos indicaría la imposibilidad de la repetición. Alcanzaría con un cambio de título, de "La espera" a "Sabbath" para que esas palabras exhalen una significación diferente. Lo mismo parece suceder en la novela *Condición de las flores*. Allí, en el apartado "Textos de la Underwood" y "Un cierto juchitán para graciela iturbide" se escribe lo siguiente:

1. Textos de la Underwood: "Hay otro momento donde el sujeto soñado, que se trata de un escritor, tiene un texto ya terminado al que se le descubren ciertas fallas en la primera parte. El escritor se encuentra de visita en una casa de campo situada en un país indeterminado. Puede ser el Perú, en ese caso la casa quedaría situada en las inmediaciones de la Carretera Central.[10]
2. Un cierto juchitán para graciela iturbide: 'Hay otro instante donde el sujeto soñado, que se trata de una fotógrafa, obtiene una imagen a la que le descubren ciertas fallas en los bordes. La fotógrafa se encuentra en una casa rural situada en un país indeterminado. Puede ser México, en ese caso la casa quedaría situada en las inmediaciones de una carretera que conduce al mar'.[11]

En este caso, la imagen más próxima, parece ser la de un deslizamiento paradigmático, "instante" por "momento", "casa rural" por "casa de campo", por ejemplo. Lejos de la fatalidad de la repetición que es diferencia, que sería la lectura borgeana de Bellatin, o del deslizamiento paradigmático, que podría ser una lectura mecánica de su obra, propongo leer el "casi igual" como un principio que melancolizaba sus límpidas superficies textuales, que nos advierte que cualquiera de ellas se encuentra sometida a una posible, mínima o máxima mutación, de que cualquiera de ellas es ya una mutación sometida a otras posibles e infinitas mutaciones. Más que las interpretaciones borgeanas o mecánicas, recordemos que una de las novelas de Bellatin se llama, precisamente, *El gran vidrio*, en alusión a la obra de Duchamp. En la nota llamada "Transformador Duchamp" afirma:

Utilización de un aparato para coleccionar y para transformar todas las pequeñas manifestaciones externas de energía (en exceso o desperdiciadas) del hombre, como por ejemplo: el exceso de presión sobre un interruptor eléctrico, la exhalación del humo del tabaco, el crecimiento del cabello y de las uñas, la caída de la orina y de la mierda, los movimientos impulsivos del miedo, de asombro, la risa, la caída de las lágrimas, los gestos demostrativos de las manos, las miradas duras, los brazos que cuelgan a lo largo del cuerpo, el estiramiento, la expectoración corriente o de sangre, los vómitos, la eyaculación, el estornudo, el remolino o pelo rebelde, el ruido al sonarse, el ronquido, los tics, los desmayos, ira, silbido, bostezos.[12]

Duchamp, como Bellatin, nos hablan de aquello que hace trastabillar a la forma como la imagen de lo acabado o, de modo más específico, lo que exhibe a la forma acabada como ficción. Por ello, la mínima variabilidad que nos propone Bellatin en el comienzo y en el final de *Jacobo el mutante* y en dos secciones de *Condición de las flores*, coloca a tales fragmentos en estado de suspensión y enuncia la imposibilidad de cierre como condición de toda escritura.

Paisajes infinitos

En *Jacobo el mutante,* Bellatin despliega una operación de diálogo entre texto y fotografía que, en aparente paradoja, muestra una marcada heterogeneidad entre los lenguajes en contacto. La trama, ya adelantada, de un rabino que se transforma en mujer y unas academias de baile que proliferan como hongos está escandida por una serie de fotos de la artista mexicana Ximena Berecochea. Se trata de 26 fotografías en blanco y negro en las que aparecen pastizales, agua, a veces con algunos objetos flotantes tales como diapositivas, un botón, una prenda tejida, una suela de zapato, un papel; o con elementos orgánicos como un caracol. La primera y la última fotografía de la novela son las únicas que por la brevedad de los textos que las acompañan, unas pocas líneas analizadas en el apartado anterior indicarían algún tipo de relación con la imagen. Se trata de los mencionados "La espera", que muestra una superficie de tierra, con algunas piedras pequeñas dispersas y lo que parece ser la huella de un neumático, y "Sabbath", cuya imagen exhibe un fragmento de una superficie de agua que tanto podría ser un lago, un río o una zona anegada por lluvias recientes. Ya sin texto alguno, el libro continúa con otras cinco fotografías: un mismo collar en dos posiciones diferentes, un objeto indefinido en un pequeño pozo, monedas que ocupan la zona izquierda de la imagen y flores. Las imágenes parecen no tener la función de rubricar documentalmente la narración. Tampoco es posible construirle algún tipo de narración autónoma, ni a esas imágenes ni a la totalidad de las mismas. ¿Qué tipo de relación es posible proponer el texto y las fotografías? Teniendo en cuenta que se trata de imágenes de la naturaleza, quisiera recuperar y partir de la siguiente reflexión de Graciela Silvestri y Fernando Aliata:

> Aprendimos a admirar la naturaleza guiados por el arte: la naturaleza contemplada es paisaje. Ante el paisaje, que se disfruta mirando, oliendo, escuchando, recorriendo, también se piensa; existe una conexión necesaria entre este tipo de contemplación visual y pensamiento. La mirada paisajista, en efecto, es siempre una mirada estética, en el sentido amplio de la palabra, que indica una conexión inescindible entre forma percibida y sentido.[13]

A diferencia de la mirada paisajística, una mirada, como afirman los autores, construida y plena de sentido, la aprehensión de las imágenes de Berecochea nos expulsa de lo que nos exhibe. El recorte, la proximidad del *close up* de muchas de ellas, los objetos que allí están como por azar, las transforman en inapropiadas, neutralizando cualquier intento denotativo. Son, en cierto sentido, un vestigio, una huella, una ruina, de algo que se nos sustrae.

Teniendo en cuenta la condición de pérdida, recordemos que se habla de una novela pérdida de la cual solo se poseen fragmentos y se narra una historia que suprime todo nexo causal, es posible pensar desde allí una relación con las imágenes. En efecto, se suele destacar que las narraciones de Bellatin son claras, que hay un narrador que transmite, con cierta equidistancia, y con cierta exactitud, los hechos que suceden, pero lo que está en cuestión, en *Jacobo el mutante* y en numerosas otras novelas, es cuáles son esos hechos. Podríamos proponer que así como las imágenes de la novela no permiten que construyamos paisaje a pesar de observar allí diversos elementos reconocibles, el texto no permite que construyamos *literatura*.

Jacobo el mutante no constituye un caso aislado. En *Shiki Nagaoka: una nariz de ficción*, uno de sus textos más borgeanos, el suplemento fotográfico simula una documentalidad. Ximena Berecochea, que también produjo las imágenes en este libro, sostiene al respecto:

> La producción de las fotos fue literalmente un juego. Después de leer el texto me aboqué a la búsqueda de objetos, personas y lugares que me fun-

cionaran para corporeizar la historia de este personaje. Realicé una serie de 41 fotografías, y ya que tenía todas impresas me reuní con Bellatin para platicarle lo que era cada imagen y en ese momento se fue determinando qué nota a pie de foto llevaría cada una. Bellatin decidió presentarlas como recuperación iconográfica con el fin de continuar con el tono biográfico del libro pero, evidentemente, no se trata de la recuperación de imágenes sino de la configuración visual a través de fotografías construidas así como de la apropiación de imágenes. La idea de seguir con una línea visual en la que el carácter construido se escondiera bajo una forma documental, me llevó a presentar personas, objetos y escenas, de un modo directo en el que se reconoce fácilmente lo fotografiado. La intención fue encubrir trucos, poses y significación de objetos, todos estos con un valor connotativo, para convertirlos en denotativos, como puro registro y muestra de documentos, objetos y hechos objetivos.[14]

El mismo procedimiento, o procedimientos semejantes con la presencia de fotografías, se repiten en otros textos de Bellatin. En *Flores,* pequeñas reproducciones de tallos, pétalos y ramas mostradas a medias cierran cada narración manteniendo la constante de dejar fuera de cuadro el núcleo de lo narrado. En *Biografía ilustrada de Mishima,* se reproducen cuarenta y nueve fotos, muchas de ellas fuera de foco, tomadas en este caso por Bellatin, y pese a que sus pies de imagen indiquen supuestas relaciones con la vida de Mishima, las fotos no ilustran nada. Por ello, más que ilustrar lo que los textos cuentan, sus imágenes funcionan como comentario de su proyecto artístico. En resumen, entre el fuera de campo, el fuera de foco o el *close up*, ese sería mayormente el arco de las representaciones visuales de Bellatin.[15]

Maestro de ceremonias

Una búsqueda superficial en google con las palabras: "Mario Bellatin brazo" nos arroja más de quince imágenes en las que Bellatin posa con diferentes modelos de brazos ortopédicos, metálicos, con diseños arabescos o hasta en forma de pene. Aunque desde hace algunos años ha decidido prescindir de sus prótesis, estas construyeron una figura de autor excéntrica, desafiante, enigmática y artística. En relación a esta última caracterización, Bellatin nos ha dado numerosas pistas de que pretende ser inscripto en un umbral en donde la literatura y el arte parecen tornarse indiferentes. Algunas de sus novelas, como la ya referida *El gran vidrio*, que cita una obra de Marcel Duchamp, aunque no aparezca ninguna referencia al artista en la narración, o *Lecciones para una liebre muerta*, que evoca una obra de Joseph Beuys titulada *Cómo explicar los cuadros a una liebre muerta* (1965), sus propias acciones de arte, que incluyen desde el performance "Escritores duplicados" en el Instituto de México en París, para el cual cuatro personas fueron "entrenadas" por cuatro escritores mexicanos (Sergio Pitol, José Agustín, Margo Glantz y Salvador Elizondo) para representarlos durante un encuentro, hasta su presencia en la *Documenta* de Kassel de 2014 con el proyecto de *Los cien mil libros de Bellatin*, no han hecho más que cimentar ese territorio bifronte.

El listado anterior exhibe a un escritor que tiene una intensa presencia en el espacio público, y que además incide, con su figura de autor, con sus citas y evocaciones, con sus performances y acciones de arte, en el modo en que debe ser leído. O incluso nos permite dudar de su condición de escritor pues ¿no será su escritura, al igual que sus acciones de arte, otro performance? El proyecto de *Los cien mil libros de Bellatin*, por ejemplo, con sus cien temas predeterminados, que incluyen reescrituras de sus libros, y una extensión fijada en sesenta mil caracteres, con sus cubiertas exactamente iguales, acerca su literatura al performance. ¿Deberíamos leer el contenido de esos libros, su sistema de producción o simplemente el gesto que supone la enunciación del proyecto?, ¿sería importante leer cada uno de los cien libros o alcanzaría con conocer los temas enunciados en el texto de presentación del proyecto?

Bellatin es un autor gestual, cuyos gestos apuntan a los confines de lo literario. En este sentido forma parte de un conjunto de escritores latinoamericanos que han hecho de la gestualidad un principio constructivo. Quiero mencionar, dentro de ese grupo, las últimas escrituras de Clarice Lispector o de Mario Levrero. Ninguno de los dos ha realizado acciones de arte, pero se las han arreglado para que en el interior de sus narraciones surja un espacio en el que exhibir una determinada gestualidad. Entiendo la gestualidad como un procedimiento de pliegue, de vaciamiento, que incluye la autofiguración, la heterografía, el comentario, muchas veces irónico, con el objetivo de producir un determinado efecto sobre la ficción, de desrealizarla y ponerla a funcionar en otro régimen de sentido. El autor gestual produce una *escritura-performance* en la que ejecuta sus actos frente a la mirada de los lectores.[16] Hay algo eminentemente clownesco en tales presentaciones, como el texto prólogo de *O via crucis do corpo o Livro dos prazeres*, en el que Clarice nos informa que hay un tiempo para todo, incluso para la basura, o cuando reconoce, en *A hora da estrela*, que escogió un narrador hombre porque las mujeres son demasiado sentimentales, o la minuciosa narración de las peripecias del "Diario de la beca", de Mario Levrero, que incluyen el consumo de pornografía, diversos problemas de salud y tentativas de dejar el cigarrillo, todo ello constituyendo una suerte de detrás de escena antes del comienzo de la "verdadera" novela "La novela luminosa".

En esa línea, a la que podríamos sumar a João Gilberto Noll, Enrique Vila Matas o, incluso a César Aira o los últimos libros de Tamara Kamenszain, especialmente su *Libro de los divanes* o *Libro de Tamar,* Bellatin produce tres operaciones al mismo tiempo. En primer lugar la fragmentación, la reescritura, el "autoplagio", las autoapropiaciones, que no dejan de abrir su literatura. ¿Cómo sería su obra completa?, ¿cómo deberíamos ordenarla?, ¿qué criterios seguir? Ese mismo principio, habíamos postulado, horada ya no la idea de "obra", sino la idea de "forma". Las cuasirrepeticiones apuntaban a enfatizar la idea de una literatura *inestable,* en disponibilidad constante para mutar. Luego las acciones de arte y el performance que hacen sospechar de su proyecto literario como una performance más. Y finalmente, lo que voy a denominar sus narraciones *neo*metatextuales o postmetatextuales, en las cuales nuestro autor parece revelarnos las claves de su poética, como por ejemplo en "Condición de las flores", de la novela homónima, que comienza del siguiente modo:

> Tiempo de orquídeas: Lo que parezco buscar en un texto, como en cualquier manifestación artística a la que me enfrente, es la posibilidad de transitar por un espacio paralelo de la realidad, sometido a reglas propias. Pienso que no sólo en los libros o en el arte se pueden encontrar estas características. Siento que también pueden hallarse en los espacios religiosos, en los cuartos oscuros, en las casas del terror de los campos feriales, y en los estados personales cuando se encuentran exaltados.[17]

Distribuidos en 43 fragmentos, Bellatin reflexiona sobre su proyecto literario pero lo infiltra con una exhibición de su propia presencia, como en el fragmento final, titulado "Estado de muerte", que comienza de este modo "Pienso que se desharán de mí cuando descubran que soy un impostor al que no le importa la existencia que puedan tener los libros una vez que son publicados".[18] Otro ejemplo posible es *Disecado,* donde mediante una prosa también fragmentaria, Bellatin repasa su trayectoria, habla del congreso de dobles, de su novela *Salón de Belleza* pero aquí diluye tramas y biografía, infiltra una en otra y se nos presenta del siguiente modo:

...durante ciertas noches de otoño, sobre todo aquellas en las que el asma o, más bien, los efectos secundarios producidos por los medicamentos para atenuarla, me dejan en un estado que no podría calificar como de dormido o despierto, pasan por mi cabeza una serie de escenas y pensamientos que la mayoría de las veces llegan a límites difíciles de describir.[19]

Una exhibición somnolienta de sí y de sus escrituras, en constante proceso de reescritura y reformulación, entre la "sinceridad" y la "impostura", así es la configuración *clownesca* de Bellatin. Como apunta acertadamente Julio Premat:

Quizá lo más importante para él es poner en escena a una figura y a una práctica que continuamente instalan y borran, suponen un más allá del proyecto y del sentido que se difumina, queriendo actualizar, a cada paso, una impresión de ininteligibilidad del mundo y del sujeto, una extrañeza radical.[20]

Para culminar, ese principio de *teatralidad* que no se interrumpe, que es un continuum entre figura pública, performance, entrevista, texto e imagen, produce no solo una exhibición de sí, sino, en su reiteración, la voluntad y la disposición de volver a mutar aquello que nos está exhibiendo. Bellatin, a través de estocadas verbales y visuales, ofrece reconfiguraciones constantes de sentido para la masa textual que constituye su producción. Pero no se trata de ir ajustando sucesivas declaraciones, afirmaciones, autonarraciones con el objetivo de llegar a una interpretación definitiva, sino, por el contrario, de inscribir a través de estas, un principio de variabilidad, un caleidoscopio de sentidos que tornen imposible cualquier fijación interpretativa.

Notas

1. Pienso en la performance en relación a *Perros héroes* o, la reciente versión fílmica de *Salón de belleza*.
2. Mario Bellatin, *Condición de las flores* (Buenos Aires: Entropía, 2008), 108.
3. Bellatin, *Condición de las flores*, 13.
4. Inserta en la *Obra reunida* y releída a su luz, *Las mujeres de sal*, su primera concreción, manifiesta gran importancia. Esta novela, publicada en 1986, no es simplemente la primera; es también su principio en cuanto contiene muchas de las ideas y obsesiones que rigen el desarrollo de la producción de Bellatin. Es una especie de almacén o semillero cuya presencia es fácil rastrear en muchas de las siguientes novelas.

5. *Las mujeres de sal* (1986), es su primer libro; el siguiente es *Efecto invernadero* (1992).

6. Diana Palaversich, "Apuntes para una lectura de Mario Bellatin", *Chasqui, revista de literatura latinoamericana* Vol 32, n° 1 (2003), 25.

7. Ariel Schettini, "En el castillo de Barbazul: El caso Mario Bellatin", en *Tres novelas* de Mario Bellatin (Caracas: El otro, el mismo, 2005), 8.

8. Mario Bellatin, "Jacobo el mutante", 75.

9. Bellatin, "Jacobo el mutante", 119. Énfasis añadido.

10. Bellatin, *Condición de las flores*, 35.

11. Bellatin, *Condición de las flores*, 135.

12. Marcel Duchamp, *Duchamp du signe* (Barcelona: Gustavo Gigli, 1978), 231.

13. Graciela Silvestri y Fernando Aliata, *El paisaje como cifra de armonía: relaciones entre cultura y naturaleza a través de la mirada paisajística* (Buenos Aires: Nueva Sociedad, 2001), 10.

14. Ximena Berecochea, *Texto e imagen en la narrativa contemporánea mexicana: el efecto de lo interdisciplinario en seis novelas* (Tesis doctoral, Universidad de Toronto, 2014), https://tspace.library.utoronto.ca, 113.

15. A la lista podemos sumar: *Shiki Nagaoka, una nariz de ficción*; *Perros héroes*, *Los fantasmas del masajista* o *Las dos Fridas*, *El jardín de la señora Murakami*, entre otras.

16. Me inspiro, por supuesto, en las reflexiones que Reinaldo Ladagga propone en su *Espectáculos de realidad. Ensayos sobre la narrativa latinoamericana de las dos últimas décadas* (2007).

17. Bellatin, *Condición de las flores*, 9.

18. Bellatin, *Condición de las flores*, 29.

19. Mario Bellatin, *Disecado* (Buenos Aires: Mansalva, 2014), 7.

20. Julio Premat, "Los tiempos insólitos de Mario Bellatin: notas sobre *El gran vidrio* y las radicalidades actuales", en *Un asombro renovado: Vanguardias contemporáneas en América Latina*, eds., Mathew Busch y Luis Hernán Castañeda (Madrid: Iberoamericana Vervuert, 2017), 217.

Bibliografía

Bellatin, Mario. *Disecado*. Buenos Aires: Mansalva, 2014.

———. *Condición de las flores*. Buenos Aires: Entropía, 2008.

———. *Pájaro Transparente*. Buenos Aires: Mansalva, 2006.

———. "Jacobo el mutante". En *Tres novelas*. Caracas: El otro, el mismo, 2005.

Berecochea, Ximena. *Texto e imagen en la narrativa contemporánea mexicana: el efecto de lo interdisciplinario en seis novelas*. Tesis doctoral, Universidad de Toronto (2014). https://tspace.library.utoronto.ca.

Duchamp, Marcel. *Duchamp du signe*. Barcelona: Gustavo Gigli, 1978. Palaversich, Diana. "Apuntes para una lectura de Mario Bellatin", *Chasqui: Rrevista de literatura latinoamericana*. Vol. 32, n.º 1 (2003): 25-38.

Pauls, Alan. "El problema Bellatin". En *El interpretador*. 20 (2005). http://salonkritik.net/10-11/2011/06/el_problema_bellatin_alan_paul_1.php.

Premat, Julio. "Los tiempos insólitos de Mario Bellatin: notas sobre *El gran vidrio* y las radicalidades actuales". En *Un asombro renovado: Vanguardias contemporáneas en América Latina*. Eds. Matthew Busch y Luis Hernán Castañeda. Madrid: Iberoamericana Vervuert, 2017.

Schettini, Ariel. "En el castillo de Barbazul: El caso Mario Bellatin". En *Tres novelas* de Mario Bellatin. Caracas: El Otro, el mismo, 2005.

Silvestri, Graciela y Fernando Aliata. *El paisaje como cifra de armonía: relaciones entre cultura y naturaleza a través de la mirada paisajística*. Buenos Aires: Nueva Sociedad, 2001.

Escribir con huellas: fotografía y literatura, cruces indiciales en la escritura de Mario Bellatin

ANDREA COTE-BOTERO

Desvarío laborioso y empobrecedor el de componer vastos libros; el de explayar en quinientas páginas una idea cuya perfecta exposición oral cabe en pocos minutos. Mejor procedimiento es simular que esos libros ya existen y ofrecer un resumen, un comentario. Jorge Luis Borges, *Ficciones*.

EN LA OBRA DE Mario Bellatin la fotografía funciona como prototipo para una poética de escritura basada en la tensión entre ocultamiento y develación. Existen tres formas fundamentales de aparición de esa relación en la obra de este escritor. La primera, aquella en que la fotografía asiste la reflexión sobre los límites de la representación, develando el estatuto precario de la frontera entre ficción y realidad. La segunda, el uso del dispositivo fotográfico como prótesis para inducir la escritura. Y la tercera, la fotografía como postulación de una forma de creación en que los procedimientos se ubican en el lugar de los resultados. Aunque me referiré eventualmente al segundo y tercer caso, me centraré en el primer uso, esto es, la reflexión sobre los límites de representación.

Shiki Nagaoka: una nariz de ficción, es uno de los textos de Bellatin en que más claramente se aborda desde la fotografía la pregunta por los límites de la representación. Se trata de la biografía fabulada de un autor japonés, cuya obra un investigador literario se ha dado a la tarea de recuperar. A diferencia de una biografía convencional, ésta no pretende relatar, sino probar la existencia de Nagaoka. Un archivo fotográfico acompaña el texto con el fin de aportar evidencia de la presencia del autor en lugares públicos. Dicho archivo, no obstante, se construye sobre una contradicción: se trata de una compilación de pruebas físicas para demostrar la existencia de Nagaoka, pero en las que se excluye sistemáticamente el cuerpo de éste. De acuerdo al investigador, existe un motivo aparente para esta broma, sucede que la presencia física del autor, paradójicamente, terminaría por ocultar aún más su figura. Nagaoka tenía una nariz de proporciones tales, que la hermana tuvo que rasgarla de su único retrato conocido para evitar que pudiera seguir considerándose al hermano un personaje de ficción.

Así, este retrato se presta para asistir una transición entre el espacio de realidad y ficción a partir de la manipulación de las formas; el retrato es el límite donde se pone de manifiesto la convivencia de niveles de representación en el borde de un cuerpo amorfo. Con este retrato adulterado, Mario Bellatin abre un diálogo con al menos dos formas del linaje de la representación fotográfica en la literatura. La primera, la tradición del *freak show* o cuerpo anómalo como espectáculo. La segunda, la parodia de los discursos de la evidencia por el método del falso archivo.

En primera instancia, el tratamiento del cuerpo anómalo en la obra de Mario Bellatin ha sido considerado por críticos como Diana Palaversich: "el aporte más original de Bellatin a las letras".[1] Lo anómalo es un tema constante en este autor y es además un régimen para articular la idea de *cuerpo* como lugar de transformación de la experiencia literaria. Existe una obsesión por la representación de cuerpos extremos: enfermos, incompletos o amorfos, realidades físicas que son las encargadas de desatar un dominio de leyes alternas, que se despliegan en espacios autónomos. *Perros héroes, Poeta Ciego y Biografía ilustrada de Mishima*, por ejemplo, tienen como protagonistas a seres con cuerpos diversos. *El Gran Vidrio, Shiki Nagaoka y Flores*, entre otros títulos, se ocupan de personajes cuyas experiencias están determinadas por formas físicas extremas que determinan su profesión o forma de vida; *Efecto invernadero y Salón de belleza* son ambas historias de seres agónicos.

La experiencia del cuerpo en el límite es constitutiva para las ficciones de Mario Bellatin, ésta sienta las bases para la consolidación de un universo alterno; como apunta Palaversich: "estos cuerpos son desarticulados y su condición de entes extra-ordinarios tiene la capacidad de poner en movimiento todo un proceso de desarticulación textual y social".[2] Los seres anómalos se corresponden aquí con la conformación de universos autocontenidos que alojan sus historias, casi siempre ubicadas en espacios cerrados y autoregulados: hospicios, teatros, monasterios, templos, escuelas o talleres de raros oficios. Son universos alternos, dominios de la otredad, ante cuyas puertas se suspenden las leyes habituales.

La tradición del *freak show*, especialmente popular a finales del Siglo XIX en Estados Unidos, está fundada en ese exceso que Silvia Molloy denomina, en su artículo "La política de la pose", la típica "lujuria de ver" del XIX donde, "todo apela a la vista y todo se espectaculariza: se exhiben nacionalidades en las exposiciones universales, se exhiben nacionalismo en las grandes paradas, se exhiben enfermedades en los grandes hospitales".[3] José Martí había detallado ya este mundo en su crónica "Coney Island",[4] donde visitó un museo de curiosidades para descubrir: "monstruos humanos, peces extravagantes, mujeres barbudas y enanos melancólicos" a través de los cuales, decía, lograba manifestarse la voracidad y el carácter "pomposo" de la sociedad americana de la época. Esa misma galería de curiosidades de Nueva York reaparece en autores como Juan José Tablada y más recientemente en el trabajo del escritor Antonio Orlando Ruiz Rodríguez con su novela *Chiquita* (2008), textos que recogen una tradición así descrita por Susan Antebi en *Carnal Inscriptions*:

> The freak show of the late nineteenth century also provided a mainstream public access to the unfamiliar, through a tantalizing mode of "truth-telling", one that also implied a shifting of what would pass for the truth. This history suggests the ongoing significance of corporeal difference in spectacle and related modes of representation, as inseparable from ambivalent truth-value.[5]

La institución de lo anómalo como espectáculo depende del simultáneo reconocimiento de lo real como constructo de límites restrictivos. El cuerpo extraño está siempre en riesgo de irrealidad, de allí su condición espectacular, pues dialoga con una noción previamente estandarizada de lo humano. Pero dichos límites se encuentran asociados a una clasificación de las formas tras la cual operan siempre sentidos culturales. El poder de la clasificación depende en gran parte de una noción bien delineada de los límites entre unos cuerpos y otros, lo que determina el carácter desestabilizador de aquellas ficciones donde el personaje se ubica en el umbral de las formas:

> La anomalía o lo anómalo abre una brecha entre los modos habituales de representar, y sobre lo que se considera representable. Lo anómalo, más que un límite en los sistemas de representación, es lo que insiste en ese límite mismo para ser representado, el acontecimiento que, al poseer un plus inabarcable de sentido, no puede sino aludir a los sistemas dominantes o hegemónicos de representación, a los que necesariamente supone.[6]

La historia del retrato de Nagaoka propone hacer del texto el lugar donde los límites rígidos de esta división de las formas se rinden. Lo anómalo resulta ser la apertura para la observación del carácter transicional de los límites entre realidades. Ese límite impuesto dentro de lo real mismo obedece a la idea de que existe una categoría de la normatividad cuya frontera es la forma. A Bellatin le interesa contraponer la *deformación* a esa normatividad, pero más que nada parece interesarle la posibilidad de tornar esa deformación en vacío para desatar así la potencialidad del ocultamiento. Bellatin explota la lujuria de ver en el vacío que es capaz de instaurar el retrato de Nagaoka, las posibilidades de representación del texto se multiplican en el espacio obliterado de su nariz, aquello que Panesi llama "el plus inabarcable de sentido". El vacío que cubre el rostro es el punto justo donde los límites del cuerpo se confunden con los del texto, ambos prolongados ya en una frontera imprecisa.

De regreso al retrato adulterado por la hermana de Shiki Nagaoka, es preciso recordar que éste forma parte de un *dossier* fotográfico más amplio que acompaña a la biografía y en el que se encuentran también algunas fotos de familia y otras que muestran objetos cotidianos como ropa, vasijas, espejos y hasta el exprimidor de nariz de Nagaoka. También forman parte de este archivo imágenes de libros o textos en los que de algún modo se lee una referencia al autor japonés: un relato sobre su expulsión del monasterio, los grabados populares de Nagaoka y su sirviente, la estatuilla plástica del "prior Takematsu-Akai" que se reverencia en las zonas montañosas o la imagen de un edificio en el Barrio Latino de París en donde hasta el día de hoy se reúne la sociedad de los "nagaokista". A esta disímil colección la organiza el centro vacío que es la figura misma de Nagaoka, cuyo rostro se escabulle entre fotos incompletas y otras formas de ocultamiento que en su voluntad de obliterar al personaje en cuestión llevan hasta el extremo la complicidad entre el archivo y la ausencia que compensan.

De los objetos de Nagaoka: libros, vajillas, zapatos y demás, se nos muestran las fotos en blanco y negro, de manera que todo es convertido a esa misma textura fotográfica, sin que quepa ya otra posibilidad de autenticación que no sea el hecho de que esas piezas son parte del archivo cuya legitimidad es una exterioridad precedente que depende de un acuerdo tácito. Las piezas del muestrario pierden carácter individual, la imagen más reveladora o la más prescindible lámina abandonada por un supuesto cliente de Nagaoka se equiparan por su función retórica: señalar hacia un lugar de ocurrencia y hacer las veces de plataforma para alojar la premisa del relato biográfico que afirma: *esto ha sido*. Es ése el gesto que, sostiene Barthes en *La cámara lúcida*, define el prestigio de la fotografía: "el nombre del noema de la fotografía será pues *Esto ha sido*",[7] algo como una certeza de que en la génesis del objeto fotográfico siempre hubo "algo". Se trata de un prestigio asociado a la contigüidad física entre la foto y su referente, esto es, la condición de huella en la que Roland Barthes hallaba la mayor intensidad de la fotografía como medio: "las imágenes actúan como recordatorio, pero son a su vez "instantáneas" de un tiempo vivido, aunque detenido en ese mismo instante, paralizado en el "esto ha sido".[8]

Como lo anota Lourdes Dávila en su artículo "Burla velada y fotografía en *Shiki Nagaoka: Una nariz de ficción*", este libro de Bellatin define sus propios lenguajes de la evidencia: sus notas de archivo, los modos verbales del investigador y, por supuesto, la fotografía como compromiso referencial. La norma fotográfica, lo que llama Dávila "prótesis retórica" a la que apela el biógrafo de Nagaoka es la de un pacto de aceptación en el que foto y texto se validan mutuamente como prueba:

> La aprobación, aún ficticia, de esas fotos, es más bien un comentario sobre el aceptar la normalización de la fotografía como prótesis retórica, la aceptación no es tan sólo de la foto sino del concepto del museo o espacio imaginario de colección de objetos materiales culturales donde habrían quedado guardados los objetos para ser luego expuestos con un fondo uniforme y fotografiados.[9]

El archivo, sin embargo, parece que se esfuerza por exhibir su carácter apócrifo, utiliza el mismo principio que las notas críticas o falsos manuscritos de Borges que, instalando un exceso perceptible y colmando el cántaro de los absurdos, ponen de manifiesto que la broma quiere ser descubierta. A la manera de ese artículo en que Pierre Menard analizó la posibilidad de enriquecer el ajedrez eliminando uno de los peones y en ese mismo texto constató que tal innovación era improbable; también estas fotografías incurren en una suerte de exceso cómico. Para cuando llegamos a la imagen de la clase de La Escuela de Lenguas Extranjeras en el día de graduación y vemos que un pequeñísimo círculo sobre el rostro de Nagaoka es el único tramo desleído de la foto, ya estamos más que al tanto de la broma archivística y nos sabemos comprobando el falso archivo de una falsa ocurrencia:

> Estos signos y textos misteriosos cuyo contenido nunca se revela al lector y que prometen el desciframiento final del sentido representan variaciones

sobre el tema de 'le manuscrit trouvé' que abunda en la literatura postmoderna. Se trata de un recurso metafictivo que en la novela realista se usa para apoyar la veracidad de lo contado y en la postmoderna para socavarlo. Estos manuscritos y objetos "encontrados" abundan en Bellatin: las misteriosas técnicas narrativas sumerias en Flores, el texto secreto del libro místico El cuadernillo de las cosas difíciles de explicar de Poeta Ciego que forma cimientos de una sociedad mística y totalitaria; el ideograma japonés que no existe y que figura en el título de un libro no traducible de Shiki Nagaoka.....[10]

La fotografía como medio supone ya un cierto pacto de lectura en tanto carga con las huellas de un prestigio asociado a sus posibilidades miméticas. Un análisis particularmente útil para empezar a pensar la singularidad del significante fotográfico frente a otras formas del decir puede encontrarse en el libro de Philippe Dubois *L'Acte photographique*. El texto de Dubois describe una división entre tres tipos de formas de representación que son el Signo, el Símbolo y el Index. Cada una de esas formas está asociada a una cierta legalidad de construcción del sentido, así como a ciertas prácticas. El régimen que corresponde a la fotografía es el del Index en tanto ella no dice algo de algo sino que nada más señala hacia su lugar de existencia.[11] Lo indicador sería entonces la característica de la fotografía o eso que Barthes llamaba la comprobación de que "el órgano del fotógrafo no es el ojo sino el dedo"

Pero el prestigio asociado al valor indicativo del archivo fotográfico queda parodiado aquí por la falsa biografía o lo que resulta de colapsar dos formatos aparentemente opuestos que son ficción y documento. Ahora bien, como Lourdes Dávila menciona en el artículo antes citado "la obra de Bellatin contiene, a sabiendas la evolución de los discursos sobre la fotografía hasta el siglo XXI",[12] su parodia sobre la fotografía como prueba participa de una preocupación bastante explorada a finales del siglo XX, esto es, el juego con las posibilidades del medio fotográfico para generar falsas narrativas. El proyecto de Nagaoka es en sentido estricto un diálogo con la noción de archivo para validar la hipótesis de que el recuento de una falsa ausencia se compone de la misma materia que el de aquello que ha tenido lugar.

El efecto es que foto y palabra se encuentran en un mismo nivel retórico, historia y dossier aparecen igualmente como ortopedias uno de otro en esta "arquitectura" del tipo de las que menciona Brunet. Se trata también de una mutua des(c)ertificación de los medios, la escritura se va despojando de marcos y diques y el alisamiento de las formas produce un espacio del tipo del *desierto* al que se refieren Deleuze y Guattari en *Mil mesetas*. En su conocida metáfora del espacio textual que es la del concepto de espacios lisos y espacios estriados, proponen el espacio estriado como un lugar de inmovilidad en el que todas las cosas tienen su sitio y en donde las estrías son formas que estructuran y ordenan objetos y sujetos; añadiendo que dichos espacios estriados, además, son de percepción exclusivamente óptica. Por otra parte, se encuentran los espacios lisos, estos son lugares informes y de orientación variable y cuyas condiciones son de intensidades, vientos y ruidos, fuerzas y cualidades táctiles y sonoras como en el desierto, la estepa o los hielos).[13] En cierto sentido la intersección entre fotografía y literatura en Bellatin produce un espacio liso en donde la literatura ya no es ella misma ni otra cosa. Del choque entre ambas expresiones se desprende la posibilidad de un espacio textual alternativo; es decir, aquel donde el encuentro entre fotografía y literatura produce un mutuo allanamiento de esos órdenes.

De los paratextos, falsas citas, apéndices, manuscritos apócrifos y otras bromas de Bellatin abundan ejemplos. *Jacobo el mutante* constituye uno de estos, donde se emplean remanentes de la codificación de los discursos para construir museos y archivos de cosas que nunca tuvieron lugar. Pequeños retazos de discursos bien establecidos como el de la investigación literaria le permiten construir una retrospectiva sin pasado, similar a la de Shiki Nagaoka, o las fotografías que utiliza para documentar una biografía póstuma de Mishima. En *Jacobo el mutante*, el autor se sirve de una suerte de restos textuales, remanentes del proceso de codificación de los discursos, fósiles verbales que, como las fotografías que sirven al montaje de archivo en Shiki Nagaoka, también se elevan al nivel de evidencia en los museos imaginarios. En este libro, como veremos en detalle más adelante, la historia se encuentra intercalada con una serie de fotografías que no ilustran directamente la narración en curso, se trata de escenas que muestran objetos abandonados en la explanada, fotos que para la historia constituyen ya un nuevo enigma.

En *Jacobo el mutante*, Bellatin hace una parodia de las fórmulas del discurso de la investigación literaria. La novela es un recuento de los elementos que componen el libro *La frontera,* supuesto texto perdido de Joseph Roth, al que se va superponiendo el relato del investigador literario: la interpretación de previos trabajos de búsqueda y sus propias conclusiones parciales que suelen involucrar elementos de la biografía de Roth, de la tradición judía o de pasajes de la Biblia. Las conclusiones del investigador, plagadas de manierismos académicos, no apuntan a esclarecer el texto sino a codificarlo aún más, dentro de un conjunto de saberes para iniciados.

Ximena Berecochea, la artista que recopiló las fotos para Shiki Nagaoka, realizó también una serie de imágenes para *Jacobo El Mutante*. En este segundo trabajo, las imágenes ya no están incluidas en un diálogo de archivo con el relato, se trata de paisajes naturales donde ha quedado alguna prueba de la presencia humana: un grupo de monedas, un botón entre la hierba o un simple pedazo quebrado de palo. Estas imágenes recuerdan aún más las que la artista mexicana realizó anticipando esta preocupación presente en *Jacobo el mutante* por hacer del falso indicio la condición de posibilidad de narrativas más amplias. Un proyecto fotográfico individual de esta artista, que lleva por nombre *Desierto*, por ejemplo, muestra una serie de escenas en las que objetos desperdigados por una explanada en el desierto de Cuatro Ciénegas en México —una maleta rota, un peine o un girón de cabello— funcionan como indicios de una ocurrencia. Tanto en este proyecto como en *Jacobo el mutante*, la presencia de objetos personales abandonados en lugares sin asentamiento humano demanda siempre la aparición de un relato y funciona, incluso sin serlo, como una suerte de escena del crimen

Como *Jacobo el Mutante*, *Desierto* trabaja con el modo en que la representación fotográfica de objetos usados por el ser humano induce una historia, como si esa elipsis manifiesta reclamara una restitución de la integridad narrativa de la cual dicha foto se ha desprendido como fragmento. La imagen construye una narrativa basada en la tensión entre revelación y ocultamiento, donde los signos vacíos son el reverso significativo sin los cuales no se puede percibir el valor del objeto presente. Esta forma de la relación entre lo visible y lo invisible define la dependencia entre el texto perdido y la escritura presente en *Jacobo el mutante*, donde Bellatin aplica al espacio de la escritura el principio de elipsis significativa que vemos en las fotografías.

Tanto Bellatin como Berecochea apuntan a un régimen de representación donde la mayor capacidad expresiva del lenguaje depende de la incapacidad de materializar su signo. A la manera del rostro de Nagaoka, imágenes y textos en Jacobo el mutante adquieren la capacidad de prolongarse en el vacío y beben de la ansiedad del lector-espectador por resolver el sentido de una escena contada en indicios. Este ejercicio recuerda las fotografías de calles desoladas de París que a principios de 1900 realizó Eugène Atget y en las que Walter Benjamin leyó la inauguración de una narrativa fotográfica como "escena del crimen":

Pero cuando el hombre se retira de la fotografía, se opone entonces, superándolo, el valor exhibitivo al cultural. Atget es sumamente importante por haber localizado este proceso al retener hacia 1900 las calles de París en aspectos vacíos de gente. Con mucha razón se ha dicho de él que las fotografió como si fuesen el lugar del crimen. Porque también éste estávvacío y se le fotografía a causa de los indicios.[14]

Lo que Benjamin llamaba "el valor exhibitivo" para el caso particular de la fotografía, se refiere justamente a aquello que Bellatin y Berecochea aprovechan al insertar sus imágenes en enunciados más amplios donde el sentido se adquiere a propósito de un proceso de contextualización que tiene lugar en la observación. Esto se opone al valor cultural cuyo resquicio, afirma Benjamin, ha quedado reservado al retrato, capaz de eternizar la idea de la fijeza del rostro como expresión de lo humano. Los retratos, primeros productos verdaderamente populares de la fotografía, empezaron siendo objetos personales particularmente apreciados porque era difícil copiarles; no obstante, aún hoy con la proliferación y distribución amplia y veloz de los mismos, la idea de un rostro impreso para portar en la cartera o en un libro conserva la impronta de su valor de culto preservado por esa construcción del lenguaje: este aquí es/ fue mi padre. De allí, que resulte tan perturbador el ya mencionado retrato de Nagaoka, vaciado de la condición misma de retrato, modificado para un propósito paradójico de ocultar a un hombre mucho mejor de lo que podría hacerlo la ausencia de retrato alguno.

Así bien, En *Jacobo el mutante*, Mario Bellatin y Ximena Berecochea dialogan en los casos de imagen y palabra con ese principio indicador y de "valor exhibitivo" del que habla Benjamin. Las imágenes de la explanada donde objetos de uso cotidiano aparecen desarticulados de un contexto habitual, capitalizan ese sobresalto y estimulan por eso una restitución narrativa del tipo que menciona Benjamin. El ejercicio de Bellatin y Berecochea consiste justamente en detener la representación en el indicio mismo, para que la escritura sea aquello que se prolonga en el vacío y que, por una suerte de poética de la des-escritura, adquiera mayor posibilidad expresiva a razón de un signo que se hace progresivamente más escaso en tanto más expresivo, cumpliendo así una poética de escritura que puede resumirse en la siguiente cita de Bellatin:

(Mis narradores) escribían desde el silencio, desde la carencia, desde la falta —tanto es su acepción de vacío como de infracción —en donde el lenguaje nunca es lo suficientemente escaso, tiene siempre demasiadas posibilidades, y eso es un problema irresoluble cuando se quiere expresar, precisamente, aquello que no se puede decir.[15]

Pero el coqueteo con la imagen en la obra de Mario Bellatin no alude tan sólo a los textos en los que lo visual es incluido materialmente, sino que comprende también la visión del medio fotográfico como práctica abstracta en cuya presencia la literatura enfrenta su otro semiótico y activa nuevas posibilidades creativas. Desde muy temprano en las ficciones bellatinescas el tópico de la imagen fotográfica aparece para representar el encuentro del escritor con una cierta frontera del lenguaje verbal. Allí donde el autor declara encontrarse con el límite de su lenguaje aparece la fotografía para representar la posibilidad de una escritura capaz de superar los límites del texto escrito.

La idea de que la literatura está en falta frente a las necesidades de la representación y de que la fotografía puede ofrecer herramientas para suplir dicha carencia aparece ya en *Shiki Nagaoka* en los orígenes de su encuentro con la práctica fotográfica cuando se dice que: "comenzó a mostrar un extraño entusiasmo por la fotografía. Años después se supo que su interés sólo tenía que ver con su temprana pasión por lo literario. Consideraba un privilegio contar con imágenes visuales enteras que de algún modo reproducían al instante lo que las palabras y los ideogramas tardaban tanto en representar".[16] La velocidad de factura del signo fotográfico que refiere Nagaoka es sólo uno de aquellos aspectos que de la fotografía la literatura codicia, en *El libro uruguayo de los muertos* encontramos nuevamente la presentación de la fotografía como régimen de posibilidades en cuya presencia se ponen de manifiesto otras falencias de la escritura:

> Las fotos ocupan casi todo el espacio. Como que sellan la escritura. Terminan de decir lo que la escritura planteó y está imposibilitada, por su carácter mismo de abstracción, de concluir. Le es difícil, por ejemplo, mostrar de un sólo golpe lo simultáneo en el tiempo y en el espacio. La relación entre lo vivo y lo muerto. La convivencia de lo falso con lo verdadero.[17]

Para Bellatin, la incorporación de la fotografía en su obra cumple entonces una función ortopédica, en tanto atiende a una estrategia para suplir, a partir de aparatos y ejercicios, las limitaciones y carencias de una cierta forma. La fotografía resulta una suerte de *prótesis,* entendido ese término en una doble acepción: como aparato mediante el cual se completa artificialmente un cuerpo y como figura del discurso que consiste en modificar una palabra a través de su extensión. Ya en *Condición de las flores* el autor se refiere a la primera acepción, donde la presencia de la cámara fotográfica en el proceso de producción abre una serie de rutas creativas, agenciadas por la máquina:

> Me vengo enfrentando a un desafío que nunca me planteó la palabra escrita. Como para hacer una foto se cuenta con un instrumento —no sólo uno pues a parte de la cámara está el rollo, el papel del revelado, el equipo de ampliación, la destreza de los operadores —se trata de una ruta que ofrece varias opciones, ninguna de las cuales se presenta clara ni definitiva. El escritor sólo puede llegar a lo que su capacidad le permita. De allí su afán de hacer pasar como propuesta una imposibilidad.[18]

La máquina de fotos asiste un proceso para abrir elementos del proceso creativo a la intervención de otros actores o del azar mismo. Bellatin desea incorporar dicha acción colectiva y mecánica a la escritura y para eso propone incorporar el uso de cámaras dentro del proceso de redacción misma. La aplicación de una técnica foránea a la literatura, en este caso particular, el uso de una máquina de fotos, aparece en la obra del autor como un anti-mecanismo literario, en tanto utiliza el dispositivo de otras prácticas para incluir en la escritura elementos que exceden el control autoral. En el *Libro uruguayo de los muertos,* Bellatin menciona otro posible experimento utilizando una cámara, en ese caso para provocar la escritura:

> Ahora te quiero detallar el momento actual. Como un flashazo. Me encuentro delante de decenas de fotografías tomadas con una cámara de plástico. Al centro de la mesa está la computadora. He aplazado este instante hasta no tener todas las copias reveladas a un mismo tamaño. Pretendo, mirando las imágenes, inducir la escritura.[19]

Es necesario hacer énfasis en que en estos ejemplos el autor convoca la imagen fotográfica, no para suplantar un orden con otro sino para ensayar la imagen de un género de escritura que anuncia en varias de sus ficciones: "texto-objeto" les llama en *Biografía ilustrada de Mishima*[20] o "texto-foto-amalgama" les denomina en *El libro uruguayo de los muertos*,[21] posibles construcciones donde foto y palabra contribuyen a un mismo propósito. Como afirma Alan Pauls en "El Problema Bellatin", este autor "hace visible la relación entre la literatura y ese otro orden que la saca de quicio, esta vez encarnado en la imagen, y pone en escena —en una economía estética desconcertante los mil equívocos que la amenazan: el relato podría ser el epígrafe, la nota al pie, el prólogo o el epílogo de la imagen; la imagen el condensado, el resumen, la jibarización muda del relato".[22]

Finalmente, aquello que de la fotografía el autor anhela incorporar a la literatura no atañe tan sólo a las características del producto visual, sino que involucra también al procedimiento mismo de la toma. Existe una fascinación en la escritura de Mario Bellatin por la realización de un procedimiento fotográfico independiente del producto, se trata de historias de fotos sin revelar, claros prototipos de una preocupación presente en este autor, a la que ya hemos referido antes, que es la de validar la posibilidad de un procedimiento artístico sin resultados. En *Biografía ilustrada de Mishima,* un libro que relata algunos eventos póstumos en la vida del autor japonés, encontramos que este personaje, atormentado por la fatalidad de vivir sin cabeza, decide iniciarse en la fotografía. No obstante, Mishima no escoge para su propósito una máquina moderna de reproducción instantánea, sino que decide emular una experiencia de su infancia, busca una cámara de rollos, similar a una que de niño usó para tomar imágenes que por diversas razones no llegó a revelar e inicia un simulacro de fotografiar. Casi veinte años más tarde Mishima realizó en otro país un ejercicio semejante: fotografiar sin ver luego las copias resultantes; como leemos: "Mishima dedicó casi dos años de su vida a tomar una serie de imágenes a las que denominó fotos-espectro".[23]

El Mishima póstumo de Mario Bellatin se acerca a su pasión fotográfica para realizar un simulacro, en ese sentido, celebra un ritual que simbólicamente define el anhelo literario expresado por Bellatin que es el de la posibilidad de *escribir sin escribir.* El simulacro fotográfico de una toma sin resultado cobra importancia en tanto el ritual de elaboración en sí mismo tenga la posibilidad de generar un determinado efecto. En otro de sus relatos, Bellatin se acerca un poco más a los detalles de esa posibilidad de pensar el efecto particular que tiene el ejercicio de tomar una foto para jamás revelarla. Me refiero a "Un cierto juchitán para Graciela Iturbide" que hace parte de *Condición de las flores,* donde una fotógrafa practica una técnica artística que considera infalible y que consiste en la producción de fotos imaginarias:

> Hace el simulacro de fotografiar pero no acciona en ningún momento el obturador— en compañía de unas jóvenes. Las hijas de la casa, las califica. Realizando uno de esos simulacros descubre, lo ha intuido mientras miraba a través del visor de la cámara, que tanto el señor como la señora de la casa realizan un oficio determinado. Ambos son peritos en cierto asunto. Esa

igualdad de funciones no se muestra de manera evidente. Se supone que se revela sólo si se mira a través del visor, si se observa por la mirilla, siempre y cuando no se tenga la menor intención de efectuar ningún disparo. Se descubrirán entonces pequeños detalles, movimientos sutiles y decisivos, que únicamente mostrarán su real dimensión cuando las acciones que se aprecien a través de la lente queden congeladas en la memoria. Las niñas se lo hacen notar a la fotógrafa, pero ésta bien sabe desde siempre que atisbando por el visor es como se descubren las verdades ocultas.[24]

El vacío potencia un determinado poder narrativo de la imagen, en tanto impulsa el lenguaje fotográfico más allá de la mecánica de reproducción de lo visible. A partir de esta elipsis el relato indaga profundamente en estrategias que liberan la fotografía misma de la labor de copia, y desatan, en cambio, su capacidad para inducir experiencias. Aquí la fotografía es más que nunca una máquina, un dispositivo prostético que se adhiere al cuerpo para extender las posibilidades del ver, una especie de súper ojo. Del mismo modo, un modelo de producción fotográfica sin producto implica también, y necesariamente, un desplazamiento de las nociones previas de fotografía, particularmente de su propósito mimético. Otros usos de la fotografía se resaltan cuando se insiste en la importancia que el gesto de fotografiar tiene, aún separado de la imagen que produce. Los personajes que realizan fotos imaginarias se convierten en modelos para los escritores que aspiran a una literatura que logre repetir el gesto y su efecto sin necesidad de pasar por la exigencia del producto terminado. En esta noción palpita el centro de un re-definición de la práctica cuya presencia en la obra de Mario Bellatin he tratado de sondear en estas páginas, esto es la de un "giro hacia el procedimiento" donde el arte no es concebido como dinámica de producción de objeto sino como generador de experiencias.

Notas

1. Diana Palaversich, "Apuntes para una lectura de Mario Bellatin", *Chasqui: revista de literatura latinoamericana* Vol. 32, n° 1 (2003), 25-28.

2. Palaversich, "Apuntes para una lectura...", 25-28.

3. Sylvia Molloy, "La política de la pose", en *Culturas de fin de siglo en América Latina* (Buenos Aires: Beatriz Viterbo, 1994), 128-138.

4. José Martí, en *Escenas de la vida norteamericana* (Caracas: Ayacucho, 2003), 33-39.

5. Susan Antebi, *Carnal Inscriptions. Spanish American Narrtives of Corporeal Difference and Disability* (New York:
Palgrave Macmillan, 2009), 147.
6. Jorge Panesi, " 'La broma suprema' " en *Damas Chinas*", *Revista de literatura*, n.º 3 (2000), 3-9.
7. Roland Barthes, *La cámara lúcida* (Barcelona: Paidós, 1989), 121.
8. Roland Barthes, "Retórica de la imagen", en *Lo obvio y lo obtuso* (Paidós: Barcelona, 1995), 162.
9. Lourdes Dávila, "Burla velada y fotografía en *Shiki Nagaoka*: una nariz de ficción", en *La variable Bellatin: navegador de lectura de una obra excéntrica* (Veracruz: Universidad Veracruzana, 2012), 189.
10. Palaversich, "Apuntes para una lectura...", 32.
11. Philippe Dubois, *L'Acte photographique* (París: Nathan, 1983), 251.
12. Dávila, "Burla velada y fotografía...", 178.
13. Gilles Deleuze, "Bartleby o la fórmula", en *Preferiría no hacerlo. Bartleby el escribiente seguido de tres ensayos sobre Bartleby* (Valencia: Pre-textos, 2000), 483-485.
14. Walter Benjamin, "La obra de arte en la época de su reproducibilidad técnica", en *Discursos interrumpidos*
(Buenos Aires: Taurus, 1989), 25.
15. Mario Bellatin, *Lo raro es ser un escritor raro* (Lima: Colección Underwood, 2007), 8.
16. Mario Bellatin, *Shiki Nagaoka: Una nariz de ficción* (Barcelona: Editorial Sudamericana, 2001), 15.
17. Mario Bellatin, *El libro uruguayo de los muertos* (México: Sexto Piso, 2012), 43.
18. Mario Bellatin, *Condición de las flores* (Buenos Aires: Entropía, 2008), 14.
19. Bellatin, *Condición de las flores*, 147.
20. Bellatin, *Biografía Ilustrada de Mishima*, 11.
21. Bellatin, *Condición de las flores*, 123.
22. Alan Pauls, "El problema Bellatin", en *El interpretador*, 20, (2015), www.elinterpretador.net.
23. Bellatin, *Biografía Ilustrada de Mishima*, 11-12.
24. Bellatin, *Condición de las flores*, 128.

Bibliografía

Antebi, Susan. *Carnal Inscriptions. Spanish American Narrtives of Corporeal Difference and Disability*. New York: Palgrave Macmillan, 2009.
Barthes, Roland. *La cámara lúcida*. Barcelona: Paidós, 1989.

———. "Retórica de la imagen". En *Lo obvio y lo obtuso*. 29-47. Paidós: Barcelona, 1995.

Bellatin, Mario. *Biografía Ilustrada de Mishima*. Buenos Aires: Entropía, 2009.

———. *Condición de las flores*. Buenos Aires: Entropía, 2008.

———. *El libro uruguayo de los muertos*. México: Sexto Piso, 2012.

———. *Lo raro es ser un escritor raro*. Lima: Colección Underwood, 2007.

———. *Shiki Nagaoka: Una nariz de ficción*. Barcelona: Editorial Sudamericana, 2001.

Benjamin, Walter. "La obra de arte en la época de su reproducibilidad técnica". En *Discursos interrumpidos*. 13-44. Buenos Aires: Taurus, 1989.

Dávila, Lourdes. "Burla velada y fotografía en *Shiki Nagaoka*: una nariz de ficción". En *La variable Bellatin : navegador de lectura de una obra excéntrica*. Comp. Julio Ortega y Lourdes Dávila. 177-205. Veracruz: Universidad Veracruzana, 2012.

Deleuze, Gilles. "Bartleby o la fórmula". En *Preferiría no hacerlo. Bartleby el escribiente seguido de tres ensayos sobre Bartleby*. 57-92. Herman Melville, Gilles Deleuze, Giorgio Agamben y José Luis Pardo Torio. Valencia: Pre-textos, 2000.

Dubois, Philippe. *L'Acte photographique*. Paris: Nathan, 1983.

Martí, José. "Coney Island". En *Escenas de la vida norteamericana*. 33-39. Caracas: Ayacucho, 2003.

Palaversich, Diana. "Apuntes para una lectura de Mario Bellatin". *Chasqui: revista de literatura latinoamericana*. Vol. 32, n.º 1 (2003): 25-38.

Pauls, Alan. "El problema Bellatin". En *El interpretador*, 20, (2015): 300-303. www.elinterpretador.net. Molloy, Sylvia. "La política de la pose". En *Culturas de fin de siglo en América Latina*. Comp. Josefina Ludmer). 25-28. Buenos Aires: Beatriz Viterbo, 1994.

Panesi, Jorge. "La broma suprema". *Damas Chinas. Revista de literatura* n.º 3 (2000): 3-9.

Un Suceso de Escritura: Figuras de autor en el proyecto Escritores Duplicados, de Mario Bellatin

TOMÁS REGALADO LÓPEZ

EN SEPTIEMBRE DEL 2003 Mario Bellatin (n. 1960) organiza en el Instituto de México en París el Congreso de Escritores Duplicados. Se trata, en realidad, de una puesta en escena donde los cuatro novelistas mexicanos anunciados, José Agustín (n. 1944), Salvador Elizondo (1932-2006), Margo Glantz (n. 1930) y Sergio Pitol (1933-2018), se hallan ausentes: han sido sustituidos por actores y actrices previamente entrenados para repetir sus textos y comportarse como ellos. Más allá de su clasificación paratextual como congreso, la puesta en escena participa de un proyecto multidisciplinar que Bellatin desdobla en una performance artística, un ejercicio audiovisual, una exposición fotográfica, el libro *Escritores Duplicados/Doubles D'écrivains. Narradores mexicanos en París/Narrateurs mexicains à Paris* (2003), tema para sus entrevistas y textos autobiográficos, y material ficticio para sus novelas breves *Lecciones para una liebre muerta* (2005), *Demerol sin fecha de caducidad* (2008), *Los cien mil libros de Bellatin* (2011), *Disecado* (2011), y *Los libros del agrimensor/The surveyor's books* (2016). El proyecto Escritores Duplicados no constituye, por tanto, una práctica limitada en el tiempo, sino un *work in progress* que define el universo creativo de su autor a partir de la intersección entre disciplinas narrativas, fotográficas, artísticas, audiovisuales y teatrales, y pretende cuestionar nociones tradicionalmente aceptadas en torno al libro, la literatura y la figura de autor. La primera parte de este trabajo estudia el proyecto desde las particulares prácticas creativas de Bellatin —los llamados Sucesos de Escritura— y desde el aparato paratextual sobre el que se sustentan. En la segunda mitad se cotejan fuentes tanto postestructuralistas (Barthes,

Foucault) como sociológicas (Bourdieu) con las distorsiones de la figura de autor que lo vertebran.

Escritores Duplicados se comprende desde la particular estrategia de posicionamiento de Bellatin en el campo literario mexicano y latinoamericano, no totalmente ajena a la experiencia vanguardista y consistente en la proyección del libro hacia otras dimensiones creativas. El autor concibe la literatura y el arte como prácticas abiertas, en continuo desarrollo, reconvertidas a un carácter dinámico sin la condena del libro cerrado o de la exposición limitada en el espacio y en el tiempo. A partir de ello, Escritores Duplicados se define como un proyecto esencialmente multidisciplinar, con una lógica interna en la que conviven distintas narrativas, donde los libros juegan el papel de soporte, y cuya lógica interna responde a una dinámica que se identifica con el proyecto artístico-literario superior de Bellatin. Así, tanto el microcosmos Escritores Duplicados como el macrocosmos de su obra descansan sobre un aparato paratextual articulado sobre ejercicios escriturales, pero también sobre prácticas artísticas ajenas, al menos a priori, a la literatura. Un sector crítico ha señalado la importancia de los paratextos en la obra de Bellatin (Cote Botero; Cuartas; Gras; Palaversich): la discordancia entre los textos y los paratextos que los acompañan, sean estos fotografías, títulos, subtítulos o contraportadas de libros, desfase que cuestiona, sorprende y confunde al lector/espectador y lo despoja de sus expectativas y certezas. Si en *Palimpsestes. La littérature au second degré* (1982) Gérard Genette define los paratextos como aquellas entidades destinadas a ejercer una "acción sobre el lector"[1] y que "procuran un entorno (variable) al texto y a veces un comentario oficial u oficioso del que el lector más purista y menos tendente a la erudición externa no puede siempre disponer",[2] los proyectos de Bellatin apelan con frecuencia a un recurso que condiciona la recepción y causa sorpresa o rechazo en el lector/espectador, en una técnica que Andrea Cote Botero alinea con la obra de Borges y que consiste, según sus palabras, "en identificar marcas textuales capaces de detonar protocolos cuya significación está asignada previamente".[3] Esta discordancia provoca que se confunda el proyecto Escritores Duplicados con la celebración clausurada de la performance en París, cuando en realidad existe un sistema de prácticas que la preceden y la suceden. Denominada por Bellatin "Congreso de dobles de escritores de la literatura mexicana",[4] "una suerte de reunión de autores fantasma"[5] y "congreso de escritores fantasma",[6] la puesta en escena funciona como sinécdoque de un proyecto de superior envergadura donde se involucran otras prácticas creativas como la documentación fotográfica, una exposición audiovisual, un vídeo, una puesta en escena o performance, un libro y distintos materiales textuales donde la performance aparece referida o ficcionalizada, sin que sea posible establecer líneas divisorias entre las disciplinas. Reducir el proyecto a la celebración de un encuentro o congreso —del latín *congressus* o *reunión* y, según el *Diccionario de la Real Academia Española*, "conferencia generalmente periódica en que los miembros de una asociación, cuerpo, organismo, profesión, etc. se reúnen para debatir cuestiones previamente fijadas"— responde a la deliberada paratextualidad propuesta por el autor, pero supone una limitación en el enfoque multidisciplinar de su obra y encierra el proyecto en una categoría que poco o nada tiene que ver con el ambicioso despliegue sobre el que se estructura.

Antes de profundizar en el proyecto, se hace necesario un acercamiento a esta particular visión multidisciplinar del autor a la práctica literaria, al espacio relativo que ocupa el libro en este sistema y a las dos categorías en las que se inserta el proyecto: los Sucesos de Escritura y la Escuela Dinámica de Escritores. El autor mexicano-peruano no comprende la escritura como un proceso creativo autónomo o cerrado, sino como una práctica directamente equiparable a otras disciplinas y que sólo puede existir en convivencia con ellas: creaciones audiovisuales, teatrales, artísticas, pictóricas o fotográficas cuyas narrativas o lógicas internas complementan la escritura. En el prólogo a *El arte de enseñar a escribir* (2006), Bellatin expresa la imposibilidad de la existencia de la escritura como entidad autónoma, alejada de otras prácticas. El texto narrativo, por el contrario, solamente puede ser comprendido desde prácticas creativas externas, "formas de construcción de otras artes" que ayudan a generar la ficción:

> Estoy convencido de que las formas de construcción narrativas son casi imposibles de mostrar desde la misma literatura. Como en ella no parece contarse con una retórica predeterminada que haya que seguir —y si esto existiera y se acatara daría como resultado precisamente una mala literatura—, me parece importante acudir a las formas de construcción de otras artes, para que desde la visión que ellas presentan contar con una perspectiva del arte de narrar. Ver que así como la escultura, la pintura, la arquitectura, la danza o la fotografía cuentan con elementos narrativos que, de alguna manera, están fuera de lo que en sí se narra, en la literatura ocurre lo mismo, a pesar de que una serie de ideas establecidas digan lo contrario: que se debe escribir siguiendo una serie de preceptos donde muchas veces se confunde la forma con el contenido.[7]

La consecuencia es la difuminación de las fronteras entre géneros y, con ello, la relativización de la importancia otorgada al libro y a la misma idea de literatura, construida a partir de las lógicas de otras disciplinas y, en muchas ocasiones, en espacios ajenos al de la creación literaria propiamente dicha.

El proyecto Escritores Duplicados se encuadra, de hecho, en una de las categorías paratextuales generadas por Bellatin a partir de esta percepción multidisciplinar: los llamados Sucesos de Escritura. Se trata de una serie de experimentos donde lo literario comparte espacio con otras prácticas, donde el objetivo consiste en "resaltar los vacíos, las omisiones, antes que las presencias"[8] y donde todo se reduce a la máxima, repetida de manera recurrente a lo largo de su obra, de escribir "sin papel y lápiz" (Mochkofsky) o de "escribir sin escribir".[9] Los Sucesos de Escritura no se separan nunca radicalmente de la práctica literaria, pero tampoco responden a convenciones tradicionales que aíslan la escritura de otro tipo de prácticas artísticas, fotográficas, teatrales o cinemáticas: pretenden sacar el texto narrativo de "los textos publicados en los libros, donde se presenta la palabra escrita en una especie de pasividad aterradora dispuesta a que cualquiera haga con ella lo que desee".[10] Definen, más allá de ello, las creencias de Bellatin sobre los mecanismos de creación y sobre el papel que ocupa la literatura en ellos, y replantean nociones tradicionalmente aceptadas como el autor, la obra, la literatura y el aparato sociológico que los rodea. Descritos en numerosos textos teóricos, refuerzan la índole multidisciplinar que el autor otorga a todo proceso creativo, allá donde el escritor confunde deliberadamente su rol con el artista, el fotógrafo, el director teatral o el curador de la exposición de arte. Se trata, en sus propias palabras, de "advertir que el ejercicio de la escritura es un arte más, y que está sujeto a los movimientos y reglas que se manejan al considerar la experimentación artística como parte de un todo que no se fragmenta en cada una de las prácticas particulares".[11]

La organización del Congreso de Escritores Duplicados se vincula también con la Escuela Dinámica de Escritores, dirigida por Bellatin entre el 2000 y el 2009 en la Ciudad de México, un ejercicio que replantea las convenciones de los talleres de escritura a partir de una paradójica consigna: la prohibición de escribir. Definida por su fundador como "una escuela vacía en la que no existen programas de estudio" y como "un lugar donde se examinan asuntos, no únicamente relacionados con la literatura sino, especialmente, con las maneras de las que se sirven las demás artes para estructurar sus narraciones",[12] la Escuela Dinámica de Escritores o EDDE consiste en una serie de ponencias, cursos, talleres y conferencias impartidas por especialistas en el ámbito cultural mexicano —psicoanalistas, editores, cineastas, artistas visuales, dramaturgos, compositores musicales, coreógrafos, fotógrafos, traductores y novelistas como Ana García Bergua, Ignacio Padilla, Sergio Pitol o Jorge Volpi— donde se generan una serie de reflexiones artísticas que provocan la escritura, sin estar necesariamente vinculadas a ella. En el prólogo a *El arte de enseñar a escribir*, donde se documentan sus primeros cuatro años de funcionamiento, Bellatin define las actividades de la Escuela como "una suerte de detonante capaz de hacer que cada quien se enfrente, de manera solitaria, con su propio trabajo".[13]

La consecuencia de este acercamiento a la literatura no puede ser sino la relativización del concepto de libro y de la misma letra escrita, siempre presentes, pero siempre subordinados a la convivencia con otros formatos. No en vano, en una entrevista el escritor define su proyecto como un sistema en constante evolución, estructurado en torno a temas recurrentes, donde los libros cumplen la función de ser soportes físicos de referencia: "es un sistema. Si lo ves como sistema es un mundo. Pero a mí lo que interesan no son los libros. Me sirven. Lo que a mí me interesa es un sistema de escritura que está por debajo de los libros".[14] No existe, entonces, una prevalencia del libro o de la palabra escrita, sino que ambos son ejercicios de expresión a la altura de otros procesos creativos: los libros como "puntos físicos, reales, visibles para saber en qué parte del sistema va. Como va el sistema éste. Sí va moviéndose y haciéndose dinámico".[15] Esta idea funciona como una creencia en la literatura donde el libro es sólo una parte no clausurada, en perpetua transformación: el libro como soporte, como guía, como engarce en un proceso creativo superior, dinámico, que contrasta con el aparente estatismo de las imágenes publicadas en su obra, de las fotografías en espacios literarios y extraliterarios, de la parálisis de la exposición artística. El propio Bellatin lo explica en su ensayo *Underwood portátil modelo 1915* (2005): el libro "responde a un proyecto donde las obras son sencillamente manifestaciones de un sistema, y los temas tratados sirven sólo de pretexto para señalar realidades supuestamente más importantes que las nombradas".[16] En su ensayo "Mario Bellatin y los límites del libro", Craig Epplin demuestra que el libro como soporte físico no se opone a la génesis de otras prácticas artísticas, sino que las complementa y las asimila, sin subordinarse completamente a ellas pero sin ocupar tampoco la jerarquía que se le ha otorgado en el campo literario: "esto no quiere decir que el libro desaparezca o deje de tener importancia en la obra de Bellatin" —postula Epplin— pero "sí implica que no ocupa el centro conceptual de su proyecto de escritura, y que este proyecto se concibe según esquemas propios de otras interfaces".[17] Esta idea funciona, también, de una manera literal: si el Congreso de Escritores Duplicados tiene como soporte el libro *Escritores duplicados/Doubles d'écrivains*, las prácticas de la Escuela Dinámica de Escritores aparecen reflejadas en el volumen *El arte de enseñar a escribir*, publicado por el Fondo de Cultura Económica. El Congreso y la Escuela serán, asimismo, motivos reiterados en la narrativa breve del autor, publicada físicamente en distintos libros.

Hecha esta introducción, se explicitan ahora los pasos que conforman el entramado artístico-literario de Escritores Duplicados. El proyecto comienza en el 2003 cuando Jorge Volpi y Leticia Clouthier-Ducru, director y subdirectora del Instituto de México en París, invitan a Bellatin a dirigir una exposición de arte. Aprobada la propuesta, el autor invita a participar a cuatro novelistas mexicanos con un prestigio simbólico acumulado, suficientemente reconocibles para la academia internacional: Margo Glantz, Salvador Elizondo, Sergio Pitol y José Agustín. La labor de cada uno de ellos será doble: por un lado, componer un texto dividido en diez entradas que desglosen las pautas que definen su identidad como escritor y las líneas temáticas recurrentes en su obra. Por el otro, celebrar encuentros periódicos con un alumno de la Escuela Dinámica de Escritores, a quien le corresponderá memorizar el decálogo y aprender a comportarse como el autor. Son los llamados "representantes", visiblemente más jóvenes que los escritores a quienes van a suplantar. Esta fase dura seis meses, Bellatin la documenta fotográficamente y, en el entramado paratextual del proyecto, lleva por título "proceso de entrenamiento":[18] Glantz será reemplazada por Gabriel Martínez, abogado; Elizondo por Cecilia Vázquez, artista visual; Pitol por Marcela Sánchez Mota, socióloga; y Agustín por Héctor Bourges Valles, actor.

El Instituto de México anuncia la exposición "Escritores duplicados/Doubles d'écrivains", que tendrá lugar en su sede parisina entre el 19 de septiembre y el 1 de noviembre del 2003. En un comunicado de prensa la define como un juego donde se mezclan literatura y artes plásticas, a través del cual el visitante podrá "penetrar al corazón del universo literario de México" mediante la clonación de cuatro escritores mexicanos, "incluso en el caso de que ellos no vengan a París" (Instituto de México, trad. mía). La exposición se inaugura un día antes, el 18 de septiembre. La puesta en escena combina ejercicios creativos fotográficos, teatrales y audiovisuales: en una sala del Instituto se exponen las fotografías, en blanco y negro, que Bellatin ha tomado durante el "proceso de entrenamiento". En los rincones se disponen cuatro mesas, cada una con un micrófono, dos sillas, una jarra de agua, un cartel con el nombre del escritor "clonado" y la lista, con el formato de un menú, con las diez líneas temáticas. En una de las sillas se sienta un espectador, a quien se le ofrece el menú con los diez temas para que elija uno; en la silla contigua se sienta el "representante", quien explicará el tema elegido por el espectador. Bellatin define este paso como una "instalación"[19] y como una "puesta en escena",[20] subrayando en todas sus descripciones su carácter espectacular. Durante la primera semana se hallan presentes los cuatro "representantes": Bellatin filma las interacciones que mantienen con el traductor y los espectadores, filmación que se proyecta de manera simultánea en una pantalla de la sala. A partir de la segunda semana, sin embargo, los "representantes" desaparecen y sólo se emiten los vídeos filmados, "retirando así hasta la presencia corporal de los dobles" (Schmitter y Recchia Páez). Bellatin refiere en distintas fuentes la reacción de rechazo de los asistentes, en su mayoría profesores de literatura latinoamericana radicados en universidades europeas, después de comprobar que Agustín, Elizondo, Glantz y Pitol han sido sustituidos por dobles. El 23 de septiembre, cinco días después de la inauguración, se presenta el libro *Escritores duplicados. Narradores mexicanos en París/Doubles D´écrivains. Narrateurs Mexicains à Paris*, subtitulado *Un proyecto/un projet de Mario Bellatin*, publicado por la editorial mexicana Landucci. El libro cuenta con 240 páginas y otorga una particular atención al diseño gráfico, siempre en blanco y negro; acompañados de fotografías, los textos aparecen duplicados en columnas paralelas, con un texto en castellano y su correspondiente en francés. Además de un prólogo de Bellatin ("Narradores mexicanos en París") y un epílogo de Volpi ("Mario el Mutante"), el libro se compone de cuatro bloques con una estructura simétrica, con el decálogo de cada escritor y un número importante de fotografías en blanco y negro —casi quinientas por bloque— donde se puede verse al escritor en compañía de su "representante" durante el "proceso de entrenamiento".

En la etapa siguiente del proyecto Bellatin recurre al experimento de París como tema para algunas de sus reflexiones autobiográficas y como material ficticio para su narrativa breve. La performance se convierte en material para, al menos, sus textos autobiográficos *Underwood portátil modelo 1915*, "¿Le gusta este jardín que es suyo? No deje que sus hijos lo destruyan" —publicado en el volumen bilingüe *Repensar la dramaturgia. Errancia y transformación*

(2011)— y "Escribir sin escribir", prólogo a la segunda entrega de su *Obra reunida* en Alfaguara,[21] además de algunas entrevistas (Neyra y Rodríguez). La puesta en escena aparece ficcionalizada, asimismo, en sus novelas breves *Lecciones para una liebre muerta, Demerol sin fecha de caducidad, Los cien mil libros de Bellatin, Disecado* y *Los libros del agrimensor*. En estas descripciones se repiten rasgos comunes: el narrador —o uno de los personajes— decide organizar un Congreso de Dobles, proyecto que asocia a una sensación de transitoriedad y al desarrollo dinámico de una obra superior, como "una forma de seguir construyendo su obra".[22] Se enfatiza el cruce de disciplinas, apelando "a la figura del curador como autor y a la muestra como la obra";[23] el Congreso se encuadra en lo que el autor da en llamar Sucesos de Escritura.[24] En un principio, los organizadores de la muestra dudan —la entidad "tenía un prestigio que mantener en el país extranjero donde se hallaba ubicada"[25] — pero terminan aceptando la propuesta. El Congreso se lleva a cabo y algunos asistentes muestran su disconformidad cuando comprueban que los escritores han sido sustituidos por dobles: queja, "la de la ausencia de los cuerpos de los escritores programados",[26] a la que los narradores otorgan cierta importancia, porque les confirma la existencia de prejuicios y expectativas sobre los congresos literarios, sobre la figura del autor y sobre una idea preconcebida de la literatura que asocia indisolublemente al autor con su texto.

Las recreaciones ficticias del congreso contienen, también, mínimas variaciones: en el fragmento 110 de *Lecciones para una liebre muerta*, por ejemplo, el proyecto se concibe desde la perspectiva de un personaje llamado margo glantz (con minúsculas iniciales), quien despierta, en un fragmento que recuerda a *La metamorfosis* (1915) de Kafka, "convertida en un joven pasante de abogado",[27] después de que otro personaje llamado mario bellatin la hubiera sometido antes a un "proceso de clonación".[28] En *Demerol sin fecha de caducidad* un personaje llamado frida kahlo (también con minúscula inicial) lleva a cabo un *Congreso de dobles de artistas*, una "acción plástica"[29] que tiene como objetivo de indagar "en las relaciones posibles entre el autor y su obra".[30] Cabe comentar aquí que estas ficcionalizaciones no son registros del Congreso de Dobles, sino obras creativas hasta cierto punto autónomas, que no se subordinan al encuentro de París sino que cuentan con sus características propias. En cada recreación se mantienen unas pautas comunes que definen el proyecto, pero se introducen también transformaciones que modifican levemente la propuesta original, proceso reiterativo que responde a la percepción del autor sobre su obra como una entidad viva, abierta constantemente a la reescritura y expuesta a nuevas interpretaciones. Estas recreaciones responden al carácter abierto y dinámico la creación, a la idea de la obra literaria y artística como "despliegue continuo":[31] apenas cuentan con dos páginas en las *nouvelles* en las que aparecen y son, como bien define Reinaldo Laddaga, "cortes transitorios, vistas parciales de un proceso en marcha".[32] Cote Botero explica este sistema de repeticiones como un "circuito de formas auto-referenciales, una comunidad de temas que suponen la construcción de un sistema de insistencias y el de la copia, entendida ésta, no como imitación sino como re-creación de un segmento".[33]

Esta descripción de la obra de Bellatin permite presentar Escritores Duplicados desde una lógica que responde a la organización de su obra general: explica, en primer lugar, el carácter multidisciplinar de la propuesta, que en ningún caso se reduce a la representación de un falso congreso literario en París; ayuda a comprender, en segundo lugar, el espacio relativo que ocupa el libro en este proyecto, limitado a un soporte físico que complementa las vertientes teatral, fotográfica y performativa del proceso creativo; evidencia, en tercer lugar, la existencia de un poderoso aparato paratextual que vertebra el proyecto, de acuerdo al acercamiento de Genette al paratexto en *Palimpsestes*. Explicado en estos términos, el proyecto es un ejercicio artístico que pone en cuestión las relaciones entre la obra y el autor, entre la obra y las circunstancias sociales, históricas y autobiográficas que la rodean desde el momento de su escritura: una práctica que pretende separar al texto de "las circunstancias sociales, políticas o existenciales en las que se hallaba involucrado".[34] Ello explica la ausencia física de los autores y el hecho de que sean suplantadores —llámeseles clones, dobles o "representantes"— los encargados de repetir las palabras escritas antes por Agustín, Elizondo, Glantz y Pitol. El experimento cuestiona la tradicional preeminencia que se le ha otorgado, por encima de los textos, a la figura del autor en los ámbitos literarios. Bellatin plantea la posibilidad de la existencia de los textos sin la presencia física de sus autores porque, en sus propias palabras, "provenimos de una tradición literaria donde muchas veces se ha dado un relieve excesivo a la presencia del autor y a las circunstancias sociales en las que ese creador está sumido".[35] Esta creencia lo lleva a preguntarse sobre la supremacía de la figura de autor en las estrategias de posicionamiento en el campo y la mínima importancia que se le otorga a los textos que escribe: "¿quién es el escritor? ¿Por qué el escritor tiene el rol que tiene? ¿Por qué tiene el tiempo o espacio que tiene? ¿Quién dio las verdades en la literatura? ¿Cómo que los textos no pueden vivir por sí mismos...?".[36] Con el proyecto

Escritores Duplicados Bellatin imagina, por tanto, un mundo donde la obra literaria o artística funciona independientemente de sus circunstancias (las condiciones de emisión, publicación y difusión) y también de las circunstancias que rodean a su autor (las estrategias de posicionamiento en el campo, la génesis, estructura y normas que rigen el mismo, su propia imagen o presencia física).

La desaparición del autor y su radical deslinde de los textos que escribe han sido cuestiones ampliamente discutidas desde que en 1968 Roland Barthes proclamara ambas en su ensayo "La muerte del autor", abriendo con ello un debate sobre el que opinaron a finales de los sesenta y principios de los setenta teóricos como Julia Kristeva, Jacques Derrida, Philippe Sollers o Michel Foucault, y que más tarde tuvo ramificaciones en otras disciplinas semióticas, lingüísticas, filosóficas y literarias.[37] Expresado en los términos anteriores, la separación entre texto y autor que propone Bellatin parece tener una raigambre barthesiana, y así lo ha hecho constar un amplio sector crítico de la obra del escritor mexicano-peruano, tanto en su análisis del proyecto Escritores Duplicados como en el estudio de nouvelles del escritor como *Shiki Nagaoka: una nariz de ficción* (2001) o *Biografía ilustrada de Mishima* (2009). En "La muerte del autor", recordemos, Roland Barthes considera al autor una "figura moderna, el producto de nuestra sociedad"[38] y, convencido de que "es el lenguaje el que nos habla, no el autor",[39] propone separar radicalmente la obra de las circunstancias biográficas y sociales en las que fue escrita, del origen de la enunciación del discurso y de cualquier unidad que no sea la otorgada en el momento de la lectura. En unas palabras que justifican el proyecto Bellatin, Barthes afirma que "la imagen de la literatura en la cultura cotidiana gira tiránicamente sobre el autor, su persona, su vida, sus gustos, sus pasiones"[40] y que "el autor todavía reina en las historias de la literatura, en las biografías de escritores, entrevistas, revistas, y en la consciencia de los hombres de letras ansiosos por unir su persona y su obra en diarios y memorias".[41] Ciertamente, en Escritores Duplicados los autores se hallan ausentes durante la puesta en escena en París; sus textos existen, pero memorizados y emitidos por sus "representantes": en la línea barthesiana, es el lenguaje quién habla y, una vez que han sido sustituidos por dobles, la identidad de los autores pasa a un segundo plano. Separando texto y autor, Bellatin ejecuta simbólicamente la máxima barthesiana: "cuando el autor entra en su propia muerte, comienza la escritura".[42]

Este acercamiento, sin embargo, explica sólo parcialmente Escritores Duplicados. Uno de los problemas que plantea, por ejemplo, es la presencia recurrente de los cuatro escritores, José Agustín, Sergio Pitol, Margo Glantz y Salvador Elizondo, en las distintas etapas en que se desglosa el proyecto. Ateniéndonos al aparato paratextual citado antes, el entramado lleva por título Escritores Duplicados, Escritores Clonados o Escritores Fantasma. Pero un análisis literal del mismo nos indica que los cuatro novelistas, aunque ausentes durante la puesta en escena, tampoco se hallan duplicados ni tampoco, según la noción barthesiana, desaparecidos o (simbólicamente) muertos. Por el contrario, la presencia —y también la autoría— de los cuatro escritores se halla presente de manera ubicua en el proyecto: sus nombres aparecen, junto al de Bellatin, en la portada del libro *Escritores duplicados/Dóubles d'Écrivains*; se les atribuyen, con nombre y apellido, los cuatro decálogos, y estos textos tratan, parafraseando a Barthes, sobre su persona, su vida, sus gustos y sus pasiones; su imagen se halla repetida hasta el infinito en distintas etapas del proyecto, primero en la exposición de París y más tarde en las numerosas fotografías publicadas en el libro de Landucci. Esta presencia de los cuatro autores, deliberadamente sobredimensionada, impide hablar de una hipotética desaparición o "muerte" del autor. Además de contradecir la tesis barthesiana, la ingente cantidad de imágenes excede, además, el binarismo implícito en palabras como Clonado o Duplicado. Más allá de ello, la serie de imágenes en el libro, cada vez más pequeñas y cada vez más ordenadas en cuadros simétricos, implica una acumulación de datos, fotografías y textos que tienen por objeto una (des)identificación del sujeto por acumulación antes que por negación. El crítico argentino Enrique Schmukler ha apuntado que las suplantaciones en el Congreso de Dobles no responden a una desaparición barthesiana del autor, sino, precisamente, a todo lo contrario: "no se trata de una no-identificación (es imposible) sino de una proliferación de identificaciones que hace de las figuras meros avatares".[43] Y, en "Mario Bellatin: Literature and the Data Imaginary", Epplin identifica estas sucesiones como una respuesta a la tecnología de la postmodernidad, al exceso de información que procede de la acumulación de datos digitales. La proliferación de datos es una de las siete estrategias conceptuales señaladas por Epplin a través de las cuales se lleva a cabo este proceso de (des)identificación en la obra de Bellatin, definida como "un esfuerzo por socavar la categoría de la identidad, a través de una doble acción de desaparición y proliferación incesante".[44] Este esfuerzo se hace patente en las más de dos mil fotografías presentes en el libro *Escritores duplicados/Doubles d'écrivains* y conduce a una deflagración de sentido por exceso. No es menor el aporte de Reinaldo Laddaga, quien identifica estas sucesiones a partir del concepto de "imágenes-cristal" de Gilles Deleuze: una serie de "secuencias o circuitos de imágenes"[45] que, en un virtual palacio de espejos, se multiplican hasta el infinito como imágenes siempre virtuales, pero siempre reactivables. Contra la exégesis barthesiana, las interpretaciones de Epplin, Schmukler y Laddaga validan la hipótesis según la cual el aparato paratextual que vertebra el proyecto de Bellatin esconde o desfigura una realidad que poco tiene que ver con las palabras que lo nombran. Más que Dobles o Escritores Duplicados, habría que hablar, entonces, del Congreso de Escritores Multiplicados o, incluso, del Congreso de Escritores Infinitos. Y, más que matarlo simbólicamente a la manera barthesiana, el proyecto de Bellatin cuestiona la figura del autor en el siglo XXI, multiplicada hasta la saciedad en Internet, en la prensa, en las solapas de los libros. Multiplicando su imagen hasta el infinito, Bellatin cuestiona la referencialidad del nombre del autor, relativizando la importancia que se le otorga hoy, con la ayuda de los soportes de la tecnología, en los espacios sociológicos de mediación, difusión y recepción de la obra literaria, de la misma manera que las secuencias de imágenes en el libro de Landucci rememoran, hasta cierto punto, la búsqueda de cualquier autor en *Google Images* o en similares buscadores de la Red.

En este espacio, cercano a la sociología, se localiza "¿Qué es un autor?", conferencia dictada por Michel Foucault en 1969 como respuesta a "La muerte del autor" de Barthes. Sin abandonar del todo el enfoque post-estructuralista, Foucault plantea la relación que vincula al autor con la obra como "sólida y fundamental",[46] partiendo de la noción de autor como "el momento fuerte de individuación en la historia de las ideas, de los conocimientos, de las literaturas, también en la historia de la filosofía, y en la de las ciencias".[47] A diferencia de Barthes, Foucault no considera esencial plantear la muerte del autor, sino localizar aquellos espacios en los que la noción de autor ejerce su función; entre ellos, la llamada "relación de atribución", porque pone el énfasis en la circulación del discurso de autor en el interior de una sociedad y una cultura. Foucault considera que "el autor es sin duda aquél al que se le puede atribuir lo que ha sido dicho o escrito",[48] pero que "la atribución —aun cuando se trate de un autor conocido— es el resultado de operaciones críticas complejas y raramente justificadas".[49] Se identifica aquí la función del autor, por tanto, con el modo de existencia y funcionamiento de la palabra literaria en la sociedad, diferenciando con ello la palabra "de autor" en contraposición a la palabra "cotidiana", que es aquella que puede "consumirse inmediatamente".⁵⁰ Se puede plantear la hipótesis, entonces, según la cual Bellatin pretende con Escritores Duplicados cuestionar esta "relación de atribución" del texto. Al poner en boca de personas ajenas al mundo literario los textos de Agustín, Elizondo, Glantz y Pitol —"gente tomada al azar",⁵¹ en sus propias palabras— Bellatin no sólo plantea la posibilidad de despojar al texto literario de su función de autor, sino también de arrancarle su estatuto dentro de su círculo social y cuestionar la manera en la que este texto debe ser apreciado o reconocido. Más que separar al autor de su obra, Bellatin pone en jaque la relación de atribución del texto, y postula con ello cuestiones en torno al estatuto de la palabra literaria, su valoración, los modos y los espacios en los que circula. Pone en práctica, en fin, la idea imaginada por Foucault, sobre "una cultura en donde los discursos circularían y serían recibidos sin que nunca aparezca la función autor"⁵² y donde "todos los discursos, cualquiera que sea su estatuto, su forma, su valor, y cualquiera que sea el tratamiento que se les imponga, se desarrollarían en el anonimato del murmullo".⁵³ Con ello Foucault —y más tarde Bellatin— desplaza las preguntas desde la autoría de los textos —"¿Quién habló realmente? ¿Es él, efectivamente, y nadie más? ¿Con qué autenticidad o con qué originalidad? ¿Y qué fue lo que expresó de lo más profundo de sí mismo en su discurso?"⁵⁴— hasta los modos de circulación, recepción y apropiación del discurso que otorgan su estatuto a la palabra literaria. La lectura de Foucault deja el proyecto Escritores Duplicados en los bordes de la discusión sociológica. Bellatin es probablemente consciente de que su propuesta —textos que funcionan al margen de sus autores, sin su presencia física y sin la citada relación de atribución— no resulta posible y de que el texto literario tampoco puede funcionar al margen de los modos sociológicos de difusión y recepción en los que participa. Teniendo en cuenta esta imposibilidad, el escritor plantea una puesta en escena donde las relaciones entre el texto, su autor y sus modos de circulación han sido llevadas al extremo: su proyecto pretendía, en sus propias palabras, "enrarecer las cosas para que realmente surtieran efecto".⁵⁵

En distintas ocasiones Bellatin ha negado de forma tajante la validez de un acercamiento sociológico a su obra. Sin embargo, en su novela *Los libros del agrimensor* Bellatin habla de una práctica sociológica que bien podríamos asociar con el Congreso de Escritores Duplicados: "un evento de carácter social donde los asistentes no son quienes se supone que son sino dobles contratados para que se hagan pasar por ellos".⁵⁶ Un sector crítico, asimismo, se ha encargado de definir el encuentro de París como un experimento sociológico.

Como se vio en párrafos anteriores, la intención de Bellatin con el Congreso de Escritores Duplicados es separar al texto de los condicionantes sociológicos que lo rodean, incluidas las circunstancias del autor o el aparato académico tradicionalmente asimilado al texto. No obstante, cabe resaltar que el proyecto se halla inserto en un círculo sociológico sin el cual no habría podido llegar a un público capaz de apreciarlo: aquellas personas con un *habitus* o subjetividad socializada que, como los asistentes al Congreso en París, tienen la competencia para identificar —o, en este caso, no identificar— a escritores mexicanos como Glantz, Agustín, Pitol o Elizondo. Y, aunque Bellatin haya rechazado de manera recurrente una interpretación de sus proyectos desde esta óptica, lo cierto es que ni el Congreso de Escritores Duplicados ni otros Sucesos de Escritura pueden comprenderse fuera del espacio sociólogico en el que surgen y se desarrollan, el campo literario mexicano y latinoamericano de finales del siglo XX y principios del siglo XXI.

Una puesta en escena como la celebrada en París no habría sido posible sin el aparato sociológico que acompaña a sus protagonistas y sin el prestigio simbólico que define a todo campo literario, según lo explica Pierre Bourdieu en *Las reglas del arte. Génesis y estructura del campo literario* (1992). Para el pensador francés cualquier formación social —y proyectos como Escritores Duplicados o la Escuela Dinámica de Escritores lo son—[57] se estructura a través de una serie organizada de campos intelectuales, determinada por las posiciones de los agentes que los ocupan, las luchas simbólicas que ocurren dentro de ellos y las leyes de funcionamiento que los rigen. No puede omitirse, por tanto, "la posición del autor en el campo de producción y en la trayectoria social que le ha llevado a ella"[58] ni "la génesis y la estructura del espacio social absolutamente específica en el que el `creador` se inserta".[59] Contra la idea de aislar el texto de sus circunstancias y mantenerlo ajeno a un pasado, los Sucesos de Escritura radican, precisamente, en este círculo sociológico de la literatura, definido por Bourdieu como el "entorno ignorado del texto".[60] Así, si los profesores universitarios que asisten a la performance el 18 de octubre del 2003 en el Instituto México son capaces de darse cuenta de la suplantación, es porque antes han adquirido ese *habitus* o "sistema de disposiciones":[61] una subjetividad, construida a partir de parámetros sociales que responden a categorías jerárquicas de percepción y apreciación, que se realiza de acuerdo con una estructura de tomas de posicionamiento y que no pueden extrapolarse de las mismas dinámicas internas del campo, de las que son a la vez parte y consecuencia. Puesto que una obra de arte —o una obra literaria— "sólo tiene sentido e interés para alguien que posee la competencia cultural, es decir, el código en el que está codificada",[62] las quejas de los asistentes al Congreso de París se explican porque las partes involucradas (el coordinador del proyecto, la institución que lo acoge, los cuatro escritores, los "representantes" y los espectadores), comparten tomas de posición homólogas en las dinámicas de campo. La perplejidad de los asistentes se explica, probablemente, porque estos profesores a la vez sintonizan y no sintonizan con el *habitus* de Bellatin: sintonizan, por un lado, porque reconocen a los cuatro escritores invitados al proyecto y aceptan con ello, de manera implícita, "todo el sistema de agentes y de instituciones encargados de producir y reproducir los *habitus*".[63] No sintonizan, por el contrario, porque la práctica de una conferencia o un congreso literario, sin la presencia física de los cuatro escritores anunciados, dista de hallarse entre sus esquemas de percepción y valoración de los textos, por mucho que en el anuncio del evento el Instituto de México no asegurara desde un principio la presencia de Agustín, Glantz, Pitol y Elizondo.

La disquisición conduce, irremisiblemente, a los cuatro escritores elegidos para el proyecto. Se da la circunstancia de que el narrador de *Underwood portátil modelo 1915*, texto autobiográfico de Bellatin, justifica la elección de estos escritores consagrados en detrimento de escritores con un menor capital simbólico: "en un comienzo", afirma esta voz, "pensé también en otros escritores, de diferentes generaciones, pero advertí que mientras más jóvenes eran los convocados menos entendían o eran capaces de involucrarse en un proyecto de este tipo".[64] Aun dando credibilidad a este narrador (y aun identificándolo con las posturas de Bellatin), el proyecto Escritores Duplicados no habría podido funcionar sin cuatro autores reconocibles para cierto público hacia el que va dirigido el proyecto. Frente a estos escritores jóvenes —que entrarían en la categoría de lo que Bourdieu definió como pretendientes o recién llegados—[65] Glantz, Agustín, Pitol y Elizondo contaban en el 2003 con un importante prestigio simbólico en las tensiones del campo literario y latinoamericano, encajando los cuatro en la definición de escritores dominantes en las dinámicas de campo; aquellos que, según Bourdieu, representan la continuidad, pertenecen a lo que se da en llamar la "vanguardia consagrada"[66] y, frente a los recién llegados o pretendientes, hace tiempo que han conseguido, instancias sociológicas mediante, hacer existir su propia posición en el campo. En el momento de participar en el proyecto, Glantz, Agustín, Pitol y Elizondo habían sido traducidos a otros idiomas, ocupaban una posición dominante en el campo literario y —partiendo de la idea de Bourdieu de que uno de los poderes del escritor consagrado radica, precisamente, en el "poder de consagrar"—[67] habían participado también en la consagración y valoración de escritores más jóvenes (como Margo Glantz y su antología, publicada en 1971, *Onda y escritura en México. Jóvenes de 20 a 33*).[68] La participación de estos cuatro escritores dominantes se inserta, por tanto, en una red de relaciones anteriores que definen todo campo literario, relaciones de las que participa el escritor aun en aquellos casos en los que no es consciente, o bien pretende alejarse voluntariamente, de estas estrategias de posicionamiento: ello los hace reconocibles, en virtud de estas tomas de posicionamiento homólogas, para este público académico europeo. Recordemos, para ello, el concepto de *ilussio* o participación en el envite, que se halla implícita en un proyecto artístico como el de Bellatin y que Bourdieu define como una aceptación implícita de las luchas de campo: una participación en las dinámicas del campo cuyo conocimiento y reconocimiento "están tácitamente impuestos a todos los que entran en el juego".[69] Podría comprenderse, entonces, que desde la perspectiva del campo literario, el proyecto Escritores Duplicados entra en un punto ciego: con los signos de reconocimiento simbólico que acompañan desde el principio del proyecto a los cuatro escritores participantes (Agustín, Elizondo, Glantz y Pitol) no resulta posible ni separar radicalmente a los textos de su autor ni tampoco, como era otra de las intenciones de Bellatin, aislar a sus textos —los cuatro decálogos memorizados por los representantes— del orden simbólico sobre el que se funda el experimento. El proyecto, desde el momento en el que se elige a cuatro escritores consagrados en las dinámicas de campo, se halla indisolublemente ligado a un pasado estructurado sociológicamente: es el producto de las tensiones de campo generadas por el orden simbólico que otorgó, de manera gradual, el prestigio a los cuatro escritores participantes.

Se puede concluir, por el contrario, que el proyecto Escritores Duplicados adquiere su validez, precisamente, desde una óptica sociológica: como una propuesta distintiva, que permite imponer una posición avanzada en las dinámicas de campo, en su capacidad para desplazar a los actos anteriores en la génesis y estructura del mismo, en su novedad intrínseca en un sistema jerarquizado de gustos, y en su capacidad para alterar las dinámicas de funcionamiento del campo a partir de la ruptura y la diferencia. Identificado con las vanguardias literarias y artísticas, el particular sistema de Bellatin, del que el proyecto Escritores Duplicados es un ejemplo ilustrativo, altera en cierta manera las dinámicas del campo literario mexicano y latinoamericano, así como la lucha inherente que se lleva a cabo dentro de él. El creciente prestigio del autor en el ámbito académico —existen, al menos, cuatro libros monográficos dedicados a su obra— podría ser indicador de una práctica artística que ha sufrido ya mecanismos de legitimación y que ha terminado por imponerse en las fuerzas de campo, a partir de la novedad, la revolución y la diferencia. Dice Bourdieu:

> Las transformaciones radicales del espacio de las tomas de posición (las revoluciones literarias o artísticas) sólo pueden resultar de transformaciones de las relaciones de fuerzas constitutivas del espacio de las posiciones que a su vez se han hecho posibles gracias a la concurrencia de las intenciones subversivas de una fracción de los productores y de las expectativas de una fracción del público (interno y externo), por lo tanto gracias a una transformación de las relaciones entre el campo intelectual y el campo de poder.[70]

Si, como afirma Bourdieu, "cada acto artístico que al introducir una nueva posición en el campo hace época `desplaza` la totalidad de la serie de actos anteriores",[71] los experimentos de Bellatin, los originales Sucesos de Escritura y sus nuevas estrategias de acercamiento a la práctica literaria, en conjugación con otras disciplinas, han contribuido, desde posiciones originales y distintivas, a alterar las dinámicas del campo literario mexicano y latinoamericano de principios del siglo XXI. Quizá por ello, casi dos décadas después, la crítica académica sigue discutiendo el proyecto Escritores Duplicados, ha llegado a considerarla una práctica "mítica",[72] y sus diferentes variaciones multidisciplinares continúan expuestas, inexorablemente, a nuevas reformulaciones en el particular sistema creativo de su autor.

Notas

1. Gerard Genette, *Palimpsestos. La literatura en segundo grado* (Madrid: Taurus, 1989), 12.
2. Genette, *Palimpsestos*..., 11-12.
3. Andrea Cote Botero, "Mario Bellatin: el giro hacia el procedimiento y la literatura como proyecto", (tesis doctoral, University of Pennsylvania, 2014), 200.
4. Bellatin, "¿Le gusta este jardín que es suyo?...", 60.
5. Mario Bellatin, *Disecado* (Madrid: Sexto piso, 2011), 19.
6. Bellatin, "¿Le gusta este jardín que es suyo?...", 72.
7. Mario Bellatin, *El arte de enseñar a escribir* (México: Fondo de Cultura Econó-

mica, 2007), 10.

8. Mario Bellatin, "¿Le gusta este jardín que es suyo? No deje que sus hijos lo destruyan", en *Repensar la dramaturgia. Errancia y transformación. Rethinking Dramaturgy. Errancy and Transformation* (Murcia: Centro Párraga, 2011), 57.

9. Mario Bellatin, "Escribir sin escribir", en *Obra reunida 2* (México: Alfaguara, 2014), 9.

10. Bellatin, "Escribir sin escribir", 22.

11. Bellatin, *El arte de enseñar a escribir*, 9. Este trabajo se ocupa solamente del proyecto Escritores Duplicados. Otros Sucesos de Escritura organizados por Bellatin son, por ejemplo, la presentación de su novela *Perros héroes* (2003) en la Universidad del Claustro Sor Juana, con la participación de sus propios pastor malinois; la performance "Mario Bellatin en primera persona" en el FILBA de Buenos Aires en el 2006 y el proyecto *Los cien mil libros de Bellatin*. Para la reconstrucción de "Mario Bellatin en primera persona", proyecto afín a Escritores Duplicados, se recomienda el artículo periodístico "Estafas de la presencia: Mario Bellatin en primera persona en el FILBA", de Juan Recchia Páez y Gianna Schmitter.

12. Mario Bellatin, Ed., *Escritores duplicados. Narradores mexicanos en París/Doubles d'écrivains. Narrateurs mexicains à Paris. Un proyecto/Un projet de Mario Bellatin* (México: Landucci, 2003), 9.

13. Bellatin, *El arte de enseñar a escribir*, 10.

14. Emily Hind, "Entrevista con Mario Bellatin", *Confluencia* 20, n.º 1 (2004), 201-202.

15. Hind, "Entrevista con Mario Bellatin", 202.

16. Mario Bellatin, "Underwood portátil: modelo 1915", en *Obra reunida* (Madrid: Alfaguara, 2005), 494.

17. Craig Epplin, "Mario Bellatin y los límites del libro", en *La variable Bellatin: navegador de lectura de una obra excéntrica* (Xalapa: Universidad Veracruzana, 2012), 115.

18. Bellatin, "Escribir sin escribir", 11.

19. Bellatin, *Escritores duplicados*, 4.

20. Bellatin, *Escritores duplicados*, 4.

21. Bellatin, *Obra reunida*, 11-12.

22. Bellatin, "¿Le gusta este jardín que es suyo?...", 60.

23. Mario Bellatin y Graciela Iturbide, *Demerol sin fecha de caducidad/El baño de Frida Kahlo* (México: RM Verlag 2008), 14.

24. Bellatin, "¿Le gusta este jardín que es suyo?...", 61.

25. Bellatin, "¿Le gusta este jardín que es suyo?...", 61.

26. Bellatin, "Escribir sin escribir", 12.

27. Mario Bellatin, *Lecciones para una liebre muerta* (Barcelona: Anagrama, 2005),

73.
28. Bellatin, *Lecciones para una liebre muerta*, 73.
29. Bellatin, *Demerol sin fecha de caducidad/El baño de Frida Kahlo*, 14.
30. *Demerol sin fecha de caducidad/El baño de Frida Kahlo*, 13.
31. Reinaldo Laddaga, *Espectáculos de realidad. Ensayo sobre la narrativa latinoamericana de las últimas dos décadas* (Rosario: Beatriz Viterbo Editora, 2007), 10.
32. Laddaga, *Espectáculos de realidad*, 142.
33. Cote-Botero, "Mario Bellatin: el giro hacia el procedimiento....", 22.
34. Bellatin, *Demerol sin fecha de caducidad/El baño de Frida Kahlo*, 12.
35. Bellatin, "Escribir sin escribir", 11.
36. Hind, "Entrevista con Mario Bellatin", 202.
37. Carla Benedetti, *The Empty Cage. Inquiry into the Mysterious Disappearance of the Author* (Ithaca: Cornell University Press, 2005), 6-7.
38. Roland Barthes, "The Death of the Author", en *Modern Literary Theory* (Londres: Edward Arnold, 1992), 114. La traducción es mía.
39. Barthes, "The Death of the Author", 115. La traducción es mía.
40. Barthes, "The Death of the Author", 114. La traducción es mía.
41. Barthes, "The Death of the Author", 114. La traducción es mía.
42. Barthes, "The Death of the Author", 114. La traducción es mía.
43. Enrique Schmukler, "Simulacro, identidad y ficción de autor en dos textos 'japoneses' de Mario Bellatin", *Hispamérica* 42, n.º 125 (2013), 8.
44. Craig Epplin, "Mario Bellatin: Literature and the Data Imaginary", *Revista de Estudios Hispánicos* nº 49 (2015), 75. La traducción es mía.
45. Laddaga, *Espectáculos de realidad*, 134.
46. Michel Foucault, "¿Qué es un autor?", *Dialéctica*, IX. n° 16 (1984), 54.
47. Foucault, "¿Qué es un autor?", 54.
48. Foucault, "¿Qué es un autor?", 51.
49. Foucault, "¿Qué es un autor?", 51.
50. Foucault, "¿Qué es un autor?", 60.
51. Bellatin, "¿Le gusta este jardín que es suyo?...", 61.
52. Foucault, "¿Qué es un autor?", 73.
53. Foucault, "¿Qué es un autor?", 73.
54. Foucault, "¿Qué es un autor?", 73.
55. Fermín Rodríguez, "Entrevistas. Mario Bellatin", *Hispamérica* 35, nº 103 (2006), 68.
56. Mario Bellatin, *Los libros del agrimensor. The surveyor's books* (Santiago de Chile: Lagüey, 2016), 61.
57. Epplin, "Mario Bellatin y los límites del libro", 106.
58. Pierre Bourdieu, *Las reglas del arte. Génesis y estructura del campo literario*, trad.

Thomas Kauf (Barcelona: Anagrama, 2005), 286.

59. Bourdieu, *Las reglas del arte*, 286.

60. Bourdieu, *Las reglas del arte*, 12.

61. Bourdieu, *Las reglas del arte*, 394.

62. Bourdieu, *Las reglas del arte*, 371.

63. Bourdieu, *Las reglas del arte*, 260.

64. Bellatin, "Underwood portátil: modelo 1915", 504.

65. Bourdieu, *Las reglas del arte*, 355.

66. Bourdieu, *Las reglas del arte*, 240.

67. Bourdieu, *Las reglas del arte*, 255.

68. Entrado el siglo XXI, a Salvador Elizondo se le consideraba uno de los grandes autores postmodernos de México, desde la publicación de su novela *Farabeuf o la crónica de un instante*, en 1965; en el 2003 Sergio Pitol acababa de retornar a su país, fundador de una tradición propia después sus traducciones del ruso y del polaco, y de la publicación de su canónico *Tríptico de carnaval* (1984-91); Margo Glantz era autora de novelas canónicas como *Las genealogías* (1981) o *El rastro* (2002); asociado a la Onda de los sesenta, José Agustín dejó novelas centrales del movimiento como *La tumba* (1964) o *De perfil* (1966).

69. Bourdieu, *Las reglas del arte*, 400.

70. Bourdieu, *Las reglas del arte*, 347.

71. Bourdieu, *Las reglas del arte*, 341.

72. Dunia Gras, "*Shiki Nagaoka*: la postfotografía como estrategia bioficcional del fake", *Literatura y Lingüística*, n.° 36 (2017), 182.

Bibliografía

Barthes, Roland. "The Death of the Author". En *Modern Literary Theory*. Ed. Philip Rice y Patricia Waugh. 114-118. Londres: Edward Arnold, 1992.

Bellatin, Mario. *Disecado*. Madrid: Sexto piso, 2011.

——. "Escribir sin escribir". En *Obra reunida 2*. 9-22. México: Alfaguara, 2014.

——. Ed. *Escritores duplicados. Narradores mexicanos en París/Doubles d´écrivains. Narrateurs mexicains à Paris. Un proyecto/Un projet de Mario Bellatin*. México: Landucci, 2003.

——. *El arte de enseñar a escribir*. México: Fondo de Cultura Económica, 2007.

——. "¿Le gusta este jardín que es suyo? No deje que sus hijos lo destruyan". En *Repensar la dramaturgia. Errancia y transformación. Rethinking Dramaturgy. Errancy and Transformation*. 57-73. Murcia: Centro Párraga, 2011.

——. *Lecciones para una liebre muerta*. Barcelona: Anagrama, 2005.

——. "Los cien mil libros de Bellatin". En *Obra reunida 2*. 653-664. México:

Alfaguara, 2014.

———. *Los libros del agrimensor. The Surveyor's Books*. Santiago de Chile: Lagüey, 2016.

———. "Underwood portátil: modelo 1915". En *Obra reunida*. 483-506. Madrid: Alfaguara, 2005.

Bellatin Mario, y Graciela Iturbide. *Demerol sin fecha de caducidad/El baño de Frida Kahlo* (México: RM Verlag 2008).

Benedetti, Carla. *The Empty Cage. Inquiry into the Mysterious Disappearance of the Author*. Trad. William J. Hartley. Ithaca: Cornell University Press, 2005.

Bourdieu, Pierre. *Las reglas del arte. Génesis y estructura del campo literario*. Trad. Thomas Kauf. Barcelona: Anagrama, 2005.

Cote-Botero, Andrea. "Mario Bellatin: el giro hacia el procedimiento y la literatura como proyecto". Tesis doctoral, University of Pennsylvania, 2014. http://repository.upenn.edu/edissertations/1244.

Cuartas, Juan Pablo. "Los 'Sucesos de Escritura': Encuadre y delineado en Mario Bellatin". *Traslaciones. Revista Latinoamericana de Lectura y Escritura*, n.º 3.5 (2016): 123-37.

Chartier, Roger. "Trabajar con Foucault: esbozo de una genealogía de la 'función-autor'". *Signos históricos*, n.º I.1 (1999): 11-27.

Donoso Macaya, Ángeles. " 'Yo soy Mario Bellatin y soy de ficción' o el paradójico borde de lo autobiográfico en *El gran vidrio* (2007)". *Chasqui. Revista de Literatura Latinoamericana* 40, n.º 1 (2011): 96-110.

Epplin, Craig. "Mario Bellatin y los límites del libro". En *La variable Bellatin: navegador de lectura de una obra excéntrica*. Ed. Julio Ortega y Lourdes Dávila. 99-117. Xalapa: Universidad Veracruzana, 2012.

———. "Mario Bellatin: Literature and the Data Imaginary". *Revista de Estudios Hispánicos* n.º 49 (2015): 65-89.

Foucault, Michel. "¿Qué es un autor?". Trad. Corina Yturbe. *Dialéctica*, IX. n.º 16 (1984), 51-82.

Genette, Gerard. *Palimpsestos. La literatura en segundo grado*. Trad. Celia Fernández Prieto. Madrid: Taurus, 1989.

Glantz, Margo. "Silencio". En *El arte de enseñar a escribir*. Ed. Mario Bellatin. 39. México: Fondo de Cultura Económica, 2007.

Gras, Dunia. "*Shiki Nagaoka*: la postfotografía como estrategia bioficcional del fake". *Literatura y Lingüística*, n.º 36 (2017): 177-204.

Hind, Emily. "Entrevista con Mario Bellatin". *Confluencia* 20, n.º 1 (2004): 197-204.

Hoyos, Héctor. *Beyond Bolaño: The Global Latin American Novel*. Nueva York: Columbia University Press, 2015.

Instituto de México en París, "Communiqué de presse". https:/mexiqueculture

.pagespero-orange.fr/escritores-comunicado.htm.

Laddaga, Reinaldo. *Espectáculos de realidad. Ensayo sobre la narrativa latinoamericana de las últimas dos décadas*. Rosario: Beatriz Viterbo Editora, 2007.

López-Calvo, Ignacio. "La muerte del autor mediante la falsa traducción en el Japón de Mario Bellatin". En *Extremo Oriente y Extremo Occidente: Herencias Asiáticas en la América Hispánica*. Ed. Axel Gasquet y Georges Lomné. 245-66. Lima: Fondo Editorial PUCP, 2018.

Mochkofsky, Graciela. "Mexico Literary Prankster Goes to War With His Publisher". *The New Yorker*, 23 de diciembre de 2015. https://www.newyorker.com/books/page-turner/mexicos-literary-prankster-goes-to-war-with-his-publisher.

Neyra, Ezio, "No hay más escritura que la escritura. Entrevista a Mario Bellatin". En *La variable Bellatin: navegador de lectura de una obra excéntrica*. Ed. Julio Ortega y Lourdes Dávila. 207-219. Xalapa: Universidad Veracruzana, 2012.

Palaversich, Diana. "Apuntes para una lectura de Mario Bellatin". *Chasqui. Revista de Literatura Latinoamericana*, 32, n.º 1 (2003): 25-38.

Recchia Páez, Juan, y Gianna Schmitter. "Estafas de la presencia: Mario Bellatin en primera persona en el FILBA". *Revista Transas*, 20 de noviembre de 2010. http://www.revistatransas.com/2016/10/20/estafas-de-la-presencia-mario-bellatin-en-primera-persona-en-el-filba/.

Rodríguez, Fermín. "Entrevistas. Mario Bellatin", *Hispamérica* 35, n.º 103 (2006): 63-69.

Ruiz, Facundo. "Vitrinas fotográficas. Mario Bellatin y el relato fotográfico". *Revista de Crítica Literaria Latinoamericana*, n.º 68 (2008): 201-10.

Suasnábari, Iván. "La escritura en movimiento. Desplazamiento y sustracción en la génesis textual de *Damas chinas* de Mario Bellatin". *Traslaciones. Revista Latinoamericana de Lectura y Escritura* 3, n.º 5 (2016): 109-122.

Schmukler, Enrique. "Simulacro, identidad y ficción de autor en dos textos 'japoneses' de Mario Bellatin". *Hispamérica* 42, n.º 125 (2013): 3-10.

Steinberg, Samuel. "To Begin Writing: Bellatin, Reunited". *Journal of Latin American Cultural Studies* 20, n.º 2 (2011): 105-20.

LISTA DE COLABORADORES

CARLA VICTORIA ALBORNOZ es una economista y politóloga argentina apasionada por la literatura con maestría y doctorado en Letras por las PUC-Rio (Brasil), en donde ha vivido por muchos años. Dentro del área de letras latinoamericanas, ha trabajado en la investigación de microficciones de escritoras (Ana María Shua, Marina Colasanti y Luisa Valenzuela) y en los sistemas de escritura de las obras de Mario Bellatín, César Aira y Osvaldo Lamborghini. Es autora del libro *É ou não é: os sistema de escrita nas obras de Osvaldo Lamborghini, César Aira e Mario Bellatín*. Ha participado en varios congresos de literatura en América Latina y ha sido docente en el área de economía (UBA, Argentina) y en el área de literatura en PUC-Rio.

MARIO BELLATIN es escritor. Nació en México. Estudio Teología y Cine. Tiene mas de 40 libros publicados. Están traducidos a 15 idiomas. Ganador del premio Xavier Villaurrutia, Mazatlan, el Barbara Gittings Literature Award, el Premio Antonin Artaud y el Premio José María Arguedas. Asimismo, obtuvo el Premio José Donoso en 2018. En 2012 fue curador de Documenta 13 (Kassel, Alemania). Entre sus proyectos más importantes, además de la escritura, se encuentran: la Escuela Dinámica de Escritores, *Los cien mil libros* de Bellatin y el largometraje *Bola Negra* del Musical de Ciudad Juárez.

MARIO CÁMARA es profesor de Literatura Brasileña en la Universidad de Buenos Aires, y de Teoría y Análisis Literario en la Universidad de las Artes. Igualmente, es investigador en el Consejo Nacional de Investigaciones Científicas. Ha publicado *El caso Torquato Neto, diversos modos de ser vampiro en Brasil en los años setenta* (2011), *Cuerpos paganos, usos y efectos en la cultura brasileña 1960-1980* (2011 y 2014), *A máquina performática* (en colaboración con Gonzalo Aguilar [2017]), y *Resto épicos. Relatos e imágenes en el cambio de época* (2017). Desde 2003 integra el Concejo editor de la revista *Grumo, literatura e imagen* (Premio Ministerio de Cultura, Brasil, 2007). Fue becario en dos oportunidades por el DAAD para investigar en el Instituto Iberoamericano de Berlín, por el GRUPO COIMBRA, para realizar una estadía de investigación en la Universidad de Leiden, Holanda. Fue Profesor Visitante en la Universidad de Princeton (EUA), y Fellowship Fulbright para realizar una estancia de investigación en esa misma universidad.

ANDREA COTE-BOTERO es autora de los libros de poemas: *La ruina que nombro* (2015) y *Puerto Calcinado, Cosas Frágiles* y *Chinatown a toda hora* (Libro Objeto). Ha publicado además libros en prosa: *Una fotógrafa al desnudo: biografía de Tina Modotti* y *Blanca Varela o la escritura de la soledad*. Ha obtenido los reconocimientos: Premio Nacional de Poesía de la Universidad Externado de Colombia en el año 2003, Premio Internacional de Poesía Puentes de Struga (2005) y el Premio Cittá de Castrovillari Prize (2010) a Porto in Cenere, version italiana de Puerto Calcinado. Sus poemas han sido traducidos al inglés, ruso, francés, alemán, catalán, italiano, portugués, macedonio, árabe, polaco y griego. Ha traducido al español a los poetas Jericho Brown y Rosa Alcalá y a la poeta laureada de los Estados Unidos Tracy K. Smith. Actualmente es profesora de poesía en la Maestría Bilingüe en Escritura Creativa en la Universidad de Texas en El Paso.

JUAN PABLO CUARTAS es licenciado en letras y doctorando por la Universidad de La Plata y de la Universidad de Poitiers (Francia). Actualmente trabaja en el ordenamiento y digitalización del Archivo Bellatin, radicado en la CriGAE-UNLP (Area de Crítica Genética y Archivos de Escritores). Participa en el Proyecto de investigación "El Archivo como política de lectura. Reformulaciones teóricas y metodológicas en América Latina en torno a Archivos de escritores y artistas." Su tesis doctoral en curso estudia los procesos de escritura de Mario Bellatin en relación con otras prácticas artísticas y simbólicas.

LEONEL CHERRI es licenciado en Letras de la Universidad Nacional del Litoral. Fue pasante docente en la cátedra de Teoría Literaria I de la Universidad Nacional del Litoral e Investigador Invitado en la Universidad de Groningen (Holanda). Actualmente se desempeña como coordinador académico del Programa de Estudios Latinoamericanos Contemporáneos y Comparados en la Universidad Nacional de Tres de Febrero y como secretario de redacción de la revista *Chuy*. Asimismo, es becario doctoral del CONICET, donde se encuentra estudiando, en el marco del Doctorado en Literatura de la Universidad de Buenos Aires, la relación entre imagen y literatura en la obra de Mario Bellatin. Sus trabajos de investigación se enfocan en el estudio de las problemáticas del estatuto literario y de la literatura argentina y latinoamericana contemporáneas desde una perspectiva transdisciplinaria centrada en el análisis de documentos y de textos literarios y de otras artes, como en la puesta en relación de discursos y prácticas heterogéneas.

MARTÍN GASPAR es profesor asociado de Bryn Mawr College (Filadelfia, USA). Sus investigaciones se centran en torno a la historia cultural de América Latina, los estudios de traducción y la política de la visibilidad. Es autor de *La condición traductora* (2014) y ha publicado artículos en revistas como *Journal of Latin American Cultural Studies*, *Variaciones Borges*, y *Latin American Literary Review*, entre otras. En su actual proyecto de investigación estudia las funciones del anonimato en los medios, la literatura y el cine latinoamericanos.

MARGO GLANTZ es escritora mexicana, entre cuyos títulos destacan: *Doscientas ballenas azules* (1979), *No pronunciarás* (1980), *Las genealogías* (1981), *Síndrome de naufragios* (1984), *Apariciones* (1996), *Zona de derrumbe* (2001) y *El rastro* (2002). Asimismo, ha publicado ensayos sobre literatura mexicana y comparada: *Repeticiones* (1980), *Intervención y pretexto* (1980), *El día de tu boda* (1982), *La lengua en la mano* (1984), *La Malinche, sus padres y sus hijos* (1984), *Erosiones* (1985), *Sor Juana, placeres y saberes* (1996), *Sor Juana: la comparación y la hipérbole* (2000) y *La desnudez como naufragio* (2004), entre otros.

EMILY HIND es profesora de literatura latinoamericana en la Universidad de Florida, donde recibió el Term Professorship por investigaciones distinguidas, 2016-2019, y fue elegida como la Profesora del Año 2016-2017 y 2018-2019 por las y los estudiantes de posgrado del programa de literatura hispánica. Su último libro se titula *Dude Lit: Mexican Men Writing and Performing Competence, 1955-2012* (2019). En 2020, Peter Lang publicará su tercer libro de entrevistas con creadoras y creadores mexicanxs, esta vez desde el ángulo de la literatura infantil y juvenil. Sus últimos artículos incluyen un análisis de la discriminación por la edad en torno a varias escritoras mexicanas del siglo XX y XXI (*Life Writing* 16.1 [2019]: 11-24) y otro estudio sobre la discapacidad y el pensamiento decolonial aplicados a la ficción de Guadalupe Nettel, Carla Faesler y Laía Jufresa (*Disability and the Global South*, 6. 1 [2019]: 1677-1694).

HÉCTOR JAIMES es profesor titular de literatura y cultura latinoamericanas en North Carolina State University (Raleigh, Carolina del Norte, USA). Ha publicado dos libros: *Filosofía del muralismo mexicano: Orozco, Rivera y Siqueiros* (2012) y *La reescritura de la historia en el ensayo hispanoamericano* (2001); asimismo, ha sido el editor principal de importantes publicaciones: *The Mexican Crack Writers: History and Criticism* (2017), *Tu hija Frida: Cartas a mamá* (2016), *Fundación del muralismo mexicano: Textos inéditos de David Alfaro Siqueiros* (2012) y *Octavio Paz: La dimensión estética del ensayo* (2004). Actualmente trabaja sobre un proyecto que contempla el estudio de la narrativa mexicana contemporánea.

PAULA KLEIN JARA se doctoró en literatura en la Universidad de Montreal, con una tesis titulada: "El carácter cínico en la producción cultural mexicana: Una exploración del lenguaje, el cuerpo y la sexualidad". Ha publicado capítulos en libros sobre cine, literatura y cultura popular. Asimismo, ha trabajado como profesora en México, Estados Unidos y Canadá.

ELLEN LAMBRECHTS es doctoranda en la KU Leuven (Bélgica), donde realiza una tesis sobre la traducción y la recepción de la narrativa fantástica peruana, con especial atención a las modalidades contemporáneas del género. Es miembro de la unidad de investigación "Traductología: traducción y transferencias interculturales", del Centro de Estudios de Traducción (CETRA) y del Centro de Estudios de Recepción (CERES). Sus participaciones en conferencias y sus publicaciones internacionales se sitúan en el campo de la literatura latinoamericana contemporánea y giran en torno a la relación entre ficción e ideología, la teoría de la traducción y los estudios de la recepción.

DANIEL LINK es profesor de Literatura mundial y comparada (Literatura del siglo XX) en la Universidad de Buenos Aires y coordina la Maestría en Estudios Literarios Latinamericanos y el Programa de Estudios Latinoamericanos Contemporáneos y Comparados en la Universidad Nacional de Tres de Febrero. Sus últimos libros son *La lectura: una vida...* (2017) y *La lógica de Copi* (2017). Junto con Rodrigo Caresani es editor general de la *Obra Completa* (Edición crítica) de Rubén Darío, en proceso de publicación.

FRANCISCO JOSÉ LÓPEZ ALFONSO es profesor titular del Departamento de Filología Española de la Universitat de València. Ha publicado los siguientes libros: *Hablo, señores, de la libertad para todos (López Albújar y el indigenismo en el Perú)* (2006), *Sombras de la libertad. Una aproximación a la literatura brasileña* (2008), *La narrativa de la Emancipación* (2015), *Mario Bellatin, el cuadernillo de las cosas difíciles de explicar* (2015). Editor y prologuista de la antología *Indigenismo y propuestas culturales: Belaúnde, Mariátegui, Basadre* (1995). Ha publicado artículos sobre numerosos autores hispanoamericanos; entre ellos Darío, Arlt, Rulfo, Arguedas, Onetti y Bolaño. Su último trabajo aparecido sobre Bellatin es "Ironía en *La jornada de la mona y el paciente*", en el monográfico coordinado por Alejandro Palma y otros, *Bellatin en su proceso: los gestos de una escritura*, de la editorial Prometeo libros, en 2018.

HERNÁN MEDINA JIMÉNEZ es profesor asistente en The College of Wooster (Wooster, USA). Sus investigaciones más recientes se centran en la intersección de la teoría del juego en el arte, la idea del paratexto y los nuevos modelos de autorreferencialidad en la industria creativa hispánica reciente. Sus artículos han sido publicados en diferentes revistas académicas como la *Revista Iberoamericana* y *A Contracorriente*, entre otras.

PEDRO ÁNGEL PALOU, además de escritor, se desempeña como profesor de estudios latinoamericanos en Tufts University (Boston, USA). Es autor (de más de treinta libros) que lo mismo ha escrito cuento (*Música de Adiós, Amores Enormes*, Premio Jorge Ibargüengoitia, *Los placeres del dolor*) que ensayo (*La ciudad crítica*, Premio René Uribe Ferrer, *La casa del silencio*, Premio Nacional de Historia Francisco Javier Clavigero) y novela: *En la alcoba de un mundo, Paraíso Clausurado, Con la muerte en los puños,* Premio Xavier Villaurrutia 2003 entre otras muchas otras, así como la trilogía Muertes históricas compuesta por *Zapata* (Finalista del Premio Rómulo Gallegos 2005), *Morelos, morir es nada* y *Cuauhtémoc, la defensa del quinto sol*. Asimismo, *Pobre patria mía, la novela de Porfirio Díaz*. En 2012 publicó su novela histórica sobre san Pablo, *El Impostor* y en 2013 su thriller sobre la segunda guerra mundial, *La amante del Ghetto*, en editorial Planeta. En 2009 fue finalista del premio iberoamericano de novela Planeta-Casamerica con su novela *El dinero del diablo* que se publicó simultáneamente en 22 países de habla hispana. Su ensayo histórico *La culpa de México* y su novela, *La profundidad de la piel* fueron publicados en Norma entre 2009 y 2010 en todo América Latina y España. *No me dejen morir así*, novela histórica sobre Pancho Villa y un ensayo sobre el cine y la literatura mexicanas del siglo XX, *El fracaso del mestizo*, así como su *Tierra Roja*, la novela de Lázaro Cárdenas cierran un ciclo de literatura histórica. Su más reciente novela es un thriller policíaco, *Todos los miedos*.

TOMÁS REGALADO-LÓPEZ es profesor asociado de Literatura Latinoamericana en James Madison University (Harrisonburg, USA). Se especializa en narrativa mexicana de finales del siglo XX y principios del siglo XXI, con especial énfasis en los escritores del "Crack" y otras estrategias de posicionamiento generacional en el campo literario. Ha publicado ensayos de investigación sobre Salvador Elizondo, Martín Luis Guzmán, Julián Herbert, Ignacio Padilla, Sergio Pitol y Jorge Volpi, entre otros escritores mexicanos. Es autor de los libros *La novedad de lo antiguo: la novela de Jorge Volpi (1992-1999) y la tradición de la ruptura* (2009) e *Historia personal del Crack. Entrevistas críticas* (2018). Colaboró con los siete escritores del "Crack" para la escritura del volumen *Crack. Instrucciones de uso* (2004).

SEBASTIÁN REYES es profesor asociado de la Universidad de Santiago de Chile. Ha publicado diversos artículos relacionados con la literatura latinoamericana y los estudios *queer* y de género. Recientemente publicó el libro *Sexualidades fronterizas: nuevos materiales para la crítica cultural* (2019), donde analiza manifestaciones de la sexualidad en la cultura chilena en los últimos años. En ese libro se exploran materiales que incluyen construcciones culturales actuales del mestizaje, diferentes formas del sexo en internet, la novela transexual, y algunas figuraciones del VIH/sida en los medios y en las artes.

MARINA CECILIA RIOS es becaria postdoctoral de Conicet, profesora en el Secundario a Distancia de la misma casa de estudio y docente en la Facultad de Filosofía y Letras también de la Universidad de Buenos Aires en un proyecto departamental de la carrera de Letras. Ha publicado artículos, reseñas, capítulos de libros y ensayos en revistas académicas y de divulgación científica sobre literatura latinoamericana contemporánea con eje en la teoría literaria. Su tesis doctoral se titula "Figuraciones del arte en narraciones contemporáneas de César Aira, Diamela Eltit, Mario Bellatin,

Gabriela Cabezón Cámara e Iñaki Echeverría".

GIANNA SCHMITTER es profesora en la Universidad Sorbonne Nouvelle y es coeditora de la revista *Revue Traits-d'Union*. Su investigación se interesa por las relaciones inter y transmediales entre fotografía, internet y literatura en la literatura latinoamericana ultracontemporánea. Parte de su estudio se enfoca en las obras de Mario Bellatin, Tálata Rodríguez, Charly Gradin, Bruno Lloret, Ileana Elordi, Claudia Apablaza y Alejandro López.

www.ingramcontent.com/pod-product-compliance
Lightning Source LLC
Chambersburg PA
CBHW021829220426
43663CB00005B/175